U0515006

城镇化与城镇用地分析

以陕西省为例

URBANIZATION
AND URBAN LAND USE ANALYSIS

In Shaanxi Province as an Example

杨东朗 著

社会科学文献出版社
SOCIAL SCIENCES ACADEMIC PRESS (CHINA)

目　　录

第一章
绪　论

第一节　研究背景及意义

一　研究背景

（一）世界经济格局的变化与中国经济的发展

国际金融危机爆发后，全球经济进入大调整、大变革和大转型的时代。经过几年的恢复，全球经济再平衡取得一定进展，新技术、新产业加快孕育，随之出现的新迹象、新趋势将对世界经济格局产生深远影响（刘世锦、余斌、陈昌盛，2014）。在这样的环境下，中国经济的发展也必然面临世界经济格局变化的影响。

（1）世界经济发展前景不确定，中国经济发展势头强劲。世界经济，特别是主要发达经济体到了刺激性政策退出的关键时点，但由于实质性结构调整进展缓慢，退出的方式、时间和节奏的选择都面临前所未有的挑战，产生的冲击具有很大不确定性。在这一环境下，中国依然将成为在世界经济发展中举足轻重的国家，虽然经济增长速度可能将稍低于上个十年，但经济发展的质量将大大提高，并将拉长中国经济持续发展的周期（陈文玲，2014）。

（2）世界经济增长格局出现新变化，相对实力调整方向不变。世界经济由"双速增长"格局逐渐向低速增长收敛。金融危机爆发后，由于新兴经济体快速增长，发达经济体总体陷入衰退，世界经济呈现"双速增长"格局。随着近几年的调整，发达经济体逐渐走出衰退并出现小幅回升。与此同时，新兴经济体则因全球经济增速放缓和自身潜在增长率下降，经济增速明显回落。即便如此，全球经济增长重心由发达国家向新兴经济体转移、发展中国家相对力量上升但态势并未逆转（刘世锦、余斌、陈昌盛，2014）。在新兴经济体当中，中国的表现尤为突出。2008 年以来，中国已超过美国和欧盟，成为拉动世界经济增长的第一大引擎，中国经济地位也随之大幅提高。

（3）世界经济的发展过程中，社会问题、环境问题越来越严重。随着经济的发展，整个人类生活与生产的成本将大幅度提高，生活、生产方式必须改变，我们所做的任何事情的成本和代价都在逐步提高，社会赤字问题越来越严重。同时，可以看到，进入 21 世纪之后，极端性气候频发，以至于地球环境赤字等问题也越来越严重（黄卫平，2011）。为应对这些问题，全球产业呈现出"再工业化、数字化、智能化、绿色化"的发展趋势。中国经济发展也只有跟上全球产业发展的新趋势，才能继续推进新型工业化进程，实现工业化。

（4）带动下一轮世界经济突飞猛进增长的创新并没有显现出来，动力尚显不足。欧美的创新注重新能源、注重生命科学，它们认为这方面可能是最先取得突破的领域。而新兴市场经济国家，重视的则是信息产业的发展。中国经济在下一步的发展中，很可能出现一个比较新的情况，即低成本创新、大规模生产。改革开放 30 余年来，人民的生活和生产都发生了巨大的变化。与此同时，增长模式也遭到了人们的质疑。因此，中国可能会走一条完全不同于西方的道路。

（5）全球化深入推进与宏观政策各自为政的冲突进一步凸显。在全球经济形势渐趋稳定之后，各国进行政策协调的意愿明显降低，各种贸易和投资保护主义抬头，这些都对新兴经济体乃至全球的宏观经济稳定构成了新的威胁。面对各种针对中国经济发展的制约措施和各国的贸易保护主义，我国需要研究透世界经济贸易中的各种制度，同时要健全自己的贸易制度和相关律法，为进出口贸易提供法律保障。

（二）中国经济与中国城镇化发展

过去 10 年，中国经济快速发展，一跃成为全球第二大经济体，对世界经济的发展起到至关重要的推动作用。尤其是在国际金融危机爆发之后，中国更是成为被全世界寄予厚望的发展引擎。中国以 13 亿人口之巨，迈入了中等收入国家的行列，人民生活水平大幅度提高（姚冬琴，2014）。但是，当前国际金融危机深层次影响仍在发酵，国际贸易增速回落，世界经济复苏的不稳定性、不确定性上升，中国经济下行压力加大，未来中国经济将进入一个困难相对较多、增速相对较慢的阶段。在传统工业化拉动经济增长能量释放殆尽的情况下，城镇化是我国内需扩大最大的潜力所在，是经济结构调整的重要依托。2011 年我国城镇化率达到 51.27%（若排除两亿多农民工，城镇化率只有 35% 左右），根据国际经验，城镇化率为 30%～70% 时是城镇化快速发展阶段。在此阶段，城镇化可以有效拉动公用事业、服务业、建筑、交通、医疗保健、娱乐文体以及节能环保、新能源等产业升级和发展。但我国城镇化水平明显滞后于经济发展水平，急需探求和完善城镇化发展道路。

美国经济学家、诺贝尔经济学奖获得者斯蒂格利茨断言 21 世纪对世界影响最大的有两件事：一是美国高科技产业，二是中国的城镇化（赵宏海，2013）。党的十八大报告也提出，"坚持走中国特色新型工业化、信息化、城镇化、农业现代化道路，推动信息化和工业化深度融合、工业化和城镇化良性互动、城镇化和农业现代化相互协调，促进工业化、信息化、城镇化、农业现代化同步发展"，"必须以改善需求结构、优化产业结构、促进区域协调发展、推进城镇化为重点，着力解决制约经济持续健康发展的重大结构性问题"。这是国家对城镇化建设的重点指示，也凸显了城镇化在实现全面建设小康社会的实践中占据越来越重要的地位。改革开放以来特别是进入 21 世纪以来，中国城镇化获得了长足的发展，城镇化率以年均提高 1 个百分点左右的速度向前推进，城镇化率由 1978 年的 17.92% 增长到 2011 年的 51.27%。2010 年人口普查表明，我国城镇人口为 6.66 亿人，全国城市数量 660 多个，100 万以上人口的城市共有 301 个，其中 100 万～200 万人口的城市 53 个，200 万～500 万人口的城市 165 个，500 万～1000 万人口的城市 74 个，1000 万以上人口的城市 9 个，东部沿海地区出现了一些人口超过千万人的特大城市以及城市群。但是，中国的城镇化进程也存在一些突出问题：一是人口城镇化明显滞后；二是城镇化发展不均衡，空间布局和规模结构不合理，东部、中部地区发展较快，西部地区发展缓慢，呈东高西低的发展态势，城市和城市之间、城市和城镇之间的体系和功能不够明确；三是城镇化发展的产业支撑不强，工业化、城镇化与服务业的发展没有形成良性循环，产业集聚带动社会分工深化细化不够，对农村人口的吸纳能力不强；四是城镇化发展方式粗放，损耗大量资源能源，导致耕地占用过多、水资源短缺、环境污染等（赵宏海，2013）。因此，在新的科学发展观指导下，要集中研究解决这些突出问题，推进中国城镇化，进一步促进中国经济结构调整和转型升级。

（三）陕西省城镇化发展

在国家加快推进西部大开发的大背景下，在科学发展观指导下，明确西部地区城镇化发展机遇，凸显加快西部地区城镇化进程的战略作用，探求西部地区特色城镇化发展道路，已成为推进中国城镇化的战略举措。陕西省作为西部地区的重要省份，其城镇化的发展在整个西部地区的城镇化进程中发挥着重要的作用。

陕西省坚持以邓小平理论和"三个代表"重要思想为指导，全面贯彻落实科学发展观，提出了走具有区域特色的新型城镇化道路。根据陕西省的实际情况，提出各具特点的陕北地区模式、关中地区模式、陕南地区模式三种城镇化模式。其中陕北地区模式的重点是稳步推进能源化工基地建设，倡导循环经济和清洁生产，逐步引导区域经济转型，提升榆林、延安中心城市功能，加速陕北能源化工产业发展轴带建设，形成以工业区为基础的面域辐射体系。关中地区模式的重点是结合关中－天水经济区建设，突出高新技术、装备制造、文化旅游等产业优势，以集群创导为理念，以园区建设为载体，着力打造西安（咸阳）成为国际化大都市，发展关中城镇产业集聚轴带，扩大大都市区辐射面。陕南地区模式的重点是加快生物资源、水资源、旅游资源开发，以绿色产业为支撑，寻求发展突破口，培育汉中成为区域增长极，促进城镇空间集聚发展，形成汉江丹江沿江生态功能拓展带，构建以交通线为脉络的面域网络（庄栋，2012）。关中、陕南、陕北三大区域协调发展新格局初步形成。全省城镇化水平不断提高，城镇化经济效应日益凸显，城镇建设水平大大提高，同时城镇化发展的产业支撑有了明显改善，城乡一体化发展初具条件，县域城镇化发展开始提速。但由于自然、经济、历史等多方面的原因，处于西部地区的陕西省城镇化发展水平不仅远远落后于世界平均水平，而且落后于中国平均水平，同时与我国部分东、西部地区的经济发展差距正日益拉大。2012 年全省城镇化率为 50.02%，落后于全国平均水平 2.55 个百分点，与辽宁、广东、福建等东部省份差距较大，与宁夏、重庆等周边省（市）相较也存在一定差距。

二　研究意义

首先，城镇化是全面建设小康社会的内在要求。党的十八大报告根据我国经济社会发展实际和新的阶段性特征，在党的十六大、十七大确立的全面建设小康社会目标的基础上，为实现 2020 年全面建成小康社会的宏愿，明确提出通过构建现代产业发展新体系，促进工业化、信息化、城镇化、农业现代化同步发展，使工业化基本实现，信息化水平大幅提升，城镇化质量明显提高，农业现代化和社会主义新农村建设成效显著的要求。然而，2013年，我国人均国内生产总值只有 6750 美元，刚刚进入中等偏下收入国家的行列，经济文化落后的状况还没有根本改变，农村还有 8000 多万贫困人口，城镇有 2000 万人收入在最低生活保障线以下，地区之间、工农之间、城乡之间以及不同的社会阶层之间的收入差距正在扩大。因此，巩固和提高达到全面小康水平还有大量的工作要做，大幅度提高城镇化水平，逐步扭转城乡差别、工农差别和地区差别扩大的趋势，逐步实现地区协调发展和共同富裕，是全面建设小康社会的内在要求。

其次，城镇化是解决"三农"问题的根本途径。农业、农村、农民这"三农"问题，既是全面建设小康社会的难点，又关系现代化建设大局。"读不懂农民，就读不懂中国"，这是一句意蕴无穷的真言。推进中国现代化建设事业发展，全面建设小康社会，如不能恰当解决"三农"问题，就会使其进程大大迟滞。中国经济社会的发展，必须解决"三农"问题，促进城乡协调发展。而"三农"问题的核心在于增加农民收入，而要使农民更加富裕，必须减少农民的总量；要使农村更加繁荣，必须发展非农产业；要缩小工农差距和地区差距，必须首先缩小城乡差距。因此，大力推进城镇化，统筹城乡协调发展，促进城乡一体化，是解决"三农"问题的根本途径（胡际权，2005）。

最后，由于我国东、中、西部三大地带发展条件和基础条件差异明显，研究陕西省城镇化对于区域经济研究有着重要的理论、现实和实践意义。城镇化作为当代经济发展的核心增长极，尤其是作为促进欠发达地区经济发展的主要手段，已经得到世界各国的普遍认可。陕西省位于西北地区，是经济水平相对落后的省份，城镇化研究内容上深度与广度不足，研究方法上创新能力不足，城镇化相关理论研究比东部发达地区而言落后。因此，以陕西省城镇化发展为研究对象，对于揭示城镇化与区域经济发展的内在联系，促进区域经济学、发展经济学等学科的建设有着重要的理论意义。同时，中国要实现现代化目标，必然是全国范围的现代化。没有西部地区的现代化，也就没有全国的现代化。中国现代化起点在东部，最终落脚点在西部，而西部发展不可逾越的阶段就是城镇化。因此，对陕西省城镇化问题进行分析探讨，提出加快西部地区城镇化发展的对策建议，对我国跨世纪战略目标的实现将具有重要的现实意义。另外，西部地区城镇化水平不仅落后于全国水平而且也滞后于自身经济发展水平，加快西部地区城镇化建设进程是促进西部地区社会经济进一步发展的重要措施和必然要求。通过对陕西省城镇化发展背景的分析和城镇化现实水平的全面考察，指出存在的问题和解决问题的关键，探寻一条符合西部区情的城镇化发展道路，对于整个西部地区的经济发展、农村剩余劳动力的转移、生态环境的改善与经济的可持续发展、西部市场的开拓、内需的扩大、西部城乡"二元结构"的突破，城乡差距缩小等诸多方面，都具有非常重要的实践意义（赵常兴，2007）。

第二节　研究对象的界定

一　城市

城市，我国《城市规划法》第三条规定："本法所称城市，是指国家按行政建制设立的直辖市、市、镇。"按照《城市规划基本术语标准》定义：城市是以非农业产业和非农业人口集聚为主要特征的居民点。一般而言，人口较稠密的地区称为城市，包括住宅区、工业区和商业区并且具备行政管辖功能。

按照土地调查对城市的概念界定，陕西省的城市包括 11 个地级市（区）所辖的 24 个区和 3 个县级市的城区，城市用地是指城市居民点，以及与城市连片的和区政府、县级市政府所在地镇级辖区内的商服、住宅、工业、仓储、机关、学校等单位用地。

二 建制镇

建制镇即"设镇"，是指经省、自治区、直辖市人民政府批准按行政建制设立的镇。是指国家按行政建制设立的镇（土地调查中县城关镇仍在建制镇中）。新中国成立以来设镇标准变动过 3 次。1984 年起新规定的建镇基本条件是：县级政府所在地和非农业人口占全乡总人口 10% 以上、其绝对数超过 2000 人的乡政府驻地，并允许各省（自治区）根据实际状况对建镇条件做适当调整。中国学术界认为，设镇（建制镇）的具体标准为：聚居常住人口在 2500 人以上，其中非农业人口不低于 70% 。

按照土地调查对建制镇的概念界定，建制镇用地是指建制镇居民点，以及辖区内的商服、住宅、工业、仓储、学校等企事业单位用地。

三 城镇化与城市化

城镇化，或称城市化（Urbanization）是当今世界上重要的社会、经济现象之一，大多时候城镇化与城市化这两个概念也是混用的。1982 年，中国地理学界和城市与区域规划学界在南京召开"中国城镇化道路问题学术研讨会"，会议指出并建议以"城市化"替代"城镇化"。但是，在 2001 年的《中华人民共和国国民经济和社会发展第十个五年计划纲要》中，首次提出了"要不失时机地实施城镇化战略"，建议都使用"城镇化"。本书除进行专门说明或者引用外，视城市化与城镇化为同一的概念，在行文中统一使用"城镇化"。

城镇化是由以农业为主的传统乡村社会，向以工业和服务业为主的现代城市社会逐渐转变的历史过程。具体包括人口职业的转变、产业结构的转变、土地及地域空间的变化。不同的学科从不同的角度对城镇化有不同的解释，就目前来说，国内外学者分别从人口学、地理学、社会学、经济学等角度对城镇化的概念予以阐述。

（1）人口学把城镇化定义为农村人口转化为城镇人口的过程。其所说的城镇化就是人口的城市化，指的是人口向城市地区集中，或农业人口变为非农业人口的过程。

（2）地理学所研究的城镇化是一个地区的人口在城镇和城市相对集中的过程。城镇化意味着城镇用地扩张，城市文化、城市生活方式和价值观在农村地域的扩散过程。

（3）社会学所研究的城镇化就是农村生活方式转化为城市生活方式的过程。

（4）经济学是从工业化的角度来定义城镇化，认为城镇化是农村经济转化为工业化大生产的过程。一方面，工业化会加快农业生产的机械化水平，提高农业生产率，同时，工业扩张为农村剩余劳动力提供大量就业机会；另一方面，农村的落后也会不利于城市地区的发展，从而影响整个国民经济的发展。

不同的学科从不同的角度对城镇化的含义做出解释。通过比较，可以发现对城镇化的规定在内涵上是一致的：城镇化是一个国家或地区的人口由农村向城市转移、农村地区逐步演变成城市地区、城市人口不断增长的过程，归根结底，城镇化是社会生产力进步引起的人类生产方式、生活方式和价值观念历史转变的累积发展过程。也可以将城镇化理解为：空间城镇化——农村地域向城市地域转变、农村景观向城市景观转变；人口城镇化——农业人口变为非农业人口；经济城镇化——经济总量的提高和经济结构的非农化；生活方式城镇化——城市文明、生活方式和价值观念向乡村渗透，乡村人们的生活水平向城镇过渡。

四 衡量城镇化水平的标准

国际上没有统一的城乡划分标准，各国根据各自的情况，确定了以下几种标准（王镇中，2008）。

（1）以人口数量和非农就业结构为标准。日本1947年制定的《地方自治法》规定，人口在5万人以上，并且市区户数和工商业人口均占60%以上的地区，可以设"市"。"町"的设置标准由各都道府县自行规定，一般以人口5000人以上、工商业人口60%以上为标准。1960年，日本在人口普查时又使用了人口密集区这一概念，规定人口密度在4000人/平方公里以上、所有人口在5000人以上的地区才是城市区域。在印度，所有5000人以上、人口密度不低于390人/平方公里、成年男子人口至少3/4从事非农业活动并具有明显城镇特征的地方为城市。荷兰规定，2000人以上的市，或人口不到2000人但男子从业人口中从事农业活动不超过20%的市为城市。

（2）以居民点人口数量或密度指标为标准。英国将3000人以上的居民点定义为城市地区。加拿大将1000人以上、人口密度不低于400人/平方公里的地区定义为城市区域。澳大利亚则将城市定义为聚居人口1000人以上，人口密度不低于200人/平方公里的地方。新西兰规定1000人以上的居民点为城市。伊朗规定为5000人以上的市、镇、村。墨西哥规定为至少2500人的居民点。法国以居住地的连续性界定城市单元，一个城市单元包括一个或多个建成区相连的自治市（建筑间距不超过200米）和至少2000个居民，其中一半以上的人口必须住在建成区内。

（3）以行政区划为标准。埃及规定省的首府和地区首府为城市。蒙古国规定首都和地区中心为城市。使用这类标准的国家有30多个，其中以拉丁美洲国家居多。

（4）美国具有独特的区域统计方式。美国实行地方自治制度，很多城市可能是由数十个甚至数百个在地理上接壤、经济社会上联系密切但行政上互不统属的城镇组成的。为提高统计数据的质量，美国于1950年普查时使用了"标准都市区"的概念。现行标准是美国行政管理和预算办公室根据2000年数据制定2003年起施行的。该标准使用"基于核心的统计区"，作为统计一定区域经济社会情况的基本地理单位。其基本做法是先确定一个人口不低于1万人的城市地区作为核心，包含这个核心的县称作中心县，周围其他县如果与中心县有很强的经济社会联系（以就业状况衡量，标准是进出中心县的通勤量占该县通勤量的25%以上），也可以被划归到这个统计区，并称作外围县。如果作为核心的城市人口超过5万人，由相关县组成的统计区就称为"都市统计区"；如果这个核心不足5万人，由相关县组成的统计区就称为"城镇统计区"。在一定条件下，几个核心统计区会被组合成为更大的统计实体，称为"联合统计区"。目前美国有366个都市统计区、576个城镇统计区、125个联合统计区。

（5）我国衡量城镇化水平的标准。目前，我国城镇化水平以城镇人口占总人口的比重来衡量，其中城镇人口以人口普查数为基数。我国2000年进行的第五次人口普查重新确定了城乡人口标准：①人口密度在1500人／平方公里以上，无论是农村户籍还是城镇户籍均统计为城镇人口；②引入了建设延伸区的概念，在城镇建设延伸区内的农村户籍人口按城镇人口统计；③在城镇居住半年以上的常住人口不论其原户籍是否在本地均统计为城镇户籍。

五　城镇化的发展阶段

国内学界对于城市化的发展阶段定义很少，国外学者在这一方面的研究较早，简新华等（2010）总结了国外的主要观点。

（1）学者今野修平认为，近代城市发展经历三个阶段：城市化（urbanization）—特大城市化（metroplitanization）—特大城市群化（meglopolitanization）。

（2）诺瑟姆将不同国家和地区的人口城市化发展过程的共同规律描述为一条被拉平的S形曲线，根据S形曲线斜率大小，将S形曲线分为左下段、中间段和右上段。分别代表城市化进程的三个阶段：城市化水平低、发展速度较慢的初级阶段、人口向城市迅速集聚的中期阶段和进入高度城市化后城市人口比重增长区域缓慢甚至停滞的晚期阶段（见图1-1）。

（3）山田浩之将世界城市化发展过程分为集中型城市化、郊区化和逆城市化三个阶段六个时期，即绝对集中地城市化时期、相对集中地城市化时期、相对分散的郊区化时期、绝对分散的郊区化时期、绝对分散的逆城市化时期、相对分散的逆城市化时期。

（4）盖伊尔和康图利提出了"差异城市化理论"模型。他们将城市化

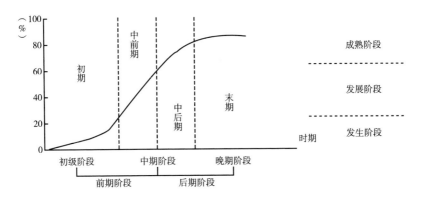

图 1-1 城市化进程

分为三个阶段：城市化阶段、极化逆转阶段和逆城市化阶段。同时认为在逆城市化阶段结束后，紧接着又是城市发展的第二个周期，第二个发展周期也是开始于"城市化"阶段。

（5）由霍尔提出，克拉森高等人修改的"城市化阶段"模型认为，城市具有生命周期。他们认为在这个生命周期内，一个城市从"年轻的"增长阶段发展到"年老的"稳定和衰退阶段后，还会进入一个新的发展周期。该模型将城市发展划分为城市化、郊区化、逆城市化和再城市化四个大的阶段。然后又根据中心城区和周围地区在人口增长率的上升和下降之间的转折点，将这四个大阶段的每一阶段一分为二，从而划分出八个小阶段。

第三节　研究数据的来源及处理

本书属陕西省第二次土地调查专题研究，由陕西省国土资源规划与评审中心和西安交通大学房地产研究所合作，根据陕西省第二次土地调查数据，结合《第二次全国土地调查技术规程》、《陕西省第二次土地调查实施细则》和《陕西省第二次土地调查省级成果汇总技术方案》所撰写的城镇用地专项研究。本书中所涉及的数据均来自陕西省第二次土地调查、陕西省国土资源厅提供的陕西省城镇土地利用现状数据汇总表及各年度《陕西统计年鉴》。需要特别说明的是，研究过程中发现 2009 年陕西省城镇用地面积与 2008 年相比有非常明显的提升，经研究核查得，数据突变的原因在于第二次土地调查对各类用地面积重新进行了细致划分和统计，使得许多以往未曾纳入统计范围的用地面积得以规范计算，因而产生了面积突增的结果。

本书土地利用分析数据主要来自以下资料，其他文献来源见参考文献及注释。

（1）陕西省国土资源厅：《陕西省城镇土地利用现状数据汇总表》，2009，陕西省第二次土地调查。

（2）陕西省国土资源厅：《陕西省城镇土地利用现状数据汇总表》，2010。

（3）陕西省国土资源厅：《陕西省土地利用现状数据集》，2000～2008。

（4）陕西省第二次土地调查工作领导小组办公室：《第二次土地调查资料汇编（二）》，2008 年 1 月。

（5）陕西省人民政府研究室、陕西发展研究中心：《陕西经济年鉴》，2010。

（6）国家测绘地理信息局：《陕西省地理省情白皮书》，2011。

（7）2001～2011 年《陕西省统计年鉴》，《中国统计年鉴》数据库。

（8）西安市（等全省 11 市、区）统计局、国家统计局西安调查队：西安等全省 11 市、区统计年鉴，2006～2010。

（9）陕西省住房和城乡建设厅：《陕西省住房和城乡建设事业发展第十二个五年专项规划》。

第二章
城镇化与城镇用地的相关研究进展

第一节　国内外对城镇化理论的研究进展

城镇是一个以人为中心的地域综合体，是一个复杂的系统，这种特性决定了城镇化理论必然是一门包括人口学、社会学、经济学、地理学、生态学等多个学科的综合理论。多年来，在国内外学者的共同努力下，城镇化理论已经形成了丰富的理论研究体系。

一　城镇区位理论

西方区位理论由经济学家杜能（J. H. Thunen）奠基，经过韦伯（A. Weber）较为系统的研究，克里斯勒（W. Christaller）和廖什（A. Loseh）等进一步发展，到 20 世纪上半期初步形成完整体系。区位理论讨论的核心问题是使用什么原则和因素来确定企业的最优区位。这些理论包括以下方面。

（一）杜能农业区位论

杜能区位理论（叶长青、李雪松，2004）即根据距城市为代表的消费市场的远近，对农业进行合理布局，并以城市为中心划分六个同心农业圈层，即按农作区、林业区、轮作农业区、谷草农作区、三圃农作区和畜牧业区的序列布局。其实质是指以城市为中心，由内向外呈同心圆状分布的农业带，因其与中心城市距离不同而引起生活方式和利润收入的地区差异。

（二）韦伯工业区位论

该理论认为运输费用决定工业区位的基本方向，并进一步提出运费是重量与运距的函数，理想的工业区位是生产和分配过程中所需要运输的里程和货物重量最低的地方。其核心是在选择工业区位时，要尽量降低生产成本，尤其要把运输费用降到最低限度，以实现产品的最终销售。

（三）克里斯勒中心地理论

该理论从中心居民点和城市的供应、行政管理、交通等主要职能出发，论证了城市居民点及其地域体系，深刻地揭示了城市、中心居民点发展的区域基础及等级 – 规模的空间关系，并将区域内城市等级与规模关系形象地概括为正六边形模型（张奇、胡石元，2008）。

（四）廖什市场区位论

该理论认为，企业势力消长取决于其正六边形的市场圈的扩大和发展，商品都有一个最大的销售半径，由于排出和吸入两种力量的不断作用，市场圈产生扩张和收缩的变化。随着销售圈距离扩大，运费增加，价格上升，销售量也逐渐减少，从而影响利润的大小，其实质仍是工业区位论，其特点是把生产区位和市场范围结合起来，即正确地选择区位在于谋求最大市场和市场区。区位理论虽然不是专门阐释城镇集聚的，但是产业、企业区位的选择过程和结果与城镇集聚过程并无本质差别。埃地温·米尔斯和布鲁斯·汗密尔顿的城市形成模型表明他们之间的关系（见图 2 – 1）。规模经济、运输成本和集聚经济的作用成为促进要素集聚于特定区位的经济力量（胡际权，2005）。

二 产业结构理论

产业结构的全面转换是现代经济增长的本质特征。经济的高增长导致了生产结构的高变换。产业结构演进理论主要有以下两种表述。

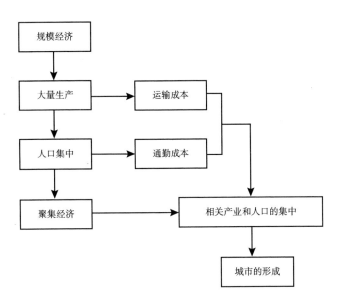

图 2 - 1　埃地温·米尔斯、布鲁斯·汗密尔顿的城市形成模型

（一）配第－克拉克定理

英国经济学家威廉·配第（William Petty）在其名著《政治算术》中描述过这样的现象：制造业比农业，进而商业比制造业能够得到更多的收入。这种不同产业收入的相对差异，促进了劳动力向能够获得更高收入的部门移动。科林·克拉克（Colin Clarke）在《经济进步的条件》一书中得出结论，随着人均国民收入水平的提高，劳动力首先由第一次产业向第二次产业转移；当人均国民收入水平进一步提高时，劳动力便向第三次产业转移。

（二）库兹涅茨法则

美国著名经济学家"GNP 之父"西蒙·库兹涅茨（Simon Smith Kuznets）从国民收入和劳动力在产业间的分布入手，对伴随经济增长的产业结构变化做了深入的研究。得出如下结论：一是农业部门实现的国民收入，随着年代的延续，在整个国民收入中的比重以及农业劳动力在总劳动力中的比重均不断下降。二是工业部门国民收入的相对比重大体上是上升的，然而，如果综合各国的情况看，则工业部门中劳动力的相对比重大体不变或略有上升。三是服务部门的劳动力相对比重呈现上升趋势，但国民收入的相对比重却并不必须与劳动力的相对比重的上升趋势同步,综合起来看是大体不变或略有上升。总之,克拉克、库兹涅茨等人的研究表明,产业结构高度化是世界各国经济发展到一定阶段之后所出现的共同趋势,表现为第一产业向第二、三产业升级演进,由劳动密集型产业占优势的阶段向资本和技术密集型产业占优势的阶段演进,以产值高度化、资产结构高度化、技术结构高度化、劳动结构高度化为特征。我国一些学者通过对城镇化与产业结构调整的关系研究,认为城镇化首先是产业结构优化的过程,第二产业和第三产业在整个国民经济构成中所占的比例越高,城镇化水平越高。

(三)产业结构理论应用

不少国家和地区的经济发展过程,都包含从农业经济到二元经济、再从二元经济到现代经济增长的过程。所谓二元经济,即发展中国家和地区的经济结构分为两大部门:一个是主要使用劳动力生产的农业部门;另一个是主要使用资本生产的非农业部门。在农业经济时代,受制于传统的城乡二元结构,资金、市场、技术、劳动力等生产要素在城乡之间流动不畅。因此,农业文明时期的城镇化进程是在简单的农业生产中缓慢前行。

工业革命对城镇化的影响体现在两个方面:第一,城镇大工业的兴起壮大了原有的城镇并开发培育了一批新城镇;第二,现代工业产品、工厂化生产方式和现代企业管理技术不断渗透到农业经济各个领域,加速了农村城镇化。从农业经济到工业经济的转换是城镇化进程的第一个重要转折点,工业经济的兴起促进了城镇化加速发展。第三产业的发展是社会分工细化的产物,也是社会分工发达程度的标志。当城市发展进入服务经济阶段时,城市服务业开始作为一个独立的第三产业逐步走上自我发展、自我完善的高级阶段。显然,从工业经济到服务经济的转换是城镇化进程的第二次重要转折,标志着城镇化第二次加速和城镇功能的全方位拓展。

随着经济的服务化,产业结构的变迁也呈现新的发展态势,即知识经济形态下的产业结构新特征。知识经济作为一种全新的经济形态或模式,具有信息化、网络化、智能化、创新经济、可持续型经济等几个方面的主要特征。知识产业的兴起对城镇化的影响表现在三个方面。第一,集聚不再是影响城镇化进程的主要因素,城镇可以小型化、分散化。第二,城镇经济向知识经济转化。一部分传统劳动密集型产业如搬运、建筑业趋于衰退,其余传统产业因高新技术改造获得新的发展空间,成为高新技术产业,钢铁、汽车、化工等资本密集型产业转变成技术密集型产业,金融、信息、咨询服务等演变为知识型服务业。第三,城镇的功能主要体现为居住场所,服务功能衰退。可以这样认为,由传统经济向知识经济的转换,是城镇化进程的第三次重要转折,标志着城镇化走向成熟和高级化,城镇化速度减弱(胡际权,2005)。

可见,从劳动力指标、国民收入指标、技术进步指标进行观察,产业结构演进趋势是:农业经济—工业经济—服务经济—知识经济。大趋势不可逆转,而且速度会越来越快,产业结构演进趋势与区域经济空间结构由农村地区向城镇地区转移的结果一致。

三 空间结构理论

(一) 增长极理论

区域经济增长极理论是 20 世纪 50 年代初由法国经济学家弗朗索瓦·佩鲁(F. Perrox)提出。所谓经济增长极,又称经济增长点,指在一个经济系统中具有潜在或现实较高经济增长率并对整个经济增长起举足轻重作用的经济支撑点。一旦增长极达到一定规模后,受利益最大化追求的驱动,要素必然从中心向外围扩散渗透,产生辐射扩散效应。因此,极点辐射实质上是经济要素密集地区通过各种线状设施向稀疏地区的产品、资源、信息流动。在区域经济系统中,增长极与辐射圈之间存在协动关系,产生往复的扩散效应和集聚效应,形成极点—区域互动机制。所谓扩散效应,就是极点向腹地提供生产要素和各种服务,组织区域的生产和产品流通,辐射带动区域发展。所谓集聚效应,就是辐射圈的各种生产要素不断向极点集聚,形成规模经济效益,促进极点进一步发展壮大,增强集聚要素的能力。

(二) 点轴开发和网络开发理论

点轴开发理论和网络开发理论主要是从空间组织形式角度来研究区域开发战略,是在吸收增长极理论、梯度理论、区域技术传播理论与空间一体化理论的基础上形成的。"点"是指区域中的各级中心城市,他们都有各自的吸引范围，是一定区域内人口和产业集中的地方，有较强的经济吸引力和凝聚力。"轴"是连接点的线状基础设施束，包括交通干线、供水线路等，是空间一体化过程中前期的必然要求，网络开发理论是高度发展的点轴体系向广度和深度的延伸和完善，是空间一体化过程后期区域开发的必然趋势。

四　城镇体系理论

城镇体系理论的研究主要集中在城市经济增长与发展、城镇体系的相互依存性、扩散性等方面。城镇体系是指在一个相对完整的区域中，由不同职能分工、不同等级规模、联系紧密、相互依存的城镇组成的有机集合。城镇体系是区域的骨架，区域内经济活动主要在城镇体系中进行，它以一个区域内的城镇群体为研究对象，而不是把一座城市当作一个区域系统来研究。通过合理组织体系内各城镇之间、城镇与体系之间以及体系与外部环境之间的各种社会经济等方面的相互联系，强化体系与外界进行的能量和物质交换，引导城镇的发展方向，确定城镇的职能分工，控制城镇的规模等级，架构城镇的空间布局，促使体系走向有序化，达到社会、经济、环境效益最佳的总体发展目标。

五　城乡一体化理论

1987 年，加拿大学者麦吉（T. G. Mcgee）对亚洲一些国家在城乡交接地域形成的特殊地域空间进行研究后，提出了一个新的复合词"城乡一体化区域"来描述这种现象。它既不是传统意义上的乡村，又不是通常意义上的城市，而是聚合了乡村城市特征的一种新型空间形态。他将该类城乡一体化区域的特征归纳为以下几点：人口密度高，城乡联系紧密；农业活动和非农业活动混杂；各种用地方式高度混杂；交通基础设施条件较好，人流、物流频繁；跨越行政区划界限。麦吉在进行研究时，重视城乡联系与城乡要素联系，淡化了城乡差别，在城乡相互作用和相互联系的基础达到正好状态时所产生的"灰色区域"，创造出一种独特的城乡联系模式，其实质就是城乡之间的统筹协调和一体化发展，形成了城乡一体化的新理论。

六　城市规划理论

城市规划是对一定时期内城市的经济和社会发展、土地利用、空间布局以及各项建设的综合部署、具体安排和实施管理。早期的城市规划思想主要有三个流派：以英国的埃比尼泽·霍华德的"田园城市"为代表的强调城市分散规划思想；以法国的勒·柯布西埃（Le Coubusier）为代表的主张利用先进工业技术强化城市集中规划思想；以芬兰的伊利尔·沙里宁（Eliel Saarinen）为代表的倡导遵循城市发展规律、实行有机疏散的规划思想。

（一）埃比尼泽·霍华德的"田园城市"

霍华德的"田园城市"思想来源于空想社会主义思想，他从社会改良角度出发，主张建设一种集城市和乡村优点而摒弃二者缺点的新型城市。在物质空间上，田园城市人口规模很小，但足以提供丰富的社会生活，而且四周有永久性农业地带围绕，城市的土地归公众所有，由委员会受托掌管。必要时可以由若干个田园城市组合成一个城乡融合、群体组合的社会城市。

（二）勒·柯布西埃的"城市集中论"

柯布西埃在"城市集中论"中，提出应从根本上改造大城市，而出路就是运用先进的工程技术减少城市的建筑用地，提高人口密度，改善城市的环境面貌。城市必须集中，只有集中的城市才有生命力，因为由拥挤带来的城市问题完全可以通过技术手段进行改造而得到解决。这种技术手段就是采用大量的高层建筑来提高密度和建立一个高效率的城市交通系统。

（三）伊利尔·沙里宁的"有机疏散论"

沙里宁的"有机疏散论"是一种介于霍华德和柯布西埃两者之间的思想。他认为卫星城是治理大城市问题的一种方法，但不是一定要另外新建城市来实现这一目的，大城市可以通过本身的定向发展，对其进行有机的疏散，从而达到相同的目的；城市和自然界的所有生物一样，都是有机的集合体，城市建设所遵循的基本原则也与此一致，城市发展规律是可以从自然界的生物演化中推导而来的；城市作为一个有机体，其发展是一个漫长的过程，在其中必然存在两种趋势——生长与衰败，应该从重组城市功能入手，实行城市的有机疏散，以实现城市健康、持续发展，保持城市活力（张沛、侯远志，2009）。

七 新兴古典城市化理论

新兴古典城市化理论起源于 20 世纪 80 年代，由罗森（Rosen）、贝克尔（Becker）、杨小凯、博兰（Borland）和黄有光（Yew - Kwang Ng）等一批经济学家，采用超边际分析工具重新将古典经济学中关于分工和专业化的思想变成决策和均衡模型，将现代经济理论进行重新组织，这种比新古典经济学思想更古老、比新古典经济学躯体更年轻的分析框架被称为新兴古典经济学。他们在此基础上，提出的几个有关城市理论模型，成为新兴古典经济学的重要组成部分，被统称为新兴古典城市化理论。主要内容包括以下几方面。

（一）城市出现和存在城乡差别的原因

在杨小凯和赖斯的模型中，假定生产每种商品的生产都有专业化经济，即专业化程度越高，生产效率也越高，同时在贸易中会产生交易费用，这就会出现一个专业化经济与交易费用之间的两难冲突。当交易效率很低时，人们会选择自给自足，此时没有市场更没有城市。当交易效率提高一些以后，分工结构会从自给自足调整到局部分工，这时农民分散居住，而工业品生产者则选择离农民很近的地方居住，出现市场，但仍然没有城市。当交易效率进一步提高时，专业制造者和专业农民以及不同制造业三者出现了高水平的分工，就出现了城市以及城乡的分离状况。

杨小凯和赖斯还证明，随着分工在工业中的发展及互不往来的社区数的减少，每个城市的规模会增加，同时在分工和城市发展的过程中，全部均衡从自给自足演进到完全分工时会经过一些不平衡的分工结构。这是由于城市节省交易费用的功能更强，使城市的工业品生产者的专业化水平、生产率以及来自市场交易的收入高于农村居民，但农村居民可以自由迁入城市，使城乡居民之间的真实收入水平在远期会实现均等化，这一进程被称为自然过渡性二元结构，它会随着交易效率的不断提高和分工朝完全专业化状况发展而消失。但是假如居民没有选择居住地的自由，二元结构就不会消失，城乡之间会出现真实收入的不平衡。

（二） 集中交易可以改进交易效率

聚集效应有两类，第Ⅰ类聚集效应是指从事制造业的人集中居住从而改进交易效率和促进分工而产生的效应；而第Ⅱ类聚集效应是指分工的网络效应和集中交易对提高交易效率的效应。第Ⅱ类聚集效应可以用来解释城市如何从分工中产生出来。当分工水平提高、交易的网络扩大时，总的交易费用会超比例地扩大；但如果参加交易的人将交易集中在一个中心地点，则会大幅度地降低交易费用。假如分工产生正的网络效应，则分工的网络效应使某种大交易网络集中在一个小区域，从而提高交易效率，分工的正的网络效应和集中交易提高效率之间的交互作用促使城市的产生。建立在分工水平之上的城市化效应是由分工的网络效应带来的，这种网络效应使交易和经济活动在地理布局上的集中产生了一种特别的经济效果，而这种经济效果是解释城市地价的决定因素，城市地价最主要是由分工网络的大小决定的，而分工网络的大小同该城市在交易中所处的重要性有关。另外，分工网络的大小还取决于交易效率，而交易效率又取决于交易的地理布局。集中交易提高交易效率的效应最终取决于分工的水平。杨小凯和赖斯的模型还证明了分工的发展使城市的个数减少，而使城市的规模扩大，城市会形成一个分层结构，居于上层的是少数大城市，居于中间的是中等城市，居于下层的是众多小城镇。这种大、中、小城市的分层结构是市场选择的结果，而不是人为设计的。

（三） 居住格局的决定与决定城乡地价差别的因素

为了解释居民的居住格局和城乡之间地价的差别是如何内生的，孙广振和杨小凯（Sun 和 Yang，1998）为此发展了一个一般均衡模型对这个问题进行探讨。城市出现后，居住在城市中的居民比住在乡村的人有更高的交易效率和较低的交易费用系数，城市的集中使第Ⅱ类聚集效应增加，城市所带来的方便使人们倾向于居住在城市，结果是使城市人均消费的土地面积减少，地价上涨。由于人们有迁居的自由，折中的结果是有一部分人留在农村，形成较为稳定的居住格局和交易格局。从根本上讲，居民居住地分布、交易的地理分布、土地消费状况、城市和乡村相对地价以及分工网络大小等诸多因素都是彼此依存的。

（四）最优城市结构层次及其形成

城市有很多好处，但城市并不是越大越好，运转良好的市场会自由选择出最优的分层城市结构。假如将交易都集中在一个城市会造成不必要的交易费用，而好处是可以在交易中加深分工的机会，可以利用更多交易中的专业化经济，使交易效率改进。这种对集中交易的好处和坏处进行两难折中的结果是城市会形成分层结构，既不会仅有一个超级城市，也不会把所有交易完全分散在各地进行。由市场自发形成的由大、中、小城市组成的城市分层结构对全社会而言是最优的，这是因为自由择业保证了人们在各个层次之间以及各行业之间的自由进出，使得没有任何人可以操纵交易的层次数和每层的人数（胡峰，2001）。

八　城市群理论

随着社会生产力和市场经济的高度发展，城市之间相互联系的强度越来越大，城市区域的界线也愈益超出行政区划，以至于某些区域内城市的发达程度和集聚程度等特征已非传统的农村和城市的概念所能描述，由此城市群理论的产生和发展就成为必然。法国地理学家戈特曼（J. Gottmann，1957）最新提出"城市群"（或者译为城市圈、都市圈）这一概念。他在对城市地区与扩展的大都市地区进行了深入研究后认为，一个可称为城市群的区域必须具备以下基本条件：一是区域内城市分布较为密集，有相当多的大城市形成各自的都市区，核心城市与都市区外围地区之间的社会经济联系密切；二是具有较大的总人口规模和高密度的人口分布，总人口在2500万人以上，人口密度至少应达到250人/平方公里，核心区密度应更高；三是有高度完善的城镇基础设施和高效率的网络流通体系将核心城市连接起来；四是属于国家的核心区域，具有国际交通枢纽的作用。简言之，戈特曼所指的城市群就是一个由地理位置上比较接近的，社会经济联系密切（包括物流、人流、资金流、信息流及文化科技等方面的交流）的众多城市组成的巨大的、多核心、多层次的城市群体。在戈特曼提出城市群这一概念之后，各国学者对此城市群进行了大量的研究也提出了各自的概念。其中，周一星（1988，2008），提出了与西方"城市群"相对应的中国概念"都市连绵区"，他认为"都市连绵区"是"以若干城市为核心，大城市与周围地区保持强烈交互作用和密切社会联系，沿一条或多条交通走廊分布的巨型城乡一体化区域"。姚士谋等（2001）系统地研究了城市群的相关问题，认为城市群是指在特定的地域范围内具有相当数量的不同性质、类型和等级规模的城市，依托一定的自然环境条件，以一个或两个特大或大城市作为地区经济的核心，借助现代化的交通工具和综合运输网的通达性，以及高度发达的信息网络，发展城市个体之间的内在联系，共同构成一个相对完整的城市"集合体"；城市群具有四个基本特征：城市群在形成发展过程中具有动态特征；城市群具有区域城市的空间网络结构性；城市群具有区域内外的连续性和开放性特点；城市群内的城市具有相互之间的吸引集聚和扩散辐射功能（刘智勇，2008）。

迄今为止，虽然在城市群相关概念的界定以及城市群空间范围的界定指标上尚无一致意见，但学者们对城市群的认识渐趋一致，即城市群由诸多不同等级规模的城市组成，各城市依靠彼此间越来越紧密的联系，共同对区域经济发展产生影响。城市群是地区经济集聚发展的产物，是工业化、城市化进程中，区域空间形态的高级现象，能够产生巨大的集聚经济效益，是国民经济快速发展、现代化水平不断提高的标志之一。

九　创新理论

"创新是一个民族的灵魂"。创新包括理论创新、技术创新、制度创新和管理创新等。创新对城镇化有着重大影响。

（一）技术创新对城镇化的作用

技术创新是技术与经济一体化的发展，深刻地改变产业结构和劳动组织结构，进而影响城镇化进程。最具实质促进意义的有三项。其一，先进的农业技术。农业技术创新使农业劳动生产率提高，把农村劳动力从土地上解放出来，推动人口向城镇转移。其二，便捷的运输技术。先进的运输技术使大量的物资流动成为可能，并大幅降低运输成本，对城市郊区化和城市密集带的出现起着推波助澜的作用。其三，发达的通信技术。这些技术使城市文明得以借助电子手段向更广大、更偏远的农村地区传播，有力地改变了农村的价值观念和生活方式，加快了城镇化的步伐。

技术创新对城镇化的贡献在于：技术创新创造出新的产业，增加就业岗位，推进城镇化进程；技术创新促进传统产业改造升级，吸纳更多人口，科技创新提高劳动者素质，改善生产的物质技术基础、扩大劳动对象范围、提高管理水平；技术创新也会造成传统产业的衰落，推动一些老城镇衰退；技术创新促进了劳动地域分工，改变劳动力就业的区域结构，形成不同功能结构的城镇。

（二） 发展思路创新对城镇化的推动

发展思路或发展战略思路是对未来关系全局性、长远性、根本性重大问题的分析、综合判断、预见的理性思维过程，是对经济社会变化发展的运动规律的思考与把握，进而对发展做出总体战略性构想。城镇化发展思路创新对城镇化具有巨大的推动力，主要体现在：有利于解放思想，打破常规，实现城镇化的跨越式发展；有利于避免教条主义，从本国本地实际出发，走出符合本国本地实际、具有特色的城镇化发展道路；有利于城镇化的全面系统发展，实现旧城改造与新城建设、经济发展与环境保护、城市文明和城市形象建设的结合，整体提升城镇规模和实力，避免单纯的人口进城和形式上的城镇化。

（三） 制度创新与城镇化进程

德国经济学家柯武刚、史漫飞在《制度经济学》一书中对制度的定义是"制度在这里被定义为由人制定的规则"。它们抑制着人际交往中可能出现的任意行为和机会主义行为。制度创新是指为解决生产关系与生产力、上层建筑与经济基础的矛盾而进行的生产关系和上层建筑的变革。在技术不变的条件下，通过制度创新同样可以促进经济发展。而技术创新，加上制度创新，经济发展将是高效率的。通过制度创新创造城镇化的条件，逐步建立完善的城镇化机制，将有助于实现城镇化的目标。城镇化的制度创新有三层含义：（1）消除城镇化进程中的政策制度障碍；（2）市场通过合理的制度设置把城镇化进程中的潜在资源激活；（3）通过设置新的制度安排弥补城镇化机制的缺失。发达国家城镇化进程也是制度创新的过程：一是消除束缚人身自由的制度、法律、政策障碍；二是在非农产业中采取股份制、在农业中采用圈地运动等扩大土地经营规模的资本主义经营方式，广泛动员激活潜在资源，实现城镇化资源配置的优化，提高城镇化效率，加快城镇化进程；三是通过社会保障制度创新，以新的制度安排解决城镇化进程中的经济社会问题，逐步建立起完善的城镇化社会。我国在推进城镇化进程中，相关户籍制度、土地制度、社会保障制度、行政区划体系、城镇规划体系、城镇建设投融资体系等制度对形成城镇化机制的约束，引起理论界的广泛关注。

（四）创新与城镇经营

城镇经营即把城镇看作一个经济社会活动主体，具有市场的逐利特性。城镇经营就是把城镇看作一个企业群，如同经营企业那样来经营城镇。一是经营城镇资产，实现资产的增值和扩张。把"资本运营"引进城镇建设中，通过盘活存量，扩大增量，实现了城镇资产增值。其中，经营城镇土地是基础，也是资本积累的"第一桶金"。二是经营城镇环境，实现环境增值。通过便捷的交通环境，高品位的广场、公园，发达的公益事业，完善的市场等新的城区环境，带动房地产增值，实现经济效益、社会效益和环境效益的同步提高。三是经营有收益的城镇市政设施，实现社会公益事业的市场化发展。既通过市政设施的经营，培育新的城镇产业，增加城镇就业机会，又通过经营权拍卖出让等手段收回投资，形成新的投资能力。创新理论是一个新兴的领域，该理论对城镇化的作用是巨大的。

十　社会保障理论

早在 19 世纪，德国便创造性地开展了社会保障方面的工作。1881 年，德皇威廉一世颁布了《社会保障法》，标志着德国社会保障制度的确立。英国是最早进行并完成第一次产业革命的国家，也是世界上工人运动发展最早的国家之一，因而，英国也成为西方发达国家社会保障制度建立最早的国家之一。早在 19 世纪末，美国也在部分地区实行过养老退休制度。1935 年罗斯福总统签署了《社会保障法》，标志着在德国和英国社会保险制度基础上建立起来的、现代第一个比较完整的社会保障制度在美国面世。由此可见，19 世纪 80 年代至第二次世界大战前是发达国家城镇化快速推进的时期，也是社会经济发展最不稳定的时期，同时也是发达国家社会保障制度形成时期。这一时期对社会保障制度有着深刻影响的是英国经济学家贝弗里奇1942 年发表的《社会保险及有关服务》，以至于在英国、瑞典等国家形成的包括"从摇篮到坟墓"在内的全套社会保障体系。社会保障制度对于城镇化的作用是巨大的。

（一）社会保障促进城镇化发展

城镇化的过程是一个经济不断发展的过程，可以说，经济发展是城镇化不断发展的保证。经济发展的重要特征表现为货币使用量的增大，大机器工业的发展以及大量农村人口向城市的转移。随着经济的发展，大量向城市转移的人口生活在都市环境里，并完全以工资为生活来源，生活方式和生活资料发生了很大变化。在改变后的经济环境中，各种事故和风险威胁着劳动者的正常劳动和生活，一旦正常的工资收入被迫中断或减少，便不能维持本人及其家庭的生活。这样，建立并扩大社会保障，使劳动者免遭各种事故和风险的袭击，以保证经济发展所需劳动力的供给，也就成为促进和保证经济发展的一个关键因素。养老保险既可以减少在职者的赡养负担，也可以打消在职者对自身养老问题的忧虑，提高工作的积极性和主动性；医疗保险能够保证劳动者改善和恢复健康，提高工作效率；失业保险为失业者提供了寻找工作的时间和进修提高劳动技能的条件，对社会稳定有不可磨灭的贡献；工伤保险、生育保险也同样重要。同时，社会保障基金对经济增长也做出重大贡献，如在新加坡，国民储蓄达到国内生产总值的 42%，其中公积金占国民储蓄的 1/3，这种高储蓄率使新加坡国内有大量资本可投入生产，从而促进了经济的高速增长。

（二）社会保障促进城镇化稳定发展

社会保障是实现收入再分配，促进社会公平的手段。社会保障对收入的横向再分配，即在健康工人与患病工人之间、工作者与退休者之间、无生育者与有生育者之间的再分配，是社会保险的各个项目都有的。一方面，人们按时缴纳保险费；另一方面，各保险项目在有人发生劳动风险时将保险金转付给这些人。社会保障对收入的纵向再分配，即将高收入阶层的收入及其购买力转移给低收入阶层，这种纵向的调节有助于克服社会分配的不公和缩小社会贫富差距，消除社会不安定因素，为国家和社会的发展提供稳定机制。

（三）社会保障为城镇化发展创造条件

第一，社会保障是减弱贫困、改善生活条件和促进社会进步的工具。最初的社会保险计划是为了使劳动者得到比社会救济更好的保护，使他们免遭贫困。后来，社会保障的完善和加强，使更多的劳动者在遭遇困难时得到了满足基本生活的需求。虽然社会保障不能消灭贫困，但在减弱贫困方面做出了重要贡献。只有减弱贫困，才能更好地调动社会成员的劳动积极性，保证城镇化的顺利进行。第二，完善的社会保障制度对城镇化进程起着促进作用。城镇化的过程表面上是农民进城的过程，但在这个过程中，社会保障对于保障农民的生活能够井然有序的作用不可低估（胡际权，2005）。

第二节　国内外城镇用地增长的研究

土地是城镇化和城市建设的最基本载体，任何一项城镇化过程和城市经济社会活动均离不开土地资源做支撑。随着全球城镇化进程的推进和社会经济加速发展，城市建设用地不断增长、扩展成为重要特征，目前在发展中国家体现较明显。城市建设用地增长是城镇化发展的必然需要，但由此也带来耕地流失、环境污染、生态环境破坏等一系列资源环境问题。城市建设用地增长研究引发来自不同领域学者的探讨，也一直是城市发展研究的热点，深入开展城市建设用地增长研究可为促进城市的可持续发展、减少城镇化过程的资源环境负效应提供理论和实证支撑，为深化中国城市建设用地增长系统研究、解决当前用地矛盾现实问题、科学推进城市建设与发展、建立人与自然和谐相处的城市环境提供参考（王宁，2012）。目前国内外对于城镇用地增长的研究主要集中在以下几大领域。

一　城镇用地增长时空过程与特征研究

城市建设用地增长时空过程与特征研究，即采用多时序的统计数据或遥感数据，通过一定技术手段分析城市建设用地增长空间分布特征与变化规律。城市建设用地作为城市用地的主要部分，国外对其增长研究主要包括城市用地增长与城市扩张研究。城市建设用地增长的时空过程研究不仅是城市发展研究中的重要内容，同时也是全球环境变化的一项基础研究内容。在全球普遍性的城镇化发展进程中，随着城市吸纳人口逐渐增多，城市用地不断扩张、城市数量不断增加，这在发展中国家尤为明显。学者们对城市建设用地（或城市用地）增长进行了大量实证研究，不同国家、区域的用地增长研究反映出不同的增长速度、模式与空间变化。如 Masek（2000）利用 Landsat 遥感图像对华盛顿 1973～1996 年的城市增长状况进行了研究。通过三个时段的研究表明，该地区建成区以每年 22 平方公里的速度扩展，20 世纪 80 年代后期扩展十分明显。该研究利用了覆盖值区别城镇用地与农业用地取得了较好的效果（周忠学，2010）。Angel 等对全球 120 个城市的研究表明，在过去 20 年里，城市人口年均增长 1.7%，而城市用地增长却为 3.3%，预计发展中国家城市建设用地面积将由 2000 年的 2.0×10^5 平方公里增长到 2030 年的 6.0×10^5 平方公里。同时，城市蔓延也逐渐得到关注，尤其是 20 世纪 90 年代以后，城市蔓延成为美国学术界研究的热点问题。

中国作为重要的发展中国家，改革开放以来社会经济迅速发展，城镇化速度更是惊人，高于世界平均发展水平。中国为城市发展和城市建设用地增长研究提供了较好的实证研究地域与素材，吸引了大量国内外学者开展相关研究，研究主要集中在 20 世纪 90 年代之后。田光进等（2002）对 90 年代中国城乡居民点用地时空特征的研究表明，20 世纪 90 年代前 5 年全国城镇用地增长约为 6.77×10^3 平方公里，后 5 年是前 5 年的 21.03%；Tan，M. H.，Li，X. B.，Lu，C. H.（2005）的研究表明，中国 145 个大中城市建设用地增长 3534 平方公里，东、中、西部分别占 75.3%、14.5% 和 10.4%，其中东部增长速度最快。曹广忠等（2011）以长三角地区为例，对都市区与非都市区的城镇用地增长特征进行研究表明：不同地域单元在中心 – 外围关系上存在差异，都市区进入均衡扩散阶段而非都市区以中心城市极化为主，孤立都市区的扩散效应较弱，非都市区地域的县域单元受到邻近都市区的影响而呈现不同的城镇工矿用地扩展特征。都市连绵区内不同亚区域存在发展阶段与空间关系的差异，加剧了都市连绵区空间结构的复杂性。中心城市、外资拉动、县域经济内生的多重力量推动都市地域呈现独特的空间规律。黄季焜等（2007）对县级单元城镇建设用地扩张的研究发现，1989～2000年东部地区建设用地增长速度有所减缓，中、西部地区明显加速。1990～1995年城市用地增长速度远高于1995～2000年，东部扩张区域主要在京津冀、长三角和珠三角区域，其中京津冀地区增长最快。葛春叶（2009）对重庆市城镇建设用地时空演变格局及其驱动力的研究表明，1997～2007年重庆市城镇用地处于不断扩张的状态，占建设用地的比重不断上升，但增长速度不均匀，地区差异明显。1998～2003年城镇用地缓慢增长，2003年后城镇用地外延扩张明显加快，用地规模不断增加。重庆市城镇用地扩张主要集中在一小时经济圈。胡映（2012）对黄山市城乡建设用地时间变化特征和城乡建设用地空间变化特征进行了研究。张志斌（2010）对西北地区关中平原城镇密集区、兰州－西宁城镇密集区、银川平原城镇密集区、天山北麓城镇密集区的城镇空间结构及发展演化进行了详细的研究。除了探讨全国以及宏观经济区域尺度的城市建设用地增长外，对于重点城市如北京、石家庄、上海、常熟、无锡、东莞、广东、深圳、长沙、新疆等也进行了大量研究。总体来看，不同城市在不同时间段的城市建设用地均呈现不同程度的增长，且增长轴向、模式不同；统一在20世纪80年代后期增长速度加快，部分城市在21世纪初期增速减缓（赵常兴，2007）。

二　城市建设用地增长影响因素与动力机制研究

城市建设用地增长影响因素与动力机制研究是城镇化发展研究的重要内容之一，它直接揭示了城市建设用地增长的原因和作用途径，为预测城市建设用地未来发展并制定相应对策提供依据。城市建设用地增长是具有阶段性、多样性和复杂性特征的过程，无论处于哪个阶段，总受多重驱动力的共同作用。在对城市建设用地增长影响因素与动力机制进行研究前，必须先了解学者对于城镇化发展动因及动力机制的研究。学术界关于城镇化发展动因的研究主要有以下几种观点（张沛、侯远志，2009）。

（1）工业化派。该派学者根据欧美发达国家的城镇化进程，认为产业革命是大规模工厂化生产的前提，工业艺术的进步促进了规模经济的发展，生产聚集引致城镇化革命。城镇化的发展又促进农业与工业的分离和对农产品的需求，推动农业的产业升级，从而使城市工业、服务业的发展得到了食物上的保障。

（2）农业剩余产品派。持此观点的学者，如松巴特、芒罗等，认为一国城镇化所能到达的最大限度，是由其自身获得剩余粮食的能力决定的，而这种剩余粮食的生产是由第一产业生产力所决定的。

（3）劳动分工派。劳动分工派学者针对农业剩余产品派的观点，提出剩余粮食的生产并不一定必然导致城市的产生和发展，认为城市的本质是第二、三产业的集聚。

（4）个人意识发展中心论。该派学者不仅考虑到物质方面的因素对城市产生、发展的影响，而且探讨了人本身精神方面的作用。如德国社会学家韦伯就把中世纪以后的城市看作强烈的个人意识发展的中心，认为人作为"公民"，在新的城市法律面前成了平等与"自由"的成员，摆脱了从前贵族所实行的那种传统等级制度封建枷锁；如此，城市有了巨大吸引力，使大量的农村人口流向城市，促进了城市的繁荣。

（5）综合论。综合论学者认为，城镇化的动因因历史时期不同、地域不同、国度不同、国际环境不同而不同，而且个人因理论观点的不同，其看法也不尽一致。在具体研究过程中，应根据情况的不同而有所改变。

而在具体实践中，张沛、侯远志（2009）在《中国城镇化理论与实践——西部地区发展研究与探索》一书中，对城镇化发展的动力因子及动力机制进行了系统的研究。该书认为农业是城镇化的初始动力，经济发展是城镇化发展的根本动力，第三产业是城镇化的后续动力，产业结构持续高级化是城镇化的持续动力，政策制度和科学技术是城镇化发展的重要动力。另外，该书还认为城镇化发展的动机机制包括城市的拉力和乡村的推力机制和产业结构转换动力机制。梁进社（2002）等研究得出城市建设用地增长率和人口增长率之比是一个不变的常数；Li（2003）等的研究结果显示，人口密度是城市规模扩张的内部驱动因素，经济是城市用地规模扩张的外部推动因素；Deng（2010）等的研究结果表明，经济增长 10% 对应城市用地增加 3%，且经济结构对中国城市用地规模有重要影响；赵涛（2005）认为，经济发展是中国城市用地扩展的最根本动因，产业结构调整是中国现阶段城市用地快速增长的直接推动力，人均 GDP 提高和人口增长进一步加速城市用地增长，而农业经济发展对城市扩展的影响较弱。Seto 和 Kaufmann（2003）对珠江三角洲地区城市用地增长的研究发现，外商直接投资（FDI）的增加和农业土地生产率与城市土地生产率之比的递减是主要原因；在长江三角洲地区，乡镇企业则为内部环境因素，它为城市建设提供保障、加速非农人口转化、促进小城镇的发展。除了人口与经济影响因素外，Sheshinski（1973）、Brueckner（1983）等认为交通是影响城市用地规模的重要因素，交通条件的改善对城市用地扩展具有不同程度的促进作用；Henderson（1974）及孔爱国和郭秋杰（1996）认为对污染征收污染税将提高城市居民的福利水平，进而有效促进城市用地增长，相对应的城市环境改善与绿化覆盖面积对城市建设用地增长具有正向作用；李荣威（2013）从城市居民收入水平的角度来解读我国城市建设快速增长的问题，采用协整分析法对城镇居民人均家庭可支配收入和建成区面积进行分析，得到我国居民收入水平和城市建设用地之间存在长期均衡关系，但短期内的响应关系不明显；城镇居民可支配收入是建成区面积变化的 Granger 原因，但滞后阶在 3 以上，反向关系不明显。这表明我国城市居民收入水平的提高对城市建设用地增加有所影响，但这种影响短期内不明显，更多地表现为一种长期的作用。姚士谋（1998）认为国家宏观调控能刺激长江三角洲地区经济飞跃、加快城市建设，驱动城市建设用地增长、扩展。李昶（2013）以在我国经济增长和城市发展中具有先导作用的特大城市为研究对象，通过对 1999～2011 年北京、天津、上海、广州等特大城市土地利用分类数据的比较研究，从建设用地动态变化度、人均建设用地、建设用地结构信息熵等入手分析了我国特大城市建设用地规模与结构的演变特征与规律。陈志（2006）认为武汉市建成区土地利用结构变化与城市产业结构、城市建设与改造压力以及城市福利与城市社会结构变化密切相关，其中产业结构变化的影响最为显著。徐晓雨（2012）通过系统地对武汉建设用地的变化从自然因素和人文因素两个方面进行了驱动力的分析，得出自然因素对武汉市的土地利用变化影响不大，而社会经济因素是影响其变化的主要驱动力的结论。

综合各学者对于城市建设用地增长影响因素与动力机制研究来说，城市建设用地增长影响因素分为自然因素与社会经济因素，相对于前者，社会经济因素活跃且易于探测。在城市建设用地增长动力机制研究中，关注最多的是社会经济因素及其影响途径，涉及人口增长、经济发展、固定资产投资、城市化、工业化、交通条件、政策制度、社会行为、城市环境、绿化覆盖面积等。

三　城市建设用地增长预测研究

快速城市化使城市建设用地需求不断增加，预测城市建设用地增长具有十分重要的意义。城市建设用地增长预测是城市土地利用总体规划的基础。目前，城市建设用地增长预测研究大致可分为两类：一类是用地时空扩展模拟，另一类是用地规模预测。早在20世纪60年代，城市模型广泛用于城市发展研究，并在新技术的支持下逐渐能够模拟城市未来发展，但直到CA模型出现才真正实现了城市扩张的二维空间特征研究，该预测研究主要依托空间数据并受扩展规则约束。而城市建设用地增长规模预测建立在不同的预测指标与数学模型基础上。预测指标主要为人口与社会经济指标，如非农人口、固定资产总额、地区生产总值等，并且采用不同指标和模型的预测结果不同。如安祥生（2006）用城镇人口与经济因素分别对山西省城镇用地进行了预测，并进行比较，发现前者更符合规划的要求而后者预测结果偏大，因此提出在规划编制实践中，可以采用多种方案对组合预测结果进行加权求和。自陈玮（1989）首次用科学方法对城市建设用地总量进行预测以来，郑锋（1994）、陈国建（2002）、孙秀峰（2005）、闵素娟（2006）、朱明仓（2007）、高凯（2007）、唐晶（2008）、王希营（2009）、朱希刚（2010）等分别运用定额指标法、趋势预测法、回归预测方法、灰色系统预测模型、双因素预测法、平均增长率法、趋势预测法、人工神经网络预测法、马尔可夫链分析法以及组合预测模型等不同的方法研究城市建设用地需求总量。王伟星（2012）利用兰州市1996~2005年建设用地及相关数据，运用灰色关联分析法对建设用地变化的社会驱动力进行分析；采用缓冲区方法和动态变化分析兰州市 1996～2005 年建设用地的空间扩展和动态变化程度，利用趋势预测法和回归分析模型对兰州市区建设用地进行定量的预测研究。结果表明：预计未来 10 年兰州市建设用地增长要比 1996～2005 年快；袁健（2004）从土地供应调控的角度，把城市建设用地需求分为基础设施及工业用地需求、房地产开发用地需求等进行建设用地需求量预测；张奇（2008）基于元胞自动机和 GIS 的城市建设用地扩展模拟和预测长江三角洲某地区城市建设用地规模和布局，并提出未来城市扩展研究中 CA 的展望。陈国建（2002）从重庆市城市建设用地的实际情况出发，采用目前应用广泛的灰色系统分析法 GM（1.1）预测了重庆市区城市非农业人口规模，进而算出城市人口，并根据几种可能的人均用地水平科学地预测了未来重庆市区城市建设用地规模。另外，城市建设用地增长是由对部分甚至大部分的耕地占用来实现的，部分学者从耕地转化为城市建设用地的角度来预测城市建设用地增长（张庭伟，1999）。

总的来说，城市建设用地增长是受各种因素共同作用的非线性复杂过程，预测研究中需要一定规则、指标或者模型支撑，虽然预测具有不确定性与片面性，但在一定程度上为城市发展中的用地规模需求与未来土地空间发展研究提供了科学参考。

四 城市建设用地增长控制研究

国外城市用地扩张控制产生于 20 世纪 20 年代，多以统一规划和严格的政策、法律来限制，一般都将城市土地按其利用目的划分为若干区域，并对每个区域的用途、建筑容积率、建筑密度、建筑物高度等加以规定。在欧洲，以英国为代表的国家从 20 世纪初颁布控制城市土地开发的法律，实施较严格的"绿带"（Greenbelts）政策，一定程度上控制了城市蔓延对环境和社会的冲击。在美国，围绕如何解决城市蔓延所带来的问题，规划界出现了"区域主义"（Regionalism）、"城市增长管理"（Urban Growth Management）、"新城市主义"（New Urbanism）、"精明增长"（Smart Growth）等诸多理念和思潮，主要措施集中在"城市增长管理"和"精明增长"上。其中，设定"城市增长边界"（UGB）与英国的"绿带"政策极为相近，是一种严格的控制蔓延并引导合理增长的规划方法。Kline 等的研究表明，设立城市增长边界对郊区农用地转为城市用地有明显作用，"精明增长"是计划好的开发，可以保护开放空间和农田，综合集约利用土地等，其内容更丰富（王婧、方创琳，2011）。

在中国，主要是通过土地利用规划、城市规划来引导、控制城市建设用地增长，部分学者做了相关定量研究。如邱道持（2005）在定性分析城镇人口增长和固定资产投资为拉动城镇建设用地的两个主要因素的基础上，通过计算两要素拉动城镇建设用地增长的理论峰值，提出以建设用地控制系数计算规划期建设用地增量目标的方法。刘红萍（2006）在总结我国现有城市用地扩张控制措施的基础上，对现有控制措施在控制城市用地扩张上的执行结果与执行过程的成本收益分析进行了全面评估。分别从控制措施制定的客观层面与控制措施实施的主观层面对控制措施失效的原因进行了深层次分析。雒占福（2009）在国内外对城市空间扩展与对精明增长研究进行综述的基础上，通过"精明增长"视角，对城市空间扩展进行机制促动作用与目标促动作用的分析，揭示精明增长与城市空间扩展具有内在的同一性。在此基础上，建立了基于"精明增长"的城市空间扩展理论框架，并以西部河谷型城市为案例，进行实证研究，提出了"精明增长"的城市空间扩展策略。程茂吉（2012）从城市增长强度、城市增长效益、城市增长和谐水平三个方面，构建了一个有实用性和针对性的城市"精明增长"的综合测评指标体系；然后以全国省会城市、直辖市和副省级城市为参照系，利用定量方式分析南京在全国同类城市中"精明增长"状况和变化情况。闫兵（2012）分别从城市紧凑模式、城市增长控制模式、城市空间结构建设模式、城市土地利用模式与城市交通模式五个主要方面详细研究了我国高密度城市，提出了合理的城市密度引导城市紧凑型规划，总体平衡与片区集约的城市增长规划，公交型中心体系与公交走廊引导空间结构规划，"产业－居住"平衡和复合空间的土地混合规划，公共交通与慢行交通为中心的城市交通规划等我国高密度人居环境下紧凑型城市建设的应对措施。

五　城市建设用地增长保障研究

国内外对于城市建设用地增长保障的研究较少，多从确保城市发展的用地规模和用地需求预测方面进行研究，以法律规范下的土地集约利用、土地整理等为重要对策。王婧等（2011）首次对中国城市建设用地保障进行较为系统的研究，研究成果包含了城市建设用地保障程度定义、影响因素及影响机理、城市建设用地与城镇化水平相关关系、城市建设用地保障程度综合测度与预测等内容。目前，中国城市建设用地增长正面临巨大挑战，面对城镇化推动下的城市建设用地快速增长与最严格的耕地保护制度，城市发展继续占用耕地、城市建设用地规模的刚性增长会受到制约。然而，针对当前中国农村建设用地并未随人口而转化、用地闲置且效率低的发展现状，城乡建设用地置换成为研究热点与新方向，并成为城市建设用地增长保障新的对策。城市建设用地增长保障研究中的用地置换研究较少，处于理论探讨和结合现实进行问题分析的初步探索阶段，还没有深入的理论与实践研究，尤其缺少量化研究。

六　城市建设用地增长对耕地占用的研究

城市建设用地增长是人类作用于地球表层最直接的痕迹。随着城市人口增长和城市规模扩张加快，绝大多数国家尤其是发展中国家城市建设用地增长迅速，引起土地利用格局发生前所未有的变化。尤其是由城市建设用地增长导致的耕地流失，是目前全球变化研究中极为关注的重大问题之一。根据Fazal（2000）的预测，20世纪80年代末期到2000年，全球约有 2.4×10^5 平方公里耕地转化为城市用地，占全球耕地总量的2%。Chhabra（1998）对印度耕地流失的研究表明，1955~1985年 1.5×10 平方公里的土地用于城市发展，1985~2000年超过 8.0×10^3 平方公里的土地转化为城市用地，其中大部分是耕地。而在国内，田光进、庄大方（2003）对20世纪90年代城镇用地增长的时空特征研究表明，城镇用地扩展的来源中59.16%为耕地，15.24%是农村居民点规模扩大转变为城镇用地或城镇扩展兼并农村居民点用地，第一级城镇用地扩展造成耕地资源减少占全国的69.88%；对大中城市建设用地扩张而言，145个城市的建设用地扩张中，有70%的新增城市建设用地来自耕地，东部的长江三角洲、珠江三角洲、京津唐地区、山东半岛和西部成都平原等地区是中国城市建设用地扩张快、占用耕地比例高的区域。杨桂山（2001）对长江三角洲的研究表明，1958 年以来，长江三角洲地区耕地数量总体上呈明显的减少趋势，经历了"急剧减少－缓慢减少－快速减少"的变化过程，其中城市建设用地增加是耕地减少的重要原因；1988～1996 年珠江三角洲地区城市区域增长 364%，其中 70% 新增城市用地来源于耕地占用；1990～2000 年京津冀地区城市用地增长 71%，其中 74% 来源于耕地占用。城市建设用地和耕地是两个联系紧密的土地类型，耕地是建设用地增长的重要来源之一，已有研究主要从不同角度研究区域内两种类型土地格局变化。

第三节　国内外对中国城镇化和城镇用地其他相关问题研究

一　国外学者中国城镇化问题的相关研究

国内外对于城镇化和城镇用地的相关问题研究极其广泛，本节主要介绍国内外对于中国城镇化相关问题的研究。唐磊、鲁哲（2013）主编的《海外学者视野中的中国城市化问题》一书，对国外学者针对中国城镇化相关问题的研究进行了详细介绍。

（一）城镇化：发展策略和路径选择

白雪梅（2008）在《中国城市转型的趋势、影响与政策指向》一文中从历史趋势、政府城镇化政策、城市经济学意义三个方面对中国城镇化趋势进行了研究，同时分析了城镇化的环境影响和社会影响，对中国城镇化未来趋势和政策影响进行了预测。弗农·亨德森（Vernon Henderson，2013）在《中国城市化：面临的政策问题和选择》一文中，从中国城镇化速度与水平的比较、高水平且不断扩大的城乡收入差距、城市数量总的人口不足、城市经济结构、城市治理机制、城市行政层级和移民在城市中的生存条件七个方面对中国城镇化的鲜明特征进行了研究。同时对中国城镇化发展未来十年的政策选择提出了三条建议：一是在快速城镇化进程中统筹城乡发展。通过消除农村剩余劳动力进入城镇化的障碍、投资于农村的劳动力、改进农民的生存条件、避免过度拥挤的超大城市出现等几个方面统筹城乡发展。二是促进自然资源的有效利用。从实现粮食安全、强化农村土地产权、鼓励有效的土地利用和减小城市蔓延、提高土地利用效率、通过土地利用规划和市场运作建设宜居城市、确保土地由出价最高者获得并实现最好的土地利用、加强城中村的产权保护，整合城市行政管理7个方面促进自然资源的有效利用。三是城市管理。通过重新界定市长的职责、重构城市融资渠道、改革城市的行政层级加强城市改革。郑在浩（2011）在《改革时代中国城市发展的秘诀》一文中对中国为什么选择省以下的城市作为地方代理进行了研究，将得天独厚的优势、优惠政策和发展策略作为省以下城市发展的秘诀进行了详细剖析，对中国的城市类型与文本集的选择进行了分析。同时，他对中国14个城市进行了比较研究，从相似性与差异性的角度对地方经济发展的秘诀进行了分析。爱德华·雷曼（2012）在《都市圈：中国城市化进程中面临的新挑战》一书中对中国都市圈进行分析比较后提出了中国都市圈面临的5个关键挑战，即实现城镇化经济、发展生产和创新能力、把集聚效应的收益扩散到弱势人群、引导城市和郊区的发展和都市圈的治理和管理，并对中国目前为支持公共政策所需要的研究进行了总结。

综合来看，国外学者对于中国城镇化发展策略和路径选择的研究主要集中在以下三个方面：（1）中国城镇化的特征与发展趋势。白雪梅一文对中国城市转型历史阶段的概括，弗农·亨德森对中国城镇化特征的总结，都反映了海外学者对于中国独特的城镇化模式进行研究的趋势。郑在浩一文通过案例研究，对案例城市的发展途径和影响因素进行了分析，认为影响中国城市发展途径的因素主要包括资源、中央及省级政府的行政安排与目标定位以及城市自身的"创造"条件。这种案例研究方式，对改革期中国城市经济发展模式之间的相似性与差异性进行分析，对于深化中国城市化模式的认识具有重要的意义。（2）中国城镇化面临的问题与挑战。从国外学者的研究可以看出，他们对于中国城镇化的作用总体上持乐观的看法。如白雪梅的文章提到城镇化对中国工业、服务业和农业发展具有积极作用，赞同"中国城市化和工业化是经济增长这辆马车两个不可分离的车轮"的观点；弗农·亨德森指出，"城市是增长的引擎，它们是创新和复杂技术的孵化之地"，他认为"大多数制造业和服务业在城市进行更有效率"。爱德华·雷曼认为"都市圈是中国主要的生产率和财富中心"。但是海外学者在肯定城镇化积极作用的同时，更关心中国城镇化所面临的严重问题和严峻挑战。白雪梅重点分析了中国城镇化的环境影响，她意识到工业污染已经是中国城市生活中不可避免的一个方面，高度污染让城市居民付出了惨痛的代价，城市的扩张也威胁着耕地资源，中国城市必须在工业化国家城市更低的水平上去处理高消费产生的污染。弗农·亨德森对中国城镇化面临的问题与挑战分析的视角更加广泛，他注意中国城镇化过程中城乡差距扩大，大多数城市太小不能利用城市集聚经济，城市管理者偏好发展制造业导致城市经济结构中商业和金融等服务业发展不足，城市治理机制不完善，城市新移民难以融入城市社会等一系列问题。爱德华·雷曼在分析中国都市圈时，发现都市圈的无节制扩张导致农业用地的消耗越来越大，给郊区和中心城区带来了包括污染、交通堵塞等负面影响，使中国很多城市并没有享受到都市圈带来的集聚效应，加上城市人力资源积累不足，严重影响了这些城市的生产力和创新水平。（3）城市发展战略和政策及城市治理机制。白雪梅从城市可持续发展的角度，对中国城市环境综合治理提出了政策建议。弗农·亨德森从经济、社会、政治等广泛视角，提出了未来中国城镇化的政策选择。他提出了在快速城镇化过程中，应当缩小城乡收入差距、促进和谐社会的建设、防止城市低收入人群增多、避免城市过度拥挤的政策建议和统筹城乡发展的战略。爱德华·雷曼指出，由于中国都市圈的迅速涌现，都市圈的协作以及超越现有的行政单位的界限，致使行政区域之间的协调和合作非常困难，而行政区之间的协调和合作是都市圈运行良好的一个重要标志。因此他提出要转变政治和制度文化，合理界定各级政府的职责，在各级政府之间重新进行财政收入分配等建议。这些政策主张对于许多中国城市管理部门而言都是很有价值的。

（二）城市社会：阶层、结构与认同

艾伯特·帕克（Albert Park，2009）在《中国城乡不平等》一文中针

对中国城乡差异这一典型现象，从城乡不平等策略的偏差来源、理解城乡之间的巨大差异、城镇化和人口流动以及政策对城乡差距的影响几个方面，对中国城乡不平等进行了较全面的研究，并就缩小城乡差距提出了较为详细的政策建议。范芝芳在《定居意愿和分居家庭》一文中，以对北京城中村移民调查研究为基础，对居民的定居意愿进行了研究，得出结论认为：定居意愿包含一系列复杂的因素，如体制、社会、家庭和个人等方面的考虑，城市被移民更多地视为挣钱和增加家庭收入的地方，即刻的经济回报是影响永久定居的唯一考虑因素。边燕杰和西奥多·格伯的《中国城市与俄罗斯阶层结构和阶层不平等：制度改革还是经济成就的影响?》一文，通过考察在向市场经济转变的过程中，中国城市和俄罗斯的阶层结构和阶层不平等是否改变以及如何改变的问题，从市场化与经济增长如何影响不平等的更广泛理论中得出一系列关于阶层结构和不平等的预测。作者通过对中俄的对比，认为将当代中国城市阶层不平等模式单纯归结于市场改革或是经济发展都过于简单。卡罗琳·卡地亚（Caroline Cartire，2011）在《中国南方的象征性城市/地区及其性别身份的形成》中关注的问题是，在中国城市化不断向前推进的历史背景中，随着城市空间的扩展，它从结构上给中国人口带来了人口流动及社会流动的机遇，这一机遇带来了一系列与之相关具体的"空间机遇"——可以居住、购买、体验、工作以及逃离的地方，"为男人女人创造了探测性别认同与性行为边界的地方"。通过分析在迁徙和移民的背景下和对地域性、社会性、迁徙这种流动性的可能性的向往中产生和形成的区域间关联，运用相关实例探讨这种新的流动性所带来的启示。

总体来看，国外学者主要关注中国城镇化发展中社会结构问题过程和社会结构问题。他们对于中国目前的改革前景及改革是否存在足够的内部动力基础持谨慎的态度。帕克认识到可能存在城乡不平等测量偏差来源，并认为各种政策影响着城乡差距的扩大，这些政策包括农村工业化、定价、贸易自由化、税收与补贴、农业投资、教育与健康、农村信用社、扶贫方案等。他强调促进更大的劳动力流动作为缩小未来城乡差距战略的重要性，认为政府应当逐步淘汰户籍制度。范芝芳认为目前中国国内流行的指导移民研究框架——集中关注通过废除户籍制度来解决农民工问题，认为农民工渴望成为城市永久性居民——是站不住脚的。认为许多农民工并不愿意永久性居住在城市。卡罗琳·卡地亚认为"中国南方的象征性城市/地区及其性别身份的形成"中至关重要的一个因素是，中国城市管理中的权力体系的等级制度"创造了一个居住分配的金字塔式等级体系，从最底层到顶端的中央管辖城市。每一个更高等级的居所均对其居民意味着更高的地位和更多的机遇，因此户籍制度强化了大城市作为人民最向往的生活和工作制度的现实与象征的价值观念"。

（三）城市治理：制度设计及其挑战

柏兰芝（2012）在《产权改革与中国城乡结合部基层治理的变化》一文中，关注城乡结合部基层社区的治理，作者从农村城镇化过程中因土地利用、征地拆迁等因素造成的社会问题出发，以北京市昌平区为案例，揭示了产权方面的改革，对改善城乡结合部基层治理的重要作用。日本政府最重要的智囊团之一三井物产战略研究所中国经济中心的《中国的城市化与社会底层的户籍问题研究》一文主要是有关中国城镇化与户籍问题的研究。该文章认为户籍制度最重要的弊端是形成了农村和城市的二元社会结构，由此造成了城镇与农村的经济差距、城市居民与农村居民的收入差距。这一问题以农村涌向城市的农民工为载体，发展为整个中国社会问题。吴维平、艾米丽·罗森巴姆（2012）的《移民与住房：中国与美国的比较研究》，主要讨论的是移民和住房的问题。作者研究的重点集中在造成当地居民和流动人口住房状况差异的原因上。分析了美国非法移民和中国城市流动人口的住房状况的共同点和区别。共同点表现在：二者的住房状况无论从区位还是从具体条件来看，均无法与固定居民相比；非正式住房是解决移民问题的重要途径；社会资本在移民住房选择中发挥了主要作用。不同点表现在，美国对非法移民的限制没有中国严格。作者认为，对移民的排斥，是导致不同地区移民住房分化的根本原因。因此，满足流动人口对公民权利的诉求，要有更多宽容的流动人口政策。伊恩·G. 库克（Ian G. Cook）、杰森·L. 鲍威尔（Jason L. Powell）的《老龄化城市社会：话语与政策》从经济话语、社会话语方面分析了老龄政策，反对目前关于老龄人口流行的生物医学话语，主张以一种现实年龄主要是社会建构而非生物医学状况的言论取而代之。从政策层面而言，作者建议研究者及决策者抵制那些简单的模式化政策，而通过更为精明的政策，使老年人发现自己的需求和意愿，而不是假定所有的老年人都因为其"老"而希望获得同样的结果。

可以看出，国外学者对中国城镇化过程中的经济、政治和社会权利问题比较关注，柏兰芝用案例正面肯定了财产权利的改革对城市治理的重要性。三井物产战略研究所中国经济中心的文章指出了户籍限制和身份权缺失是导致城乡二元分割的重要原因，中国要迅速发展，就必须深化户籍制度的改革。吴维平、艾米丽·罗森巴姆关注的是城镇化过程中移民的住房权利。伊恩·G. 库克、杰森·L. 鲍威尔揭示了目前流行的老龄化话语叙述背后所暗含的单纯生物医学特征。主张针对不同老年人的特征，实现老年人的多元权利，而不是把老年人当成具有共同单一需求的对象。

（四）城市发展：全球化与可持续

吴福龙（2011）在《全球化与中国的新都市》中，对正在向世界城市迈进的中国新都市的发展问题进行了探讨，将全球化对中国城市发展的影响聚焦到世界性城市的形成上，认为"全球化对城市的影响往往是通过城市的特别类型——世界性城市来评估的"，"与已建成的世界经济中心相比，全球化在那些处于此进程中的城市中表现得更加明显"。爱德华·斯坦菲尔德（2011）通过《中国能源挑战的实质与应对之策》一文对中国能源挑战的本质、中国能源消费趋势、能源生产和供给趋势、中国未来的政策方向、电力领域的价格改革和市场化对中国城镇化带来的迅速增长的能源需求，及其性质、满足这些需求的复杂性进行了分析。茨马拉克·沙利兹（2012）则在《水和城市化》中对中国另外一种重要资源——水进行了研究。他通过概览中国水资源日益匮乏的状况，描述水资源供应的类型和趋势及污染对水资源供应的影响，并从政策与投资等多方面研究水对中国城市发展构成的限制影响，及提高水资源的供应使用和循环利用的范围。

综合来看，国外学者从经济全球化和可持续发展的视角探讨中国的城市发展问题，主要从以下几个方面展开：（1）全球化对中国城镇化发展的影响。如吴福龙对中国新都市发展问题的研究，探讨了经济全球化对中国世界城市形成的影响。（2）全球化背景下中国城市可持续发展面临的挑战。全球化使中国的城镇化与全球的可持续发展紧密地联系在一起，中国城镇化的发展，意味着能源、资源需求的不断增加，就如爱德华·斯坦菲尔德文章所说的，"从根本上说，中国可持续发展与世界可持续发展早已合二为一了"，他在《中国能源挑战的实质与应对之策》一文中探讨了城镇化背景下中国迅速增长的能源需求的实质、满足能源需求的复杂性以及与长期的资源与环境可持续有关的全局性政策与制度挑战。而茨马拉克·沙利兹在《水和城市化》中对中国水资源日益匮乏的状况、水资源供应的类型和趋势、污染对水资源供应的影响进行了分析，对水资源需求和水资源跨部门分配的可能趋势进行了评估，并提供了一些政策建议。（3）适应全球化和可持续发展的城镇化的应对策略。在中国城镇化快速推进的过程中，土地资源紧张、能源短缺、水资源匮乏、环境问题严重等非常突出，制定适应全球化和可持续发展的城镇化的应对策略就显得极其重要。吴福龙的文章从全球化的视角提出：中国的新型城镇化是全球化的具体表现。为获得全球竞争力，作为国家实行"发展战略"的具体形式，城市应争取在不断变化的经济格局中获得更有利的地位。爱德华·斯坦菲尔德从城市能源需求角度，提出应关注城市化策略的选择问题，不能奉行分散的城市化策略；并建议在满足城市能源需求方面，应提高能源效率、允许市场力量运作及向气能源转变。茨马拉克·沙利兹从城市水资源短缺的角度，提出"除十分重要的例外，鼓励那些目前不缺水或暂时不缺水的地区进行城市化建设也许是一种有效的长期策略"。

二　国内学者对中国城镇化问题的相关研究

国内对城镇化和城镇用地的其他相关问题的研究主要包括：发展道路及发展速度、城镇土地利用及土地利用效益评价、人口城镇化及城乡关系这几个方面。

（一）城镇发展：发展道路及发展速度、质量

中国自 20 世纪 90 年代中后期以来，城镇化进入高速发展期，投资、产

业在城镇的集中、城镇化基础设施的发展等，直接带动了中国经济的高速增长，也带动了人类历史上罕见的大规模人口向城镇的流动。但中国城镇化研究迄今为止还缺少清晰的理论分析或模式分析，缺少对中国城镇化发展的理论或范式总结，由此，国内部分学者对中国城镇化发展道路进行研究。李强等（2012）从城镇化的动力机制和空间模式两个视角分析中国城镇化"推进模式"的特征，发现中国城镇化的突出特征是政府主导、大范围规划、整体推动、土地的国家或集体所有、空间上有明显的跳跃性、民间社会尚不具备自发推进城镇化的条件等。他们将我国城镇化"推进模式"区分为七种类型：建立开发区、建设新区和新城、城市扩展、旧城改造、建设中央商务区、乡镇产业化和村庄产业化。马晓河等（2012）通过对改革开放以来中国城镇化发展的制度演变与历史进程、中国城镇化对推动经济社会发展的实证分析、当前中国城镇体系的结构布局问题以及"十二五"时期中国城镇化的重大任务与总体趋势等方面进行分析，对中国城镇化进程、面临问题及其总体布局进行了较详细的研究。马凯（2012）通过分析我国城镇化发展阶段，对中国特色城镇化道路的基本内涵进行解释，提出了推进中国特色城镇化的重点任务，为走出一条中国特色城镇化道路提出了较全面的建议。胡际权（2005）借鉴国外城镇化发展的经验教训，对中国传统的城镇化发展道路进行了反思，分析了在全球化、市场化、信息化和生态化的时代背景下，城镇化发展的新趋势和新特点，提出了中国新型城镇化的发展理念。推进机制和推进主体，专题论述了城镇的科学规划和管理、产业支撑、土地利用、和谐社会构建、生态环境协调和农民市民化转化六个重大问题，并对我国新型城镇化的推进提出了政策建议，以探索一条既遵循城镇化发展客观规律又符合中国国情有别于传统城镇化发展道路的新型城镇化发展理念和道路，以提高中国城镇化发展的水平和质量。简新华等（2010）对中国城镇化发展道路进行了较为全面的研究，总结了新中国成立以来城镇化发展的经验教训和改革开放以来城镇化理论创新，深入研究中国特色城镇化道路，探讨中国城镇化的特殊性，力图形成比较完整的中国特色城镇化理论。同时该书针对中国城镇化方面的"十大争论"，即界定之争、水平之争、模式之争、道路之争、大小之争、质量之争、快慢之争、农村剩余劳动力转移之争、农民工市民化之争、制度创新之争，提出了看法。另外该书还较为深入地分析了中国城乡制度的二元化特征及其对城镇化的不利影响，探讨如何更合理有效地推进城镇化。重点分析了中国城镇化目前面临的困难和问题，探讨了如何走好中国特色城镇化道路的具体措施，以促进中国实现健康的城镇化。

城镇化的本质内涵应包括速度和质量两个方面。城镇化发展速度主要表现在城镇人口占总人口比例的提高、城镇数量的增加和城镇规模扩大等方面。城镇化发展质量则主要表现在城镇经济总量的增长、产业结构的调整、基础设施的完善、科技文化的发展、生活方式的改变、环境质量的提高、社会保障制度的建立、城镇管理的加强等方面。孔凡文等（2006）对中国城镇化发展的速度和质量两方面的问题进行了系统研究。研究根据对城镇化发展速度与工业发展速度和经济发展水平的比较，对中国城镇化发展速度进行了分析和判断，并对未来中国城镇化发展速度进行了预测。建立了城镇化质量评价指标体系与评价方法，并对中国城镇经济发展、社会发展、基础设施建设、生活方式、人居环境、城镇管理等方面进行了质量评价。分别论述了大城市、中小城市和小城镇在城镇化发展中的地位和作用，分析了中国大城市、中小城市和小城镇的发展速度和质量状况，提出了提高中国大城市、中小城市和小城镇发展质量的主要措施。孔凡文认为，虽然目前我国城镇化发展速度较快，但从总体来看，城镇化发展水平还较低，不仅大大落后于发达国家，而且落后于世界平均水平。同时认为，我国城镇化还表现出现有城镇质量不高的问题。具体来讲，我国在城镇化发展速度方面的问题有：城镇化滞后于工业化和经济发展水平；地区发展失衡；城镇体系的宏观布局和规模结构不合理；城镇化发展存在体制和政策障碍等。我国城镇化发展存在的更突出问题还表现在质量方面，主要有：城镇规划缺乏科学性、合理性；产业结构不合理，第三产业所占比重低，经济实力不强；忽视城镇内涵建设，基础设施建设薄弱；大量占用土地，资源浪费严重；环境较差，污染严重；小城镇的农村生活方式没有真正改变；就业、医疗、养老、教育等社会问题突出；城镇管理水平低，管理成本高等。张占斌（2013）对叠加期城镇化速度与质量协调发展进行了研究。认为目前我国处于城镇化快速发展和城市病发作的叠加期，一方面，需要针对城镇化质量方面存在的缺陷和问题，着力提高城镇化质量，这是叠加期城镇化健康发展的首要任务；另一方面，需要继续保持一定的发展速度，这也是叠加期城镇化健康发展的基本规律。所以，叠加期的城镇化需要速度与质量协调发展，这是叠加期城镇化健康发展的内在要求。城镇化速度与质量协调发展，需要着力提高城镇化质量、降低城镇化门槛、建设包容性城镇、积极完善城镇化战略格局和积极深化制度改革。郝华勇（2012）通过构建涵盖经济绩效、社会发展、居民生活、生态环境、基础设施、空间集约、城乡统筹七个方面指标的省域城镇化质量评价体系，综合评价东部 10 省市城镇化质量，其中上海、北京、浙江得分较高，海南、河北较低，且东部省市在社会发展、经济绩效、生态环境指标上的绝对差距较大，在生态环境、城乡统筹、社会发展指标上的相对差距较大，在空间集约和基础设施指标方面差距较小。对照东部整体城镇化率和质量得分，各省域在人口城镇化率和城镇化质量协调对比上呈现"高－高""高－低""低－低"不同类型。各类型区域应针对各自差距在速度与质量关系上有所侧重，采取相应对策推进城镇化速度与质量的协调发展。王英华（2011）则从城镇化发展速度与质量两方面全面系统地研究了我国城镇化发展对房地产业的影响。通过研究发现我国城镇化发展速度是房地产需求、房地产价格以及房地产投资的 Granger 原因，即我国城镇化发展速度对房地产业发展具有显著的影响。得出我国城镇化发展质量指标对房地产业发展的直接与间接作用系数，建立两者的多元回归模型，分析我国城镇化发展质量对房地产业发展的影响。发现城镇居民家庭人均可支配收入对我国房地产业发展水平的直接影响作用最大，其次是城镇固定资产投资额。

（二）城镇化：城镇土地利用及土地利用效益评价

宋戈（2004）把土地利用放在我国快速城镇化的宏观背景下进行研究，发现在城镇化快速发展阶段，人口增长及集聚、产业集聚及产业升级、技术进步、经济的发展对土地利用都产生了重大的影响。认为在城镇化过程中，虽然影响土地利用的因素众多，但土地利用却呈现一定的规律性。另外，他强调应确定合理的城市用地规模，客观地分析城市土地利用的潜力到底有多大，对土地利用实行动态评价和调控，科学地制定城镇化过程中土地利用的策略。曹蕾（2005）借助 ARCGIS 软件，构建渝北区城镇土地集约利用水平的三维显示模型，分析各乡镇城镇土地集约利用水平的空间分布态势及空间格局。王国恩、黄小芬（2006）从经济效益目标、社会效益目标、生态环境效益目标和动态目标四个方面，建立城镇土地利用集约度的评价指标体系，根据各指标因子的重要程度，确定评价指标的权重，在对原始数据进行标准化的基础上，按照指标权重，将各指标值加权求和，得到土地利用集约综合指数（集约度指数），定量确定城镇土地利用集约水平，探索运用多指标综合评价城镇土地利用集约度的方法。郭美婷（2013）分析得出当前小城镇土地利用的五个模式，并在此基础上提出了一种生态现代化模式即小城镇土地集约利用，在保护生态环境的基础上对土地平面集约利用和立体集约利用相结合的一种模式，试图在陕北地区进行推广，并从理念、制度和模式三个角度提出了推行该模式的支持对策。刘新卫、张定祥（2008）利用国土资源部土地利用变更调查数据，从城镇土地数量、人均城镇土地、城镇建设占地、城镇内部用地结构和城镇土地空间格局及其时空变化等方面分析了中国城镇化快速发展阶段的城镇土地利用现状，并将这一阶段的主要城镇土地利用问题归结为总量失控、粗放利用、影响宏观经济平稳运行、影响耕地保护和粮食安全、危及社会和谐发展、土地利用结构失调，以及生态环境恶化等，并提出了相应的政策建议。

喻瑶（2006）在探讨城镇土地经济系统效益内涵的基础上，选择了城镇土地经济系统效益评价体系指标，并进一步分析了其系统评价的内涵，试图为我国城市土地集约利用和可持续发展提供参考。黄雪花（2013）通过运用综合指数法对湖北省12个地级市2001~2010年的土地利用的社会经济效益指数和生态环境效益指数进行了分析，并对各城市的土地利用综合效益的时序特征进行了研究。余小玲（2012）以重庆市40个区县为评价单元，选取全社会固定资产投资额，各区县城镇建设用地总量，各区县第二、三产业就业人员数作为投入指标；第二、三产业产值、社会消费品零售总额、城镇化率、人均地区生产总值作为产出指标构建评价指标体系；利用2000~

2008 年的指标数据和软件 DEAP 2.1 进行测度，分析了重庆市城镇土地利用系统投入产出效率的静态和动态水平。杨静（2006）在分析保定市土地利用现状的基础上，应用土地利用效益评价的原则、过程和方法对该市1994～2004 年的土地利用效益进行了纵向评价和比较，分析了土地利用效益变化的趋势、阶段和主要影响因素。

（三）城镇社会：人口城镇化及城乡关系

人口城镇化水平是衡量小康社会、现代化发展水平的重要指标，人口城镇化将成为我国未来社会发展的基本国情，城乡结构的重大调整将伴随我国现代化的全过程，对我国未来繁荣发展的源泉和动力产生重大影响。中国人口与发展研究中心课题组重点分析人口城镇化的中国特色；在对人口城镇化未来发展趋势判断的基础上，提出具体的战略目标、路径和举措。利用控制了空间自相关性的空间误差模型进行回归分析发现，地区之间土地城镇化水平，第二、三产业就业水平和产值水平，以及人均 GDP 的差距是人口城镇化水平空间差异的主要原因，并且第三产业就业水平的提升对中西部地区人口城镇化的促进作用大于其在东部的作用。沈茂英（2010）则以四川藏区为例，对少数民族地区人口城镇化问题进行了研究，发现四川藏区城镇化进程具有人口城镇化与区域经济发展差异同步、人口小镇化等特点。范进、赵定涛（2012）就土地城镇化与人口城镇化的关系，建立了协调性指数模型，进行了定量测定，结果显示当前中国的土地城镇化明显快于人口城镇化；在此基础上，基于外在制度和内在机制的分析，揭示了这种不协调的影响因素。研究认为，造成中国土地城镇化与人口城镇化不协调的直接因素是二元土地制度和二元户籍制度，而这又内生于以投资驱动为导向的经济发展战略点，并面临着城镇体系发展滞后、空间分析失衡、单体建制镇服务半径过大、产业不能有效支撑及人口规模、自然环境等方面的约束。另外还有部分学者以个别省市为例，研究了各省市人口城镇化发展的历程、现状特征及存在的问题，并针对各省市的特点提出了人口城镇化发展的对策建议。

中国正在进行世界上最大规模的工业化和城市化过程，其中城乡关系问题对于国家发展和社会进步更是具有全局性、关键性的意义。杨翼

（2013）围绕中国统筹城乡发展相关理论以及实践经验，着重探讨了统筹城乡发展的经济机制和指标体系。通过对统筹城乡发展经济机制的分析，厘清在宏微观层面城乡发展的规律性问题和机制路径，从而对统筹城乡发展的实践给予理论指导。通过对统筹城乡发展指标体系进行研究，提出评价中国城乡关系的指标体系，并对 21 世纪以来中国城乡关系的演进进行了评价和分析。结合统筹城乡发展机制和实践评价，提出了中国现阶段统筹城乡发展的问题挑战、战略框架、实现路径和政策建议，初步建立起一套适用于现阶段中国统筹城乡发展的理论体系和政策框架。刘嘉汉（2011）以区域经济学、空间经济学、城市经济学、制度经济学和发展经济学等学科知识为理论基础，以统筹城乡背景下新型城镇化发展道路为研究视角，以统筹城乡综合配套改革试验区之一的成都市为实证研究对象，运用统计分析、计量分析等多种研究方法，对城镇化，城乡统筹，新型城镇化的概念、理论、实践等进行了阐述，对统筹城乡发展背景下新型城镇化的模式、机制，与传统城市镇的差异，以及成都在具体实践中的基本轨迹、阶段特征、主要内容、初步效果和经验启示等进行了分析，并对统筹城乡背景下推进成都新型城镇化发展进行了思考，探讨了存在的主要问题和现实差距，提出了相应的基本思路和对策措施。肖万春（2005）以经济学理论为基础，探讨中国农村城镇化，丰富了农村城镇化的理论。运用城镇化结构效应原理对当前我国农村城镇化水平和城镇化结构效应进行了深入的分析，剖析了我国农村城镇化政策的基本经验和存在的主要问题，以及我国农村城镇化成本风险的类型及其形成的深层次原因，提出了城镇化成本风险预警机制、指标体系和风险程度综合评估模型。王婷（2012）以城乡建设用地增减挂钩制度创新为主题，探讨挂钩制度的内涵与运行，分析制度设计的缺陷，提出制度创新的思路，并通过理论与实证分析，从产权、市场等层面构建制度创新的两大关键机制。汤卫东（2011）就西部地区城乡一体化发展问题进行了系统深入的研究。认为在市场机制作用下，城市和农村运动机理也可以实现城乡一体化，西部城乡一体化水平不高的原因是多方面的，促进城乡一体化发展，要实行市场调控和政府主导相结合的原则，同时西部地区城乡一体化发展要注重制度创新、宏观政策配套完善，应加大城乡一体化模式创新，完善相应的对策措施。邵峰（2013）认为农村仍是城乡一体化的薄弱环节，城乡体制弊端是提升城乡一体化水平最主要的障碍之一，农民工的社会保障、劳动保护及子女教育问题仍然比较突出，促进农民工融入城市社会成为提升城乡一体化水平最艰巨的任务。赵宏海（2013）分别从产业结构演变规律出发，研究了产业结构优化与城镇化、农业现代化的互动机理，从空间结构聚集扩散作用出发，研究了空间结构优化与城镇化、农业现代化的互动机理，从市场经济下生产要素流动机制出发，研究了劳动力、资本、土地等要素合理流动效应，从公共产品的不同特性和不同供给方式出发，研究了公共产品公平配置与城镇化、农业现代化的作用机理。另外，李铁（2013）从体制改革和试点探索、商品和要素市场、城乡关系、城乡社会、农民收入与农业发展等多个方面，对城镇化进程中的城乡关系进行了较全面的系统研究。

　　总的来说，城镇化问题已经是当代中国社会经济发展重大的综合性课题，涉及国民经济如何协调发展，是实现新的现代化和谐社会发展目标的根本问题。城镇化问题的研究已成为国内外学者的研究热门，关于城镇化问题的研究范围也极其广阔。本章选取部分研究热点，回顾和总结国内外关于城镇化的研究，重点论述国内外对城镇化理论、城镇用地增长和对中国城镇化建设的研究。

第三章
陕西省城镇用地分布格局与增长态势

第一节　陕西省城镇化及用地分布概况

一　城镇化水平的发展现状

综合陕西省城镇化发展的基本情况来看，陕西省现辖延安市、西安市、汉中市和咸阳市等 10 个地级市和 1 个杨凌高科技农业示范区，总面积约 205624.3 平方公里，共 107 个县（区、市）。从数量上看，全省现有县级市 3 个、市辖区 24 个、县 80 个、街道办事处 175 个、镇 922 个、乡 648 个。从等级结构上看，全省现有特大城市 1 个，占 3.0%；大城市 3 个，占 9.1%；中等城市 8 个，占 24.2%；小城市 21 个，大中城市数量明显偏少（见表 3－1）。

表 3－1　陕西省城市分布统计表

等级	规模（万人）	数量（个）	比重（%）
特大城市	>100	1	3.0
大城市	50～100	3	9.1
中等城市	20～50	8	24.2
小城市	<20	21	63.7
合　计		33	100.0

资料来源：《陕西省城镇体系规划（2006～2020 年）》。

　　2010年，全省城镇化率为46.5%，低于全国同期平均水平49.7%，其中城镇化率最高的西安市为68.8%，最低的安康市仅为34.0%，两者相差2倍；安康市的城镇人口比重最高，为98.67%，榆林市最低，仅为76.22%，两市相差1.3倍；人均GDP最高的为榆林市，与最低的商洛市相差40315元，是商洛市的4.3倍；地均GDP最高的杨凌区为5031万元/平方公里，最低的安康市仅为140万元/平方公里，两者相差4891万元/平方公里，前者是后者的近36倍（吴涛，2012）（见表3-2）。

表3-2　2010年陕西省各地市城镇基本情况

地市	面积（平方公里）	人口（万人）	城镇人口比重（%）	人均GDP（元）	地均GDP（万元/平方公里）	城镇化率（%）	乡镇密度（个/万平方公里）
西安市	10106.2	843.46	84.53	38431	3247	68.8	0.014
咸阳市	10189.4	488.11	80.81	22509	1072	43.0	0.018
宝鸡市	18161.9	371.07	92.95	26303	538	41.4	0.008
渭南市	13032.9	529.03	76.72	15149	610	43.0	0.015
铜川市	3881.1	83.31	98.30	22534	484	61.0	0.011
榆林市	42921.1	334.60	76.22	52501	403	42.0	0.003
延安市	37031.3	217.07	79.78	40790	241	42.0	0.005
安康市	23534.5	263.24	98.67	12424	140	34.0	0.009
汉中市	27091.9	342.09	92.50	14900	187	34.3	0.009
商洛市	19580.8	234.61	84.90	12186	148	34.5	0.008
杨凌区	93.2	20.08	94.82	23551	5031	56.0	0.064

　　近年来，陕西省城镇化步伐不断加快，2000~2009年，全省城镇人口增加了465万人，城镇人口比重由26%增加到44%。从图3-1可以看出，陕西省近12年的城镇人口比重大致呈增长趋势，且略有波动。陕西省是我国西部地区的重要省份，在国家实施西部大开发战略中发挥着重要的作用，面临着较大的发展机遇。但也可以看出，陕西省近年来城镇化水平与速度和全国的差距非但没有缩小，反而在逐渐扩大，这与陕西省建设西部地区强省的发展目标不相适应。

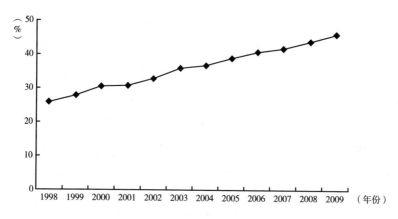

图 3 - 1   1998～2009 年陕西省城镇人口比重变化趋势

陕西省的城镇化目前呈现如下的一些特征（庄栋，2012）。

（1）农村就业的非农化。在农村地区，从事农业劳动的劳动力逐渐减少，从事第二、三产业的劳动力逐年增加，2002 年陕西省农村劳动力有1363 万人，在外务工人员有220 万人左右，乡镇企业就业人数为400 万人，从事第二、三产业的劳动力已经接近农村劳动力的一半。

（2）城镇体系松散，结构不紧密。大中小城镇之间缺乏产业分工，大中城市产业链没有向小城镇延伸；小城镇之间缺乏紧密的横向联系；大部分县城和建制镇仅仅是由行政中心而派生出来的商业、交通中心，城镇之间无共享基础设施的条件与要求。

（3）城市规划滞后于建设需要。许多地市城区建设总体规划虽然已经通过审批，但是各项专业规划不到位，协调性欠佳，详细规划覆盖率较低，前瞻性不强，一定程度上影响到建设的速度、质量和效益，与加快发展的要求不相适应。小城镇建设规划普遍层次较低，缺乏长期发展的持续性，功能定位不明晰，与区域资源、产业特点、文化传统结合不够紧密，缺乏地域特色。

（4）第二、三产业发展缓慢。工业经济的发展处于初级阶段，结构不合理的矛盾比较突出。以商贸流通服务为主的第三产业发育不足，能提供的就业岗位较少，吸纳转移农村富余劳动力的空间有限，对城市经济发展的支撑不够。

（5）城镇居民文明素质有待提高，城镇管理亟待加强。在一些城镇，居民基本素质、文明程度、文化水平有待进一步提高，长期以来的行为习惯亟须改变。有的城镇建成以后，由于缺乏科学管理的制度和队伍，出现了基础设施毁坏，乱搭乱建，乱停乱放，污水满街流，垃圾满天飞等不良现象，很大程度上阻碍了城镇化长足发展的进程。

陕西省城镇化发展方向可以从全省的"十二五"城镇化发展规划（见图3-2）看出，陕西省未来20年的城镇空间布局结构是："一线两带"，一核多中心，带动南北两翼城镇发展。"一线"是指陇海铁路陕西段及GZ45宝潼段；"两带"是指高新技术产业带和星火产业带。"一核"是指西安都市圈，"多中心"是指省域内其他区域性中心城市。未来的关中地区将发展成为城市群，并向周边辐射和扩散，带动陕南、陕北两翼地区产业与城镇发展。陕北长城沿线及陕南汉江沿线形成一些工业和第三产业发展迅速的区域性中心城市。西安和咸阳市区跨渭河两岸一体发展，重点发展高新技术产业、新型制造业和装备工业，成为西北地区的教育、科技、信息、金融、服务业等第三产业发达的区域中心，世界历史文化和国际旅游名城，人居环境优美的现代化城市。宝鸡、渭南、延安、榆林、汉中、安康等积极向区域性综合中心城市发展。铜川、商洛、杨凌依托西安，增强经济实力，扩大规模，突出各自特色和优势。县级市发挥自身优势，发展特色经济，增强城市综合实力。小城镇建设以县城为重点，以县域经济发展为基础，改善能源、交通、通信等基础设施，实现城镇的协调发展。到2020年，全省设市城市将达到43个。其中，关中20个；陕北11个；陕南12个。全省城镇人口将达到2190万人（总人口为4050万人），城镇化水平为54%，城镇人口超过乡村人口，社会结构将由乡村型转为城镇型。

二　城镇用地总体概况

（一）城镇概况

按照陕西省行政区划（2010年），陕西省共有11个地级市（区），3个县级市，80个县，24个市辖区，922个镇，648个乡以及175个街道办事处，27310个村民委员会，1695个居民委员会。

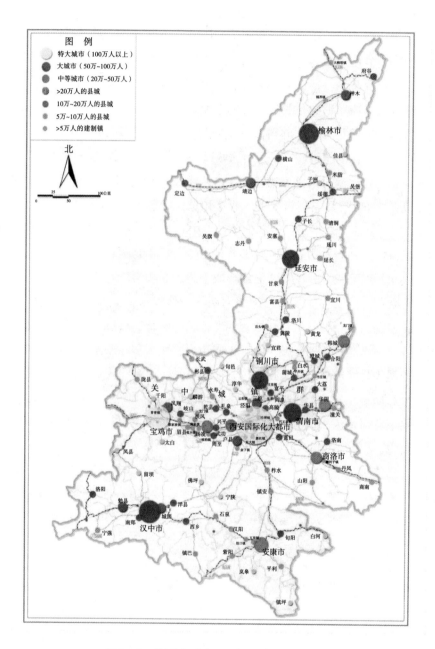

图 3-2 陕西省"十二五"城镇化发展规划

陕西省各市（区）面积如表 3-3 所示。

表 3-3　陕西省各市（区）面积

单位：平方公里，%

地区	面积	占总面积的比例
陕西	205624.3	100.00
西安	10106.2	4.91
宝鸡	18161.9	8.83
铜川	3881.1	1.89
咸阳	10189.4	4.96
杨凌	93.2	0.05
渭南	13032.9	6.34
汉中	27091.9	13.18
安康	23534.5	11.45
商洛	19580.8	9.52
延安	37031.3	18.01
榆林	42921.1	20.87

注：本各市（区）面积数据采用《陕西基本地理省情白皮书（2011）》。

陕西省城市、建制镇数量如表 3-4 所示。

表 3-4　陕西省城市、建制镇数量

单位：个

地区	地级市	县级市	市辖区	建制镇
全省	11	3	24	922
西安市	1		9	36
铜川市	1		3	24
宝鸡市	1		3	102
咸阳市	1	1	2	106
渭南市	1	2	1	111
延安市	1		1	85
汉中市	1		1	136
榆林市	1		1	117
安康市	1		1	112
商洛市	1		1	92
杨凌示范区	1		1	1

（二）城镇用地分布与类型

根据陕西省土地利用现状调查，2009 年底，全省城镇用地总面积为
177520.62 公顷。陕西省各市（区）城镇用地面积见表 3 - 5 所示。

表 3 - 5　陕西省各市（区）城镇用地面积

单位：公顷，%

地区	城市用地面积		建制镇用地面积		城镇用地面积	
	城市	所占比例	建制镇	所占比例	城镇	所占比例
陕西省	79561.93	100.00	97958.69	100	177520.62	100.00
西安市	40297.18	50.65	14048.24	14.34	54345.42	30.60
铜川市	3336.37	4.20	1775.54	1.81	5111.91	2.88
宝鸡市	6636.42	8.34	10853.87	11.08	17490.29	9.85
咸阳市	7912.59	9.95	12458.87	12.72	20371.46	11.48
渭南市	6067.26	7.63	17166.19	17.52	23233.45	13.09
延安市	2714.56	3.41	8275.56	8.45	10990.12	6.19
汉中市	2403.98	3.02	8629.23	8.81	11033.21	6.22
榆林市	5095.92	6.40	17248.29	17.61	22344.21	12.59
安康市	1704.91	2.14	3521.43	3.59	5226.34	2.94
商洛市	1091.83	1.37	3981.47	4.06	5073.30	2.86
杨凌区	2300.91	2.89	0.00	0.00	2300.91	1.30

陕西省城镇用地面积最大的是西安市，占全省城镇用地面积的
30.60%；其次为渭南市、榆林市和咸阳市，占全省城镇用地面积都在 10%
以上；最小的是杨凌区，只占全省城镇用地面积的 1.30%。就地区而言，
关中城镇用地面积最大，占全省城镇用地面积的 69.20%，陕北占 18.78%，
陕南占 10.02%。

土地分类是基于特定目的，按一定的标准，对土地进行不同程度的概
括、归并或细分，区分出性质不同、各具特点的类型的过程。按照第二次土
地调查规范对土地利用现状分类的要求，城镇用地分析所对应用地类型包括
商服用地、工矿仓储用地、住宅用地、公共管理与公共服务用地、特殊用
地、交通运输用地、水域及水利设施、其他土地等类型。

陕西省城镇用地类型面积所占比例见表 3 - 6 所示。

表3-6 陕西省城镇用地类型面积

单位：%

用地类型	城市用地	建制镇用地	城镇用地
陕西省总计	100.00	100.00	100.00
商服用地	7.42	7.67	7.56
工矿仓储用地	19.29	23.27	21.49
住宅用地	35.86	40.60	38.47
公共管理与公共服务用地	18.15	13.59	15.63
特殊用地	2.30	0.89	1.52
交通运输用地	13.92	9.98	11.75
水域及水利设施	0.34	0.36	0.35
其他土地	2.73	3.63	3.23

其中，城市用地中住宅用地占比最高，达35.86%，其次为工矿仓储用地和公共管理与公共服务用地，分别为19.29%和18.15%，再次为交通运输用地，占总面积的13.92%。水域及水利设施用地最少，只占0.34%。在建制镇用地中，同样是住宅用地占比最高，为40.60%，其次为工矿仓储用地和公共管理与公共服务用地，分别为23.27%和13.59%，再次为交通运输用地，达9.98%，水域及水利设施用地最少，只占0.36%。

陕西省城镇用地中，住宅用地占比最高（38.47%），工矿仓储用地其次（21.49%），公共管理与公共服务用地再次（15.63%），之后是交通运输用地（11.75%），商服用地（7.56%）等。

陕西省城市用地为79561.93公顷，建制镇用地97958.69公顷。城市用地占总用地的45%，建制镇用地占总用地的55%，建制镇用地占比相对较高。

（三）城市基本情况

以地理划分，可分陕北、关中、陕南三个区域。陕北包括延安市、榆林市两市；关中包括西安市、宝鸡市、咸阳市、铜川市、渭南市、杨凌区六市（区）；陕南包括汉中市、安康市、商洛市三市。陕北是高原地区，占地面积最多，为全省面积的45%；陕南地区较多为山地，占全省面积的36%；剩下的关中平原地区，占地面积最小，仅为19%。

西安市城市用地面积占陕西省的一半以上，达到 50.65%，其次是咸阳市，占 9.95%，宝鸡市为 8.34%，渭南市为 7.63%，商洛市最小，仅占 1.37%；按区域来看，关中地区所占全省面积为 83.66%；陕北两市合计占 9.81%；陕南三市城市用地面积最小，只占全省的 6.53%。

（四）建制镇基本情况

截至 2009 年底，陕西省共有建制镇 922 个，各市（区）建制镇数量分布参阅表 3 - 4。从表中可以看出，地级市平均建制镇数量多在 100 个左右，汉中市建制镇数量最多，为 136 个，杨凌示范区最少，只有 1 个。其中铜川市、西安市的建制镇数量较少。

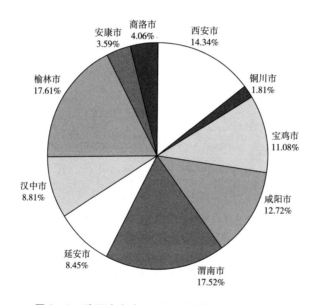

图 3 - 3 陕西省各市（区）建制镇用地面积结构

陕西省各市（区）建制镇用地面积与所占比例见表 3 - 5 和图 3 - 3 所示，可以看出榆林市建制镇用地面积最大，占比最高，其后依次是渭南、咸阳、西安、宝鸡关中四市，杨凌示范区面积最少，无建制镇用地。

根据陕西省国土资源厅第二次调查的结果，陕西省各市（区）内 2009 年建制镇用地情况见表 3 - 7 至表 3 - 16 所示。

表 3-7 西安市建制镇用地面积

单位：公顷

地区	建制镇面积	地区	建制镇面积
西安市	14048.24	长安区	1980.71
灞桥区	1333.22	蓝田县	1390.50
未央区	834.67	周至县	1342.34
阎良区	299.87	户 县	2759.83
临潼区	1413.09	高陵县	2694.01

西安市共有 36 个建制镇，建制镇总面积为 14048.24 公顷，西安建制镇的平均面积为 390.23 公顷/个。

表 3-8 铜川市建制镇用地面积

单位：公顷

地区	建制镇面积	地区	建制镇面积
铜川市	1775.54	耀州区	613.84
王益区	0.03	宜君县	281.11
印台区	880.56		

铜川市共有 10 个建制镇，建制镇总面积为 1775.54 公顷，铜川建制镇的平均面积为 177.55 公顷/个。

表 3-9 宝鸡市建制镇用地面积

单位：公顷

地区	建制镇面积	地区	建制镇面积
宝鸡市	10853.87	眉 县	1169.01
渭滨区	496.25	陇 县	674.39
金台区	197.16	千阳县	469.18
陈仓区	1183.50	麟游县	233.16
凤翔县	1809.29	凤 县	615.49
岐山县	1981.85	太白县	264.88
扶风县	1759.71		

宝鸡市共有 102 个建制镇，建制镇总面积为 10853.87 公顷，宝鸡建制镇的平均面积为 106.41 公顷/个。

表 3-10　咸阳市建制镇用地面积

单位：公顷

地区	建制镇面积	地区	建制镇面积
咸阳市	12458.87	永寿县	732.01
秦都区	252.41	彬　县	628.03
渭城区	238.71	长武县	678.80
三原县	1988.09	旬邑县	797.53
泾阳县	2187.95	淳化县	623.61
乾　县	1414.38	武功县	915.12
礼泉县	1583.22	兴平市	419.01

咸阳市共有 106 个建制镇，建制镇总面积为 12458.87 公顷，咸阳建制镇的平均面积为 117.54 公顷/个。

表 3-11　渭南市建制镇用地面积

单位：公顷

地区	建制镇面积	地区	建制镇面积
渭南市	17166.19	澄城县	1605.16
临渭区	1237.72	蒲城县	2757.97
华　县	1583.22	白水县	1036.00
潼关县	491.11	富平县	1997.56
大荔县	1871.34	韩城市	1930.63
合阳县	1490.13	华阴市	1165.35

渭南市共有 111 个建制镇，建制镇总面积为 17166.19 公顷，渭南建制镇的平均面积为 154.65 公顷/个。

延安市共有 85 个建制镇，建制镇总面积为 8275.56 公顷，延安建制镇的平均面积为 97.36 公顷/个。

表 3 - 12 延安市建制镇用地面积

单位：公顷

地区	建制镇面积	地区	建制镇面积
延安市	8275.56	吴起县	727.94
宝塔区	1138.71	甘泉县	469.33
延长县	448.18	富 县	573.58
延川县	569.17	洛川县	1112.08
子长县	1007.15	宜川县	299.28
安塞县	520.80	黄龙县	163.36
志丹县	567.87	黄陵县	678.11

表 3 - 13 汉中市建制镇用地面积

单位：公顷

地区	建制镇面积	地区	建制镇面积
汉中市	8629.23	勉 县	1599.96
汉台区	758.05	宁强县	580.80
南郑县	1403.80	略阳县	432.42
城固县	1533.21	镇巴县	225.25
洋 县	1208.45	留坝县	116.39
西乡县	686.75	佛坪县	84.15

汉中市共有 136 个建制镇，建制镇总面积为 8629.23 公顷，汉中建制镇的平均面积为 63.45 公顷/个。

表 3 - 14 榆林市建制镇用地面积

单位：公顷

地区	建制镇面积	地区	建制镇面积
榆林市	17248.29	绥德县	853.55
榆阳区	747.30	米脂县	533.60
神木县	6109.38	佳 县	285.37
府谷县	1379.56	吴堡县	264.93
横山县	1665.40	清涧县	320.80
靖边县	2690.68	子洲县	326.55
定边县	2071.17		

榆林市共有 117 个建制镇，建制镇总面积为 17248.29 公顷，榆林市建制镇平均面积为 147.42 公顷/个。

表 3 – 15　安康市建制镇用地面积

单位：公顷

地区	建制镇面积	地区	建制镇面积
安康市	3521.43	岚皋县	237.22
汉滨区	833.73	平利县	418.28
汉阴县	393.99	镇坪县	79.80
石泉县	387.93	旬阳县	493.83
宁陕县	178.90	白河县	212.13
紫阳县	285.62		

安康市共有 112 个建制镇，建制镇总面积为 3521.43 公顷，安康市建制镇平均面积为 31.44 公顷/个。

表 3 – 16　商洛市建制镇用地面积

单位：公顷

地区	建制镇面积	地区	建制镇面积
商洛市	3981.47	商南县	538.36
商州区	417.53	山阳县	685.52
洛南县	874.19	镇安县	421.98
丹凤县	652.69	柞水县	391.20

商洛市共有 92 个建制镇，建制镇总面积为 3981.47 公顷，商洛市建制镇平均面积为 43.28 公顷/个。

杨凌示范区所在地为城市用地，另有一个玉泉镇。玉泉镇面积统计在杨凌示范区内，因此杨凌示范区有建制镇，但建制镇用地为 0。

陕西省建制镇平均用地面积如图 3 – 4 所示。从图中可以直观地看出关中地区五个城市中，西安市建制镇平均用地面积最大，这与西安市发展程度有关，宝鸡市建制镇平均用地面积最小，这与宝鸡市的地形紧密相关；陕北地区的榆林市建制镇的平均面积仅次于咸阳市，这也与榆林市地形有直接关

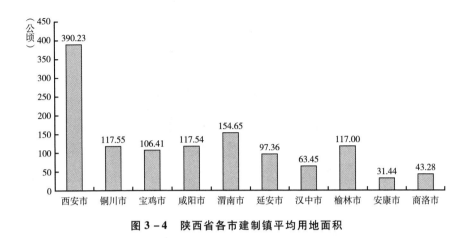

图 3 - 4　陕西省各市建制镇平均用地面积

系；陕南三市的平均用地面积较小，这与陕南的山地地形是分不开的。

（五）城镇用地类型、面积分析

陕西省城镇用地类型按城市用地和建制镇用地见图 3 - 5 所示。

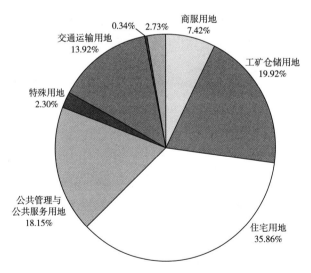

图 3 - 5　陕西省城市用地类型结构

在陕西省城市用地中，住宅用地占比最大，为 35.86%，工矿仓储用地次之，占 19.92%，公共管理与公共服务用地（18.15%）和交通运输用地（13.92%）也在 10% 以上，商服用地占 7.42%。

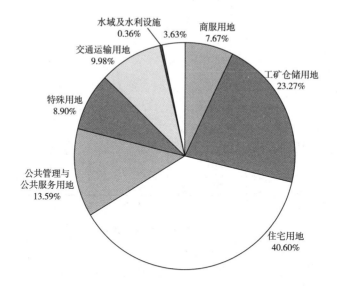

图 3-6 陕西省建制镇用地类型结构

对比城市用地，陕西省建制镇用地中，占比最高的仍为住宅用地（40.60%），且比城市用地占比高（35.86%），工矿仓储用地占23.27%，公共管理与公共服务用地占比为13.59%，较城市用地占比略小（18.15%），商服用地为7.67%。

城市与建制镇各类用地面积横向对比见图3-7所示。

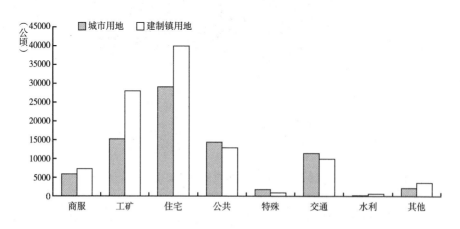

图 3-7 陕西省城市与建制镇各类用地面积对比

对比可知，陕西省整体城市商服、工矿、住宅、水利和其他用地小于建制镇对应类别；而城市公共、特殊、交通用地大于建制镇对应类别。

具体类别见表 3 - 17 至表 3 - 24 分类显示。

表 3 - 17　陕西省城镇各类商服用地类型面积占比

单位：%

类别	商服用地合计	批发零售	住宿餐饮	商务金融	其他商服用地
城镇面积	100	39.24	23.57	15.85	21.33
城市面积	100	29.31	26.46	19.01	25.22
建制镇面积	100	47.04	21.31	13.37	18.28

陕西省城市中商服用地和建制镇商服用地分布类似，都是批发零售用地面积最多，住宿餐饮次之。整个城镇商服用地中，批发零售用地占商服用地的 39.24%；住宅餐饮用地占商服用地的 23.57%；商务金融用地占商服用地的 15.85%；其他商服用地，占商服用地的 21.33%。城镇商服用地中，批发零售用地所占比例最高，占近 4 成，而商务金融用地比例为 15.85%。提高商服用地的利用效率，可以从挖掘商务金融用地的潜力入手。

表 3 - 18　陕西省城镇工矿仓储用地类型面积占比

单位：%

类别	工储用地合计	工业用地	仓储用地
城镇面积	100	86.95	13.05
城市面积	100	84.58	15.42
建制镇面积	100	88.54	11.46

陕西省工矿仓储用地面积合计 38000 多公顷，城市工矿仓储用地面积 15000 多公顷，建制镇工矿仓储用地 2200 多公顷。其中工业用地占工矿仓储用地的 86.95%；仓储用地占工矿仓储用地的 13.05%。

陕西省城镇住宅用地面积合计 68000 余公顷，城市住宅用地面积 28000 多公顷，建制镇住宅用地面积近 4 万公顷。其中城镇住宅用地达 98.18%，农村住宅用地面积占 1.82%。

表 3 - 19　陕西省城镇住宅用地面积占比

单位：%

类别	住宅用地合计	城镇住宅用地	农村住宅用地
城镇面积	100	98.18	1.82
城市面积	100	97.77	2.23
建制镇面积	100	98.48	1.52

表 3 - 20　陕西省城镇公共服务用地类型面积占比

单位：%

类别	公共服务用地合计	机关团体用地	新闻出版用地	科教用地	医卫慈善用地	文体娱乐用地	公共设施用地
城镇面积	100	19.97	0.76	43.75	6.76	5.05	10.11
城市面积	100	12.49	0.47	48.91	4.93	6.29	8.54
建制镇面积	100	28.09	1.08	38.16	8.75	3.71	11.82

　　陕西省公共服务用地面积城镇共计 27000 多公顷，城市公共服务用地 14000 多公顷，建制镇公共服务用地面积 13000 多公顷。机关团体用地 5500 多公顷，占公共服务用地的 19.97%；新闻出版用地占 0.76%；科教用地比例最大，占 43.75%；医卫慈善用地占 6.76%；文体娱乐用地占 5.05%，相对较小；公共设施用地占 10.11%；公园与绿地占 9.37%；风景名胜设施用地占 4.22%。

表 3 - 21　陕西省特殊用地面积占比

单位：%

类别	合计	军事设施用地	使领馆用地	监教场所用地	宗教用地	殡葬用地
城镇面积	100	69.22	0.11	13.12	6.84	10.72
城市面积	100	70.02	0.05	14.48	5.59	9.86
建制镇面积	100	67.53	0.23	10.27	9.46	12.51

　　陕西省城镇中特殊用地面积共计 2700 多公顷，其中城市面积共计 1800 多公顷，建制镇面积共计 870 公顷。其中军事设施用地 1800 多公顷，占到了 69.22%；使领馆用地较少，不足 2%；监教场所用地 350 多公顷，占特殊用地的 13.12%；宗教用地 180 多公顷，占特殊用地的 6.84%。

表 3-22 陕西省城镇交通用地类型面积占比

单位：%

类别	交通用地合计	铁路用地	公路用地	街巷用地	机场道路	港口码头用地	管道运输用地
城镇面积	100	6.21	6.43	85.89	1.41	0.01	0.05
城市面积	100	8.29	9.67	79.36	2.65	0	0.02
建制镇面积	100	3.85	2.76	93.28	0.01	0.02	0.08

陕西省城镇交通用地面积共计 2000 多公顷，其中城市面积共计 11000 多公顷，建制镇面积近 10000 公顷，交通用地面积主要集中于街巷用地，占交通用地面积的 85.89%。

表 3-23 陕西省城镇水利用地类型面积占比

单位：%

类别	水利用地	河流水面	内陆滩涂	沟渠	水工建筑
城镇面积	100	13.37	1.97	44.4	40.26
城市面积	100	23.61	4.58	21.29	50.51
建制镇面积	100	5.64	0	61.85	32.51

陕西省城镇水利用地 600 多公顷，其中城市水利用地面积共计 260 多公顷，建制镇水利用地面积共计 350 多公顷。其中，沟渠 270 多公顷，占水利用地面积的 44.4%；水工建筑 250 多公顷，占城镇水利用地面积的 40.26%；河流水面 80 多公顷，占水利用地面积的 13.37%；内陆滩涂面积较少，占水利用地面积的 1.97%。

表 3-24 陕西省城镇其他用地面积占比

单位：%

类别	其他用地	空闲地	设施农用地
城镇面积	100	77.15	22.85
城市面积	100	95.51	4.49
建制镇面积	100	65.94	34.06

陕西省城镇其他用地包括空闲地和设施农用地两部分，总计 5726.37 公顷。其中城市其他用地共计 2169.96 公顷，建制镇其他用地

面积共计 3556.41 公顷。空闲地有 4417.82 公顷，设施农用地有
1308.55 公顷。

三 城镇用地空间分布分析

城镇用地的空间分布，与自然、经济、人口等多种因素相关，因而，每
一个城市，在其发展的过程中，由于多种因素的综合作用，最终表现出不同
的空间分布，正确分析城镇用地的空间分布，有利于我们根据实际情况，科
学制订城市发展规划，引导城市有效发展。

2009 年，陕西省各市城市用地与建制镇用地的面积见表 3 - 3。

根据表 3 - 5 所列数据，绘出陕西省城市与建制镇用地的大致分布示意图
（见图 3 - 8）。

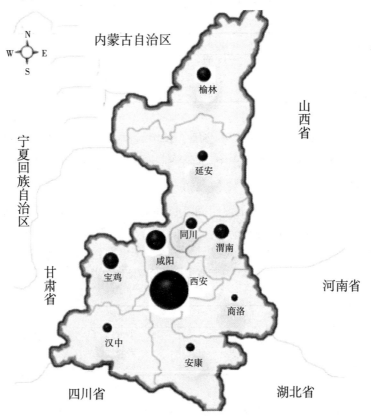

图 3 - 8 陕西省城市用地分布示意

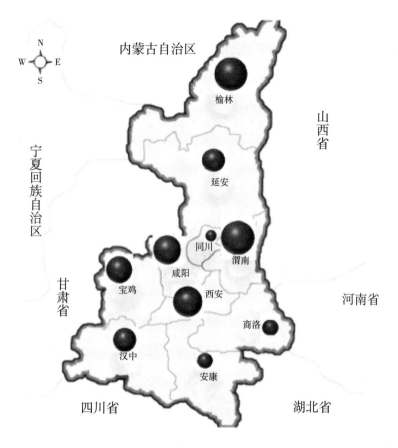

图 3 - 9　陕西省建制镇用地分布示意

由图 3 - 8 可以看出，城市用地主要分布在关中地区，陕北与陕南地区虽然总面积较大，但是由于自然地理条件的限制，城市用地面积均明显偏小。10 个城市中，城市用地面积明显大于其他城市面积的是西安，占整个省城市用地的一半以上，由于西安面积有限，所以应该寻求有效提高土地利用效率的方法。

从图 3 - 9 来看，建制镇用地也主要分布在关中地区，但不同的是，相对于城市用地来讲，建制镇用地的面积差异较小。近年来，陕北由于石油资源的开发，经济发展速度明显加快，建制镇的面积迅速扩大，尤其是榆林市。而由图 3 - 10 所示，陕西省城镇用地分布趋势和城市用地、建制镇用地分布趋势一样，主要分布在关中地区，陕北地区次之，陕南地区分布最少。

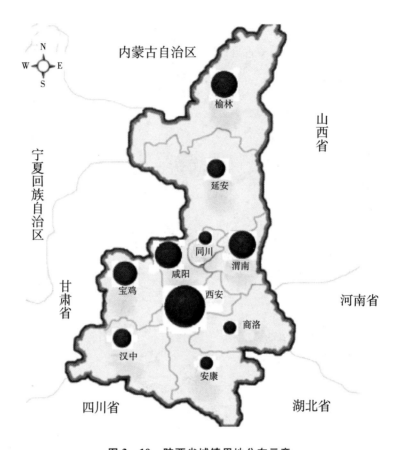

图 3 - 10   陕西省城镇用地分布示意

四   城镇化与城镇用地存在的问题

陕西省城镇化进程虽然不断发展，这几年也取得了快速增长，但仍有很多问题，城镇用地也存在很多隐患，具体而言，有以下六点。

1. 城镇化水平仍显落后，城镇用地规模总体偏小

城镇化水平相对于全国仍显落后。2010 年全省城镇化水平落后于全国平均水平 3.10 个百分点，与福建、广东、吉林等东部省份差距较大，与内蒙古、重庆等周边省（市）相较也存在一定差距，见图 3 - 18 与图 3 - 19 所示。

城镇规模总体偏小。全省 10 个地级市市辖区平均人口规模较全国少 5 万

人，建制镇平均人口规模仅相当于全国平均水平的 3/4；全省近 80% 的县城建成区面积不足 10 平方公里，70% 以上的建制镇建成区面积小于 1 平方公里。

陕西省城镇化水平及人均城市用地面积与全国和部分省份对比见图 3 - 11、图 3 - 12 所示。

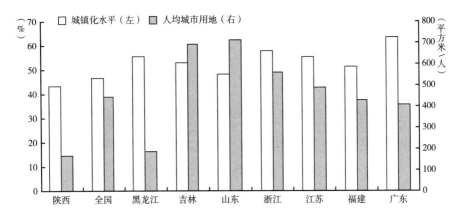

图 3 - 11　陕西省与东部省份城镇化水平及人均城市用地面积对比

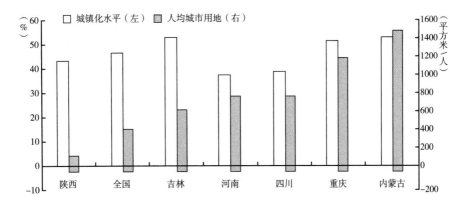

图 3 - 12　陕西省与周边省份城镇化水平及人均城市用地面积对比

注：图 3 - 11、图 3 - 12 中"人均城市用地（平方米/人）"数据是由《中国统计年鉴2011》中"城市人口密度（人/平方公里）"数据推算而得。

2. 土地投入产出比不高

城镇非农产业发展对劳动力吸纳能力仍然较低。陕西省主要大中城市非农产业中技术密集型和资本密集型产业较多的特征决定了其单位投资的劳动力需求少、就业吸纳能力低。"十一五"期间，全省非农产业产值每增加1亿元能够带动增加220个城镇就业，仅相当于全国平均水平的81%。

小城镇产业基础薄弱仍是县域城镇化发展的瓶颈。全省922个建制镇中只有160多个初步形成了特色产业，已形成的特色产业因产业链短、附加值低，对县域经济带动效应不强；县域产业园区建设起步晚，建设条件差距较大，对小城镇发展县域城镇化的推动力尚未显现。

3. 城镇建设缺乏特色，城镇设施水平偏低

小城镇建设缺乏特色、城镇化质量亟待提高。城镇建设尤其是小城镇建设对自身的历史文化内涵和自然景观特色挖掘不够，城镇形态建设、建筑景观千城一面，缺乏自身特色。

城镇设施水平偏低。陕西省城镇设施水平与全国平均水平相比存在较大差距；小城镇设施建设严重滞后。县城人均市政公用设施投资比重低于全国平均水平10个百分点，建制镇人均市政公用设施建设投入仅相当于全国的56.16%。83个县城只有22个生活垃圾无害化处理场，处理率只达到7.1%，建制镇基本没有污水和垃圾处理设施。

4. 城镇化发展不均衡，用地水平差异明显

城乡二元结构依旧明显。城乡发展不均衡现象显著，城乡固定资产投资、城乡居民收支等差距均逐步扩大；城乡在社会保障、户籍等方面的差别与隔阂显著，进城人口"两栖化"现象普遍存在，相当一部分人在城镇居住但未在城镇落户。

城镇化发展不均衡问题比较突出。全省10个地级市容纳城镇人口占全省城镇总人口的47.6%，83个县城（市）城镇人口仅占全省城镇总人口的29.5%，建制镇城镇人口占全省的22.9%。各层级城镇或区域内部发展也不均衡。

5. 城镇用地管理水平较低

城镇规划和建设管理的方式整体比较落后。城镇规划和建设管理的手段较为单一，公众参与城镇规划与建设管理的平台亟待建立和完善；城镇

规划和建设管理的信息化水平较低，基层县、镇的城镇规划和建设管理人员较缺乏，相关机构设置不完善；城镇规划和建设管理的政策法规体系仍待进一步完善，相关的行政、财政、利益分配等管理政策和法规有待进一步规范。

6. 资源环境制约凸显，生态安全问题突出

随着人口和产业不断向城镇集聚，资源紧缺、环境污染、灾害频发等影响城镇安全的问题日益凸显（邹德慈，2010）。关中地区由于城镇、人口和产业的高度聚集，资源环境压力进一步增大，主要城市用地紧张、交通拥挤、环境污染等问题比较突出；陕北地区水土流失、土地沙化及水资源破坏和水源污染、地表塌陷等次生环境问题突出，资源性缺水和生态超载对城镇发展的威胁比较严重；陕南地区城镇发展与生态环境保护之间的矛盾较为突出，城镇用地缺乏，洪涝及泥石流灾害频发，客观上对城镇空间的进一步拓展造成了制约。

五　城镇化与城镇用地面临的挑战

在新的时期，国内外形势和新的发展又给陕西省城镇化发展和城镇用地优化带来了诸多挑战。

1. 新时期的社会矛盾使城镇化与城镇用地发展面临考验

虽然陕西省经济发展进入高速增长时期，但如果经济发展不能惠及广大民众，社会发展将会面临新的挑战，城镇化发展也将会受到制约；区域差距、城乡差距、贫富差距持续扩大，将会威胁社会和谐，抑制消费需求，加剧社会不稳定，进而影响城镇化的稳定发展。2009 年和 2005 年相比，关中、陕北、陕南三大区域人均 GDP 由 2:2.6:1 变为 2:3.5:1，省域城乡居民收入差额由 6220 元增加为 10691 元，2010 年扩大到 11590 元。因此，能否在社会矛盾凸显期间实现经济稳定增长和城镇化持续发展，将是全省未来发展面临的新的挑战之一。

社会矛盾同时也会影响城镇土地利用空间的合理布局，因此必须谨慎面对这一挑战，加强合作和扩大中产阶层群体，为陕西城镇化的平稳健康发展、城镇用地的可持续发展和合理布局提供良好的基础。

2. 城镇用地投入产出比不高

城镇非农产业发展对劳动力吸纳能力仍然较低。陕西省主要大中城市非农产业近年来随着社会经济水平的持续快速发展，城镇用地不断扩张，与之伴随的是土地有偿使用制度的不断完善，促进了土地市场的发展。我国规定只有城市规划区内的国有土地才可以进入土地交易市场，为了追求土地财政，部分地方政府盲目扩大城镇用地。这种"摊大饼"式的城镇用地扩张，不仅侵占了许多优质耕地资源，同时造成了城市土地的大量闲置，浪费了资源。部分地区城镇用地已经面临总量失控、结构失衡的严峻局面，拖累城乡发展和经济社会建设。有学者指出，目前我国城镇用地规模增长系数超过了2，远远高于国际公认的1.12的合理水平。城镇用地的粗放利用和粗放发展，严重阻碍了城镇功能的正常发挥和城镇综合质量的合理提高，且反向降低了城镇的承载能力（王宗鱼，2009）。近10年来，陕西省的城镇化水平以每年超过1%的速度快速增长，经济发展的需要和城镇人口的压力要求城镇用地扩张来容纳发展，更要求城镇用地的合理发展，这就给陕西省城镇用地的发展带来了压力和挑战。

陕西省城镇化进入快车道，城镇用地扩张速率也与日俱增。用地规模快速扩张，但土地节约集约利用较差：一方面，大中城市和部分建制镇规划大广场、宽马路以及范围广阔的开发区，土地资源浪费严重；另一方面，新增用地的相对低成本使地单位粗放利用土地，没有珍惜土地资源（许杨、许岳峻，2009）。与此同时，城镇内部的老城区现存低密度、低容积率各类用地投入产出比过低，并未挖潜利用。小城镇产业基础薄弱仍是县域城镇化发展的瓶颈。全省922个建制镇中只有160多个初步形成了特色产业，已形成的特色产业因产业链短、附加值低，对县域经济带动效应不强；县域产业园区建设起步晚，建设条件差距较大，对小城镇发展县域城镇化的推动力尚未显现。

3. 城镇用地集约利用水平不足

与其他省份相比，城镇化和城镇用地水平相对较差。城镇化水平相对于全国仍显落后，2010年全省城镇化水平落后于全国平均水平3.98个百分点，与福建、广东、吉林等东部省份差距较大，与内蒙古、重庆等周边省

（市）相较也存在一定差距。

4. 大规模劳动力转移给城镇用地带来了巨大挑战

"十二五"时期是我国城镇化高速度、大规模推进的关键时期，大批农村人口涌入城镇，给城镇化发展带来巨大挑战。一方面，大量农村人口进城对城镇保障性住房、基础设施和公共服务设施提出扩容增量提质的要求；另一方面，大量农村劳动力进城对城镇扩大就业空间提出了新的要求[102]。增强城镇设施服务功能、拓展城镇的就业空间，将成为今后一段时期内推进全省城镇化发展的关键问题。

600万农民进城，给城镇用地提出严峻的考验，合理地提供城镇用地，合理地布局城市用地发展，成为陕西省城镇用地面临的迫切任务。

5. 村庄人口的持续减少提出了重构城镇居民点体系的要求

伴随着农村劳动力向城镇的转移，农村居民点人口持续减少，农村设施配套成本增高，现有居民点格局下实现基础设施向农村延伸和城乡基本公共服务均等化的难度越来越大，需及时实施以村庄迁移合并为重点的城乡居民点体系重构。2005～2009年，全省农村村庄人口平均每年减少112.3万人，村庄平均规模由991人/村减少到804人/村，公共服务设施因达不到门槛人口而难以为继，基础设施向农村延伸的人均成本也越来越高。因此，应将加强城镇建设，集约利用土地，提高土地利用效率与以人为本的思想结合起来，促进城镇用地的高效利用，容纳村庄迁移人口。稳妥、顺利地实施城乡居民点体系重构，将是未来实现城乡基本公共服务设施均等化、城乡统筹发展的重要挑战。

6. 生态宜居和安全城镇的建设给城镇化和城镇用地提出了更高要求

环境良好、资源节约两型社会的建立，对城镇化过程中生态环境的保护整治、资源的节约利用以及生态城市、宜居城市的建设提出了更高要求；近年来频繁出现的威胁城镇安全的自然灾害对城镇防灾提出更高的要求，在城镇化进程中必须加强城镇安全体系建设。如何在快速推进城镇化的同时，加大城镇的生态、低碳、安全建设，将是陕西省城镇化建设需要解决的重要问题。同时，对城镇用地的合理布局提出了更严峻的挑战，只有科学地布局城镇用地，才可以促进和实现城镇的可持续发展。

第二节　关中城镇用地分布格局与增长态势

一　关中区域概况及城镇化现状

（一）区域概况

1. 区域范围

关中位于黄河中下游，陕西省秦岭北麓的渭河冲积平原，其北部为陕北黄土高原，南部为陕南盆地、秦巴山地。关中地区东西长 400 公里，南北宽 100 公里，号称"八百里秦川"，从行政区划上来说包括西安、铜川、宝鸡、渭南、咸阳五个地级市和杨凌国家级农业示范区。到 2011 年关中地区共有 5 个地级市，3 个县级市，1 个国家级农业示范区，32 个县，18 个市辖区（见表 3 – 25），土地总面积约 5.55 万平方公里，占全省总面积的 27%，人口 2341.82 万人（2010 年），占全省人口总数的 62.7%（罗晶，2012）。

表 3 – 25　关中城市群城镇体系概况

地区	地级市	县级市	县	市辖区	镇	乡
西安	1	0	4	9	36	42
铜川	1	0	1	3	24	10
宝鸡	1	0	9	3	102	35
咸阳	1	1	10	2	106	60
渭南	1	2	8	1	111	72
杨凌示范区	1	0	0	0	1	4

2. 资源条件

关中地区拥有丰富的农业资源、矿产资源和旅游资源。其中关中平原是我国著名的农业生产区，盛产小麦、玉米、水稻等粮食作物和棉花、油料、蔬菜等经济作物。关中地区分布了陕西省 78.9% 的商品粮基地县，77.3% 的苹果基地县和 56.5% 的瘦肉型猪基地县。其中，临潼石榴、周至猕猴桃、铜川名贵中药材等已形成规模，具有很好的市场基础。渭南土地广阔、气候温和、降水适中、光照充足，是陕西最优良的农业生产区，目前已形成了粮食、苹果、花生、生猪、秦川牛等 10 个商品基地，被称为"陕西粮仓"。宝鸡是陕西省重要的粮油和副食品生产基地，有苹果、辣椒、花椒、核桃、生漆等。咸阳地处"八百里秦川"腹地，农业生产结构合理，是陕西省主要的粮棉果基地。西安市的果业生产和城郊蔬菜业较发达，拥有 4 个瘦肉猪、笼养鸡和奶畜基地。关中地区矿产资源种类多、储量丰，是陕西省重要的能源基地和原材料基地。其中，银、锌、铅、金等金属矿产优势突出，为发展有色冶金工业奠定了基础；建材、煤炭资源也较丰富，发展潜力巨大。据统计，宝鸡市已发现 44 种矿产资源、202 处矿产地，已探明的矿产资源潜在经济价值达1072.1 亿元。铜川的矿产资源有四大类 20 种，优势矿产有煤炭、灰岩、油页岩、耐火黏土等。渭南的原煤地质储量约 255 亿吨，有"渭北黑腰带"之美誉；银矿、黄金、石灰石、大理石等储量丰厚。关中地区旅游资源得天独厚，人文景观和自然风景都有显著优势。秦岭是我国南北分界线，观光、科考价值突出；渭水是黄河的第一大支流，横贯关中平原。关中发展历史悠久，文物古迹数量多、规模大且分布集中，被誉为中国天然历史博物馆。目前，关中有两万余处文物保护点，1800 多处重点文物保护单位，50 多万件馆藏文物，6 处世界级旅游景点，24 处国家级旅游景点，已经成为全世界的旅游热点区之一。

3. 社会经济条件

关中城市群是我国西北地区的经济文化中心和交通中心，也是关中－天水经济区的主体部分，其经济发展、社会进步对西部特别是西北有着极为重要的辐射作用。关中城市群的经济规模在陕西省占有重要地位。2011 年，关中地区实现生产总值 7723.30 亿元，占全省经济总量的 61.6%；比上年增长14.2%，在三大区域中排名第二。关中地区科技实力雄厚，在全国亦处于重要地位，其中西安是我国中西部地区最大最重要的科研、高等教育、国防科技工业和高新技术产业基地。西安市的科技实力居全国第三位，仅次于北京和上海，现有普通高等院校 37 所，民办及其他高等教育机构 36 所（全国第一），科研人员多达 70 万人。另外，关中地区的高新技术产业开发带已呈现规模化发展趋势，西安高新技术产业开发区已累计容纳 3600 余家企业，被国务院确定为创世界一流科技园区之一，未来的泾渭工业园将成为千亿元制造业基地。

（二）城镇化现状

1. 城镇化发展模式定位

关中地区城镇化发展结合关中－天水经济区（见图3－13）建设，突出高新技术、装备制造、文化旅游等产业优势，以集群创导为理念，以园区建设为载体，着力打造西安（咸阳）国际化大都市，发展关中城镇产业集聚轴带，壮大大都市区辐射面。借助关中－天水经济区建设机遇，统筹军民科技互动、加快产研一体，重点建设高新技术产业、装备制造业、旅游业、现代服务业等，推进园区建设，形成航空航天、高新技术、现代农业等先进产业集群。着力打造区域核心——西安（咸阳）国际化大都市；重点发展以宝鸡、铜川、渭南、商洛、杨凌等次核心城市作为节点，依托陇海铁路和连霍高速公路形成的关中城镇产业集聚带；全面壮大以包茂高速、西康高速、宝成铁路等为依托，以大都市区为战略高地的辐射面域。

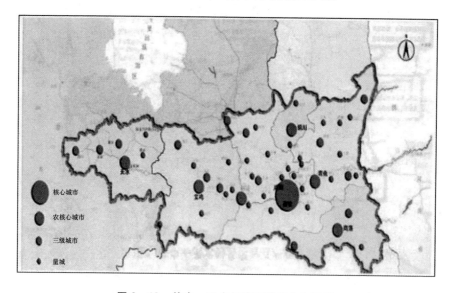

图3－13　关中－天水经济区城镇分布示意

区域中心城市城镇化发展模式定位如下（西咸新区总体规划，2011）。

（1）西安市加快西咸一体化进程，着力打造西安国际化大都市，把西安建设成为面向上海合作组织开放的内陆开放高地、带动西部发展的核心城市。

以主城区为核心，以西咸新区、渭河核心区带为重点建设区域，以西安南北线为中轴，以渭河为水脉，以渭北和秦岭为两大生态风光地带，结合关中环线，以主城区、卫星城和城市组团为基本格局，建设"一核心、四组团、七个卫星城"的城镇等级结构，加快北跨、东拓、西接、南融步伐，形成"一轴、一环、两带"的城市空间结构。充分发挥历史文化、科技教育、旅游资源和综合经济等优势，重点发展高新技术产业、装备制造业、旅游业、现代服务业和文化产业，加强同国内外大城市的联系和合作，不断完善城市基础设施和社会综合服务功能，增强城市集聚与辐射能力，提升城市竞争力。

（2）咸阳市作为西安国际化大都市的重要组成部分，加快南部秦都、渭城、三原、泾阳与西安的一体化联动发展，同时加快北部彬长旬能源化工基地的建设，将咸阳市建设成为关中–天水经济区的核心城市。构建"一带两轴多中心"的城镇空间结构："一带"即沿陇海铁路、西宝高速和西铜高速形成城镇密集发展带；"两轴"即沿新银武高速、西凉铁路形成的城镇发展主轴和沿国道211形成的城镇发展次轴；"多中心"即以咸阳市区为核心，以兴平、三原、泾阳、乾州、礼泉和彬州为副中心的多中心体系。产业发展形成"一核两轴三带五区"的构架："一核"指以技术密集型产业为主的咸阳市区；"两轴"指沿国道211和国道312形成的产业发展轴；"三带"指陇海铁路沿线工业密集带、中部食品建材特色产业带、北部能源化工产业带；"五区"指北部能源化工产业密集区、西南部高科技产业密集区、空港产业密集区、泾三渭产业密集区和中部建材食品产业密集区。

（3）宝鸡市要以建设成先进制造业主导，商贸、物流、旅游业发达的现代化特大城市为目标。构建"一主一副，一带，两翼"的城镇空间结构：一主一副即宝鸡市中心市区和蔡家坡镇；一带即宝鸡中心城市、蔡家坡、凤翔、岐山、眉县、扶风等所形成的城镇密集带；两翼即南部的凤县、太白和北部的千阳县、陇县、麟游县。重点发展先进制造业、装备制造业、食品加工制造业等优势产业，着力打造成为全国重要的新材料和先进制造业基地，形成高新技术生产高地，积极发展辐射周边省域的商贸、物流产业，发挥景观、遗址资源优势，建成西部旅游名城。

（4）铜川市要加快发展铜川新区，积极建设绿色走廊，完善改造调整老城，主要沿交通干线和资源分布带发展，形成"一主二次"的城镇发展轴，即主轴沿 210 国道线发展，次轴分别为梅七铁路线和 305 省道沿线。通过"南扩北疏"，形成"一城二区一廊"的组团城市形态，一城即铜川市区，二区即北市区、南市区，一廊即黄堡—董家河镇的城市绿色走廊。积极改造提升煤炭、铝业、陶瓷、水泥、机械制造五大传统产业，培育发展电力、食品、医药、电源、旅游五大新兴产业，扶持壮大果、牧、药、菜四大特色农业、形成强有力的产业支撑体系，推动资源型城市产业转型。

（5）渭南市构建一主五副的重点城镇格局，一主即中心城区，五副为韩城、蒲城、大荔、华阴以及卤阳湖现代综合产业基地；构建两主四副的发展轴线体系，以陇海城镇发展轴、西韩城镇发展轴为主轴，以中心城区 - 蒲城 - 白水发展轴、中心城区 - 大荔发展轴、罗夫 - 大荔 - 澄城发展轴、韩城 - 潼关发展轴为副轴；重点发展核心发展区、东北发展区和西北发展区。促进渭南市向全国西部以能源化工制造、新型材料制造、装备制造产业为主的先进制造业新基地发展，形成"一心一带四区"的产业空间格局，一心即渭南中心城区高新技术和现代服务业中心，一带即东部炎黄旅游产业带，四区指西部先进制造产业区、南部医药及特色金属产业区、北部能化产业区、中部农副产品加工产业区。

（6）杨凌区构建"一城五区三点"的空间结构。以杨凌城区为主，串联扶风园区、中心城区、武功园区、横渠园区、哑柏园区，以扶风、武功、周至为外围重要节点。打造杨凌区农业科教城、高科技示范推广与产业化基地城市品牌，建成全国西部农业科教、生物质加工制造、农资及农业设施制造基地和农业技术交易市场，进一步强化杨凌区特色旅游服务职能。

（7）韩城、兴平市、华阴关中中部的重要中等城市，以发展机械、化工工业为主，是商贸发达的综合性现代化中等城市。功能分区上由东城区、中部市中心和西部工业综合区三部分组成。2012 年，省委办公厅、省政府办公厅《关于在韩城市开展省内计划单列市试点的意见》中指出：韩城市地处陕晋黄河沿岸重要节点，区位优势明显，资源较为富集，有着较好的发展基础和很大的发展潜力，设为省内计划单列市，有利于进一步增强韩城市发展动力，激发创新活力，打造区域性中心城市，加快陕西东大门建设步伐。意见的出台，无疑将为韩城市中心城市建设发展提供极大的支持，对韩城市城镇化的发展产生积极作用。

县城与重点镇发展模式定位如下。

（1）关中地区应以 32 个县城与 55 个重点镇为主体，结合西安国际化大都市、彬长旬能源化工基地、蔡家坡开发区、杨凌农业示范区等建设，配合周边大中城市既有产业，发展相关上下游产业及服务配套产业，完善区域大中小城镇间的职能分工。重点发展都市近郊农业、农副产品加工、商贸服务业、装备制造业、能化工业、机械加工业等，为周边城镇生产及生活提供保障，并有效分流大中城市工业发展资源压力。此外，应彰显城镇特色，挖掘旅游资源，弘扬地方文化，大力发展旅游产业、文化产业等，进而促进县域城镇的全面发展（王镇中，2008）（见表 3－26）。

表 3－26 关中地区县域及重点镇列表

城市	县城	重点镇
西安	蓝田县(蓝关镇)、周至县(二曲镇)、户县(甘亭镇)、高陵县(鹿苑镇)	临潼区代王街办、临潼区零口街办、高陵县通远镇、户县余下镇、户县草堂镇、长安区滦镇街办、长安区太乙宫街办、阎良区关山镇、蓝田县汤浴镇、蓝田县玉山镇、周至县哑柏镇、周至县终南镇、灞桥区新筑街办
宝鸡市	凤翔县(城关镇)、岐山县(凤鸣镇)、扶风县(城关镇)、眉县(首善镇)、陇县(城关镇)、千阳县(城关镇)、麟游县(九成宫镇)、凤县(双石铺镇)、太白县(嘴头镇)	凤翔县长青镇、凤翔县柳林镇、陈仓区县功镇、陈仓区阳平镇、岐山县蔡家坡镇、扶风县绛帐镇、扶风县法门镇、陇县东风镇、眉县常兴镇、眉县汤峪镇、凤县凤州镇、金台区蟠龙镇
咸阳市	三原县(城关镇)、泾阳县(泾干镇)、乾县(城关镇)、礼泉县(城关镇)、永寿县(监军镇)、彬县(城关镇)、长武县(昭仁镇)、旬邑县(城关镇)、淳化县(城关镇)、武功县(普集镇)	兴平市桑镇、乾县临平镇、武功县贞元镇、泾阳县永乐镇、泾阳县云阳镇、旬邑县太村镇、渭城区正阳镇、三原县陵前镇、礼泉县烟霞镇、淳化县润镇、长武县相公镇
铜川市	宜君县(城关镇)	耀州区董家河镇、耀州区照金镇、印台区陈炉镇、印台区红土镇、王益区黄堡镇
渭南市	华县(华州镇)、潼关县(城关镇)、大荔县(城关镇)、蒲城县(城关镇)、澄城县(城关镇)、白水县(城关镇)、合阳县(城关镇)、富平县(杜村镇)	韩城市龙门镇、合阳县路井镇、富平县庄里镇、华阴市敷水镇、大荔县许庄镇、潼关县秦东镇、蒲城县荆姚镇、蒲城县孙镇、澄城县韦庄镇、澄城县交道镇、临渭区辛市镇、白水县林皋镇、华县瓜坡镇

（2）西咸新区发展模式定位。

①发展定位与发展目标

打造西安国际化大都市的主城功能新区和生态田园新城；引领内陆型经济开发开放战略高地建设的国家级新区；彰显历史文明、推动国际文化交流的历史文化基地；统筹科技资源的新兴产业集聚区；城乡统筹发展的一体化建设示范区。

以全新的规划理念和发展模式建设西咸新区，使其成为中国未来城市建设的典范，全面提升西安国际化大都市的城市品质。通过十年的建设，力争"三年出形象，五年大变样，十年大跨越"，使西咸新区成为历史文化一脉相连、高端产业集群化发展、人居环境适宜优美、城乡统筹社会和谐、基础设施完备均等、服务全国联通世界的城市特色功能新区，形成在全国具有重要影响力、在西部具有强大集聚和辐射带动能力的一体化开发示范区。

②发展格局与空间结构

优化大都市发展格局，构建大都市"核心区＋城市组团＋外围组团"的空间发展格局，形成新的城市形态；通过"两环六放射"的快速交通廊道，构建国际化大都市主城区与外围组团高效便捷的交通联系；新区作为大都市新的城市核心，根据《西安国际化大都市城市发展战略规划》辐射三原、户县、兴平、高陵等城市外围组团；通过公路及轨道交通网络，构建新区与外围组团高效便捷的交通联系。至三原：通过包茂高速、包茂复线、西咸环线、省道208、咸铜铁路、关中城际铁路环线，远景规划将地铁2号线延伸至三原；至户县：通过西咸环线、京昆高速、国道310、西三环、草堂快速路、西余铁路、西成高铁。至兴平：通过西咸环线、连霍高速、省道103、西宝城际、陇海铁路，远景规划将轻轨3号线延伸至兴平。至高陵：通过西咸环线、京昆高速及关中城际环线，远景规划将城市轻轨延伸至高陵。

以"大开大阖"的空间发展模式，并沿承西安国际化大都市的空间结构，构建新区"一河、两带、四轴、五组团"的空间结构。通过两条帝陵遗址带，渭河、沣河、泾河三条生态景观廊道，以及组团间的楔形绿地为分隔，形成"廊道贯穿、组团布局"的田园城市总体空间形态。

一河：以渭河为纽带，渭河两岸集中高端服务业，着力构建横贯东西的百里渭河生态长廊,建设大都市渭河核心区带。

两带:沿五陵塬遗址,构建渭北帝陵风光带;沿周秦汉都城遗址带,构建周秦汉古都文化带。

四轴:沿正阳大道拓展城市功能,对接西安钟楼南北线,共同构建大都市南北主轴带;以沣泾大道为轴带,对接大都市开发区经济发展带;以红光大道为轴带对接大都市东西主轴带,完善大都市的发展格局;以秦汉大道为轴带,连接秦咸阳宫与汉长安城遗址,构建大都市秦汉文化主轴带。

五组团:泾河新城、空港新城、秦汉新城、沣东新城和沣西新城。

(3)城镇化结构与支撑。

第一,规模结构。关中地区现有超大城市1座(西安),大城市2座(宝鸡、咸阳),中等城市2座(铜川、渭南),小城市3座(韩城、兴平、华阴)。各类城市数量比例为1:2:2:3,首位度高达5.58,具有显著的单核式结构特征,形成了以西安为中心的单核发展的城镇群。首位城市西安是陕西乃至西北地区最具潜力的"增长极",发展优势突出,其他城镇则由于区位及交通条件相对较差,经济基础较弱,发展较为缓慢,使关中城镇群没能建立起多层级的城镇规模体系,呈现出明显的首位型分布特征。预计2020年关中地区将拥有5座大城市(西安、宝鸡、咸阳、渭南、铜川),5座中等城市(杨凌、韩城、华阴、岐山、兴平),12座小城市(三原、泾阳、乾州、礼泉、彬州、凤翔、凤州、陇州、大荔、蒲城、富平、澄城),394个小城镇(建制镇),大、中、小城市及小城镇比例约为1.2:1.2:2.9:94.7(张沛、侯远志,2009)。

关中城市人口规模结构见表3-27所示。

表3-27 关中城市人口规模结构

单位:万人

城市	2010年总人口	2020年总人口
西安	350	600
咸阳	65	85
兴平	20	25
三原	10～15	15～20

城市	2010 年总人口	2020 年总人口
泾阳	—	10～15
乾州	10～15	10～15
礼泉	10～15	10～15
彬州	10～15	15～20
宝鸡	80	100
岐山	10～15	25
凤翔	10～15	15～20
凤州	—	10～15
陇州	—	10～15
渭南	40	55
大荔	10～15	10～15
蒲城	—	15～20
华阴	15	20
韩城	20	25
富平	10～15	10～15
澄城	—	10～15
铜川	45	55
杨凌	20	28

第二，空间结构。1949～1978 年，关中城镇体系为以西安为中心的单核心城市极化阶段；1978～2002 年，关中依托大型交通轴线发展，形成走廊－串珠式的点－轴分布格局，即"一主中心（西安）五副中心（宝鸡、咸阳、渭南、铜川、杨凌）"的多核心和以陇海铁路、西宝、西潼高速、咸铜铁路、西铜高速、西韩铁路为轴心的走廊－串珠状空间布局格局；2002 年至今，关中城镇体系逐渐向城镇群演替，进入区域经济一体化阶段。未来关中城镇群将以"两核·一主轴·五次轴·多点"为主骨架构建空间发展格局。

"两核"，即以西安—咸阳为中心的大西安都市圈；以宝鸡为中心的宝鸡经济区。大西安都市圈是关中城镇群的主核，这一地区是西北地区经济最发达、人口最稠密、新兴产业最集中的城镇化地域。都市圈内城镇化发展采取圈层推进模式，通过区域交通环线、放射骨架道路，形成都市圈城镇网络；通过布局不同级别、不同性质的开发区，形成研发创新基地，加工制造基地等既合理分工又密切相关的辐射联动发展模式。宝鸡经济区是关中城镇群次核。宝鸡市内陆开放型工业城市、关中"一线两带"西部中心城市以及陕、甘、宁、川省际区域中心城市。城镇发展采取点轴发展模式。通过宝鸡城市集聚发展，辐射带动主要交通轴线上重点城镇，形成区内城镇发展轴线，使中心城市、重点城镇、城镇发展轴线成为宝鸡经济区发展的有力支撑。

"一主轴"，指沿陇海铁路和 GZ45 建成城镇密集带。关中城镇群以"主轴"为骨架，以大西安都市圈为轴心，东西轴线有渭南、杨凌、宝鸡、华阴、岐山、大荔、凤翔、陇州 8 个大、中、小城市，以及潼关县城、孟塬、杏林、莲花寺、降帐、常兴、眉县县城、扶风县城、长青、柳林、阳平、陈村等一批县城、重点镇和一般建制镇。发展轴线上城镇密集、工农业发达、高新急速产业和现代化星火产业发展迅速，交通、通信等基础设施比较完善，未来发展强劲有力，组成关中城镇带密集区。

"五次轴"，指银（川）武（汉）线关中段；GZ40 关中段；GZ210 线；宝（鸡）一中卫铁路；宝（鸡）一成（都）铁路沿线。

"多点"，城镇群内其他城镇。城镇群内其他城镇一方面经济接纳发展轴核心区域置换的传统产业，另一方面充分利用当地矿产资源、旅游资源、特色农业的有利发展条件，形成煤炭、建材、电力、机械、冶金、食品、轻工为主导的工业体系，同时大力发展形式多样的第三产业，进而形成点状发展的城镇发展格局。

关中城镇群大中小城市如果能协调发展，形成城市功能互补、等级规模配置合理、空间布局结构优化、发展环境良好的区域城镇体系，将有力支撑区域经济社会高效发展。

第三，职能结构。关中地区城镇职能结构主要特点有以下三点。

其一，城市职能分工和互补性明显。西安市作为关中平原城镇密集区的中心城市，早已成为一个超越本区意义的特大城市，在陕西省和西北地区的社会经济发展中起着重要作用，在组织关中城镇体系的发展中亦起着十分突出的作用。宝鸡市、渭南市和铜川市作为关中城镇体系的次级中心城市，是西部、东部和北部的区域中心，工业发展较好；咸阳市作为西安的卫星城市，很好地承担了核心城市的部分压力，旅游业发展良好；其他城市分别作为小区域的中心城市或交通枢纽，产业发展势头较强。总体来看，关中城镇体系中各城市的职能分工较为明确，形成了较好的互补发展关系。区内工业、农业、交通运输业、商贸业和旅游业等已经形成了较为完整、紧密联系的经济体系；以机械、电子、轻纺、军工级粮棉油生产为产业化部门，与专业化相配合的生产部门及自给性部门也得到充分的发展（见表3－28）。

表3－28　关中地区各城市主要职能

城市	主要职能
西安	世界级历史文化名城和具有国际医院的旅游城市；西部重要交通枢纽；我国西部地区经济、科技、教育、文化及信息中心；全国重要的机械、仪表、电子、轻纺和飞机制造、兵器工业基地；陕西省省会
咸阳	关中中部中心城市之一；西安卫星城；以发展电子、轻纺及其他技术密集型工业为主，并具有旅游业发展前景的历史文化名城
铜川	关中北部地区的经济中心；连接陕北与关中的交通枢纽；以煤炭、建材、陶瓷、冶炼为主的工矿城市
宝鸡	关中西部地区及陕、甘、川毗连地区经济中心；以机械、电子、食品、有色金属、建材为主的工业城市；连接西南和西北的交通枢纽
渭南	关中东部的行政、文化中心；以有色冶金和能源化工为主的新兴工业城市
韩城	以发展煤炭、电力、化工、冶金工业为主，并有旅游业发展前景的历史文化名城和关中东北部中心城市
华阴	以机械、电力、化工为主的工业城市和以自然风光为主的重要旅游城市；关中东部交通枢纽
兴平	以机械、化学工业为主的工业城市

其二，城市工业职能突出且历史悠久。关中地区是国家"一五"和"三线"建设时期重点建设地区。"一五"时期，全国156个重点项目中有24个在关中平原，包括飞机制造（西安）、兵器工业（西安）、电子工业（西安、宝鸡、咸阳）、电力机械（西安）、电站设备（西安）和煤炭工业（铜川、韩城）以及大批配套项目，如仪表（西安）和纺织（西安、咸阳、渭南）等项目的建设。同时，地方也安排了一大批较大的工业项目，如电力（宝鸡）、纺织（西安）、机械（西安）等。"二五"时期和"三线"建设时期又不断追加新的项目和投资，工业结构不断完善，并带动城市不断发

展，城市的量和质都得到了提高。改革开放后，受益于陕西省"重点发展关中，积极开发陕南陕北"的区域发展战略，关中地区再次成为全省重点投资和建设的地区，工业总产值占全省 70% 以上，许多产业在全国占有突出地位。可见，关中地区主要城市的工业职能很早就已形成，并且这一职能基本延续至今。8 座城市中有 7 座城市的优势职能均为工业，而西安市除了旅游这一优势职能外，另一优势职能也是工业（见表 3 – 29）。

表 3 – 29　关中地区城镇职能结构特征

城市	优势职能	显著职能	主导工业部门	职能特征
西安	工业 旅游	科技、文化、卫生、教育、体育、金融	机械、电子、纺织	大区级、特大型、综合性
咸阳	工业	科技、教育、服务业、建筑、商贸	电子、纺织	地区级、中型、综合性
铜川	工业	旅游	冶金、煤炭、建材	地区级、中型、专业性
宝鸡	工业	交通、建筑、商贸	机械、电子、冶金、食品	地区级、中型、综合性
渭南	工业	旅游、交通	冶金、能源、化工	地区级、小型、专业性
韩城	工业	旅游、建筑、地质	煤炭、电力	地方性、小型、专业性
华阴	工业	建筑、旅游	电力、机械、化工	地方性、小型、专业性
兴平	工业	商贸	化学、机械	地方性、小型、专业性

其三，产业结构同构性与互补性并存。产业结构的趋同性表现为多数城市以机械、电子、能源和轻纺等产业为主。其中，电子工业是西安、咸阳宝鸡三市的重点行业，轻纺工业在西安、宝鸡、咸阳和渭南占重要地位，机械工业是西安、宝鸡、华阴、兴平、咸阳和渭南等城市的主要行业之一，能源工业在铜川、韩城、华阴均占有重要地位（见表 3 – 30）。产业结构互补性主要表现为城市二级产业差异明显，形成一种良好的互补关系。例如，能源工业中，铜川以煤炭为主，华阴以电力为主，韩城的煤炭和电力同样重要；电子工业中，西安以仪表、家电、微电子为主，咸阳以电子元器件、彩电为主，宝鸡以无线电电子为主等；机械工业中，西安以综合性机械工业为主（矿山、电力、轻工），宝鸡以重型机械、车辆生产

为主。产业结构的趋同性使城镇密集区产业效益水平整体不高,技术结构和产品结构梯度不明显,科技优势未能迅速形成高新技术产业,产业结构高度化进展不快,影响了城市工业扩散,周边地区乡镇企业发展迟缓(张占斌、黄锟,2013)。

表3-30　关中地区城镇经济职能一览

城市	城市主要职能部门
西安	机械、电子、石油、轻纺、食品、医药、电力、冶金、建工
咸阳	电子、轻纺、机械、医药、食品、建材、能源化工
铜川	煤炭、冶金、建材、电力、轻纺、机电、医药、食品、石油
宝鸡	有色冶金、电子、机械、轻纺、食品
渭南	化学、电力、轻纺、煤炭、建材、机械
韩城	煤炭、电力、建材、冶金
华阴	电力、机械、化学、食品、轻纺
兴平	机械、化学、建材、食品

(4) 基础支撑

①交通运输支撑

公路。以西安为中心,加快米字形及"一纵三横两环"次骨架关中段的新建与改建。实现"国道主干线与西部大通道高速化,升级次骨架二级标准化,县级道路三级标准化,乡村道路硬面化"的发展目标;公路主骨架建设以西部大通道(包头—北海、银川—武汉、西安—合肥)、国道干线(GZ40 呼和浩特至河口、GZ45 连云港至霍尔果斯)关中段位高等级公路为重点。形成西安到渭南、商洛、杨凌、耀州、柞水等城镇1小时交通圈,西安到黄陵、宝鸡、韩城、潼关等城镇2小时交通圈;公路次骨架建设以关中公路环线(沣峪口—马召—西汤峪—法门寺—乾县—三原—阎良—渭南—玉山—水陆庵—东汤峪—太乙宫—沣峪口)和渭北陕南公路大环线关中段(华阴—大荔—澄城—白水—铜川—旬邑—彬州—麟游—凤翔—凤县—留坝)为重点。规划区末次骨架公路达到二级以上标准;提高其他省道和县乡公路等级,改善农村道路质量,提高道路通达深度,重点抓好连接中心城市和高等级公路的道路建设。

铁路。预计到 2015 年，陕西省将基本形成"两纵五横八辐射一城际"铁路网，西安将成为全国性客货铁路枢纽中心城市。陕西省发展改革委在全省铁路建设工作会议上提出，为促进陕西省经济的发展，计划 2008～2015 年，用 8 年时间投资 2600 亿元建设 4500 公里铁路，实施 20 个重大工程，至"十二五"末的 2015 年，将基本形成"两纵五横八辐射一城际"的铁路网，简称 2581 网。届时，西安将真正成为全国性的客货铁路运输枢纽中心城市。"两纵五横八辐射一城际"铁路骨架网方案中，两纵：包头—西安—重庆、中卫—宝鸡—成都；五横：神木—朔州、太原—中卫、黄陵—韩城、陇海线、阳安襄渝线；八辐射：西安—郑州客专、西安—太原客专、西安—成都客专、西安—兰州客专、西安—侯马、西安—合肥、西安至平凉、西安至银川铁路；一城际：以西安为中心，宝鸡、咸阳、渭南为两翼形成一字形主轴，西安—阎良—铜川（韩城）形成 V 字形骨架，关中北环和秦岭北坡形成环线的城际铁路网。与之相配套，还规划了 10 多个地方铁路专支线，提出了宝鸡枢纽南环线等一批规划线路。

民航。西安咸阳国际机场建设成为西北乃至中西部地区中西枢纽机场，完善中转服务功能，发挥中心枢纽对其他机场的辐射作用，建立轮辐式航线网络。西安咸阳国际机场积极发展现代物流业与航空产业，开辟至乌克兰、美国及欧洲航线。把西安阎良机场建设成为西安第二民用机场，以缓解西安咸阳国际机场运输压力。

水运。加强黄河内航道的综合整治，提高航道等级。重点治理建设石屏至禹门口航道，建设年吞吐量 30 万吨的韩城港、合阳东雷码头、大荔大庆关码头及大荔华塬码头。

②能源电力

2015 年关中地区韩城二电厂、蒲城电厂扩建、宝鸡二电厂扩建、华能铜川电厂、户县大王镇电厂将全部建成，2015 年后规划建设彬长电厂、黄陵电厂、合阳电厂等大型项目，远期关中总装机容量将达 2000 万 kW，年发电量为 1000 亿 kW·h。预计远期关中地区年用电量为 750 亿 kW·h，可向外送电量 250 亿 kW·h。2020 年关中地区电能的利用总量达到 2450 万吨标准煤，占总用能的 50%。同时为减小高压线路走廊宽度，关中高压架空线路改为地下电缆线路所需通道。该通道与其他公用地下管道统一规划，注意郊区的高压走廊与主城区、外围组团、卫星城未来发展之间的关系。应将最高等级环网布置在其寿命期内不受干扰的区域。未来建成区中的规划高压网应适应城市格局要求。处理好局部优化与整体合理的关系，达到全社会效益最大化（王镇中，2008）。

③防洪工程

关中地区防洪工程重点针对渭河及其支流进行整治，2010 年 12 月 29日，省政府第 23 次常务会审议通过了《陕西省渭河全线整治规划及实施方案》，陕西省委十一届七次全会也把全线综合整治渭河列入全省"十二五"国民经济和社会发展规划纲要，为加快推进渭河全线综合整治指明了方向。渭河陕西段综合整治预计总投资 607 亿元，其中规划整治工程 248亿元，纵向范围西起宝鸡峡渠首引水枢纽、东至渭河潼关入黄口，横向延伸到河道管理范围外 1.5 公里。工程建设严格遵循"安澜惠民、健康和谐、环境改善、持续发展"的理念，通过加宽堤防、疏浚河道、整治河滩、水量调度、绿化治污、开发利用，全面推进渭河防洪保安、生态治理、水污染防治建设，尽快提高渭河防洪能力，带动沿线经济产业快速发展。实现渭河"洪畅、堤固、水清、岸绿、景美"的目标，把渭河打造成关中防洪安澜的坚实屏障、堤路结合的滨河大道、清水悠悠的黄金水道、绿色环保的景观长廊、区域经济的产业集群，重现渭河新的历史辉煌。按照国家《防洪标准》（GB50201－1994）和《城市防洪工程设计规范》（CJJ50－1992），确定宝鸡、杨凌、咸阳、渭南四个城市段防洪标准为 100年一遇，西安城市段为 300 年一遇；渭河中游农防段为 30 年一遇，渭河下游农防段为 50 年一遇，335 米高程以下河口汇流段为 5 年一遇。要迅速对现有堤防全部进行加宽，达到堤顶宽度下限不小于 20 米，满足四车道交通需要。城市段堤防可结合城市功能将堤顶宽度增加到 20 米以上。在支流入渭口建设与堤顶宽度一致的桥梁，对悬河堤防段进行淤背加固。在河道拐弯、水流顶冲堤防段修建主槽控导工程或堤防护基坝，控制渭河流路。清除河道内违章设施，整理坑洼不平滩面，清除滩面杂草、垃圾，栽植草皮绿化滩面，加强采沙管理，彻底清除河道沙堆和采沙置留障碍物。

河道内滩地实行统一综合利用，城市段河道滩地结合水面或河滨公园建设全部停止耕种，农村段河道滩地结合生态、湿地建设逐步退耕还河。在武功—兴平、临渭—大荔设立两个蓄滞洪区，当发生超标准洪水时用于保护咸阳、西安、渭南城市区及二华夹槽区安全。新增水体生态监测断面，限制各行政辖区入河污染排放总量，对县城已有污水处理厂进行脱氮技术装备改造，提高小城镇生活污水净化率。水污染整治必须达到《陕西省水功能区划》的水质标准。

2. 城镇化优势与制约

（1）从发展机遇来看

①国家对城镇化建设的重视，以及城镇化在实现全面建设小康社会的实践中占据越来越重要的地位，为城镇化发展提供了新的机遇。党的十八大报告提出，"坚持走中国特色新型工业化、信息化、城镇化、农业现代化道路，推动信息化和工业化深度融合、工业化和城镇化良性互动、城镇化和农业现代化相互协调，促进工业化、信息化、城镇化、农业现代化同步发展"。"必须以改善需求结构、优化产业结构、促进区域协调发展、推进城镇化为重点，着力解决制约经济持续健康发展的重大结构性问题"。

②国家实施西部大开发战略，将改善西部地区生态环境与投资环境。实施西部大开发，国家支持西部建设高新技术产业基地，将从根本上改善西部地区的发展环境，同时也为关中地区的发展提供了巨大的政策、资金和技术支持。

③至2008年10月"关中－天水经济区"规划经国务院审批后进入正式实施阶段以来，关中和天水依托各自的资源优势、产业基础，将实现统筹规划、协调发展，这为关中地区的发展提供新一轮的发展机遇。

④《陕西省城镇体系规划》明确指出"未来关中地区'一线两带'作用下将形成城镇群，关中城镇群及产业的快速发展将带动陕南、陕北两翼地区城镇加速发展"。

⑤陕西省委、省政府制定了《关于加快"一线两带"建设，实现关中率先跨越发展的意见》，成立了"一线两带"建设办公室，设立了"一线两

带"市长联席会议制度,专门研究指导"一线两带"规划建设问题,力争使"一线两带"成为我国最有竞争力的区域之一。

(2)从面临挑战来看

①根据国家《西部大开发"十一五"规划》,成渝经济区和广西北部湾经济区也正在兴起,关中地区作为"关中-天水经济区"的主体组成部分,外部竞争环境严峻,如何与天水市小产业分工和优势互补,同时依靠自身特色实现跨越式发展,成为当前面临的巨大挑战。

②区域内部中心城市与外比实力不强,与内比则"一城独大",作为关中城市群龙头的中心城市西安市,综合实力不及东部的上海、广州和北京,即使与周边地区其他大区级中心城市相比也相对较弱。人口和经济总量规模、经济平均规模和地均规模均滞后于郑州、武汉、成都3个城市。这是关中城镇体系不健全的表现,它使城市间的辐射受阻,在一定程度上削弱了城市群集聚作用的发挥,因此,如何强化中心城市的功能,以发挥对整个区域的集聚和辐射带动作用,也是区域发展面临的重要问题。

③关中城市城区产业结构中重工业比重较高,与周边乡村地区的产业无法实现有效的对接,从而使城乡二元结构固化。要保持经济的持续稳定增长,必须推进产业结构的转型,延伸产业链条,保证三产之间比例的协调发展,这也对关中地区的发展提出了巨大的挑战。

④粗放的经济增长方式使节能减排及生态环境保护的压力较大。关中地区经济高度发达、城镇和人口高度密集的城市群也极易破坏生态环境。加之,关中城市群的工业结构中重工业比重超过73%,有色金属加工、建材、煤炭等行业在宝鸡、铜川、渭南、咸阳等城市占有一定比重,因此,关中城市群地区的生态环境不容乐观。

(3)从发展制约来看

①区域内发展模式落后,区域的各开发区目前还是采取"筑巢引凤"初级发展模式,区域内的企业规模偏小,产业和产品关联程度低,产业集群效应相对较弱,尚未形成具有较强集聚效应和综合竞争力的主导产业集群。

②关中地区属于资源型缺水地区,水资源缺乏和时空分布不均成为地区发展的重要制约因素。具体体现在:渭河的径流量锐减,河道萎缩,地下水

超采等问题突出；渭河水质污染加剧使水资源开发难度加大；蓄水工程少，调蓄能力差；缺乏统一、有效的管理体制以及前期工作力度不够，缺乏储备项目。

③由于人口密集，经济增长方式粗放，自然生态环境脆弱，环保基础设施严重不足和执法力度不强等，区内环境容量不堪重负，环境质量普遍超标，生态环境安全形势严峻。

④区域产业竞争严峻，产业缺口较大。关中地区很多开发区产业发展方向相似，产品细分不够，产业在同一领域或同一层次竞争，形势比较严峻。另外，比较高新技术产业和新兴产业发展趋势，关中地区目前产业结构尚存在较大的发展缺口，例如先进制造技术研发孵化产业、地域性优势资源深加工产业和文化办公设施制造业等。

⑤区域基础设施发展缓慢，制约着区域经济的高效发展。

（4）从比较优势来看

①政策优势。国家高度重视西部发展，加大西部的政策支持，为关中地区的发展提供了最有利机遇。关中－天水经济带的建设打破了地区封锁和市场分割，有利于充分发挥资源富集、现有发展基础较好的优势。另外，在城市建设、土地管理、人口及劳动力流动、重大基础设施建设和重要产业布局等方面，也有利于加强统筹规划和协调，优化经济发展空间布局。

②区位优势。与沿海相比，关中因地处内陆而不利，但作为西部新"增长极"的最佳选点，关中地区具有一定的优势。对西部大开发来说，新亚欧大陆桥的发展至关重要。与长江水道、西南出海通道不同，新亚欧大陆桥主要分布在西部，西安是大陆桥上最大的中心城市，工业基础、商贸设施、金融机构等实力在沿桥城市中最强。以西安为中心的关中是大陆桥经济带上最发达的地段，位于我国西部最东端，与四川、甘肃、山西、河南毗连，是中国大西北的门户，是连接东中部地区和西北地区的交通枢纽。关中位于"开花"的地理位置，一旦内线突破将对周边市区特别是西部地区产生强大的辐射作用。

③资源优势。关中地区地势平坦，土质肥沃，水源丰富，机耕、灌溉条

件优越，是陕西自然条件最好的地区，气候温和、四季分明，为高科技农业的发展提供了良好的自然条件，是我国实施农业产业化的理想基地。同时，区内具有较强的科技人力资源，陕西省县级以上独立科研机构、高等院校及大中型企业所属的科研机构大多聚集于此，是我国的智力资源密集区、发展高科技产业的理想基地。另外，关中地区人文自然旅游资源丰富，是我国极具开发潜力的旅游观光胜地。

④后发优势。后发优势是指目前欠发达国家和地区可以借鉴发达国家和地区的技术和制度经验来实现本地区的赶超式发展。关中快速发展应依靠科技进步、先进的生产工艺和经验，实现资源综合利用新突破，逐步形成主业突出、相关产业协调发展及拥有知识产权和核心竞争力的发展优势。在制度和管理方面充分借鉴东部沿海地区的经验，实现加速发展。所有制结构上应更加灵活，通过更加宽松的制度环境，促进民营经济的发展和本地市场主体的形成和壮大，同时弥补其他方面的不足，为来自国内外多种类型的投资者提供有吸引力的投资环境，增强其收益预期，更多地吸引区内外市场主体参与关中的开发。依靠体制重新启动、推动技术创新、组织创新、管理创新，提高自我发展能力，加快自我发展机制的形成。

二　关中城镇用地现状

（一）关中城镇用地概况

关中地区城镇化进度较快，城镇用地自 2005 年起年均增长率达 19.2%，至 2009 年关中城镇用地面积达 122853.44 公顷，占全省城镇用地总面积的 69.21%；到 2010 年，关中城镇用地面积增至 127390.37 公顷，占全省城镇用地总面积的 69.38%。关中各市城镇用地概况简述如下。

西安市是陕西省省会，地处"八百里秦川"中部，是世界历史文化名城，全国重要的科研、高等教育基地和航空、航天、电子等高新技术产业基地。2009 年，西安城镇用地规模为 54345.42 公顷，占全市用地面积的 5.38%；2010 年，西安城镇用地规模达 55530.77 公顷，占全市用地面积的 5.49%。

宝鸡市位于"八百里秦川"西部，是陕西省第二大工贸城市，形成机械、电子、食品、饮料、烟草为支柱的工业体系。2009 年，宝鸡城镇用地规模为 17490.29 公顷，占全市用地面积的 0.96%；2010 年，宝鸡城镇用地规模达 17976.74 公顷，占全市用地面积的 0.99%。

咸阳市位于关中平原中部，是秦王朝建都之地，拥有丰富的旅游资源，工业以电子、纺织为主。2009 年，咸阳城镇用地规模为 20371.46 公顷，占全市用地面积的 2%；2010 年，咸阳城镇用地规模达 24166.39 公顷，占全市用地面积的 2.12%。

铜川市位于关中平原北部，是重要的能源、原材料工业基地。2009 年，铜川城镇用地规模为 5111.91 公顷，占全市用地面积的 1.31%；2010 年，铜川城镇用地规模达 5485.44 公顷，占全市用地面积的 1.41%。

渭南市位于关中平原东部，是陕西省重要的粮食基地和优质苹果基地，同时拥有丰厚的矿产资源。2009 年，渭南城镇用地规模为 23233.45 公顷，占全市用地面积的 1.78%；2010 年，渭南城镇用地规模达 24231.03 公顷，占全市用地面积的 1.86%。

杨凌示范区号称中国农科城，是目前唯一的国家级农业高新技术产业示范区。2009 年，杨凌区城镇用地规模为 2300.91 公顷，占全区用地面积的 24.45%；2010 年，杨凌区城镇用地规模达 2580.83 公顷，占全区用地面积的 27.42%。

按照规划，即将建成的"关中天水经济区"计划以西安（咸阳）为核心，以宝鸡、铜川、渭南、商洛、杨凌、天水等次核心城市作为节点，依托陇海铁路和连霍高速公路，形成西部发达的城市群和产业集聚带。届时，关中地区城镇化水平有新的提高：西（安）咸（阳）将实现经济一体化，形成国际现代化大都市，同时城镇群集聚发展，城乡统筹取得突破，城镇化率达到 60%。

（二）城市及建制镇数量现状分析

按照陕西省行政区划（2010 年），关中地区共有 6 个地级市（区），3 个县级市，380 个建制镇。

陕西省共有 14 个城市，其中有 11 个地级市（区），3 个县级市。关中地区囊括了陕西所有的县级市，同时还在 11 个地级市（区）中拥有 6 个席位，因此关中地区城市数量几乎为全省城市数量的三分之二。

与此同时，关中建制镇数量相对较少，在全省922个建制镇中只占了380个，总比例不到三成。

城镇用地年均增长率反映了地区城镇用地扩张的速度和地区间的城镇用地发展差异。另外，人均城镇用地面积则反映了地区土地集约利用程度。通过对关中各市（区）城镇用地年均增长率及人均用地排名分析，可知关中地区各市（区）城镇用地发展水平和集约利用水平如何。关中各市（区）城镇用地（2000~2010年）年均增长率及人均用地（2010年）数据见表3-31所示。

表3-31 关中各市（区）城镇用地年均增长率及人均用地水平

行政单位	年均增长率（%）	排名	行政单位	人均用地（平方米/人）	排名
宝鸡	14.44	1	杨凌	320.5	1
杨凌	12.83	2	咸阳	145.98	2
渭南	11.65	3	铜川	118.17	3
铜川	11.26	4	渭南	106.53	4
西安	9.94	5	宝鸡	103.86	5
咸阳	8.74	6	西安	98.1	6
平均值	11.48		平均值	148.86	

由表3-31可见，关中各市（区）城镇用地年均增长率平均值为11.48%，高于平均值的市有三个，其中宝鸡市最高，达14.44%。而整个关中只有西安和咸阳城镇用地的年均增长率是低于平均值的，西安只有9.94%，咸阳更是低至8.74%。这与西安、咸阳当地的资源环境密切相关。由于西咸两市文物遗址保护区广阔，旅游资源丰富，相应的风景旅游用地必须保障。同时，西咸两市已从城镇用地外延式扩张的模式逐渐向城镇土地集约节约利用转变，因此城镇用地规模增长速度较慢亦是正常现象。

与此同时，关中地区的人均城镇用地平均为148.86平方米，高于全国的133平方米。根据国土资源部的数据，发达国家人均城镇用地只有82.4平方米/人，而发展中国家也只有83.3平方米/人。关中地区人均用地最小的是西安，为98.1平方米，土地集约利用水平与发达国家水平相距甚远；

而人均用地最大的杨凌更是远远高于全国水平。由此说明关中地区整体而言人均占有的城镇用地面积过大，城镇用地集约利用程度太低，土地利用效率较低。

关中各县城镇用地年均增长率（2000~2010年）见表3-32所示。

表3-32　关中各县城镇用地规模年均增长率

单位:%

行政单位	年平均增长率	排名	行政单位	年平均增长率	排名
凤　县	24.65	2	合阳县	10.29	18
凤翔县	22.30	3	澄城县	9.93	19
千阳县	19.36	4	大荔县	9.72	20
白水县	17.70	5	三原县	9.16	21
麟游县	17.57	6	长武县	8.88	22
岐山县	17.08	7	太白县	6.84	23
华　县	16.92	8	周至县	5.93	24
蒲城县	15.68	9	礼泉县	5.55	25
扶风县	15.61	10	旬邑县	5.51	26
户　县	14.98	11	永寿县	4.03	27
陇　县	14.58	12	宜君县	3.97	28
武功县	13.72	13	潼关县	3.43	29
眉　县	13.21	14	淳化县	2.34	30
富平县	11.73	15	彬　县	2.00	31
蓝田县	10.78	16	乾　县	1.91	32
平均值				11.64	

由表3-32可见，关中各县城镇用地年均增长率平均值为11.64%，略高于五市一区的平均值。24个县中，城镇用地年均增长率高于平均值的有13个，超过半数，其中高陵县、凤县及凤翔县均在平均值的两倍以上，城镇用地扩张速度惊人。而年均增长率最小的是乾县、彬县及淳化县，连3%都不到，城镇用地增长非常缓慢。这与当地的资源情况是密不可分的。乾县和彬县由于旅游资源丰富，旅游景点用地需求量较大，城镇用地规模不好扩张；淳化县农业经济发展迅速，种植业发达，是世界三大优质苹果适合区之一，因此必须保证森林覆盖率及农用地规模，城镇用地难以扩张。

（三）城镇用地面积和规模现状分析

关中地区 2000～2010 年城镇用地面积见表 3 - 33 所示。

2000～2010 年关中城镇用地面积占陕西省城镇用地面积的比例平均为 71.69%，在 2000～2005 年这六年间，该比例一直稳定在 71% 左右。2006 年突增为 74.06%，2007 年达到 75.08%，此后有所下降，每年下降的幅度都较大，到 2009 年时，下降为 69.21%，2010 年回升至 69.38%（见图 3 - 14）。

表 3 - 33　2000～2010 年关中地区城镇用地面积概览

单位：公顷

年份	西安	宝鸡	咸阳	铜川	渭南	杨凌	合计
2000	21519.18	4664.45	10451.27	1886.87	8053.13	771.99	47346.89
2001	22016.67	4665.35	10570.22	1904.35	8092.48	870.53	48119.59
2002	22615.95	4737.36	10729.93	1931.31	8179.44	908.6	49102.59
2003	23218.4	4946.6	10908.87	1931.31	8212.9	926.95	50145.03
2004	24722.89	4990.9	11151.49	1931.31	8242.84	938.31	51977.74
2005	25283.89	5105.38	11480.14	2006.29	8008.6	1051.41	52935.72
2006	32277.05	5192.95	12469.81	2401.56	8322.92	1042.03	61706.33
2007	33338.88	5382.67	12610.55	2405.17	8490.2	3791.87	66019.34
2008	34980.12	5739.39	12981.8	2556.45	8679.87	1085.59	66023.21
2009	54345.42	17490.29	20371.46	5111.91	23233.45	2300.91	122853.44
2010	55530.77	17976.74	21585.56	5485.44	24231.03	2580.83	127390.37

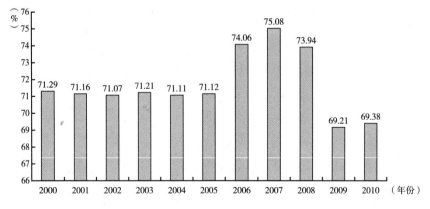

图 3 - 14　关中城镇用地占陕西省城镇用地比例

从图 3 - 15 可以看出，关中地区各市 2000 ~ 2010 年城镇用地面积的对比情况，西安市城镇用地面积最大，其余城市城镇用地面积从大到小依次为渭南、咸阳、宝鸡、铜川和杨凌。从图中还可以看出西安城镇用地面积不仅独树一帜得高，而且逐年增加的走势也非常凌厉，杨凌城镇用地面积也有一定程度的增长，其余城市城镇用地面积都保持相对稳定的状态，在 2008 年前变动幅度都不大，从 2009 年起所有城市的城镇用地总规模都有了一个明显提高。

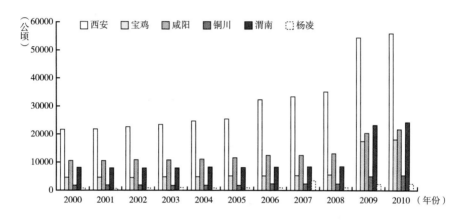

图 3 - 15 关中各市城镇用地面积横向比较

（四）城镇用地结构现状分析

2009 年关中地区城镇用地面积为 122853 公顷，占陕西省城镇用地总面积的 69.20%。其中商服用地为 8400 多公顷，占城镇用地总量的 6.91%；工矿仓储用地 28400 多公顷，占城镇用地总面积的 23.16%；住宅用地 44700 余公顷，占城镇用地总量的 36.38%；公共管理与服务用地 20000 多公顷，占城镇用地总量的 16.3%；特殊用地 2300 多公顷，占城镇用地总量的 1.89%；交通用地 14800 多公顷，城镇用地总量的 12.10%；水域及水利设施用地 460 多公顷，占城镇用地总面积 0.37%；其他用地 3500 多公顷，占城镇用地总面积的 2.88%。具体到各市的情况见表 3 - 34 所示。

从表 3 - 34 可以看出，商服用地占关中地区商服用地面积比例中最高的为西安，达 43.36%，其次为渭南和咸阳，比例均在 18% 左右；工矿仓储用地面积，西安与渭南占关中地区工矿仓储用地面积比例分别以 38.51% 和

21.30%排在第一和第二位,咸阳以17.28%的比例紧追其后,其余各市的情况同商服用地所占比例情况相近;住宅用地,西安市仍然在关中地区该类面积中占到最高比例,为43.89%,渭南和咸阳分别排在第二和第三位,均在18%左右;西安市公共管理与公共服务用地、交通用地以及其他用地面积均为关中地区该类用地面积比例中最高的;公共管理与公共服务用地,咸阳、宝鸡和铜川所占比例均在15%左右,铜川和杨凌明显小于其他市,面积比例只有3.5%上下。交通用地,除西安占52.7%的突出比例外,渭南和咸阳分别为占17.72%和13.59%,虽与西安有一定距离,但较之其他市也有一定优势。

表 3-34　2009 年关中各地城镇用地类型面积结构表

单位:%

地区	总计	商服用地	工矿仓储用地	住宅用地	公共管理与公共服务用地	特殊用地	交通用地	水域及水利设施用地	其他用地
关　中	100.00	6.91	23.16	36.38	16.30	1.89	12.10	0.37	2.88
西安市	44.24	43.36	38.51	43.89	46.16	54.78	52.70	17.52	46.85
铜川市	4.16	3.11	4.63	4.67	3.48	1.75	3.64	10.80	3.18
宝鸡市	14.24	17.07	15.51	13.71	15.08	14.10	10.48	27.33	13.21
咸阳市	16.58	19.18	17.28	17.74	15.74	7.69	13.59	20.57	12.70
渭南市	18.91	16.69	21.30	19.08	15.87	21.66	17.72	16.14	23.69
杨凌区	1.87	0.59	2.77	0.90	3.67	0.01	1.87	7.64	0.36

尽管各市城镇用地结构大致相同,但由于地理位置和城市功能的差异,还是存在一些区别。除杨凌区以外,其他市各类城镇用地比例由大到小依次均为住宅、工矿仓储、公共管理与公共服务、交通、商服和其他用地。而杨凌区各类城镇用地比例的特点在由大到小的前三位是工矿仓储、公共管理与公共服务和住宅,其余类别的排列和各市情况一致。宝鸡市商服用地占该市总城镇用地的比例位列关中地区第一,为8.29%;工矿仓储和公共管理与公共服务用地比例最高的为杨凌区,分别是34.3%和31.95%;铜川市的住宅用地比例是全关中最高的,达40.85%;交通用地占比例最高的是西安市,为14.41%。

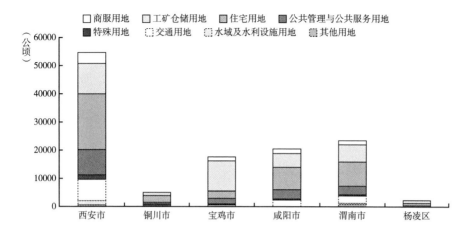

图 3 - 16　关中各市（区）城镇用地类型面积结构

三　城镇用地的主要矛盾和问题

（一）城镇用地与经济发展不协调

随着西部开发战略的深入实施，城市人口的增加，城市化、工业化进程的推进，陕西省城镇用地量急剧扩张，关中作为陕西城镇化程度最高的地区，城镇用地量的增长尤为明显。然而，此时人与地的矛盾、经济发展与耕地保护的矛盾却日益凸显。同时，关中地区内有占地广阔的文化遗址以及人文景区，文物保护区面积大，再加上关中平原上有大片良田，导致城郊区可供城市用地的面积十分有限。尽管关中地区城镇用地从 2000 年的 47346.89公顷，扩大到 2009 年的 122853.44 公顷，但仍然满足不了经济发展的需要。由于城镇用地供需矛盾尖锐，陕西省用地指标供不应求，各市常因争取不到指标而不能及时提供建设用地导致投资项目流失，长此以往，极不利于陕西的经济发展。

（二）城镇土地利用结构问题

1. 城镇用地规模偏小且布局不合理

关中地区城镇用地面积近几年来虽然增长较快，但在城镇用地的比例较发达地区依然偏小，难以发挥城镇的集聚优势，对区域经济的辐射和带动作用不强，同时城镇自身发展也受到限制。

另外，关中城镇用地布局也存在许多不合理之处。首先，城镇发展与布局失衡。关中地区发达的片区与不发达的片区差别太大，大量城镇土地资源集中在西安、咸阳等较发达城市，不利于区域整体统筹发展，加上关中目前规划城镇建设用地分散不集中，城市功能难以发挥最大作用。其次，城镇土地置换措施实施缓慢，降低了城镇土地利用总体效益。最后，一些城中村居民点及乡镇企业布局分散无序，造成土地的浪费和生态环境的恶化。

2. 城镇用地内部结构比例失调

关中地区近年来城镇建设实行外延式扩张，尽管对城镇用地规模扩大有显著作用，但也带来了一定的负面影响，一方面是导致耕地锐减，另一方面也造成建设用地内部结构不合理，土地配置效率低下。

城镇用地中，住宅用地和工业用地面积偏大，而公共管理服务、道路交通、公园绿地等其他公共设施用地不足，同时在建成区还存在"城中厂""城中村"、绿化多样性差，城市基础设施等建设相对滞后等现象，严重影响了城市内涵提升和生态环境的保护。2010年关中城镇人均居住用地和人均工业用地这两项指标都超过了国家控制线的最高指标范围。不合理的城镇用地结构和布局将影响关中土地利用的经济、社会和环境效益的协调统一，对土地资源的进一步开发利用造成潜在威胁。

（三）城镇用地利用水平的问题

1. 土地利用粗放，产出水平低下

关中地区城镇用地空间利用程度不高，城镇用地投入产出水平偏低。这一问题集中表现在旧城区和城中村建筑容积率和建筑密度普遍较低，各类开发区内"圈而不建，建而不用"现象严重。

2. 城镇建设用地总体利用效率有待提高

城市化过程中，城市人口不断增加，城镇建设用地大幅增加，但农村居民点用地并没有相应减少。造成这一问题的原因一方面是随着越来越多的农村人口进城，空心村、闲散地大量存在，以及一户多宅、农村宅基地严重超标等，导致农村建设占地普遍偏大。另一方面是已迁入城镇工作、生活的许多人在农村仍占有宅基地的"两栖"现象还比较普遍，使城镇化进程中农

村建设用地逐步减少的困难加大，建设用地总体利用效率并没有随着经济的
发展同步提高。

3. 存量土地闲置严重，土地集约利用水平还有待提高

闲置土地即为空闲搁置而未得到利用的土地，它会造成耕地锐减、
社会经济效益减少和诱发投机炒作等负面效应（戴艳华，2002）。当前关
中地区经济发展迅速，城镇建设用地需求不断增加，建设用地增加趋势
明显，但存量闲置土地却普遍存在，土地利用的粗放也加剧了土地供需
间的矛盾。这一方面说明关中地区城镇发展仍是外延式扩张模式，建设
用地集约利用水平还不高，另一方面也说明关中城镇建设用地的集约利
用潜力较大。

（四）城镇化与耕地保护间的矛盾

2010 年，关中地区城镇用地面积为 127390.37 公顷，而按照陕西省政
府的规划，关中地区 2010 年的城镇用地应为 118400 公顷，"超支"了
8990.37 公顷。而新增的城镇用地的主要来源则为耕地的转化。2000～2010
年，陕西省耕地面积减少了 25.34 万公顷，其中关中地区就占了 13.56 万公
顷，占总减少面积的 53.51%，这与关中面积占陕西省总面积的 26.96% 极
不相符。而更令人担忧的是，尽管目前关中地区人均耕地约有 0.96 亩，但
西安市的人均耕地面积只有 0.452 亩，严重低于联合国粮农组织制定的人均
耕地 0.8 亩的警戒线。

诚然，城镇用地扩张是经济发展和人民生活水平提高的必然要求，但同
时，城镇的扩张不可避免地要占用宝贵的耕地资源。这就要求我们在发展经
济，提高人民生活水平的同时注意对耕地的保护；在加强城市土地集约利
用、节约利用的同时，努力做到耕地的占补平衡和可持续利用（郑伟元，
2009）。

2000～2010 年，关中地区城镇用地规模的增长速度远远大于农村居民
点减少的速度。关中地区缺乏对城中村居民点的合理规划与整理，因此耕地
减少的速度较快，同时无法阻止城镇用地规模以侵占农田为代价不断扩张。
伴随着人口的继续增加、工业化和城市化的进程持续加快，城镇用地需求量
必将进一步扩大，用地矛盾将愈发尖锐。若不能在城镇用地增加的同时注重

耕地的保护，耕地这一宝贵资源的持续减少将严重影响关中地区经济和社会的可持续发展。

四 优化关中地区城镇用地的思路和对策

（一）优化关中地区城镇用地的思路

1. 提高土地供应能力，控制城镇用地规模

关中地区现阶段经济发展迅速，城镇用地规模难以跟上经济发展的速度，为了协调城镇用地与经济发展间的矛盾，必须提高土地供应能力以缓解用地紧张问题。然而同时，为了遏制城镇用地规模的外延式扩张，必须严格控制城市建设用地规模，推进城市土地集约化利用。这就要求以满足土地供应能力和人均用地标准为前提，在此基础上对城镇用地规模加以控制。规划决策中必须将土地供应能力、人口自然增长、土地开发潜力、土地投入产出和土地利用潜力等相结合考虑。

2. 发挥城镇用地规划作用，调整布局及结构

关中地区目前商服用地比例低，为6.91%，工矿仓储用地比例偏高，为23.16%。所以在今后的建设用地规划中，要发挥规划的调控与指导作用，用统一规划来调整现在的土地利用结构，限制工业用地比例，提高商服用地比例，同时以此引导产业结构的转变等。关中地区住宅用地比例为36.38%，占比较高，今后仍须加强住宅建设，并适当提高城市综合容积率，以满足人民基本生活需求。同时，关中地区作为陕西省经济最发达的地区，且地形以平原为主，其承担的交通运输功能也必须得到充分发挥。因此，日后关中城镇用地规划应适当注重提高城市交通道路用地比例，并加强城市公共服务与公共管理设施的建设，使关中地区城市形态及内涵得到提升。

3. 注重城镇用地节约集约利用，提高土地利用水平

由上述分析可知，关中地区城镇土地利用模式较为粗放，导致利用效率不高、集约程度较低。为此，在促进城镇化健康发展和土地利用方式转型中，要把城镇土地节约集约利用当成一项庞大而且复杂的系统工程，从规范和协调不同层次土地利用和管理主体行为出发，根据各地实

际灵活应用多种手段，通过强化对土地使用者的约束、加强和改善土地市场机制及建立保护土地共同责任机制等多个方面增强城镇用地的节约集约利用，提高土地利用水平。重点解决存量闲置土地的盘活、现存未利用土地的利用，以及加强城中村改造和国有企业闲置土地的改造等问题。需要注意的是，提高土地节约集约利用水平必须多方配合，因此制定的相关规划必须严格执行才能发挥应有作用。对此，相应的约束和激励机制必须建立起来。

4. 坚持科学发展观，立足关中本土特色

关中地区耕地锐减，城镇用地占用耕地的规模并未得到很好的控制，这从长远看来并不利于关中的可持续发展，反倒可能造成严重生态破坏，进一步影响城镇用地的供给，形成难以遏制的恶性循环。因此，应以科学发展观为指导，以土地资源可持续利用为目的，严格把城镇用地规模控制在合理水平，同时调整城镇用地结构和布局，以利于土地资源得到高效合理的利用与保护。

另外，关中地区人口、经济总量均占全省2/3以上，人口居住集中，交通便利，经济发展水平相对较高，具有丰富的旅游资源。因此，在优化关中城镇用地的过程中，必须把握关中本土特色，坚持科学发展观，继续加强城市基础设施建设的同时，合理开发旅游用地，对旅游资源应该进行统一规划，全方位、多层次地开发旅游用地，开发相应商业服务项目，提高商服用地比例，以更好地引导产业调整与转型。

（二）优化关中城镇用地的对策

1. 发挥土地利用总体规划引导与控制作用，协调部门用地规划

关中城镇用地目前所暴露的问题及矛盾，多为规划不周或是规划执行不力所致。然而，土地利用总体规划是土地管理的"龙头"，若不能充分发挥规划的引导控制作用，土地利用管理也就成了空谈。土地利用总体规划的引导控制包括城乡用地规模的宏观控制功能、城市规划的微观优化功能与镇村规划的集中挖潜功能。充分发挥规划的引导控制作用，要科学编制土地利用总体规划，在规划编制中选用合适的预测方法来预测建设用地需求量，科学分配下达各项规划指标，提高土地利用规划的科学性和权威

性；此外，还要使土地利用规划与其他部门规划相衔接，各部门规划建设用地需求不能突破土地利用总体规划中的用地指标，城市规划、道路交通规划、产业空间规划与土地利用总体规划要相协调，建立协调统一、控制有力的规划调控体系。

在关中地区的城镇用地布局上，必须用统一的空间发展战略优化城乡用地布局，必须坚持统一的空间发展战略——区域协调，城乡协调，环境建设与经济发展协调，社会发展与经济发展协调的原则，从关中整体的角度制定空间发展策略，合理引导各市城镇用地的扩张和城中村居民点的布局优化。一方面，要控制城镇用地的扩展，合理引导产业集聚，促进产业园区集中，严格控制违法圈地行为；另一方面，合理调整城中村居民点布局，加强城中村、城中厂的整理，并优化城镇用地的布局，促进城乡用地的规范化，通过用地调整促进城乡融合。

2. 充分运用市场机制，建立多层次、多元化的投融资机制

当前关中地区城镇用地建设中市场机制所发挥的作用仍较小，因此仅靠政府规划的力度是不够的，更为重要的是，资金是启动城镇建设的关键，更是贫困地区工作的难点，靠财政拨款只能解决部分问题，靠银行贷款路又会越走越窄。因此，充分发挥市场作用，建立多层次、多元化的投融资机制以拓宽各种筹资渠道是关中城镇建设的重要举措。通过建立多元化投融资机制，开拓多渠道的筹资模式，从而有效缓解城镇用地建设的资金瓶颈，使城镇用地建设更为得心应手。

要充分运用市场机制，就必须不断完善土地产权制度，建立城乡统一的土地市场，建立土地的资源、资金、资本一体化，使土地产权主体能够拥有明确的利益预期。要保证土地要素的合理流转，充分发挥土地市场对土地资源配置的基础性作用。同时，大力推动城镇基础设施建设的市场化进程，发挥公共服务及公共管理用地及城市交通道路用地的市场价值（叶耀光，2006）。

3. 加强城市基础设施建设，集约利用城镇土地资源

关中地区作为全省经济最为发达、人口最为密集的地区，其城市基础设施建设用地比例仍然偏低，同时基础设施质量也不够高，不能达到满足人民

日常生活需求的水平。因此，为了更好地树立关中引领陕西城镇化进程的形象，必须重视城市基础设施建设，加强相关规划和投入，提升关中地区的整体形象。

关中地区城镇用地的矛盾很大程度上缘于其粗放的土地利用模式，因此，立足内涵挖潜对于提高关中城镇用地集约水平非常关键。具体措施包括：（1）强化土地使用者约束机制。强化城镇土地节约集约利用经济杠杆作用，提高新增城镇建设用地成本、适度提高城镇土地的保有成本、稳步推进工业用地"招拍挂出让"和经营性基础设施用地有偿使用；严格城镇土地节约集约利用法制管理，加强节约集约用地的法律法规建设以及节约集约用地的法律监察和惩戒。（2）建立节约集约用地激励机制。要通过利益调节和有关的财、税优惠政策，财政转移支付资金支持等各种措施，将各种建设用地需求引导到积极提高建设用地利用效率，盘活融合城、镇闲散、废弃土地（包括老矿山的工矿废弃地）；大力发展城镇土地节约集约利用科技，积极制定节约集约用地标准、加强节约集约用地监测评价，设立相关试点应用推广节约集约用地技术。（3）建立保护土地共同责任机制。节约集约用地是一项系统工程，是各级政府、部门、行业和全社会的共同责任。各部门应各负其责，协调联动，齐抓共管，高效运转，建立一个良好的互动关系。要加强对节约集约用地各个环节的监督、检查和执法处理力度，保证和促进节约集约用地各项措施的贯彻落实。要严格开发区用地管理，强化政府机关事业单位和部队用地管理，以及加强行政监管和考核。

4. 发挥本土优势，结合各市镇特色制定用地规划

关中地区相对于陕北、陕南而言，在城镇化过程中有许多地理和环境资源上的优势。发挥关中各市本土的优势，结合各地特色制订用地规划对关中地区城镇用地的内涵挖潜最大化有非常关键的作用。

例如，对于西安咸阳而言，必须依托现有的城市结构，构筑"一轴、一河、两带、七片区"的大都市骨架，在交通用地上加大投入，建立更为完善的交通体系，同时充分利用大量的文物遗址及地理景观，提高这些遗址保护区用地的产值。

第三节　陕北城镇用地分布格局与增长态势

一　陕北区域概况及城镇化现状

（一）概况

1. 区域范围

陕北地处我国西北内陆，为黄土高原的中心，其北部为毛乌素沙地的南缘，从行政上来说，陕北地区包括榆林市和延安市两个地级市，22 个建制镇，国土面积为 92521.4 平方公里。根据陕西省地理国情监测成果的准确界定，确定陕北—关中界线为：由西向东依次为黄陵—旬邑分界；印台区玉华镇；宜君县哭泉乡、云梦乡、王石凹镇；印台区—富平县分界；白水县林皋镇、荛禾镇、北塬乡；白水—洛川分界；黄陵—澄城、合阳分界；韩城—合阳分界；韩城市芝阳镇、巍东乡、新城街道、西庄镇、龙门镇。

2. 资源条件

陕北地区拥有丰富的矿产资源和旅游资源。陕北的地下矿产资源十分丰富。延安市已探明矿产 10 余种，其中煤炭储量预测总量为 4143 亿吨，仅次于新疆、内蒙古和山西，居全国第四位。石油储量 4.3 亿吨，天然气储量 33 亿立方米。榆林则号称"中国的科威特"，已探明可供工业开采的矿产共有 8 大类 48 种，包括煤、天然气、石油、高岭土、铝土矿、盐、芒硝、石灰岩、石英砂等，潜在价值在 6 万亿元以上。其中，煤炭预测储量达 270 亿吨，探明储量 1659.71 亿吨，其中"三特一高"（特低灰、特低硫、特低磷，中高发热量）侏罗纪优质动力煤和化工用煤即达 1591.41 亿吨，已成为世界八大煤田之一。这里还发现了我国陆上最大的整装天然气田，探明储量已达 2050 亿立方米。石油预测储量为 1 亿吨。高岭土储量仅府谷县境内就有 8 亿吨。主要分布在定边县的湖盐，预测储量 6000 万吨，探明储量 3292 万吨，是陕西省唯一的食用盐和化工用盐产地。在绥德、米脂一带发现的储量为 1.39 万亿~1.93 万亿吨的巨型盐矿，占全国盐资源总储量的 13%~

18%（胡俊生，2002）。截至 2004 年底，地方石油企业共建成生产油井
22700 多口，形成原油生产能力 820 万吨，原油加工能力 900 万吨，全年生
产原油 720 万吨，加工原油 721 万吨，实现销售收入 320 亿元，税费 43.7
亿元，利润 56.5 亿元。2004 年延安市地方石油工业上缴市财政税费总额占
财政总收入的 80% 以上，榆林市石油工业税费收入占财政总收入的 1/3 以
上。这些新增的收入绝大部分被用来治理采油造成的环境破坏，支持农村
"六小"（节水灌溉、人畜饮水、乡村道路、农村沼气、农村水电、草场围
栏）建设以及调整农业经济结构。据不完全统计，陕北地区各产油县区的
农民收入中约有 1/3 直接或间接来自石油开发。石油工业已成为全省发展最
快、最具活力的支柱产业和陕北地区财政收入的主要来源，石油工业已经
成为陕北地区经济社会发展的重要支柱和主要拉动力量。陕北旅游资源特
点非常明显，现有的旅游资源在国内外都具有明显的特殊性。例如，人文
初祖文化、长城文化、黄河、沙漠、草原、湖泊、瀑布、水库、黄土梁
峁、山地梯田、淤地坝、晋陕峡谷、古城堡、土窑洞、信天游、民风民
俗、革命纪念地等均是陕北特色的旅游资源。整体上形成了以绿色、黄
色、红色为基调，特点鲜明的特色资源。陕北旅游资源鲜活，文化底蕴深
厚，地理特质极为明显，从内容上可分为八大系列：奇异的黄土、风沙地
貌资源；独特的黄河弯道地质资源；多彩的民风民俗资源；充满神秘色彩
的特色宗教圣地资源；深远的历史文化资源；雄厚的红色旅游资源；特色
城市建筑资源；特色经济资源。

3. 社会经济条件

陕北资源型经济的发展举世瞩目。石油、天然气、煤炭、岩盐等资源储
量之大，开发之快，可谓令人叹为观止。榆林市、延安市由过去全国有名的
老少边穷地区一跃成为全国经济增速最快的地区之一，神木县在短短几年时
间由全国贫困县一跃而成为西部百强县乃至全国百强县。陕北文化是陕北人
历数千年而创造的独具特色的地域文化，是中华文化的重要组成部分。陕北
文化的基本特质表现为文化的开放性和多元性，浓重的军事文化色彩，以及
文化中的原始性和历史延续性。这些基本特质赋予了陕北文化顽强的生命力
和丰富绚烂的神奇魅力（刘蓉，2008）。同时，随着红色旅游的兴起，陕北

作为一块正在迅速崛起的"红土地",再次成为人们关注的焦点,在这里,无数革命先辈和英烈用鲜血和生命谱写一部气壮山河的英雄诗史,给革命后代留下了永远值得学习传承的伟大精神和永远值得寻访缅怀的红色圣地。陕北这独一无二的"红色文化",必将成为推动陕北社会经济发展新的增长点和精神动力。

(二) 城镇化现状

1. 城镇化发展模式定位

陕北城镇化发展模式总体定位于稳步推进能源化工基地建设,倡导循环经济和清洁生产,逐步引导区域经济转型,提升榆林、延安中心城市功能,加速陕北能源化工产业发展轴带建设,形成以工业区为基础的面域辐射体系。充分发挥陕北能源资源优势,依托能源化工基地发展基础,稳步推进能源化工产业发展,推广循环经济和清洁生产,加大资源集约利用率,逐步引导区域经济转型。进一步突出榆林、延安的中心城市功能,使之成为省域城镇化动力次中心;加速发展府谷神木榆林靖边定边、榆林米脂绥德延安甘泉洛川皇陵能源化工产业发展轴线;初步构建以府谷火电工业区、榆横煤化载能工业区、鱼米脂绥盐化工业区、定靖吴志石化工业区、延安石化工业区为基础的面域辐射体系。

区域中心城市城镇化发展模式定位如下。

(1) 榆林市要以能源新都、国家名城、大漠绿洲、宜居城市为目标,构建城镇点—轴空间结构:"一主三副"的点状架构,一主即榆林中心城市,三副分别是神木、名州和张家畔镇;两组"人字形"发展轴:即无定河谷的城镇以及长城沿线(主轴)和太中银铁路和青银高速沿线以及黄河沿线(辅轴)的"人字形"发展轴。发挥煤炭、化工、电力等能源产业的优势,延伸现有产业链,积极培育接续产业,扩大在陕甘宁晋蒙接壤区的区域辐射能力,提升城市竞争力。

(2) 延安市建成陕北商贸、旅游、工业为主的综合性中心城市。以旅游、商贸、轻工、机电、化工为主的综合型城市,陕北经济、文化中心和国家历史文化名城。市域空间结构为"一主、两副、一轴、多中心",即一主:延安都市区,由中心城区、安塞城区、甘泉城区组成,是全市的政治、经济、文化、旅游中心和区域性交通枢纽；两副：黄陵县、子长县；一轴：西延铁路沿线城镇发展轴；多中心：市域中心城镇。

县城与重点镇发展模式定位如下。

陕北地区应以 23 个县城与 24 个重点镇为主体，结合陕北能源化工基地建设，发挥石油、煤炭等资源富集优势，着力打造一批具有竞争力的工矿型城镇，同时加快生产性、生活性服务业等相关第三产业的配套发展；对于具有文化旅游开发潜力的城镇，应大力推进旅游产业发展，打造鲜明的红色旅游品牌，最终加快县域城镇的城镇化进程。

表 3 - 35 列出了陕北地区县域及重点镇。

表 3 - 35　陕北地区县域及重点镇列表

延安市	延长县、延川县、子长县、安塞县、志丹县、吴起县、甘泉县、富县、洛川县、宜川县、黄龙县、黄陵县	延川永坪镇、子长县南沟岔镇、志丹县旦八镇、黄陵县店头镇、宝塔区河庄坪镇、甘泉县下寺湾镇、安塞县化子坪镇、洛川县交口河镇、富县张家湾镇、吴起县铁边城镇、宜川县云岩镇
榆林市	神木县、府谷县、横山县、靖边县、定边县、绥德县、米脂县、佳县、吴堡县、清涧县、子洲县	府谷县新民镇、神木县大柳塔镇、神木县锦界镇、横山县殿市镇、榆阳区镇川镇、子洲县苗家坪镇、定边县安边镇、靖边县东坑镇、靖边县杨桥畔镇、绥德县四十里铺镇、米脂县龙镇、吴堡县寇家塬镇

2. 城镇化结构与支撑

（1）规模结构。

改革开放以来，陕北城镇化水平从 1978 的 13.8% 提高到 2009 年的 39.6%，年平均增长 0.9 个百分点。2009 年城镇化水平与"十五"规划末的 30% 相比，提高了 9.6 百分点，年均增长 2.4 个百分点。区域总人口约 571.50 万人，城镇人口已达到 126.48 万人。但是，从整体水平来看，陕北的城镇化水平一直偏低。陕北的城镇化水平一直低于全国和全省水平（见表 3 - 36）。直到 2009 年城镇化水平还低于陕西省平均水平 43.5% 近 5 个百分点，低于全国平均水平 46.4% 近 7 个百分点；在总人口中，城镇人口为 126.48 万人，占总人口的 22%，农业人口为 445.02 万人，占总人口的 78%。农业人口所占比重较大，城镇人口规模过小。整个地区只有榆林、延安两座大城市，分别为陕北北部与陕北南部区域中心城市，但与省内其他地级市相比，榆林、延安两市的城市规模相对较小，经济发展水平较低。另外有 23 个县城为小城市规模。有学者预测，到 2020 年陕北地区城镇规模等级结构变化的总体趋势为：①建制市总数将达到 9 个左右，其中榆林与延安将演变为中等城市（非农人口为 20 万~50 万人）；绥德、黄陵、洛川、神木与靖边等一些区位条件优越、经济发展初具规模的县将会迅速成长为小城市（非农人口＜20 万人），小城市的数量将显著上升到 7 个左右。②建制镇数量变化不大，将达到 260 个左右，但其城镇规模将不断扩大、经济实力逐渐加强。届时，陕北地区将形成以榆林与延安为双核心，各县城与小城市为主要节点，其他建制镇为基础，交通网络为纽带，较为合理的城镇体系（罗送宝、李玲玲，2005）。

表 3-36 陕北与全省、全国城镇化发展比较

单位：万人，%

年份	陕北			陕西省			全国		
	总人口	城镇人口	城镇化水平	总人口	城镇人口	城镇化水平	总人口	城镇人口	城镇化水平
1982	474.11	56.93	12.00	2890.4	550.33	19.04	100818	21082	20.91
2000	531.63	104.63	19.68	3605	1164.42	32.3	126583	45844	36.22
2009	549.91	126.48	39.60	3772	1640.82	43.5	133474	62186	46.4

（2）空间结构。

陕北能源化工基地城镇体系规划的空间格局"两核、四极、人字形城镇带"的结构。两核是中心城市榆林和延安。榆林市在完善老城区功能的基础上，建设牛家梁新区、机场新区，形成中心综合区、牛家梁城市新区、机场航空港区、城市外围产业区四个功能区。延安市统筹宝塔、安塞、甘泉三区的规划建设，形成带状组团式结构。疏解旧城功能，增加新城功能，建设快速环路，缓解中心城区的交通压力。四极是绥德、靖边、神木、洛川四个城市发展区。人字形城镇带是指在长城沿线城镇、西延神铁路沿线城镇。从产业结构来看，长城沿线城镇带是煤、电、油、气、化、载能产业带，西

延神铁路沿线城镇带是煤、油、化、盐、电、食品加工产业带；从城市功能看，城镇带的产业关联度逐步提高、技术扩散带动力逐步增强、动态比较优势和创新功能将更加明显。从综合城镇化水平来看，陕北地区北高南低、东高西低。有两个城镇化核心区——宝塔区和榆阳区，紧邻核心区的区（县）城镇化水平也相应较高。榆林市和延安市是陕北重要的中心城市，非农人口比重大，第二、三产业发展水平高，城市用地规模大。因此，人口、经济和景观城镇化水平均较高，综合城镇化水平也处于陕北前列。核心区边缘的绥德、米脂、神木等县能源资源丰富，能源重化工工业发达，综合城镇化水平达50%以上，属于陕北城镇化水平较高区；而宜川、黄龙、富县、佳县、横山等县以传统的农业经济为主导，非农经济不发达，综合城镇化水平不足30%，属于城镇化低水平区（宋戈，2004）。

（3）职能结构。

陕北地区仅有榆林、延安两个城市，都有着丰富的历史资源和现代工业基础。经过改革开放以来的建设，建成了以能源化工、装备制造、有色冶金、食品加工、非金属矿物制品、电子信息、医药制造、纺织服装等为支柱工业，兼有机械制造、航空航天、生物、建材、医药、节能、物流、旅游、文化、金融等门类的现代产业体系；以丰富的自然资源建成了现代农业生产体系；以悠久的历史文化形成了现代旅游产业；以优越的地理条件形成了现代服务产业。

近年来，陕北地区产业发展在推动全省经济发展方面发挥着举足轻重的作用，三次产业产值占全省同产业产值的1/3左右。陕北城市职能结构有主要的三个特点：一是工业发展迅速，服务业发展相对缓慢。现在基本形成了以煤炭、石油、天然气和电力、化工、建材为主导的产业体系。产业集约水平有所提升，产业集群布局初步形成。围绕着集群化发展、园区化承载的思路，例如，榆林市初步形成了两区多元的基本格局。能源经济一枝独秀，资源驱动特征明显。但是第三产业规模较小，现代服务业发展滞后。第三产业占GDP的比重持续下降，对建设区域中心城市的支撑作用明显不足。二是资源型产业为经济主要支撑。榆林和延安都是典型的资源型城市，能源化工行业得到优先发展，但是必须努力实现现代化产业的成功转型与接续。三是陕北特色农业优势明显，但发展模式相对落后。陕北农业发展现代特色农业体系初具雏形，从目前的情况看，现代特色农业取得一定效率，基本上形成了"东枣、西薯、北种、南豆"的特色产业格局。但是其发展的模式相比其他城市非常落后，传统的农业发展模式还有待改进。

（4）基础支撑。

①交通运输。公路。根据陕西省高速公路网规划，陕北地区新增了神府线、神米线、定汉线定边至陕甘界段、清安线和延吴线，延安—吴起等5条路线（吴定线：吴堡—绥德—子洲—横山—靖边—定边—王圈梁；延吴线：晋陕界—延川—延安—志丹—吴起）。连接了神府经济开发区、府谷煤电载能园区、子长能源化工园区及吴起、志丹两个石油富集县，有利于促进国家能源化工基地的建设和能源化工产业集群的形成，为陕北跨越发展提供良好的交通保障；增加了陕北东出山西、北上内蒙古、南下甘肃的3个出省通道，有利于缓解陕北能源东出南下的运输压力，加强陕蒙晋、陕甘宁间的经济合作与交流；使原规划未覆盖的志丹、吴起、子长3个以资源型经济为主的县区交通更加便利，将明显改善资源外运条件，有利于突破交通运输对石油产业发展的瓶颈制约，促进县域经济的快速发展。另有3条南北纵向线加强陕北与关中、陕南之间的联系〔榆商线：府谷—神木—榆林—米脂—绥德—清涧—延川—延长—宜川—黄龙—澄城—大荔—华阴—洛南—商州；榆康线：蒙陕界—榆林—靖边—安塞—延安—黄陵—宜君—铜川—耀州—三原—西安—柞水—镇安—安康—紫阳—陕川界；定汉线：定边—吴起—陕甘界，长约144公里；陕甘界（大桥村）—陇县—千阳—凤翔—宝鸡—姜窝子—汉中—陕川界〕。

铁路。西安至延安铁路扩能工程已经完成，其货运能力已由1600万吨提高到2600万吨以上。由西安至延安铁路和延安北至神木北铁路组成，全长714公里的西延铁路的西延铁路完成扩能改造，运输能力较前大为提升。同时陕北能源化工基地铁路支线开始建设，3条新增支线铁路中，神木北至新丰镇铁路沿线5条专用线正在建设，另8条铁路正在进行前期调研或规划，其中预计投资5亿元的红柳林至柠条塔支线规划已获省发改委批复。新增铁路将惠及神府矿区1000万吨煤制油项目、榆神煤化工项目、陕西省与国家有色公司合资的 50 万吨煤电铝一体化项目等。新增的 13 条铁路和原有的 17 条支线铁路将形成配套完善的铁路网络。另外，2012 年，西安—延安动车开通，全程只需要 2.5 小时，大大节省了两地来往时间。

民航。陕北地区拥有延安和榆林两大机场。其中延安机场充分发挥延安机场地处革命圣地，以及红色旅游发展等优势，争取增加延安机场航班运力，促进运输生产的快速增长。2006 年全年，延安机场共安全保证各类飞行 1784 架次，其中航班 1646 架次，保证备降、调机、通用航空飞行等 138 架次，另协助军航保证要客飞行 8 架次。实现旅客吞吐量 48935 人次，其中进港 22865 人次，出港 26070 人次；货邮行吞吐量 194.5 吨，其中行李 179.9 吨，货物 14.6 吨。2012 年，延安机场完成旅客吞吐量 153030 人次，货邮吞吐量 61.4 吨，同比增长 36.5% 和 58.2%。同时经过空军工程设计研究局连续两年多的观测、试验，延安新机场试验段填方区最大沉降量符合相关建设要求，2013 年 8 月，延安机场迁建工程正式开工。新建的延安机场属军用机场，实行军民合用，项目总占地约 4332 亩，估算总投资 28.98 亿元。榆林榆阳机场是陕西省榆林市的一个 4C 级的民用支线机场，是陕西省第二大航空港，也是 2009 年全国增长速度最快的地市支线机场。旅客和货邮吞吐量日益增长，2012 年 12 月 8 日，榆林机场当年旅客吞吐量突破 100 万人次，成为西北五省（区）第二个年旅客吞吐量超过 100 万人次的支线机场。2011 年 2 月 15 日，中国民航工程咨询公司组织的专家在榆林召开了榆林榆阳机场总体规划评审会，顺利通过了对《榆林榆阳民用机场总体规划（2010 版）》的评审。根据规划，榆林机场将按照国内干线、中型机场进行改扩建。规划榆林至港澳地区航线，远期规划榆林至日、韩等地国际航线。按照总体规划，榆阳机场新建面积 122810 平方米，其中新建航站楼 5.5 万平方米，将按照满足每年运输 500 万人次旅客和 1 万吨年货邮吞吐量的要求进行改建。远期规划目标为年旅客吞吐量为 2000 万人次，两条 3200 米跑道，航站楼 22 万平方米。

②能源电力。陕北作为能源化工基地，能源电力资源始终是本地区的优

势,为了尽快将资源优势转化为经济优势,按照国家电力公司关于加快陕北煤电基地建设步伐,积极推进"西电东送"工程的要求,陕西榆林市规划在神木、府谷、榆阳各建一座大型火电厂,向山东及华北一带送电,同时规划建设配套煤矿。

陕北煤电基地的规划主要有府谷庙沟门电厂、神木锦界电厂和榆阳牛家梁电厂,目前这三家电厂已完成初步可行性研究,与其配套的煤矿规划设计也已完成。这三家电厂分别位于神府矿区的新民区、榆神矿区的锦界工业园和牛家梁工业园内,均属尚未大规模开发的区域,且煤炭资源丰富,为就近选择和建设电厂供煤矿井提供了便利条件。其井田位置的确定在考虑保证电厂有足够的资源储量的同时,兼顾了陕北动力煤出口基地、煤炭液化基地及其他重化工基地的建设。府谷庙沟门电厂的规划容量 6×60 万千瓦,采用国产亚临界燃煤机组,厂址位于府谷县城以北约 45 公里的沙梁川河道内,与之配套供煤的三道沟矿井田面积 329 平方公里,可采储量 17 亿吨,年生产能力 1000 万吨。神木锦界电厂的规划容量为 6×60 万千瓦,采用国产亚临界燃煤机组,厂址位于神木县城西南约 31 公里的锦界工业园内,与之配套供煤的黄土庙矿井田面积 138 平方公里,可采储量 13.28 亿吨,年生产能力 1000 万吨。榆阳牛家梁电厂规划容量 8×60 万千瓦,采用国产亚临界燃煤机组,建设 4×60 万千瓦两个电厂,厂址位于榆林城西北 15 公里的牛家梁工业园区内的东北部,与之配套供煤的金牛矿井田面积 116.1 平方公里,可采储量 5.82 亿吨,年生产能力 600 万吨。

③防洪工程。

榆林"十二五"规划纲要指出,将大力发展交通、电力、水源、信息工程等基础设施建设。全面建成王圪堵水库、榆神工业区供水工程等骨干工程,开工建设黄河东线大泉引水工程,启动黄河西线大柳树引黄和南线碛口水库前期工作,力争年引黄达到 7 亿 ~ 9 亿立方米;新增供水量 4.5 亿立方米以上,基本实现供需平衡。同时建立生态补偿机制。在延安"十二五"规划纲要向社会征求意见稿中重点实施一批骨干水源工程、城镇供水工程、防洪保安工程、病险水库除险加固工程、淤地坝建设工程和水质提升工程，建成南沟门水库、引黄济延等重点水源工程和子长红石峁、延长安沟等 14 个水库。积极推进黄河引水二期和黄河古贤水库前期工作。

3. 城镇化优势与制约

（1）发展机遇与优势。

①国家实施西部开发战略，将改善西部地区生态环境与投资环境。实施西部大开发，国家支持西部建设高新技术产业基地，将从根本上改善西部地区的发展环境，同时也为陕北地区的发展提供了巨大的政策、资金和技术支持（武联、孟海宁，2001）。

②《陕西省城镇体系规划》明确指出"未来关中地区'一线两带'作用下将形成城镇群，关中城镇群及产业的快速发展将带动陕南、陕北两翼地区城镇加速发展"。同时，《陕北能源化工基地城镇体系规划》已经陕西省政府常务会议审议通过，这个国家级能源化工基地正在构建产业发展与城镇布局良性互动的新型空间模式。

③陕北地区凭借自身的资源优势，在经济发展中取得了巨大的成就。其能源资源优势在全国范围内都具有明显的优势。

④陕北地区具有雄厚的现代工业基础。经过改革开放以来的建设，形成了完整的现代产业体系、现代农业生产体系以及现代旅游产业。

（2）发展制约和挑战。

①工业发展迅速，服务业发展相对缓慢。资源型产业为经济主要支撑，矛盾逐渐显现，且严重依赖不可再生资源。

②实现现代化产业的成功转型与接续、实现经济可持续发展、实现人与自然和谐相处都是陕北地区面临的挑战。

③陕北地区管理规划滞后、基础设施不完善、金融制度不健全。这些都是进一步影响陕北地区城镇化发展的重要因素。

二　陕北城镇用地现状

（一）城镇用地概况

陕北地区共有 2 个地级市（榆林、延安），22 个建制镇。陕北地区城镇化进度非常迅速，城镇用地面积自 2005 年起年均增长率达 26.59%，到 2009 年，陕北城镇用地面积 33334.3 公顷，占全省城镇用地面积的 18.78%，至 2010 年陕北城镇用地面积达 33785.74 公顷，占全省城镇用地面积的 18.4%。

延安市位于陕北黄土高原，是中国革命圣地。烤烟、苹果、薯类、肉羊、红枣、花椒等农产品具有明显优势。2009 年延安城镇用地面积为 10990.12 公顷，占全市土地面积的 0.29%，2010 年延安城镇用地面积达 11141.35 公顷，占全市土地面积的 0.3%。

榆林市位于陕西最北部，煤、气、油、盐等资源富集，是正在建设中的国家能源重工基地。2009 年榆林城镇用地面积为 22344.21 公顷，占全市土地面积的 0.52%，2010 年榆林城镇用地面积达 22644.39 公顷，占全市土地面积的 0.53%。

（二）城镇用地面积和规模现状分析

陕北地区 2000～2010 年城镇用地面积见表 3-37、图 3-17 所示。

表 3-37　陕北地区城镇用地面积概览

单位：公顷

年份	榆林	延安	陕北合计
2000	4510.84	4834.53	9345.37
2001	4610.67	4859.18	9469.85
2002	4763.35	4912.37	9675.73
2003	4827.17	4959.71	9786.88
2004	5306.39	5016.06	10322.45
2005	5326.85	5065.09	10391.93
2006	5551.49	5119.73	10671.21
2007	5664.57	5184.07	10848.64
2008	6541.99	5333.43	11875.43
2009	22344.21	10990.12	33334.33
2010	22644.39	11141.35	33785.74

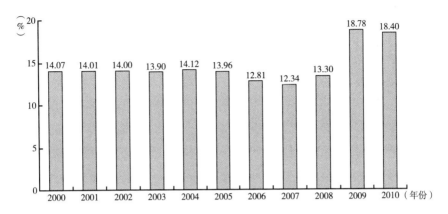

图 3 - 17　陕北地区城镇用地占陕西省城镇用地总面积的比例

从图 3 - 17 中可以看出 2000～2010 年陕北地区城镇用地占陕西省城镇用地总面积的比例在 2000～2005 年一直稳定在 14% 左右，2006 年减少了 1 个百分点，2007 年下降至 12.34%，到 2008 年回升至 13% 以上。2009 年和 2010 年与前几年相比增幅较明显，达 18.78% 和 18.40%。总体而言，陕北地区城镇用地占陕西省城镇用地总面积的比例是比较低的，2000～2010 年一直在 20% 以下，与陕北总面积占全省面积的 38.92% 很不相称。究其原因，是陕北地区地处高原，地形以丘陵沟壑为主，北面又是风沙区，城镇规模难以扩大。

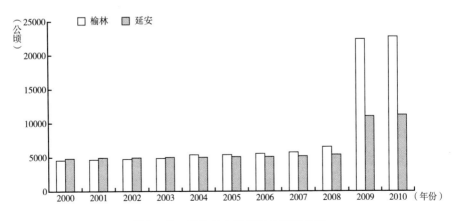

图 3 - 18　陕北各市城镇用地面积比较

从陕北地区的两个市城镇用地面积对比情况来看，榆林城镇用地面积在2003年前略小于延安，自2004年超过延安后，一直保持强劲的上升势头，直至2010年榆林市的城镇用地面积为延安的两倍以上。2008年以前，延安市城镇用地面积一直处于稳中带升的状态。

（三）城镇用地结构现状分析

陕北地区2009年城镇用地面积为33334.33公顷，占陕西省城镇用地总面积的18.78%。其中商服用地为3144.1公顷，占陕北城镇用地总面积的9.43%；工业仓储用地为6107.08公顷，占陕北城镇用地总面积的18.32%；住宅用地为14466.61公顷，占陕北城镇用地总面积的43.40%；公共管理与公共服务用地为4251.43公顷，占陕北城镇用地总面积的12.75%；特殊用地为221.34公顷，占陕北城镇用地总面积的0.66%；交通运输用地为3536.48公顷，占陕北城镇用地总面积的10.61%；水域及水利设施用地为13.97公顷，占陕北城镇用地总面积的0.04%；其他用地为1593.32公顷，占陕北城镇用地总面积的4.78%。具体到各市的情况见表3-38、图3-19所示。

就陕北整体而言，住宅用地占城镇用地比例最高，达43.4%，其次是工业仓储用地，占18.32%。公共管理服务用地和交通用地占比分别为12.75%和10.61%，商服用地则占到9.43%。这五类用地总面积在关中所有城镇用地中比例达到94.51%，因此下文只就这五类用地进行分析。其他用地包括空闲地和设施农用地，这类用地将在土地利用集约部分加以阐述。

表3-38　2009年陕北各地城镇用地类型面积结构

单位：%

地区	总计	商服用地	工矿仓储用地	住宅用地	公共管理与公共服务用地	特殊用地	交通运输用地
陕　北	100	9.43	18.32	43.40	12.75	0.66	10.61
延安市	32.97	33.29	17.74	35.84	47.22	79.64	37.15
榆林市	67.03	66.71	82.26	64.16	52.78	20.36	62.85

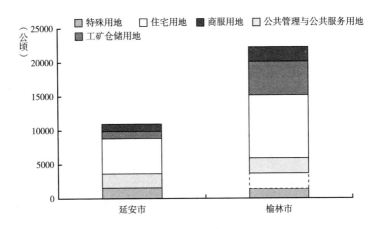

图 3 - 19　各类用地比例情况

从图 3 - 19 中可以看出,各类用地在榆林和延安两市的比例情况大不相同,两市的城镇用地类型面积结构情况有明显区别。具体来说,榆林市商服用地面积是延安的两倍,占陕北地区商服用地规模的比例高达 66.71%；在工业仓储用地方面,榆林也有明显的优势,以 82.26% 的比例遥遥领先延安的 17.74%；榆林市各类用地面积占陕北地区的比例均比延安市高,这与榆林市城镇用地面积较大密切相关。在住宅用地及其他用地上,榆林市与延安市的比例和其城镇用地总面积之比相近,而在公共管理与公共服务用地和交通用地方面,则延安市所占比例超出其城镇面积占陕北城镇总面积的比例,这是值得注意的,说明在公共管理及交通方面延安比榆林更为先进一些。

三　城镇用地的主要矛盾和问题

通过对陕北地区城镇用地发展现状的分析研究,可以发现陕北地区城镇发展主要存在以下几个方面的问题。

1. 城镇空间结构发育程度有差异,城镇用地分布散乱无序

从陕北地区城镇用地的空间分布分析,可以发现区域间城镇发展不平衡、联系不密切,尤其是陕北东西向联系的轴线较弱,城镇用地规模发展整体质量较弱(惠晓峰、高布权,2007)。陕北地区空间结构主要依托洛河一无定河河谷发展,虽然以西包铁路、210 国道、包茂高速(陕西段)为发展

轴线，但由于自身实力有限，轴线的集聚和辐射能力没有得到充分发挥。"Y"字形的区域城镇主干上所拥有的上规模的城镇用地除延安城区和榆林城区以外，缺乏新的增长点，基本上呈点状布局。这些在空间结构上出现的问题制约了陕北地区城镇用地规模及城镇经济的发展，因此需要对现有的陕北地区的空间结构进行调整和优化，对城镇用地的布局重新加以规划和整理，以推进区域的协调发展。

2. 城镇规模等级不完善，城镇用地结构单一

从等级—规模结构上分析，陕北地区城镇体系属层次明显欠缺的首位分布型。陕北地区城镇规模等级结构不合理，人口在 20 万人以上的中等城市仅有延安一个，其他的市镇人口都在 20 万人以下，呈现缺少大中小城市的局面。陕北地区小城镇发展相对滞后，功能不全，缺乏带动广大农村地区发展的实力。从城镇用地结构上看，陕北地区工业仓储及住宅用地就占了城镇用地的 61.72%，公共服务和管理用地及交通用地比例偏低，这种较为单一的城镇用地结构不利于城市对外发展，亦不利于城市人民生活水平的提高。

3. 水土流失将影响城镇用地供给

近年来，陕北能源化工产业的迅速发展，促进了陕北地区城镇化水平的提高。陕北的工业结构开始转变成以重工业为主的产业结构。陕北地处我国陕北风沙区和黄土高原水土流失区，生态环境本来就十分脆弱，大规模的资源开发对陕北的水环境、大气环境、土壤环境等均造成了较为严重的破坏（史仙妮、马勇，2011）。长此以往，一旦陕北生态环境崩溃，水土流失加剧，将严重影响整个陕北地区的土地资源和对城镇用地的供给，限制城镇化及城镇规模的发展。

四 城镇用地的思路和对策

1. 调整城镇空间结构，整体规划城镇用地布局

针对陕北地区城镇发展不平衡、联系不密切的问题，建议加强陕北东西向联系，提升东西轴线的集聚和辐射能力，从而增强城镇用地规模，提高整体质量。除榆林和延安这两大上规模的城镇用地集聚城市外，城镇用地的散乱无序分布是陕北地区日后整治的重点之一，必须通过整体规划将城镇用地集中化，统一开发和管理，从而将城镇用地的潜力发挥至最大。

2. 打造一体化规模城镇，丰富城镇用地结构

目前，榆林市正以建设陕甘宁蒙晋毗邻区域国家能源化工基地中心城市为目标，积极推进横山撤县设区和榆横一体化建设，加快榆横工业园区建设，并建设连接主城区、榆横工业区和横山组团的快捷交通系统，构建"一城三区"的大榆林城市框架。而延安则以建设中国革命圣地、能源工业城市，全省城乡统筹示范市为目标，加快城市新区建设，并积极推动安塞、甘泉与中心城区一体化发展。这些规划使城市建设由单中心向多中心发展，由带状向网状发展，由平面向立体发展。这种一体化规模城镇有利于增强陕北地区城镇集聚的辐射能力，从而更好地推进陕北城镇化进程。

在陕北城镇化进程中，不可忽视的是城镇用地结构的调整，必须加强城市内部和对外交通运输用地的建设，相应的公共管理服务及交通用地比例也要增长。工业仓储用地规模应得到有效控制，提高商服用地比例，大力发展第三产业以带动产业结构的调整与转型（师谦友等，2010）。

3. 控制环境污染，提高土地综合利用效率

随着能源化工业的发展，陕北地区的矿区、化工厂的规模将进一步扩大，一些新矿区及新的能源化工重点建设项目也将陆续上马，一方面导致城镇建设用地（主要是工矿用地、居民点及附属设施用地）扩张；另一方面，矿产资源的开发需要大量劳动力，使该区人口增长加快，为满足人口增长带来的城镇建设用地需求也将进一步增大。此外，能源化工业的发展，对环境的影响也是不可忽视的，包括采矿活动及矿山建设和矿山三废的排放、堆置和处理等对自然环境的破坏。城镇建设用地增长不可避免地要占用耕地，重工业的发展亦不可避免地给生态环境带来不利影响，因此规划期陕北地区建设用地利用的主要目标是使已利用土地的生产效益得到较大提升，生态环境恶化趋势得到基本控制，在土地利用政策的制定上应该加强内涵挖潜，整理工业园区，以产业集群发展促进土地节约集约利用。按照"集群化布局、专业化招商、职能化服务"的思路，积极实施产业集群发展战略，以产业集群发展来提升和促进土地集约利用水平，政府在管理时严格落实"统一规划、统一征用、统一储备、统一配套、统一管理"的管理模式，突出规划源头控制，实现工业项目集约化、集群化，发挥产业集聚效应。在此基础上加强植树造林以减少对区域生态环境造成的破坏。陕北还应该侧重引进消耗土地资源少、科技含量高、环境污染少、投资强度大和综合效益好的项目，通过促进土地集约利用等措施来提高土地综合利用效率。

第四节 陕南城镇用地分布格局与增长态势

一 陕南区域概况及城镇化现状

（一）区域概况

1. 区域范围

陕南是陕西境内从北亚热带向温暖带过渡的一个庞大山地，它位于长江、黄河两大水系之间的秦岭、巴山山区。北与关中以秦岭为界，西与甘肃接壤，东与河南相邻，南与四川、湖北毗连。在历史上，陕南的行政区划及隶属关系虽多有变动，但作为一个有相对独立特征的地理区域却一直保留了下来。陕南区域内群山环抱，河川纵横，是所谓"四塞险固"之区，史志称其"北瞰关中，南蔽巴蜀，东达襄邓，西控秦陇"，"东南通吴越荆楚，西北连滇贵秦蜀"，乃历代兵家必争之地，战略地位十分重要。根据陕西省地理国情监测成果的准确界定，确定陕南—关中界线为：由西向东依次为陈仓区—凤县分界；渭滨区—凤县、太白县分界；太白县桃川镇东界、南界；周至县厚畛子镇；周至—佛坪、宁陕分界；户县—宁陕分界；长安区—柞水县分界；蓝田—柞水、商州区分界；洛南县—商州区、丹凤县分界。陕南最西位于汉中市宁强县青木川镇，最南位于安康市镇坪县华坪乡，最低点为168.6米，位于安康市白河县城关镇。在行政区域上包括汉中、安康、商洛地市的28个县（区），人口约为853万人，土地面积约为7.1万平方公里，分别占陕西省总人口的23%，总面积的35%①。

2. 资源条件

陕南的水、热、林、草资源及土特产品、矿藏等自然资源极为丰富。据专家调查确认，这里有种子植物3000余种，野生动物400多种。陕南盛产蚕丝、苎麻、茶叶、生漆、桐油、棕片等数十种土特产品以及杜仲、天麻、麝香、五倍子等珍贵中药材，在清代中叶就饮誉长江，远销国内外。除金、银、铜、铁、硫等矿藏外，汞锑、铅锌等矿的藏量在全国也位居前列。

陕南的水能资源藏量丰富，是长江最大的支流汉江的发源地，自宁强起源流经汉中、安康地区进入湖北。陕南东部地区有汉江支流——丹江，经由商洛地区流入湖北。

陕南的旅游资源也非常丰富。秦巴山地和汉水、丹江、嘉陵江独有的地貌、水文、植被等造就了陕南独特的亚热带生态景观，秦、陇、荆、楚、巴等文化形态在此融汇并形成浓郁多彩的移民文化风情。陕南是大熊猫、朱鹮、金丝猴、羚牛及红豆杉、珙桐等珍稀野生动植物栖息生长生活地，拥有生态旅游资源的珍稀性、稀缺性及旅游开发价值。陕南作为一个完整的地理自然单元，具有社会经济、文化历史状况的共性特征，兼具以上两方面因素。商洛出产的丹参、柴胡、桔梗等大量名贵中药材质优量大，以"商山无闲草，遍地多灵药"驰名，安康拥有桦、珙桐、七叶树等我国稀有和独有树种，被称作"物种基因库"，陕南野生中药材资源种类多、储量大、药用成分高，是我国中药材的最佳适生区之一。地域文化兼具秦文化之阳刚和楚文化之柔美，商洛商鞅封地的传奇、汉中汉室奠基的荣耀让这里与关中历史产生共鸣，强烈地吸引旅游者探寻盛世文化的源泉。商洛花鼓、汉调二黄、紫阳民歌、端午赛龙舟等民俗文化和艺术形式给生态旅游发展增添了深厚内涵。

3. 社会经济条件

陕南"十一五"后，对陕南发展提出了明确定位：运用循环经济理念，按照资源利用最大化和污染排放最小化的要求，通过产业间的链接，形成产

---

① 胡卫华：《加快陕南小城镇建设思考》，《经济研究导刊》2013年第19期。

业有机聚集。自实施陕南突破发展战略以来，陕南经济发展思路逐步明晰，重点逐步突出，发展逐步加快，陕南经济年平均以两位数增长。2009 年，陕南三市更是破天荒地快速发展，增速超过全省平均水平 1 个百分点。主要经济指标增速首次跃居全省中上水平，陕南长期处于全省后进位次的状况开始改变。

在陕南突破发展第五次工作座谈会上，陕西将编制好的《陕南循环经济产业发展规划》正式下发陕南各市、县。该规划确定今后陕南将依托丰富的生物、山水、矿藏资源，发挥现有基础、功能区划、发展潜力等优势，重点围绕有色、钢铁、装备、能源、生物制药、非金属材料、油气化工、绿色食品、蚕桑丝绸、旅游等优势产业，通过产业聚集和产业链条延伸，构建产业体系，打造十大循环经济主导产业链。同时，陕南三市将在汉中盆地、月河川道和商丹盆地，形成汉中、安康、商洛三个大的循环经济产业核心聚集区。

（二）城镇化现状

1. 城镇化发展模式定位

加快生物资源、水资源、旅游资源开发，以绿色产业为支撑，寻求发展突破口，培育汉中成为区域增长极，促进城镇空间集聚发展，形成汉江丹江沿江生态功能拓展带，构建以交通线为脉络的面域网络。依托陕南地区生物资源富集、生态环境良好的优势，加快生物资源、水资源、旅游资源的开发，促进资源优势向经济优势的转化，以绿色产业为突破口，另辟蹊径提升城镇化发展动力。重点发展汉中市，将其培育成为区域增长极点；加快城镇空间集聚发展，结合沿河地带用地宽展、用水方便的优势，形成汉江、丹江沿岸以生态建设拓展引致的城镇发展带；在原有国道、省道、公路、铁路的交通线基础上，以此为脉络，初步构建面域网络构架。

区域中心城市城镇化发展模式定位如下。

（1）汉中市建成以旅游、工业、生物资源开发和商贸为主的大型中心城市，成为陕、甘、川毗邻地区的经济中心城市。形成"一主两副，三轴四区"的城镇空间结构，一主即汉中市中心城区，两副即汉中市区东、西两翼的勉县与城固县，三轴即贯穿汉中的沿汉江及西汉成高速公路城镇发展轴、宝巴城镇发展次轴、十天城镇发展次轴，四区即"大汉中"核心城镇群发展区、北部秦岭保护发展区、南部巴山保护发展区、西部发展区。产业发展按照城镇密集区为核心，略宁产业集聚区、秦岭保护开发区、巴山保护开发区三大片区特色推动为总体布局，形成"一核三区"的产业空间格局。

（2）安康市成为以交通枢纽、商贸物流、特色产业、休闲旅游为一体的山水园林城市。在空间结构上依托阳安铁路线、汉江城镇发展带，构建以中心城区为核心，月河川道城镇带为主体，旬阳、平利为两翼，即"一体两翼"的城镇空间结构。在产业上以高新技术产业开发区和工业园区为载体，打造以新型材料、清洁能源、富硒食品、生物医药、安康丝绸和生态旅游为主的绿色产业体系，积极培育汽车零部件及配套产品生产行业；形成以月河经济带为主体，旬阳、平利为两翼，外围工业区、农业生产基地等多点支撑的产业空间布局结构。

（3）商洛市形成"一核、两主、三辅、七心"的空间结构，一核：商丹一体化组合城市核心地区，由商洛市区和丹凤县城构成；两主：沪陕高速公路发展轴，包茂高速公路发展轴；三辅：洛南—商州—山阳—十堰发展轴、商南—山阳—镇安—宁陕—洋县发展轴、商州312国道—洛南307省道发展轴；七心：商洛中心城市及柞水、镇安、商南、洛南、丹凤、山阳六个县域中心城市。同时，应着力发展现代中药、绿色食品、生态旅游、现代材料等绿色产业体系，打造优质生态产业基地、秦岭最佳生态山地旅游目的地、现代材料工业基地，形成沿江经济带为主体，外围工业区、农业产基地等多点支撑的产业空间布局结构。

县城与重点镇发展模式定位如下。

陕南地区应以25个县城与28个重点镇为主体，结合汉中盆地、月河谷地和商丹盆地三大循环经济产业区的建设，发挥生物资源优势，加快药材种植业、农副林特产业、绿色食品加工业等产业发展，使县域小城镇成为三大循环经济产业区的药源基地、绿色食品原料基地等；同时依托良好的生态自然环境，大力发展生态旅游业，使陕南地区小城镇融入循环经济产业园建设中，进而推动县域中心城镇加速发展。

表3-39列出了陕南地区县域及重点镇。

表 3-39　陕南地区县域及重点镇

城市	县城	重点镇
汉中市	南郑县（城关镇）、城固县（博望镇）、洋县（洋州镇）、西乡县（城关镇）、勉县（勉县镇）、宁强县（汉源镇）、略阳县（城关镇）、镇巴县（泾洋镇）、留坝县（城关镇）、佛坪县（袁家庄镇）	汉台区铺镇、宁强县阳平关镇、宁强县青木川镇、南郑县新集镇、城固县崔家山镇、勉县周家山镇、西乡县堰口镇、略阳县接官亭镇、洋县龙亭镇、镇巴县渔渡镇
安康市	汉阴县（城关镇）、石泉县（城关镇）、宁陕县（城关镇）、紫阳县（城关镇）、岚皋县（城关镇）、平利县（城关镇）、镇坪县（城关镇）、旬阳县（城关镇）、白河县（城关镇）	汉滨区恒口镇、汉滨区五里镇、镇坪县曾家镇、汉阴县涧池镇、岚皋县民主镇、紫阳县蒿坪镇、平利县老县镇、旬阳县蜀河镇、石泉县池河镇、白河县茅坪镇
商洛市	洛南县（城关镇）、丹凤县（龙驹寨镇）、商南县（城关镇）、山阳县（城关镇）、镇安县（永乐镇）、柞水县（乾佑镇）	洛南县石门镇、柞水县凤凰镇、柞水县营盘镇、商南县富水镇、丹凤县棣花镇、商州区杨峪河镇、商州区杨斜镇、山阳县漫川关镇

2. 城镇化结构与支撑

（1）规模结构。

陕南地区城镇规模较小，只有汉中市、安康市、商洛市三个中等城市。其中汉中市共 11 个县区（含 1 个省级经济开发区），180 个镇。安康市辖 1 区 9 县，共 161 个乡镇。商洛市辖 1 个市辖区、3 个开发区、6 个县。从 2008 年的统计数据来看，陕南地区现状总人口 852.36 万人，城镇人口 266.87 万人；近期总人口 880 万人，城镇人口 308 万人；预计远期总人口将达 930 万人，城镇人口 417 万人。城镇化水平将从现状城镇化水平 31.31%、近期 35%，发展到远期的 45%。

（2）空间结构。

由于受地理环境和交通条件的制约，陕南秦岭山区城乡城镇单元主要以带状集聚为主要特征，其中交通干线周边和生态环境较好的河流沿岸是城镇集聚的主要地带，如汉江流域、月河、丹江和洛河两岸；国道 108、210、312、316 和宝成、阳安、襄渝、西康几条铁路修通后，以交通线为依托，逐渐发展起一批交通型和产业型城镇。根据陕西省《陕南地区城镇体系规划》相关规划，确立以汉江、丹江和阳安（阳平关—安康）铁路为发展轴线，以汉中、安康、商洛城市为核心，汉中盆地、安康盆地、商丹盆地为重点区域，大力发展以食品、制药、水电、旅游等绿色产业为主导的特色专业化城镇，加强中心城市与周边城镇间快捷交通与信息网络建设，形成陕南城镇群，促进陕南突破发展。

构筑"一带三核多点"陕南城镇群。陕南地区城镇发展的空间格局是：立足西安一日交通圈，构筑"一带三核多点"的城镇空间格局，形成结构有序、功能互补、整体优化的陕南城镇群。"一带"指汉江沿线城镇带。以汉中和安康为中心，西段发展建设沿江勉、城固、洋县、西乡、略阳等一批重要的综合工业城镇，东段建设石泉、旬阳、紫阳、汉阴、白河等一批重要的水电、矿业城镇；"三核"是指汉中、安康、商洛三个中心城市；"多点"指以汉中盆地、安康盆地和商丹盆地为重点区域，发挥生物、矿产、水力等资源优势，发展以食品、制药、水电、旅游等绿色产业为主导的25个县城和全省城镇体系规划确定的18个重点小城镇。

重点建设"一区两带五园区"。2020年以前，陕南将重点建设"一区两带五园区"，即汉中经济技术开发区；南郑中药材提取物产业带、汉滨一石泉中药材提取物产业带；商州刘湾生物医药产业园、安康生物医药产业园、汉中航空工业园、柞水盘龙生态产业园洋县有机食品产业园，发展工业主导型城镇。

（3）职能结构。

在城镇职能方面，工业同质性强，层次低，互补性差，城镇职能单一。陕南三市以烟酒食品、医药化工、冶金建材、机械制造、服装加工、生态旅游等为主导产业。其中汉中以汉航、陕飞、精密机床制造、八一、汉钢、汉烟等，以"三线建设"时期布点的装备制造业为主；安康以制药、旬烟、泸康酒业、缫丝、汞锑冶炼、造船、通用机械等为主；商洛以农林牧产品加工、化工、有色金属冶炼等为主。

（4）基础支撑。

①交通运输。公路。位于川、陕、鄂、渝三省一市交接部，居关中、成渝、江汉三大经济区的几何中心的安康市，经过60年的建设，交通状况有了极大的改善。210、316国道通过境内，特别是市内公路建设飞速发展，到20世纪末，全市实现了乡乡通公路、县县通油路。"四横七纵"公路骨

干网络基本形成，经过努力，至 2008 年，全市道路里程接近 2 万公里。其中高速公路 141.5 公里（西汉、小康），专用公路 236 公里，省道 569 公里，县乡公路 4970 公里，村级道路 12335 公里，同时西康高速通车，极大地促进了陕南和关中地区的联系。同时汉中市公路建设取得可喜成绩，贯通全省、辐射周边省市的高等级"米"字形辐射状干线公路系统，有公路 108 国道，316 国道、210 国道比邻，有 3 条国道干线通过。绕城高速、机场新线建成，二环路全面启动，十堰到天水高速公路也将全线贯通。商洛交通便利，截至 2011 年，全市等级公路 11480 公里，占总里程的 70%，全市公路密度 85 公里/百平方公里，6 个县区通了高速公路，基本形成了公路主骨架，油路、水泥路遍布乡村。高速公路完成投资 231.6 亿元，通车里程 351 公里，蓝商、商界、西柞、柞小、商漫高速建成通车，西商二线、榆商高速板桥至洛南段高速公路已经建成通车，同时，国家级高速公路沪陕高速公路陕西段秦岭山区线的通车，标志着沪陕高速实现全线通车，商洛已成为全省高速公路的密集区。另有 3 条南北纵向线加强陕南与关中、陕北之间的联系〔榆商线：府谷—神木—榆林—米脂—绥德—清涧—延川—延长—宜川—黄龙—澄城—大荔—华阴—洛南—商州；榆康线：蒙陕界—榆林—靖边—安塞—延安—黄陵—宜君—铜川—耀州—三原—西安—柞水—镇安—安康—紫阳—陕川界；定汉线：定边—吴起—陕甘界，长约 144 公里；陕甘界（大桥村）—陇县—千阳—凤翔—宝鸡—姜窝子—汉中—陕川界〕。

铁路。汉中铁路站是中国连接西南和西北重要的铁路枢纽，连接西康、成西、阳安等铁路线。汉中火车站不仅是中国重要客运站之一，如今汉中的铁路建设已日趋成为连接华东地区、华南地区，西南地区的铁路交通枢纽。目前正在积极准备开工建设阳安铁路复线工程，西成高速快速铁路穿城而过，汉中火车站正在积极扩建二期工程。襄渝、阳安、西康 3 条铁路过境安康，其中襄渝铁路（襄阳—重庆）在境内长 262 公里，为双轨电气化铁路，设白河县、旬阳县、安康市、紫阳县站，与汉丹铁路、焦柳铁路两线衔接，与阳安、宝成铁路相通，成渝、川黔两线相连，是联络中国中原和西南地区的交通大动脉宁西铁路、宁西铁路二线、西康铁路、西康铁路二线、运十铁路等多条铁路过境商洛形成了陕南发达的铁路交通网。

　　水运。安康境内原有内河航道 9 条，总长约 560 公里，其中汉江为二级航道，最大通航能力为 30 吨～60 吨级船舶；随着汉江水电站的梯级开发，20 世纪 80 年代后，航道缩减，仅能区间通航。近年来实施的水运建设和航道整治工程，使汉江通航能力提高，已恢复和新建港口码头 11 处，在建港口码头 4 处，2011 年客运量 282 万人，客运周转量 5490 万人/公里，货运量 166 万吨，货运周转量 5785 万吨/公里。

　　航空。安康机场位于汉滨区五里镇，是省内支线机场，2013 年 1 月，国务院、中央军委《关于同意迁建陕西安康机场的批复》（国函〔2013〕11 号）下发，这标志着安康机场的迁建工作取得了重大突破，同时也正式拉开安康新机场建设序幕。该项目场址位于安康市汉滨区五里镇附近，性质为国内支线机场，总投资为 14.3 亿元；飞行区按 4C 等级标准设计，新建一条长 2600 米的跑道，宽度为 45 米。航站区按满足 2020 年旅客吞吐量为 30 万人次、货邮吞吐量 750 吨的目标设计，航站楼 5500 平方米、站坪机位 6 个；配套建设通信、导航、气象、供电、供水、供油、消防救援等辅助生产设施。机场建成后实行军民合用，权属归军方，其中，民航站区权属归地方。原安康机场关闭，交由地方政府规划使用。新机场由地方经营管理，民航局实行行业管理。2012 年 8 月，汉中城固机场军民合用改扩建工程正式开工。整个机场改扩建工程将确保在一年内完工，建成后将计划开通汉中到北京、上海、广州、重庆、成都等多条航线。汉中城固机场军民合用改扩建工程新征土地 1315.5 亩，总投资 6.1 亿元。一期主要新建一条长 2500 米、宽 45 米的军民合用跑道，机场飞行区等级 4C，新建民航航站楼 5500 平方米，民航站坪机位 5 个，民航垂直联络道一条以及公用配套设施；还将建设和完善部分军航设施。远期规划建设平行滑行道、联络滑行道和垂直联络道，并将坪机位增建至 9 个。

　　②能源动力。汉江水电梯级开发陕西境内 7 座大型水电站，黄金峡水电站、石泉电站、喜河电站、安康电站、旬阳电站（在建）、蜀河电站（在建）、白河电站（待建）。坝址位于陕西省安康市汉滨区汉江上游的安康水电站，是我国十大水电站工程之一，最大坝高 128 米，坝长 541 米，坝顶装有 4 台单机容量 20 万千瓦的机组，总装机容量为 85 万千瓦，水库

总库容为 25.8 亿立方米，正常蓄水位 330 米，年发电量 28.57 亿千瓦时，电站以 330 千伏双回线和 5 条 110 千伏两个等级出线电压与西北电网联网，为陕西工农业生产、襄渝、阳安、西康 3 条电气化铁路提供了可靠的动力。大唐略阳发电厂是陕南地区重要的电力供应企业。目前，在役机组为 1 台 330MW 的机组；第 2 台 330MW 机组已于 2008 年 9 月 19 日被国务院列入汶川地震灾后恢复重建总体规划电源建设项目，该项目将于 2009 年开工建设，2010 年投产发电。安康火电厂重大项目开工建设，对于陕南地区建设"水火并举、互补调节"区域能源基地的重大举措，是调整陕南产业结构、支持陕南循环发展布局，推进能源生产和利用方式转变的重点、重大项目。中国国电集团西北分公司将对平利县境内的高山峡谷风电场进行整体开发，项目初步拟定平利风电场风电装机 15 万千瓦以上，总投资可达 15 亿~20 亿元。该项目将弥补陕南无风电的空白。另外，陕南首个生物质能发电项目——勉县凯迪生物质发电厂 3 万千瓦机组项目可通过国家电网审核，陕南在新能源的建设方面迈出了坚实的一步。

③防洪工程。2012 年 1 月，陕西省政府常务会议审议并通过了《汉江流域综合规划》计划用 5 年时间完成规划的实施，在汉江流域基本建成防洪保安、水资源综合利用、水生态环境保护三大体系，建设"安澜汉江、生态汉江、人文汉江、魅力汉江"。汉江综合整治有三大目标任务为：一是防洪保安体系建设：主要包括工程措施和非工程措施两大部分。工程措施的主要内容：新建加固干流堤防 249 公里，干流护岸 73 公里，支流汇入口河段堤防 193 公里，新修加固护基坝 445 座，建设交通桥梁 16 座，新建、改建穿堤建筑物 124 座。实施病险水库除险加固 193 座，综合治理褒河等重要支流 5 条，实施中小河流治理 40 条、项目 90 个，治理山洪沟 24 条。非工程措施主要内容：以防汛预警和水文测报设施建设为主，提高防汛信息化水平。实施山洪灾害防治县级非工程措施建设 20 个县（区），改造水文站 18 处，新建水位站 38 处，改造水位站 1 处，新建配套雨量站 635 处。二是水保生态和水资源保护体系建设：实施水保小流域综合治理 257 条，治理水土流失面积 5925 平方公里，控制水土流失和面源污染。实行污染物总量控制，新增水质监测断面 54 处；划定黄金峡、三河口水库饮用水源保护区，建设

污水处理厂 64 座，治理工业污染源 100 处，培育一批循环经济型和生态工业型示范企业，从源头上控制污染。在汉江主要支流汇入口和干流有条件的河滩地区，设置生态湿地 18 处；建设汉江特有鱼类增殖保护站 9 处，鱼类种质资源保护区 1 处。三是沿江水景观建设：建设蓄水水面景观、滨河生态公园、河口湿地、堤岸景观等水生态景观区，与沿江七级电站库区共同构成汉江干流 475 公里和支流河口 9 公里的水景观长廊、200 公里城市河段滨江生态公园、2.4 万亩生态湿地，重现汉江碧波荡漾的美丽风光，彰显"玉带绕秦巴，仙水汉江源"的主题，呈现出一幅"两山翠绿，碧水中流"的汉江河道美景。

3. 城镇化优势与制约

（1）发展机遇与优势。

①国家实施西部大开发战略，将改善西部地区生态环境与投资环境。实施西部大开发，国家支持西部建设高新技术产业基地，将从根本上改善西部地区的发展环境，同时也为陕南地区的发展提供了巨大的政策、资金和技术支持。同时，随着西部大开发战略的实施，陕南的交通网络日益发达，在现代通信技术的普及，第二、三产业的发展，生态环境建设等方面都取得了重大进展，尤其是正在实施的移民搬迁工程，对加快陕南城镇化发展创造了良好的条件。

②《陕西省城镇体系规划》明确指出"未来关中地区'一线两带'作用下将形成城镇群，关中城镇群及产业的快速发展将带动陕南、陕北两翼地区城镇加速发展"。同时，《陕南地区城镇体系规划》的实施，将为形成陕南城镇群，促进陕南突破发展带来机遇。

③陕西省委、省政府在 1996 年就做出了《关于加快全省小城镇建设的决定》，2009 年在全省范围内确定的 107 个重点建设镇，其中陕南有 28 个。2011 年选择陕南 4 个镇作为重点示范镇进行建设，在资金、土地、管理体制等方面进一步倾斜。同时，小城镇建设的基础不断改善，以及移民搬迁带来的机遇，都将促进陕南地区城镇化的发展。

④陕南拥有丰富的生态资源，在发展生态小城镇的方面有其得天独厚的资源优势。小城镇在统筹城乡发展中起着独特作用。

（2）发展制约和挑战。

①自然环境条件和资源禀赋的制约。陕南三市都处于秦岭南侧，受自然环境的制约明显。同时生态环境压力大，地质灾害易发、多发。其一，生态环境脆弱，陕南地区是全省山洪和地质灾害群发区，地质灾害中、高易发区占国土面积的50%以上。其二，陕南是国家重点生态保护区和水源涵养区。城镇发展与生态环境保护之间的矛盾较为突出。

②陕南城镇化规模巨大，但经济实力较弱。陕南是陕西省最大的连片特困地区，贫困面广，贫困程度深，全省有近40%的贫困人口集中在这里。陕南三市面积、人口分别占全省的34%和24%，而地区生产总值、财政收入仅占全省的11%和2.4%左右，人均生产总值不到全省的一半。

③经济要素短缺。其一，土地资源稀缺。据统计，2011年陕南有耕地面积802.5万亩，按户籍人口计算，人均耕地面积只有0.85亩；按常住人口计算，人均耕地面积0.95亩。其二，人力资本不足。据第六次人口普查资料显示，陕南每10万人口拥有大学生4922人，不及全省平均水平的一半，文盲率5.8%，比全省平均水平高2.1个百分点。每个镇平均人口6400余人，远低于全国镇区平均人口1万人的规模（胡卫华，2013）。

④统筹城乡超前规划不足，缺乏有效调控的制约虽然陕南三市在"十二五"规划中都提出了各自的城镇化发展规划和发展纲要，但总体来说，统筹城乡超前规划不多，在对城镇发展的详细规划方面，编制规划资金短缺，规划相对滞后。

⑤陕南产业结构和区域经济结构二元化的制约。陕南三市的产业结构和区域经济结构都呈现出典型的二元特征，传统部门或地区与先进部门或地区并存，三大产业间发展不平衡、结构不合理。2010年汉中市的第一、二、三产业增加值所占比重分别为21.66%、39.14%和39.20%（陈永芝，2012）。

二 陕南城镇用地现状

（一）城镇用地概况

陕南地区共有3个地级市，340个建制镇。陕南地区城镇化进度相对落后，城镇用地面积自2005年起年均增长率只有15.53%。至2009年陕南城镇用地面积达 21332.85 公顷，占全省城镇用地面积的 12.02%，至 2010 年陕南城镇用地面积达 22446.82 公顷，占全省的 12.22%。

汉中市位于陕西西南部，盛产柑橘、茶叶、木耳、天麻、杜仲，拥有国内著名的飞机制造企业和黄金生产基地。2009 年汉中城镇用地面积达 11033.21 公顷，占全市土地面积的 0.41%。2010 年汉中城镇用地面积达 11782.95 公顷，占全市土地面积的 0.43%。

安康市位于陕西东南端，是我国南北生物资源荟萃之地。矿产及各类自然资源丰富，开发潜力大。2009 年安康城镇用地面积达 5226.34 公顷，占全市土地面积的 0.22%。2010 年安康城镇用地面积达 5384.9 公顷，占全市土地面积的 0.23%。

商洛市位于陕西东南部，有众多林特产品，中药材资源丰富，产量巨大。2009 年商洛城镇用地面积达 5073.30 公顷，占全市土地面积的 0.26%。2010 年商洛城镇用地面积达 5278.97 公顷，占全市土地面积的 0.27%。

（二）城镇用地面积现状分析

陕南地区 2000～2010 年城镇用地面积见表 3－40、图 3－20、图 3－21所示。

表 3－40　2000～2010 年陕南地区城镇用地面积概览

单位：公顷

年份	汉中	安康	商洛	陕南合计
2000	4921.57	2665.22	2132.26	9719.05
2001	4988.17	2892.57	2147.35	10028.09
2002	5094.49	3047.15	2172.95	10314.59
2003	5153.83	3138.23	2195.45	10487.51
2004	5178.05	3189.04	2476.95	10844.04
2005	5208.13	3216.05	2484.39	10908.57
2006	5231.77	3243.99	2499.39	10975.15
2007	5271.97	3272.67	2519.15	11063.78
2008	5379.20	3298.57	2712.87	11390.63
2009	11033.21	5226.34	5073.30	21332.85
2010	11782.95	5384.90	5278.97	22446.82

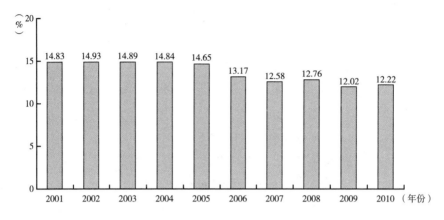

图 3 - 20　陕南城镇用地面积占全省比例

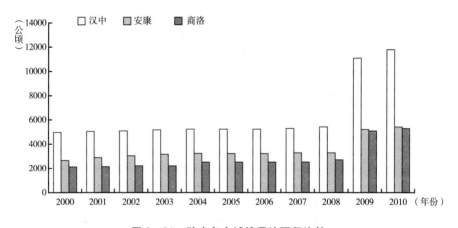

图 3 - 21　陕南各市城镇用地面积比较

　　陕南地区各市 2000～2010 年城镇用地面积横向对比，汉中市城镇用地面积最大，安康市次之，商洛市最小。从图 3 - 21 中可以看出，汉中市城镇用地面积不仅在陕南地区尤其高，而且趋势也是逐年增加的，安康市城镇用地面积虽比商洛市大，但增幅却不如商洛市明显。整体而言，陕南三市城镇用地规模一直都保持相对稳定的状态，在 2008 年前变动幅度都不大。2009 年和 2010 年各市的城镇用地面积都有了明显提高。

（三）城镇用地结构现状分析

　　2009 年陕南地区城镇用地面积为 21300 多公顷，其城镇用地结构和关中地区大体一致。其中商服用地为 1700 多公顷，占陕南城镇用地总量的 8.36%；工矿仓储用地为 3500 多公顷，占陕南城镇用地总规模的 16.79%；住宅用地为 9139.20 公顷，占陕南城镇用地总量的 42.84%；公共管理与公共服务用地为 3400 多公顷，占陕南城镇用地总量的 16.29%；特殊用地为 155.78 公顷，占陕南城镇用地总量的 0.73%；交通用地为 2400 多公顷，占陕南城镇用地总量的 11.5%；水域及水利设施用地为 140 多公顷，占陕南城镇用地总量的 0.69%；其他用地为 600 余公顷，占陕南城镇用地总规模的 2.80%。各市的情况见表 3-41 所示。

表 3-41　2009 年陕南各地城镇用地类型面积结构

单位：%

地区	总计	商服用地	工矿仓储用地	住宅用地	公共管理与公共服务用地	特殊用地	交通运输用地
陕　南	100.00	8.36	16.79	42.84	16.29	0.73	11.50
汉中市	51.72	43.89	60.22	51.68	47.02	40.02	57.29
安康市	24.50	38.91	19.32	25.39	23.91	33.64	21.15
商洛市	23.78	17.20	20.47	22.93	29.07	26.34	21.55

从图 3-22 中可以看出，各类用地在汉中市、安康市和商洛市三市的比例情况大体相同，安康市和商洛市各类用地面积也差不多，但是汉中市各类用地面积却与另外两市有明显的区别。具体来说，汉中市和安康市商服用地面积是商洛市的两倍；在工业仓储用地方面，汉中市也有明显的优势，其面积比安康商洛两市面积都多；在住宅用地及其他用地上，汉中市也是遥遥领先。在公共管理与服务用地和交通用地方面，则汉中市占比也比安康、商洛两市大，说明在各个方面汉中市在陕南地区都处于领先的地位。

三　城镇用地的主要矛盾和问题

1. 地貌以山地丘陵为主，自然条件限制严重

陕南地处秦巴山区，虽然盆地和峡谷较多使陕南成为林特产和水力资源

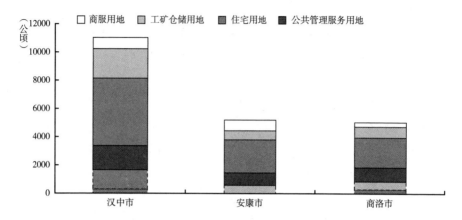

图 3 - 22　陕南地区各类用地对比

的宝库，但起伏不平的地势却影响了陕南城镇化的发展，限制了城镇用地规模的扩张。

2010 年陕南城市平均城镇用地面积为 7482.27 公顷，不仅远远少于关中的 21231.73 公顷，同时低于陕北的 16892.87 公顷，甚至达不到陕西全省城市用地平均面积（16692.99 公顷）的一半。

同时，陕南自然条件的先天不足为其城镇用地规模的扩大带来了极大限制。陕西省 2000～2010 年，城镇用地面积年平均增长率为 10.71%。在该时间段内陕北城镇用地面积年均增长率为 13.71%，关中仅落后于全省年均增长率 0.08 个百分点。而陕南城镇用地面积年均增长率仅有 8.73%，城镇化进程缓慢。

2. 进城成本高、资金筹集渠道不畅

陕西地处西部经济欠发达地区，全省城镇建设资金占财政支出的近 1%，建设资金投入严重不足，使城市规模扩大速度缓慢。而城市财政支撑的人头费却较高，致使农民进城的成本高，农民迁移和身份转换的启动资本严重不足的问题。

特别是陕南"高山危居"地区，资金问题限制更为突出。

同时，城市建设资本投资机制不健全，投资渠道狭窄、单一，未疏通各方融资渠道，导致城镇用地面临资本严重短缺的问题。

3. 基础设施落后，制约和影响城镇吸纳能力

对外交通不便是制约陕南城镇发展的首要因素。陕西铁路里程少、密度低。公路技术等级低，晴雨通车里程少，高等级公路少，且通达深度小。全省 3/4 以上的城镇没有铁路或二级以上公路通过，还有一部分山区小城镇对外交通联系极为不便。陕南地区此类问题尤为明显。

对外交通不便使当地资源开发利用受到限制，而且导致信息闭塞、思想保守、文化落后，极不利于城镇社会经济的发展。在各城镇内部，由于资金、规划及管理等方面存在问题，基础设施落后。如城镇道路狭窄，建设标准低、交通拥挤、堵塞严重；给排水设施不完善，自来水普及率低，人均生活用水量小，排水管网密度小，污水处理率低；垃圾收集、堆放和处理问题较多，对市容及环境影响较大。这些都限制了现有城镇对人口和产业的吸纳能力，对城镇发展产生了不利影响。

4. 地质灾害造成的重大人员伤亡和财产损失

从陕西全省来看，地质灾害易发区面积占国土面积的 49%，在全省 23 个地质灾害易发区，地质灾害易发点分布达 9300 多个。陕南地区尤为严重，安康市的地质灾害易发区占总面积的 60% 以上。

地质灾害造成的重大人员伤亡和财产损失已成为陕南不得不面临的严峻形势。地质灾害隐患数量多、分布广、密度大、发生频繁、危害严重。2001~2010 年，陕南共发生地质灾害 2000 多起，造成 590 多人死亡或失踪，直接经济损失达 460 多亿元。

陕南地区山大沟深，群众居住分散，动辄成百上千万的电缆、通信等基础设施投入，时常在泥石流等地质灾害发生时"全军覆没"。地质灾害造成的经济损失巨大，严重破坏城镇的基础设施，影响了陕南地区的城镇化进程。

四　城镇用地的思路和对策

1. 注重内涵挖潜，克服先天劣势

陕南地区受自然条件限制，城镇用地规模一直处于省内落后水平，城镇化进程相对缓慢，城镇用地发展进度亦不尽如人意。地理位置和地形地貌的

先天不足诚然难以改变，然而，合理的城镇用地规划可以最大限度地充分利用陕南现有的土地资源，将城镇用地规模发展至合理水平，从而促进陕南经济发展（姚宽一、杨战社，2002）。因此，陕南地区在今后的城镇用地发展过程中，必须转变现有的扩张思维，要将眼光从增加城镇用地、扩大城镇用地范围和规模转向深入挖掘现有城镇用地潜力，以城镇用地利用效率和城镇用地投入产出率作为评价城镇用地发展的重要指标，加强城镇用地集约节约力度，力求在小规模的城镇用地上创造更大的生产价值。

2. 坚持科学规划、适度利用、合理开发

陕南地区城镇用地比例一直都是陕西三大区域中最小的，但是陕南作为"南水北调"水源区，它的城镇用地需求主要集中在交通用地与水利设施用地两个方面，其变动也一直处于增长趋势，与其他两个区域形成一定对比。通过城镇用地预测可知陕南地区需求量增长比例保持相对稳定，该区2010年建设用地需求量与2006年建设用地规模相比增加了6096公顷，陕南地区城镇用地需求主要考虑到若干大型水利工程的启动，水利设施用地规模会有一定增长，关中若干铁路公路建设的带动使陕南对交通用地也有一定的需求。由于陕南建设用地需求的特殊性，政府应该更加注重对陕南地区土地利用的规划，坚持科学规划、适度利用、合理开发的原则，把资源可持续利用和建设优美的生态环境放在土地利用的突出位置，严格保护耕地，紧缩建设用地。对农地和非农地实行严格的用途管制，控制农用地无计划、无约束地转为非农用地。

3. 做优做大集镇，实现移民搬迁

"十二五"期间全省转移户籍农民600万人和全面完成移民搬迁280万人，是省委、省政府确定的两项战略任务，两者是一脉相承的，移民搬迁是加速城镇化进程的助推器，城镇化的发展又牵动移民搬迁的加速推进。到底农民向哪里转移，移民向何处搬迁？在大城市不足以承载过多人口以及许多农村人口也没有足够的资金和能力远迁大城市的双重困境下，小城镇是容纳农村人口的理想之地。陕南秦巴山区，小城镇连接城乡的桥梁纽带作用更加突出，是统筹城乡的基层载体和重要堡垒，也是梯度推进移民搬迁的重要搬迁点。要继续促进支农基础设施项目和资金向集镇基础设施倾斜，完善集镇教育、医院、商贸的服务功能，做大集镇规模，提高人口承载能力，吸引更多农民进镇居住创业。积极为进城进镇农民创造条件，使有技术的农民彻底摆脱土地束缚，进城入镇定居，从事第二、三产业经营，实现农民"非农化"转移。

　　陕南地区要结合生态移民、扶贫开发和灾害治理，划定集中居住区域，引导位置偏远、灾害频发的"高山危居"人口向集中居住区域内的县城、重点镇和社区化新村集聚，用十年时间移民搬迁60多万户240多万人。

　　4. 搭建园区平台，着力解决产业支撑和进镇农民就业问题

　　提升陕南城镇用地效率，注重园区的集约利用土地方式，解决用地与发展的矛盾。以园区为承载，发展集镇特色产业，集约利用土地。按照循环经济发展理念，合理布局产业结构，形成以农村基地为基础、以园区为承载，支撑城乡一体化的县域循环产业体系。加快旬阳生态工业园区、吕河现代产业园区和关口、红军、金寨、庙坪等工业小区建设。依托工业园区的拉动效应，加速工业化和城镇化进程，增加就业岗位，把农村剩余劳动力、入镇的劳动力吸纳到非农产业，让农民在有序转移过程中实现增收，确保农民进城进镇有事干、留得住、不回流，完成容纳农村人口的目标。

第四章　陕西省城镇用地规模
增长的驱动力研究

第一节　城市空间增长/精明增长理论
及其研究启示

一　"精明增长"理论的基本内涵

二战后，伴随着小汽车的普及和公路的大规模建设，美国率先步入了郊区城市化加速阶段。尤其是20世纪70年代后，小汽车交通主导下的郊区化现象极大地加剧了就业问题和居住的低密度扩散，出现了所谓的"城市蔓延"。至此，城市空间增长形态发生转变，由工业化时期市区边缘的高密度蔓延转变为城市郊区低密度扩展。美国经济学家与城市学家安东尼·当斯（1997）在其所著的《美国大城市地区最新增长模式》中，将"城市蔓延"表述为"郊区化的特别形式，它包括以极低的人口密度向现有城市化地区的边缘扩展，占用过去从未开发过的土地"。阿尔·萌（R. Moe）进一步把蔓延定义为"低密度地在城镇边缘地区的发展"。最后，布希尔（Burchell）等将"城市蔓延"的诸多解释总结为以下8个方面：低密度的土地开发；空间分离、单一功能的土地利用；"蛙跳式"或零散的扩展形态；带状商业开发；依赖小汽车交通的土地开发；牺牲城市中心的发展进行城市边缘地区的开发；就业岗位的分散；农业用地和开敞空间的消失。因此，针对城市蔓延带来的诸多问题，"精明增长"应运而生（唐相龙，2009）。

"精明增长"的定义是由美国马里兰州州长格兰邓宁（Glendening）在1997年提出的，其初衷是建立一种使州政府能指导城市开发的手段，并使政府财政支出对城市发展产生正面影响。对于"精明增长"的定义，不同的人有不同的理解。美国得克萨斯州奥斯丁市市长认为，"精明增长"试图重塑城市和郊区的发展模式，改善社区、促进经济增长、保护环境；克林顿政府认为，"精明增长"试图建设更为适宜的"可居住环境"；1998年，美国前副总统戈尔将"精明增长"作为其总统竞选纲领，提出了它是"21世纪新的可居住议程"。我国学者梁鹤年认为，"精明增长"就是城乡政府在基础设施开发管理的决策中，以最低的基础设施成本去创造最高的土地开发收益。要达到这一目的就应该沿着这些基础设施（特别是道路和上下水管道）对土地进行"最高最好用途"的开发，尤其是达到最高的使用密度。诸大建等将"精明增长"理论阐释为一种管理城市使之协调成长的新型理论工具，它通过土地使用功能组合，限制城市增长边界，提高土地使用效率，保护空地、农田、自然景观和环境保护区，改变交通模式，加强现有城区改造等方式来解决城市蔓延中出现的经济、社会和环境等问题。刘海龙认为，"精明"强调"充分考虑土地开发、城市增长以及市政基础设施规划的需求"，具有"先见性""整体性"等特征，"同时承认自然与人的不同需求，提供一个保护与开发并重的框架"（吴宏军，2010）。

2003年，美国规划师协会在丹佛召开规划会议，会议的主题就是用"精明增长"来解决城市蔓延问题。确定精明增长的核心内容是：用足城市存量空间，减少盲目扩张；加强对现有社区的重建，重新开发废弃、污染工业用地，以节约基础设施和公共服务成本；城市建设相对集中，密集组团，生活和就业单元尽量拉近距离，减少基础设施、房屋建设和使用成本。总之，"精明增长"是一项与城市蔓延针锋相对的城市增长政策。我国学者王国爱等（2009）认为"精明增长"思想主要体现在：倡导土地的混合利用，以便在城市中通过自行车或步行能够便捷地到达任何商业、居住、娱乐、教育场所等；强调对现有社区的改建和对现有设施的利用，引导现有社区的发展与增强效用，提高已开发土地和基础设施的利用率，降低城市边缘地区的发展压力；强调减少交通、能源需求以及环境污染来保证生活品质，提供多样化的交通选择，保证步行、自行车和公共交通间的连通性，将这些方式融合在一起，形成一种新的交通方式，是一种较为紧凑、集中、高效的发展模式；"精明增长"同时还强调环境、社会和经济可持续的共同发展。

二 "精明增长"理论的实践策略

2003 年，美国精明增长网站在发布的研究报告中，就不同的环境组织、政府机构等对"精明增长"的内涵做出的界定进行了分析，归纳了一些关键因素，总结出精明增长理论的 10 项实践策略（王国爱等，2009）。

（1）混合式多功能的土地利用。土地的混合利用是取得更好居住环境的关键因素，通过土地混合利用可以为公共交通提供稳定的客源，能够减少人们不必要的出行需求，创造适合多种活动的道路空间，可以提供更多的税收和经济收益，同时可以吸引不同种族和收入层次的人来此居住。

（2）设计紧凑的住宅。占用更少的土地，为保护开敞空间提供更大的余地，住宅占用更小的基地将促使住宅增加层数，建立体停车设施等，这样就可能有更多的土地用于开敞空间的建设。

（3）提供多种选择的住宅。为各种收入水平的人提供符合质量标准的住宅是任何精明增长策略中的重要组成部分，高质量的住宅不仅是一个社区基本的组成部分，更重要的，也是影响交通方式、公共服务设施、能源消耗的重要因素。通过提供多种层次的住宅选择可以减少对小汽车的依赖，而且可以提高能源使用效率。就业和居住的平衡将为支撑一个公交车站和商业服务中心提供基础，并且能够在同一个社区包容不同收入水平的人，消除日益明显的社会阶层的分隔。

（4）创造适合步行的社区。主要包括两个方面：一方面，各种公共设施位于安全便捷的步行可及范围之内（如商店、学校、交通站点、休闲娱乐场所等），另一方面，应该使步行成为可能，这就要为步行者提供相应的设施以及土地混合使用、紧凑布局，在街道设计中平等地考虑步行者、骑自行车者、公共交通使用者和使用小汽车的人的需求。

（5）丰富社区自身特色，提高吸引力，创造鲜明的场所特点。利用自然和人工的边界或地标来创造社区的标志，建筑应该体现地方特点而且能够经历时间考验，为创造城市风貌做出贡献。

（6）保护开敞空间、农田和自然景观以及重要的环境区域。开敞空间对于保证"精明增长"策略的实施至关重要，一方面为人们提供游憩、接触自然的机会和场所，另一方面促进在建成区或已有的社区之中进行新的开发，为其他生物（动植物）的生存创造与人类平等的机会。

（7）注重对既有社区的改建和对既有设施的利用，实现更平衡的区域发展。将新的开发需求导向既有的区域对于保护城市边缘地带和开敞空间至关重要，而且在既有区域内开发能够提高基础设施的利用效率，投资将更有效率，社区的发展也会拓展税收来源。由于成本相对低廉，城市边缘地区的开发需求十分旺盛，这就需要在规划控制和引导上鼓励既有地区内部的重新开发（如填充式开发等）。

（8）提供多种选择的交通方式。为人们在住宅、购物和社区形式以及交通方式上提供多种选择是精明增长的核心目的。精明增长并不排除小汽车交通，而是鼓励其他交通方式与小汽车交通相结合。

（9）提高城市增长的可预知性、公平性和成本收益。保证项目收益吸引投资商、银行和建造商参与开发，这部分收益很大程度上受到政府部门提供的市政基础设施和开发管理条例以及公平的竞争环境的影响。

（10）鼓励社区组织和相关利益主体参与发展决策。鼓励多个阶层的人居住在同一个社区，必须同时平等地考虑各个团体的要求，也会为"精明增长"带来更多的关注和支持。

可以看出，这些实践策略的核心内容是用足城市存量空间，减少盲目扩张；加强对现有社区的重建，重新开发废弃、污染工业用地，以节约基础设施和公共服务成本；城市建设相对集中，采用密集组团，生活和就业单元尽量拉近距离，减少基础设施、房屋建设和使用成本。其中，住宅区、办公场所和商贸用地交错布局，并集中在城市中心是"精明增长"的提倡者最为关心的内容。"精明增长"不是指不增长，而是定了城市增长的边界范围。"精明增长"是一项涵盖多个层面城市发展原则的综合策略，它首先改变了以城市发展为主导的区域发展目标，将城市的发展融入区域整体生态体系的均衡和公平，提出"城市有边界的增长原则"，即城市对于土地需求的增长应当受到所在区域整体生态系统的制约。

三 "精明增长"中国化的可行性

对于"精明增长"理论能否应用于中国，还存在一定的争议，综合各个学者的观点来看，持赞同观点者居多。劳拉·布鲁斯（Laura Bruce）等认为，中国不该重蹈美国城市蔓延开发的覆辙，相反，应该采用理性增长模式，帮助城市和地区在提高经济竞争力的同时，减少对空气和水体的污染，降低对石油的依赖。格雷戈里·凯·英格拉姆（Gregory K. Ingram）教授指出，一般以市场为导向的城市，其发展模式与国际城市化理论中的规则具有很大的一致性，因此，中国的城市发展应该借鉴国际经验。王朝晖（2000）认为，"精明增长"对我国社会主义市场经济条件下的城市规划极具借鉴意义，"精明增长"提倡的许多原则和做法，如土地混合使用、紧凑发展、强调公共交通、放弃郊区蔓延等，多数是我国目前正在积极倡导的城市发展原则。

"精明增长"不能被简单地移植到中国，应客观判定我国城市发展现状，明确中西方城市成长的背景差异，区分美国城市蔓延动力与我国城市空间扩展动力之间的差异。刘志玲（2006）等认为，只有区分美国城市蔓延动力与我国城市空间扩展驱动因素，才能结合中国城市发展的自身特点，有针对性地借鉴"精明增长"原则。诸大建、刘冬华（2006）认为，现阶段借鉴美国城市"精明增长"的经验，对于改变中国传统的城市发展模式丰富我国城市发展的思路，在拓宽政策选择的范围、合理选择实施工具以及完善制度保障等方面有着十分重要的现实意义。他们同时指出，扎根于美国城市发展现状和特定政治及规划背景下的"精明增长"理念，不可能对中国的城市发展起直接的、教科书式的指导作用，这主要与两国城市发展的背景差异有关。但是，无论如何，从促进城市可持续发展的意义上讲，"精明增长"提出的原则和方法无疑具有重要的借鉴价值，它为我国城市协调发展提供了有益的启示与思考的蓝本。任璐（2007）通过对比中美"精明增长"

的实施条件，对"精明增长"中国化的可行性进行研究认为，尽管在其他方面中美城市之间仍存在一定背景差异，但在促进城市发展中的经济、社会、生态可持续意义上，"精明增长"提出的原则无疑具有重要借鉴价值，其中的许多原则如紧凑的城市发展模式、保护生态敏感地带和城市开敞空间、划定城市增长边界、交通导向性开发等完全可以直接应用于我国的城市规划理论与实践中。

总之，"精明增长"中国化具有可行性，但是我们要明确"精明增长"的理论背景和成长环境，避免望文生义，生搬硬套。西方的城市化进程、土地所有制度、城市行政管理及市场化程度等与中国存在极大差异，这些差异将对"精明增长"的中国化产生影响。

四　"精明增长"理论对我国城镇化及陕西省城镇化的启示

（一）"精明增长"理论对我国城镇化的启示

综观我国城市发展的历程，城市成长的管理一直是在朦胧的和频繁改变的状态中进行的，而缺乏完整的理论基础和逻辑构架。"精明增长"在一定程度上提供了一种有计划、节约资源式的城市发展模式。"精明"的内涵强调的不是将土地保护与发展孤立或对立起来，而是充分考虑土地开发、城市增长以及市政基础设施规划的需求。"精明增长"在制度层面上推进城市成长管理的立法工作，提高规划制定的法律清晰性与完备性；技术层面上重视定量评估，增加成长管理实践的科学性。这些对我国城市规划管理都很有借鉴意义。

（1）城市发展模式的选择

随着城市发展步伐的加快和国家对城市化水平的调控和推进，城市成长中的矛盾已逐步凸显出来，主要体现在：城市用地数量增长过快而耕地资源极其短缺；城市过度扩张而土地利用效率低下；新区开发建设迅猛而浪费严重；外延式增长突出而内部空间结构失衡；等等。城市化带来的一个重要的挑战是，城市化的发展必然引发城市建成区的扩大，更多的非城市用地将转化为城市用地。在城市发展过程中，应选择紧凑型城市发展模式，引导城市合理地向集约化的用地模式发展。

（2）划定城市增长边界

"精明增长"提倡紧凑、集约的发展，强调有序、有控制性的空间扩散。当前我国还没有系统地进行"精明增长"的实践，但具有相当意义的"精明增长"在我国已初见端倪。面临产业资本和快速城市化对土地的巨大需求，积极借鉴设置成长边界、交通导向性开发（TOD）、多样性的邻里社区和对绿地、环境敏感区保护等手段，先行划定城市增长边界以及非建设区域具有重要意义，避免增长的无序和对重要自然景观与资源的破坏，从而在总体上把握空间的有序和集约，形成疏密有序的城镇空间形态。应根据地区的土地利用现状和经济发展状况，保障城市增长边界内的土地满足一定土地规划期限内城市建设发展用地的需求，确定土地利用边界。通过加强土地分时序分区利用，有效控制建设用地总量、引导土地节约集约利用（李冬冬等，2008）。

（3）推进城市内部改造

"精明增长"的方法包括对城镇内部闲置用地、不合理用地的再利用，即填充式发展。在我国城市发展中，城市外围空间成为部分要素集聚与外溢的区位首选，人口和产业在空间上出现从城市中心区向城市边缘区的快速推进，居住区、工业区、大学城、物流区、娱乐度假区等成为城市空间外拓的触角，郊区农业用地、自然景观迅速转变为非农用地。而对城镇空间的内涵扩展即城镇空间利用集约度的提高和空间使用性质的转变的重视还远远不够。为此，应借鉴"精明增长"的方式，盘整挖掘城镇闲置用地、低效用地，适当增加土地开发强度，适度开发地下空间，提高土地集约节约利用水平（蔡小波，2010）。

（4）倡导"公交优先"

城市交通是土地利用的一个重要因素，城市交通与土地利用之间存在互相影响、互相制约的关系。城市土地利用引致城市的交通需求，城市交通布局反过来又影响着城市形态。城市发展过程中的土地开发程度过高会造成土地利用边际利用效益降低，而城市蔓延和无限制扩张会导致土地利用集约度偏低，这些问题可以通过交通导向性开发（TOD）规划模式所化解。通过"TOD"模式的实施，将土地利用和公共交通整合起来，可以提高公共交通使用率、减少小汽车出行，控制城市蔓延，达到集约用地的目的。同时城市公共交通优先发展除获得政策倾斜外，还应进一步取得规划、建设、资金等方面的优先权。此外，需要适当提高小汽车使用成本，以抑制潜在小汽车交通需求。

（5）倡导公众参与

加强规划宣传、教育的同时，建立健全相关职能机构，为地方政府、开发商和市民收集和发布信息，提供政策和技术支持，引导和协调各地实践，贯彻"精明增长"理念。

（6）建立城市边缘带土地利用总体规划

城市和相邻农村地区的双重影响使城市边缘带成为土地利用最复杂、用地矛盾最大、耕地减少最多的地区，也成为土地管理任务最重、最容易疏忽的薄弱地带。城市边缘带的特殊性决定其急需强有力的规划加以控制，但事实上，城市规划和土地利用总体规划在此严重脱节，形同虚设。因此，十分迫切需要建立专门的城市边缘带土地利用总体规划。同时，也应高度重视城市边缘带土地利用总体规划管理工作（田光进、庄大方，2003）。

（7）完善城市住房保障制度

尽管随着社会主义市场经济制度的逐步完善，房地产开发的浪潮导致城市不同收入的阶层得以重新组合，出现了类似美国的分阶层择居的问题。但在几十年来住房单位制的基础上，作为一个新的趋势，分阶层择居还远远没有占主导地位。"精明增长"把各种人群提供可支付和有质量保证的住房作为一项重要的原则，是对城市社会问题的积极关切。虽然国情不同，但对我国城市为低收入者提供保障性住房的政策具有积极的借鉴意义，可以提升建筑设计的质量。

（8）提升建筑设计的质量

"这么大规模、这么大面积、这么高速，这么复杂的建设过程中，从国有制转轨多元所有，从计划经济转为市场经济的过程中，中国几乎没有提出任何有意义的建筑思想。中国到目前为止没有典型意义上的建筑师，日本有，韩国有，很多国家都有，唯独中国没有。这是不可想象的。"著名艺术设计评论家艾未未坦言中国建筑设计行业的发展情况与国家的经济实力地位很不匹配。中国城镇化发展需要通过建筑设计等物质手段营造社区场所感、塑造多样性的邻里社区，强化城市规划中的人文关怀、生活质量、地方特色和城市文化。

（二）"精明增长"理论对陕西省城镇化的启示

改革开放的 30 多年来，陕西省城镇化一直处于高速发展时期，城镇化水平不断提高，综合实力稳步提升，但目前陕西省城镇化也存在诸多问题，比如，城市用地规模非理性扩张、生态环境恶化、城乡发展失衡、农地被大量侵占等，所以必须重视学习借鉴西方有益的经验以优化城镇化的质量。陕西省必须因地制宜，利用"精明增长"理论走出一条适合自己的城镇化道路来。

（1）实行土地集约化管理，建设节地型城镇

随着时间的推移，城市规模快速扩张与要素资源集聚水平相对不足之间的矛盾将越发凸显，其中土地资源匮乏问题十分深刻。新型城镇化要节约、集约用地，实行土地集约化管理，建设节地型城镇，这主要表现在以下两个方面（李蕾，邱杨，2011）。

第一个方面，农村耕地方面要保护基本耕地。众所周知，我国是世界上人口最多的国家，人口占世界总人口的 22%，可耕地面积却只占世界可耕地面积的 7%，而且据人口学家的预计，人口总量还处于不断的增长中。关中平原作为重要的产粮基地，耕地保护工作刻不容缓。如果城市发展侵占大量农田，就会危及粮食的供给，从而危及基本的温饱，所以必须严格保护基本农田，防止其被非理性侵占。

第二个方面，城市建设用地方面要提高集约化程度，推进城市立体开发。以往以城镇为中心的"摊大饼"式的发展方式，造成了城市无序蔓延、结构不合理、人口过度拥挤、交通拥堵等问题，严重阻碍了陕西高质量的城镇化的建设。陕西省未来 20 年的城镇空间布局规划结构是："一线两带"，一核多中心，带动南北两翼城镇发展。这些规划初衷是提高城市土地的集约化程度、建设节地型市镇，但是在具体实施过程中，各个组团之间开放式的农用地、绿化用地被大量侵占，这又使各个组团之间的开放空间被以"摊大饼"式的方式扩张去了，即出现了以单个组团为中心的"摊大饼"式发展。长此以往，各个地区组团和主城区肯定会形成一个新的、更大的"大饼"。毫无疑问，这

张"大饼"将造成土地资源浪费、集约化程度降低。所以，在按照"一线两带"，一核多中心，带动南北两翼城镇发展的前提下，必须提高各个组团单位的集约、节约程度，防止以组团为小单位的"摊大饼"式的土地资源错位配置。

（2）推行农村土地股份合作制，构建城乡统一的土地市场

我国土地所有权呈现二元结构：城市土地归国家所有，农村土地归集体所有。相应地土地市场也分为城市土地市场和农村土地市场。土地市场化是配置土地资源的基础性方式，但是目前我国城乡土地市场割裂给城镇化发展带来诸多问题：农村土地、国有废弃地等无法在城乡间合理流动；农地资源配置不合理，其资本性作用没有得到相应发挥；农村土地市场缺失，国家强制征用农地给予的只是补偿价值而非交换价值；阻碍城乡统筹发展。鉴于上述种种弊端，陕西省在新型城镇化中必须统筹城乡土地市场，构建城乡统一的土地市场。城乡土地市场的统一主要是指统筹已经割裂的城乡土地市场，打破人为划定的土地市场界限，充分发挥市场在资源配置中的基础性作用，使城市建设用地使用权和农地使用权在同一个土地市场的基础上自由地在城乡之间流动。早在21世纪初，陕西省就建立了比较健全的土地资产管理的各项配套制度。陕西省于2001年9月出台了《陕西省关于加强国有土地资产管理的通知》，省政府办公厅相继转发了省国土资源厅起草的《陕西省协议出让国有土地管理办法》和《关于开展国有土地收购储备工作的实施意见》。同时，陕西省国土资源厅相继出台了《关于建立处置闲置土地项目备案的通知》《关于土地资产处置若干规定》《关于土地估价管理的通知》等规范性文件。同时通过建立土地收购储备中心、土地公开交易场所，以及出台相关的工作制度，土地市场规范运行的基本条件初步形成。但是农地市场的创新不够，而且在建立统一的土地市场方面乏善可陈。国内学者对如何建立城乡统一土地市场的讨论主要集中在两个方面：从城乡土地价格出发构建一体化的土地市场和从农村土地的流转角度出发构建一体化的土地市场（徐建春、李长斌，2013）。可以看出，农村土地股份合作制可以很好地结合上述两点，为土地市场的统一提供一个具体可行的路径。结合陕西省的实际情况，可以从以下几个方面推进陕西农村土地股份合作制。首先，完善相关的法律和制度。其次，界定清晰的产权，加快产权制度创新。赋予农村土

地完整的土地所有权，包括占有权、使用权、收益权和处分权等，并同时确定入股农民享有的各种权益和承担的各种风险。最后，因地制宜地选择或创新适宜的模式。在我国实行的土地合作制有三种主要形式：以土地经营权为中心的股份合作制，所有权、使用权、经营权多个层次混合入股的股份合作制，以土地所有权为中心的股份合作制三种形式，这需要在甄别陕西省的具体情况下选择或创新适宜的模式。

（3）统筹城乡发展，着力打破二元结构

统筹城乡发展力度、推动城乡发展一体化、构建科学合理的城市化格局是十八大对新型城镇化发展的指导思想。陕西省城镇化可以从社会重构和政策重构两个方面来打破城乡二元制结构。

首先，社会重构视角的统筹城乡并不是将农村建造成城市，而是通过城镇化合理布局农村土地，提高土地利用率，完善城镇规划，让每个人都有自主选择的权利，获得身份认同与归属感，同时提高流动人口社会融合度，进一步实现以工促农、以城带乡、工农互惠、城乡一体的新型工农、城乡关系，促进郊区工业化、信息化、城镇化、农业现代化同步发展，让广大郊区农民平等参与现代化进程，共同分享现代化成果。社会重构主要包括以下几个方面：一是公共服务均等化与多样化，它对缩小区域和城乡发展差距、促进社会公平公正、维护社会和谐安定、确保人民共享发展成果具有重大意义；二是经济地位提升，只有经济地位提升，广大农村才有能力进行诸如教育、医疗等公共服务的投入，换句话说经济地位的提升是打破城乡二元结构的经济基础；三是社会保障一体化，打破城乡二元社会保障体系，实现社会保障资源流动畅通和配置自由是实现社会保障一体化的大前提，这种一体化可以消除附加在户口上的城乡居民的社会福利和待遇的种种差别。

其次，打破城乡二元制结构需要制度的重构。而制度是从各种力量相互博弈中产生的，制度的重构要以政策转变为前提条件。对于统筹城乡发展的政策重构来说，就是要根据我国城乡统筹发展的实际要求，并要符合社会主义市场经济体制的内在逻辑，取消阻碍城乡统筹发展的政策，逐步实现城乡一体发展的制度变迁。

（4）完善城市交通体系，打造"宜行城市"

交通兼具基础产业和现代服务业的双重职能，便捷的城市交通既是经济发展的强大动力，也是现代城市生活的重要组成部分。但是目前机动车保有量持续增加、道路基础设施建设滞后等原因造成陕西省重要城市交通问题频发。为了解决陕西省城市的交通问题，我们可以从以下方面努力。

一是建设和完善路面交通基础设施。继续推进各中心城市快速路、轨道交通、综合交通枢纽、停车场库等重点交通基础设施建设。如加快西安的地铁建设，在其他中等城市也考虑建设适度超前的地铁、轻轨等公共交通设施。

二是建设立体化的交通网络。改变平面混合交通模式，构建立体化、多梯度综合交通网络体系是构筑通畅交通体系的重要内容。从车辆方面考虑主要是扩大市内高架道路和立交桥的建设力度，分散目的地为城内和城外的交通流量；从行人的角度考虑主要是增加城市人行天桥、过街地道等立体设施，尽量减少车辆的等待时间。

三是推进智能交通设施的建设。设置交通廊道提高道路通行能力，推进智能交通"时空一体化"项目；拓展智能停车诱导、停车信息发布途径，在各城市扩大推行使用智能停车系统。

四是提高公交出行分担率。培养市民低碳出行意识、提高公交出行分担率是缓解交通压力的重要举措。可以通过从优化公交线路和站点设置，改善公交车辆车内整体环境诱导市民转换出行方式，从而逐步提高公交出行分担率。

（5）保护自然环境和人文环境，建设"宜居城市"

城镇化发展不仅是户籍、景观、社区等的演变，更重要的是与自然环境和人文环境相和谐的城镇化。城镇化进程和保护自然环境、人文环境是相辅相成、并行不悖的：自然环境和人文环境是城镇化得以实现的基础，而健康的城镇化又保障了自然环境和人文环境的延续、更新。

陕西省拥有陕北高原、关中平原、陕南山地三种地貌，有着各具特色的自然环境。在陕西省的城镇化发展过程中，可以从建设低碳城市和发展生态旅游来建设"宜居城市"，陕北、关中城镇都可以积极建设低碳城市，通过调整城市职能，发展节能减排技术，减少碳排放量。当然，发展低碳城市，仅依靠节能减排的技术手段不足以减少碳的排放量，还需要通过低碳的城市规划来完善低碳城市的发展计划，探索可持续发展的模式，创建低碳的城市系统，建设低碳化的综合交通体系和基础设施，构建高速公路、高速铁路和电信电缆之间的流动空间。陕南以国家重点风景名胜区和国家自然保护区做资源组合，将旅游与低碳结合在一起，通过打造绿色交通的观光路线，打造文明步行街等措施，通过环境建设优化产业结构，优化建设布局和人居环境（雷清，2008）。

陕西省也拥有非常好的人文环境，是中华文明的重要发祥地之一，是周礼之邦，秦制汉风的肇始地，是盛唐华章的中心，丝绸之路的起点，同时也是古都长安（西安）所在之地和红色延安的摇篮。几千年历史中勤奋、智慧的陕西人民创造了丰富文化资源和醇厚的人文环境。在进行城镇化建设时，必须将陕西的古色古香的历史文化和现代文明相结合，加强人文环境的建设，保护和优化陕西各城镇的自然生态和人文生态系统，建设独具风格的山水陕西、人文陕西。

第二节　陕西省城镇用地增长驱动力实证分析

随着西部大开发战略的进一步深入推进以及关中－天水经济带的战略部署，陕西省城镇化的进程快速发展、经济持续腾飞，城镇用地的需求也相对地与日俱增，尤其是关中和陕北地区的城镇规模不断扩大，各类用地也呈现飞速增长态势。与之相对的是，陕西省原有的城镇空间布局存在各类问题，部分地区土地资源浪费严重，整体土地集约利用水平不高。日益增长的城镇用地需求与严峻的用地现状，不仅对城镇用地的规模控制和促进内部挖潜动力提出了挑战，同时也对城镇用地的空间布局优化提出了更严格的要求。因此，研究陕西省城镇用地增长的驱动力，对有效协调资源，缓和矛盾以及挖掘城镇用地潜力，促进城镇用地发展乃至整体土地资源的合理利用极其重要。本书在第三章对陕西省城镇用地总体概况进行了介绍，本节将在此基础上对陕西省城镇用地概况进行进一步的分析，重点对陕西省城镇用地增长驱动力进行分析。

一 陕西省城镇用地概况分析

(一) 陕西省城镇用地空间现状分析

城镇用地的空间分布,与自然、经济、人口等多种因素相关,因而,每一个城市在其发展的过程中,由于多种因素的综合作用,最终表现出不同的空间分布,正确分析城镇用地的空间分布,有利于我们根据实际情况,科学制订城市发展规划,引导城市有序发展。根据陕西省土地利用现状调查,2009 年底,全省城镇用地面积总计 177520.62 公顷。陕西省各市(区)城镇用地面积见表 4-1 所示。

表 4-1 陕西省各市(区)城镇用地面积

单位:公顷,%

地区	城市用地面积		建制镇用地面积		城镇用地面积	
	城市	所占比例	建制镇	所占比例	城镇	所占比例
陕西省	79561.93	100.00	97958.69	100	177520.62	100.00
西安市	40297.18	50.65	14048.24	14.34	54345.42	30.61
铜川市	3336.37	4.19	1775.54	1.81	5111.91	2.88
宝鸡市	6636.42	8.34	10853.87	11.08	17490.29	9.85
咸阳市	7912.59	9.95	12458.87	12.72	20371.46	11.48
渭南市	6067.26	7.63	17166.19	17.52	23233.45	13.09
延安市	2714.56	3.41	8275.56	8.45	10990.12	6.19
汉中市	2403.98	3.02	8629.23	8.81	11033.21	6.22
榆林市	5095.92	6.40	17248.29	17.61	22344.21	12.59
安康市	1704.91	2.14	3521.43	3.59	5226.34	2.94
商洛市	1091.83	1.37	3981.47	4.06	5073.3	2.86
杨凌区	2300.91	2.89	0	0	2300.91	1.30

从表中可以看出,陕西省城镇用地面积主要集中在关中地区,排名前 5 的城市城镇用地(西安、渭南、咸阳、榆林、宝鸡)中有 4 个位于关中地区,对比土地利用中土地面积区位排序(陕北 > 陕南 > 关中),由于自然地理条件、历史和交通等综合因素作用,关中平原地区城镇用地规模相对较大。10 个城市的城镇用地中,西安市的城镇用地占比超过 30%、城

市用地在全省城市用地中占比更是超过了一半，这体现了西安在陕西省城镇中的核心作用。但为了促进陕西省城镇体系的协调发展和土地资源的合理利用，陕西的城镇用地应该采取挖掘大中城市用地潜力、合理发展中小城市和城镇用地的方法，提高土地利用效率，实现城镇用地的合理驱动发展。

榆林市的城镇面积比例是由建制镇面积水平拉动的。究其原因，一方面是由于榆林市虽地处陕北高原，但是地形限制较延安市城镇区域小，城镇发展空间充足；另一方面是近年来陕北由于石油资源的开发，经济发展速度明显加快，建制镇的面积迅速扩大。

结合陕西省的实际情况，可以通过筛选地形、资源和经济三个代表性因素来划分陕西各个区域的空间布局因素。

表 4 - 2　陕西省城镇用地空间布局影响因素

成分类别/区域	陕北	关中	陕南
第一驱动因素	地形	经济	地形
第二驱动因素	资源	地形	经济
第三驱动因素	经济	资源	资源

（二）陕西省城镇用地时间演变分析

在进行城镇化用地时间演变分析时，需要借助用地变化模型。用地变化模型是将利用变化模型应用在城镇用地方面，定性度量城镇用地等土地利用情况，对土地变化进行描述解释、分析和预测。根据本书研究特点与局限（城镇用地无法分级测度变化），选择城镇用地数量变化模型对用地的变化量进行研究。

城镇用地数量变化模型包括单指标类型动态变化和综合城镇用地动态变化。

前者的表达式为：

$$K = \frac{U_b - U_a}{U_a} \times \frac{1}{T} \times 100\% \qquad (4-1)$$

式中 K 为研究区间内某一城镇用地类型的动态变化率，U_a 为研究期初某用地类型的数量面积，U_b 为研究期末某用地类型的数量面积；T 为研究时间长度，一般以年为单位测度城镇用地的年变化率。

由于式中采用的是城镇用地变化的数量值，无法表现出不同类型之间的动态变化情况，因此损失了土地利用类型变化过程信息。因此，有学者总结了综合城镇用地动态变化表达式：

$$K_i = \left[(\Sigma U_{ij} + \Sigma U_{ji}) / (U \times T_i) \right] \times 100\% \qquad (4-2)$$

随着社会的发展和城镇化进程的加速，陕西省的城镇用地范围也在不断扩大，根据陕西省土地利用现状数据集和二调数据等相关资料，汇集陕西省城镇用地变化见表 4-3（a）（b）所示。

表 4-3（a）　　陕西省城镇用地面积变化

单位：公顷，%

年份	城市用地	建制镇用地	城镇用地	城镇用地增长率
2000	31588.57	34822.74	66411.31	—
2001	32273.1	35344.43	67617.53	0.0182
2002	33131.71	35961.21	69092.91	0.0218
2003	34032.59	36386.83	70419.43	0.0192
2004	35973.95	37116.27	73090.23	0.0379
2005	37215.37	37220.69	74436.07	0.0184
2006	46200.07	37116.15	83316.22	0.1193
2007	49477.69	38454.07	87931.76	0.0554
2008	51036.45	38252.82	89289.27	0.0154
2009	79561.93	97958.69	177520.6	0.9882
2010	83039.2	100583.7	183622.9	0.0344

表 4-3（b）　　陕西省城市与建制镇面积增长

单位：公顷，%

年份	城市	比上年增长	建制镇	比上年增长
2000	31588.57	—	34822.74	—
2001	32273.1	2.20	35344.43	1.50
2002	33131.71	2.70	35961.21	1.70
2003	34032.59	2.70	36386.83	1.20

年份	城市	比上年增长	建制镇	比上年增长
2004	35973.95	5.70	37116.27	2.00
2005	37215.37	3.50	37220.69	0.30
2006	46200.07	24.10	37116.15	-0.30
2007	49477.69	7.10	38454.07	3.60
2008	51036.45	3.20	38252.82	-0.50
2009	79561.93	44.82	97958.69	55.18
2010	83039.2	10.10	100583.73	18.30

陕西省的建制镇用地的总量较大，在小县城和镇，人均用地面积很多，土地的集约利用水平较低，所以，建制镇土地利用规模应该加以控制，今后应该降低建制镇的土地供给的速度，而应把重点放在现有存量用地的挖潜和集约利用上。陕西省城镇用地呈不断上升趋势，其中，城市用地增长率稳定上升，建制镇用地总体呈上升趋势，只有 2006 年和 2008 年是负增长，但 2009 年和 2010 年增长幅度特别大，分别为 55.18% 和 18.3%。

如表 4-3，进入 21 世纪以来，陕西省城镇用地在 2000~2005 年较为平缓，城镇用地年均增长率不足 3%；2006 年城镇用地面积年增长率达到了 11.93%，主要是由于城市用地的迅速增长；在 2009 年时城镇用地年增长率达到 98.82%，增幅较大；2010 年又在 2009 年基础上增加了 3.44%。对陕西省城镇用地变化和城市用地增长变化分析如下（见图 4-1）。

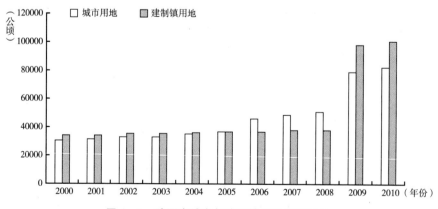

图 4-1　陕西省城市与建制镇用地增长变化

由图 4 - 1 可看出，陕西省的城市、建制镇用地面积一直平稳增加，在 2005 年，城市用地面积超过了建制镇面积，2009 年和 2010 年，城市和建制镇用地面积均有大幅增加，2009 年、2010 年城镇用地面积激增的原因是多方面的，一方面是 2008 年末金融危机所导致的政策变化，促使全省经济在 2009 年迎来一轮大繁荣，从而带来省级财政收入的大幅增加，为城镇用地面积的扩大奠定了雄厚的基础；另一方面也是最主要的原因是，第二次土地调查调整了统计口径，重新细致测量了本省各类土地面积，使此前多年来隐藏的城镇用地面积得以规范计算。从图 4 - 1 中可以看出，城市用地面积一直在稳步增长，到 2009 年和 2010 年，用地面积增长较大。

（三）陕西省城镇用地区域类型结构分析

（1）按城市规模分析

按照城市规划部门对陕西省城市的划分，陕西省有一个特大城市（西安市）、两个大城市（咸阳市、宝鸡市）、五个中等城市（铜川市、渭南市、汉中市、安康市、榆林市）、三个小城市（延安市、商洛市、杨凌示范区）。按照城市规模来分析，陕西省城镇土地各汇总单元各类用地面积占城镇面积的比例统计见表 4 - 4 所示。

表 4 - 4　陕西省城镇用地类型分布（规模）

单位：%

地类＼对象	特大城市	大城市		中等城市					小城市		
	西安	咸阳	宝鸡	铜川	渭南	汉中	安康	榆林	延安	商洛	杨凌
耕地	12.5	18.3				18.7				8.7	
园地	3.0	7.3				2.2				1.5	
林地	0.4	0.4				3.1				1.7	
草地	0	0.2				0.4				1.1	
商服用地	4.5	3.9				4.6				7.3	
工矿仓储用地	17.5	12.9				9.9				10.0	
住宅用地	25.6	23.3				22.9				22.5	
公共管理与公共服务用地	14.4	10.2				10.7				14.9	

续表

地 类 \ 对 象	特大城市	大城市		中等城市					小城市		
	西安	咸阳	宝鸡	铜川	渭南	汉中	安康	榆林	延安	商洛	杨凌
特殊用地	1.4	1.3		0.9					0.9		
交通运输用地	14.9	12.9		11.9					14.1		
水域及水利施用地	4.9	5.2		5.4					8.2		
其他土地	1.7	4.4		9.3					7.4		

从表 4 - 4 数据分析得出以下结论。

①住宅用地：不论城市规模大小，住宅用地都占据着相应城市的最大比重，分别为：西安（25.6%），咸阳、宝鸡（23.3%），铜川、渭南、汉中、安康、榆林（22.9%），延安、商洛、杨凌（22.5%），大城市的住房水平显然要比大、中、小城市的高，几乎跟城市规模的大小成正比，按我国城市用地分类与规划建设用地标准（GBJ - 137 - 90）为 20% ~ 32%，用地结构基本上符合要求，这说明陕西省城镇化住房水平与以往比有了明显提升。

②交通运输用地：根据各城市占地比例，大城市 > 小城市 > 大城市 > 中等城市，分别为 14.9%、14.1%、12.9%、11.9%，与城市用地分类与规划建设用地标准（GBJ - 137 - 90）中道路广场用地为 8% ~ 15% 的标准相比，陕西省交通运输用地结构属合理范围。

③工矿仓储地：该用地的占比直观地反映了城市的工业化程度，数据显示，陕西省的特大城市工矿仓储占地比重较大，为 17.5%，是比较重要的工业化城市，与城市用地分类与规划建设用地标准（GBJ - 137 - 90）的 15% ~ 25% 相比，大城市、中、小城市的比例偏低，说明工矿仓储用地的结构不太合理，有待各部门进一步调整。

④公共管理与公共服务用地：占地比例分别为 14.4%、10.2%、10.7%、14.9%。从数据上分析，各种规模城市的占地比例分布在 10% ~ 15%，与城市用地分类和规划建设用地标准（GBJ - 137 - 90）的 8% ~ 15% 相比，该项用地结构也比较合理。

（2）按城市类型分析

依据城市在整个地区的社会经济生活中占主导地位的主体用地、产业结构特征，陕西省的城市大体分为四大类型：综合性城市（西安市）、工业城市（咸阳市、宝鸡市、铜川市）、农业城市（杨凌示范区、渭南市、安康市、商洛市）、特别职能城市（延安市、汉中市）。按照城市类型来分，陕西省城镇土地各汇总单元各类用地面积占城市建成区面积的比例统计见表4-5所示。

表4-5　陕西省城镇用地类型分布（职能）

单位：%

地类 \ 对象	综合城市	工业城市		农业城市				特别职能城市		
	西安	咸阳	宝鸡	铜川	渭南	商洛	安康	榆林	杨凌	汉中	延安
耕地	12.5	17.8				18.8				10.5	
园地	3.0	7.6				1.4				1.3	
林地	0.4	0.4				3.7				1.5	
草地	0	0.2				0.4				1.0	
商服用地	4.5	3.8				4.3				8.0	
工矿仓储用地	17.5	13.2				9.5				9.5	
住宅用地	25.6	22.2				21.4				28.8	
公共管理与公共服务用地	14.4	10.1				12.1				11.7	
特殊用地	1.4	1.2				0.9				0.9	
交通运输用地	14.1	12.3				12.1				14.8	
水域及水利施	4.9	4.8				5.9				7.5	
其他土地	1.7	6.4				9.5				4.4	

从表4-5数据分析得出以下结论。

①根据城市职能的不同，受历史文化、地理环境的影响，西安、汉中和延安作为陕西省的旅游城市，极大地带动了城市经济的发展，无论是交通、住宅还是公共管理与公共服务用地等都占据着比较大的比重，符合国家的标准，也符合特色城市的发展特点，结构比较合理，而工、农业化城市占地比重则相对少一些，部分城市低于国家标准，有待进行结构调整。

②工业和农业化城市的耕地比重大于综合性城市和特别职能城市的比重，分别为17.8%、18.8%，说明这两大城市的城乡结合部太多，耕地的

农村化管理模式和城市建设规划的矛盾势必影响城市的发展，这种结构必须
进行合理化调整。

（3）按区域分布分析

按地理区域分布来划分，陕西省分成三大片，分别为陕南（汉中市、
安康市、商洛市）、关中（西安市、咸阳市、宝鸡市、渭南市、铜川市、杨
凌示范区）、陕北（榆林市、延安市）。按照地理分区，陕西省城镇土地各
汇总单元各类用地面积占城市建成区总面积的比例统计见表4-6所示。

表4-6 陕西省城镇用地类型分布（区域）

单位：%

地类 \ 对象	陕南			关中						陕北	
	汉中	安康	商洛	铜川	渭南	西安	咸阳	宝鸡	杨凌	榆林	延安
耕地		21.4				15.7				8.7	
园地		0.6				4.3				1.3	
林地		3.5				0.4				4.6	
草地		0.1				0.1				1.2	
商服用地		4.2				4.4				6.3	
工矿仓储地		6.2				15.8				8.3	
住宅用地		25.2				24.0				23.6	
公共管理与公共服务地		10.5				13.1				11.1	
特殊用地		0.6				1.4				0.6	
交通运输地		12.8				13.3				12.9	
水域及水利设施		8.4				4.3				8.2	
其他土地		6.4				3.2				13.2	

从4-6数据分析得出以下结论。

①陕南、陕北、关中住宅用地占的比重都比较大，符合国家20%～
32%的标准，结构合理。

②关中因其便利的交通、有益的地理位置等，工业比较发达，工矿仓储
用地的比重远大于陕南和陕北，符合地理分布特点，陕南和陕北比重则相对
小一些，结构欠合理，有待进一步调整。

③耕地所占的比重呈现陕南＞关中＞陕北的区域分布特征，这一结构跟

地理位置上的分布有极大的关系，陕北地形地貌以黄土丘陵沟壑为主，耕地比较少，符合该区域的特点。

④交通运输用地陕南12.8% < 陕北12.9% < 关中13.3%，整体分布比较稳定，也在国家标准的8%～15%之间，该项用地比较合理。

二 陕西省城镇用地增长驱动力分析

（一）城镇用地增长驱动力模型构建

本书结合实际，通过构建驱动力模型对陕西省城镇用地增长的驱动力进行分析。在遵循综合性、代表性、科学性、可操作性的原则下，构建了一个科学规范并且具有可操作性的驱动力指标体系，从而构建了陕西省城镇用地增长驱动力模型。具体如下。

城镇用地扩张的外在表现是国家通过征地拆迁等方式，强制改变土地所有权，即将集体土地所有权转变为国有土地所有权，并将土地权利让渡给城镇用地二级类型的各类需求者的过程。城镇用地的扩张是促进区域建设的规模扩大和速度提高的动力及表现，当自然条件因素和社会经济因素发展到一定程度或者累积一段时间后，量变产生质变，驱动包括城镇用地在内的土地利用发生结构性变化，耕地、林地等其他用地转化为城镇用地，土地属性发生变化。在非自然条件因素中，一个重要的指标是政策制度驱动因素，但政策因素目前在国际国内均难以进行量化处理。综合考虑相关指标的定量处理能力，本书对城镇用地驱动力中的自然条件因素和政策制度因素进行定性分析，对社会经济因素（除政策制度因素）进行定量分析，从而多因素、多角度、全面地对城镇用地扩张机制进行定性与定量结合研究，以期对节约集约利用、合理开发布局城镇用地、系统分析城镇用地现状问题、提出对策建议、预测城镇用地扩张速度和程度有重要的借鉴意义。

按照国际惯例和逻辑分类，毫无疑问，第一层驱动力分类应该包括自然条件驱动力和社会经济驱动力两部分。

①自然条件驱动力。对自然条件驱动力进行二级分类，可将自然条件驱动力细分为环境变化驱动、自然灾害驱动和基础自然条件驱动三大类，构成第二层驱动力分类。其中，环境变化是指自然条件发生大规模改变，因为本

书研究时间范围在 2000～2010 年、空间范围在条件稳定的陕西地区，从地理学角度而言，确定环境未发生重大变化；自然灾害是指发生重大或者持续的自然灾害对人类生活造成影响，与环境变化分析相同，直观来看，以及根据数据，均发现其未对城镇用地产生明显作用，因此不做讨论。

土地是地貌、气候、水文和矿产等各类自然因素的集合，它们相互影响且直接作用于土地，深刻地制约着和驱动着土地利用的方式和结构，反映着地区差异。在短期的研究范围内，自然基础条件从影响能力上而言远不如社会经济驱动力明显。但是基础自然条件是城镇用地区位选择、类别分布和进一步扩张的基础，且直接影响扩张的方向和潜力等要素。

综上所述，可列举第三层驱动力因子包括地形地貌、气候因素、水文条件和矿产资源等。

②社会经济驱动力。社会经济驱动力是国际国内相关研究的热点和重点，作为研究基础，对社会经济驱动力的分析国外与国内差别较大，国内也未能达成共识。笔者试图对社会经济驱动因素做出尽可能的全面分析。首先在第二层社会经济驱动力上将其分为政策条件、人口因素和经济因素三类。

一是政策驱动力政策对于土地利用有直接和间接的影响，并且都十分巨大。人多地少，优质土地资源稀缺（耕地、平原）是我国的基本国情，城乡二元结构也构成了城镇的聚集效应。在城镇和农村资源存在差异，国有土地和集体用地进入市场的条件不同的环境下，政策因素对城镇用地的影响更为显著。

政策对于土地的驱动力有两类：一类是间接驱动力；一类是直接驱动力。间接驱动力是指政策作用于其他因素，间接驱动城镇用地发展，如经济政策、人口政策，虽然没有直接作用于土地，但是可以间接反映得出；直接政策是指在与土地扩张、利用和监督等过程中直接相关的对土地利用的前期、中期和后期进行综合管理调控的政策，该类政策对土地资源进行监控调配，合理控制发展规模，积极调整用地结构，促进城镇用地合理发展，服务于人们的经济社会生活。

二是人口因素驱动力人口因素是一个特殊的驱动力因素，人的生物性、社会性和群居的特性均成为促进城镇用地发展的基础动力，城镇带来的集聚效应和规模效应也促进城镇用地发展。从长期来看，人口因素是最具活力的土地利用变化因素，也是重要的城镇用地变化因素。

从人类生存的角度而言，人类需要占据一定面积的土地以满足生存需要，人口的增长必然导致居住用地的扩张，导致对耕地产出的需求量变大和基于土地的其他产业产值增大，这是土地变化的最根本驱动力。提高各类产出维持人口增加带来的需求增长有两类途径：一是土地资源扩张，在土地供应量充足及土地用途由市场驱动时，开发未利用土地资源和占用低级产能用地（单位土地面积的产出比农业＜工业＜服务业），这是人口驱动土地利用的表现；二是当土地供应不足和受政策限制时，采用调整结构促优化、提高节约集约利用土地的内部挖潜的方式来保障用地需要。城镇内部的非农业人口增长来源于城镇人口的自然增长和农村人口的转移两部分，特别是农民进城带来的城镇人口增长，对城市的基础设施和公共服务以及容纳这部分人的能力提出了严峻的挑战，成为国内城镇化研究的重大课题。

城镇化率是城镇人口与总人口的比值，是反映城镇发展的重要指标之一。可以简单理解为更多的人口会驱动占用更多的城镇用地，因此对城镇化率需有一个基本判断，按照城镇化阶段三段法分类：城镇化率30%以下变化缓慢，对土地需求发展的动力较小；30%～70%是快速城镇化阶段，对城镇用地需求量快速上升；70%以上进入缓慢期和逆城镇化期，对用地几无要求。判断目前所处的城镇化阶段，对于研究城镇用地变化有重要意义。

城镇化不仅是一个人口比例概念，更反映了城镇发展和扩张的综合改变。城镇化的过程往往伴随着多种问题，在用地方面，发达国家的经验特别是人多地少区域（如日本、韩国）的经验，证明了城镇化发展和城镇用地的扩张对耕地的直接损害。我国的城镇化发展历程也走了不少弯路，出现了无序发展、过度发展和质量不高的现象，城镇用地扩张反而损害了城市的整体发展，影响了人民的生活质量。城镇化是扩大内需最为直接的途径。我国包括陕西省在内的巨大的城乡收入与消费差别和庞大的农民群体存在的现实，使城镇化成为切实扩大内需、推动经济增长的最主要途径。可见，后金融危机时代，我国经济增长方式转型与社会和谐发展，要求我们必须加快推进城镇化，城镇化进程的加快又必然会带来城镇用地的增多。随着人口总量和城镇人口的不断增多，城镇化水平不断提高、内涵不断丰富，人民对生活质量的要求不断提升，对城镇用地的结构优化和区域扩张的需求也越来越高，促进了城镇用地的发展。

三是经济驱动力因素经济发展是土地优化调整和用地范围扩大的最明显的驱动力。城镇用地水平是受多种因素综合驱动的，当经济驱动力不足以改变用地规模时，城镇用地与人类以及各类产能活动则达成相对平衡的状态。在自然状态下，社会进步、技术发展和人民生活水平的提高不断驱动着用地扩张，多个因素的共同点在于它们的经济发展属性。经济发展是城市与个人的追求目标，是建立在足够的用地基础上的。在不考虑其他因素特别是政策因素时，可以将经济发展对城镇用地的驱动分为两类：一是经济发展水平高位运行时，城镇用地内部挖潜优化无法满足巨大的用地需要，因此促进城镇用地向外围扩张，达到满足发展需要的平衡状态；二是当经济发展在低位运行时，用地外扩成本较高，内部挖潜即可满足需求。我国的经济一直处于快速增长阶段，对城镇用地的"水平空间"外部扩张需求大于"垂直空间"的内部挖潜需求。

国内外大量的文献从定性和定量的角度分析了 GDP 对城镇用地的驱动作用。经济驱动因素的细化指标对城镇用地的二级指标类型驱动更为显著，单纯分析经济因素时，可知第二产业增加值与工业仓储用地相关程度高，商业金融用地必然与第三产业发展密切相关。

以城镇用地驱动力指标定性分析为依据，构建城镇用地驱动力指标模型见图 4 - 2 所示。

（二）陕西省城镇用地增长驱动力定性分析

根据陕西省城镇用地特点和本书研究的时空范围（2000～2010 年），陕西省自然条件因素并未发生重大改变，逻辑上并未产生显著驱动力。因此，对陕西省城镇用地驱动力的研究也主要集中于社会经济因素部分，如人口因素、城镇化因素、经济因素、产业结构调整因素等。国内外文献对城镇用地的驱动力因素做了大量的分析研究，本书取其交集共性部分，并根据陕西省

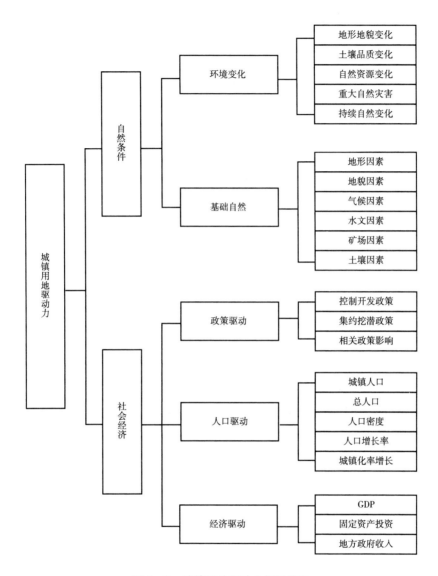

图 4 - 2 城镇用地驱动力指标体系

城镇空间布局的特点和时间变化特征，对陕西省城镇用地的驱动因子进行总结分析。为了尽可能全面地分析驱动力影响因素，应按照逻辑顺序及范围层次罗列驱动因子，避免遗漏元素，为全面系统地构建驱动力模型、更科学地分析陕西省城镇用地驱动力的作用方式打下基础。按照前面所构建的模型，首先定性分析陕西省城镇用地驱动力情况。

（1）自然条件驱动因子

地形地貌上，陕西从北向南三类地形变化明显（陕北高原、关中平原、陕南山地），内部地形也在制约着城镇用地的发展潜力，如陕南地区平地不足，城镇用地扩张成本较大；关中地势平坦，发展成本较小。

气候因素上，由于地形基础影响（黄土高原、秦岭山脉）等，按照气象学分类，陕西省气候也分别呈现陕北北温带、关中温带和陕南亚热带的区别，这也对土地利用的基础配置和发展变化有影响。

水文条件上，陕西省地处黄河中游和长江上游，省内不同区域降水量差距较大（由北向南逐渐增多），陕北水资源较少，关中平原有渭河等保障，陕南山区水文丰富，对城镇用地变化有一定驱动作用。

矿产资源上，正如前文分析，陕西有著名的资源型城市，如铜川市、潼关县等，最明显的例子是榆林市。具体到小城镇驱动现象更为明显，矿产资源对城镇用地发展具有重要作用。

陕北高原又被称作"黄土高原"，海拔800～1300米，陕北北部榆林地区为黄河河套地区风沙带，建有著名的"三北"防护林西北一段，南部延安市丘陵较多，陕北有许多独特的地理地貌——"峁梁沟川塬"。陕北畜牧业发达、资源矿产丰富。北部形成了以榆林为核心的城镇体系，南部形成了以延安为中心的城镇体系，城镇用地受到地形的约束，扩张受到限制。关中平原被称作"八百里秦川"，西自宝鸡，东抵潼关，海拔300～600米，渭河流经全区域，交通便利、气候适宜、水源充足、各类资源物产丰富，科教军工实力全国闻名，城镇发展程度较高，目前的"关中－天水经济带"政策对于关中的发展起到了积极的推动作用。陕南被称为"秦巴山区"，秦指秦岭，巴指巴山，自然资源丰富，城镇用地受到地形的约束，扩张受到限制。

（2）政策驱动因子

新一轮西部大开发战略将为西部地区城镇化发展提供更好的政策环境。对西部属于国家鼓励类行业的企业，按15%税率减征企业所得税；对煤炭、原油、天然气等的资源税由从量征收改为从价征收；教育、医疗、社保、扶贫开发等方面的专项资金重点向西部地区倾斜；推行生态补偿政策，有利于加速陕北黄土高原地区和陕南秦巴山区的农村劳动力转移。

《陕甘宁革命老区振兴规划》，由国家发改委西部开发司、国务院发展研究中心组织编制，该规划的规划期为 2011～2020 年。规划以原西北革命根据地为核心，综合考虑区域经济社会联系和协调发展要求，战略定位是将陕甘宁革命老区打造成国家能源化工基地、红色文化产业基地、现代旱作农业发展示范区、黄土高原生态文明试验区、统筹城乡综合配套改革试点区。规划涵盖的陕西城市有延安、榆林、铜川三市。另外还有《关中－天水经济区规划》《陕南搬迁规划》等政策。政策条件驱动力影响因子包括总体发展政策、土地规划政策、土地监管政策等。

（3）人口驱动因子

衡量人口的指标除了总人口数与城镇人口数以外，还有一个重要的指标，即城镇化率，城镇化率＝城镇人口/总人口，且城镇化率一般是衡量城镇发展的一个重要层面。

如图 4－3 所示，全省城镇化水平不断提高，特别是 2005 年以后有大幅提高。2010 年全省城镇人口达 1796.05 万人，城镇化率达 45.7%，分别较 2005 年增加了 459 万人和 9.6 个百分点。

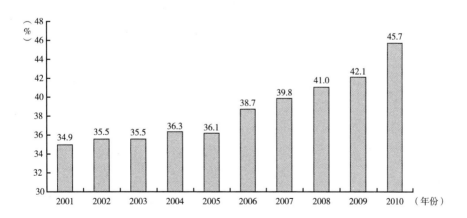

图 4－3　陕西省近 10 年城镇化率变化

城镇用地年均增长率反映了地区城镇用地扩张的速度和地区间的城镇用地发展差异。另外，人均城镇用地面积则反映了地区土地集约利用程度。通过对关中各市城镇用地年均增长率及人均用地排名分析，可知关中地区各市城镇用地发展水平和集约利用水平。关中各市城镇用地（2000～2010年）年均增长率及人均用地（2010年）数据见表4-7所示。

表4-7　关中各市城镇用地年均增长率及人均用地水平

单位：平方米，%

行政单位	年均增长率	排名	行政单位	人均用地	排名
宝鸡	14.44	1	杨凌	320.5	1
杨凌	12.83	2	咸阳	145.98	2
渭南	11.65	3	铜川	118.17	3
铜川	11.26	4	渭南	106.53	4
西安	9.94	5	宝鸡	103.86	5
咸阳	8.74	6	西安	98.1	6
平均值	11.48		平均值	148.86	

由表4-7可见，关中各市城镇用地年均增长率平均值为11.48%，高于平均值的市有三个，其中宝鸡市最高，达14.44%。而整个关中西安、咸阳和铜川城镇用地的年均增长率是低于平均值的，尤以西安和咸阳为低西安只有9.94%，咸阳更是低至8.74%。这与西安、咸阳当地的资源环境密切相关。西咸两市文物遗址保护区广阔，旅游资源丰富，相应的风景旅游用地必须得到保障，同时，西咸两市已从城镇用地外延式扩张的模式逐渐向城镇土地集约节约利用转变，因此城镇用地规模增长速度较慢亦是正常现象。与此同时，关中地区的人均城镇用地平均为148.86平方米，高于全国的133平方米。根据国土资源部的数据，发达国家人均城镇用地只有82.4平方米，而发展中国家也只有83.3平方米。关中地区人均用地最小的是西安，为98.1平方米，土地集约利用水平与发达国家水平相距甚远；而人均用地最大的杨凌更是远远高于全国水平。由此说明关中地区整体而言人均占有的城镇用地面积过大，城镇用地集约利用程度太低，土地利用效率较低。

新时期农民进城发展的强烈需求构成了城镇用地快速扩张的内在动力。

随着全省城镇人口老龄化现象的凸显，未来推进城镇化的中坚力量逐渐转为新进城人口。新时期农民工已不甘于打工现状，他们要求进城落户。随着打工经验的积累与视野的拓展，许多农民工及其子女已不甘于两栖打工，他们渴望定居城市。2010年全省有52万农村居民实现了进城落户。可见，"十二五"期间，广大农民工进城落户或返乡进城发展这一历史潮流将为陕西省下一步城镇化的加快发展从根本上提供内在动力。而这些现象带来的用地紧张也成为城镇用地变化的重要驱动力。

（4）经济驱动因子

弹性系数是一定时期内相互联系的两个经济指标增长速度的比率，它是衡量一个经济变量的增长幅度对另一个经济变量增长幅度的依存关系。对2000～2010年陕西省城镇用地与各经济指标弹性系数进行计算，弹性系数等于1时，说明城镇用地的增长速度与经济指标的增长速度保持同步；弹性系数大于1时，说明城镇用地的增长速度快于经济指标的增长速度；弹性系数小于1时，说明尽管城镇用地的绝对量增大，但是建城镇用地的增长速度慢于经济指标的增长速度。

陕西省已进入社会经济高速发展和城镇化快速推进的关键时期。"十二五"时期将是陕西省人均GDP快速增长、工业化由中期阶段向更高级阶段跨越的关键时期。2010年全省人均GDP突破4000美元，工业增加值占GDP的比重接近45%，城镇化率达到45.7%。根据国际经验及相关理论，陕西省已进入经济高速增长和工业化快速推进阶段。这一方面将为"十二五"期间城镇化的快速发展提供良好的经济环境，另一方面也要求城镇化实现快速发展，为经济的高速增长提供更大的发展空间与设施保障。

由此可见，经济因素对于城镇用地变化的驱动作用显著加强。同时，城镇用地的优化和规模的扩大，也将为陕西省经济发展提供空间支持和设施保障。

（三）陕西省城镇用地驱动力定量分析

（1）陕西省城镇用地驱动力指标体系

基于前文构建的体系指标，本节根据2000～2010年《陕西省国民经济与社会发展统计年鉴》中的数据，综合制定因子指标，构建了陕西省城镇用地驱动力定量指标模型，以定量和全面地分析解释陕西省城镇用地的驱动因素。

在城镇用地驱动力指标的确认和分析中，如果为追求全面而选取过多的自变量因子指标的话，则会产生一些重复性指标，相互之间相关干扰，影响评价效果（如同时选取第二产业产值和工业值）；选取过少则会遗漏重要驱动因素，而且因子数据来源的准确性与可靠性也必须有保障。本书将陕西省城镇用地驱动力因素按照递阶结构原理进行整理，构建指标体系模型。以城镇用地驱动力为目标层，用人口和经济因素作为对目标的解释层，然后进一步分解成各个类型分类，最后细化为具体指标层，见表 4 - 8 所示。

表 4 - 8   陕西省城镇用地驱动力模型

目标层	解释层	分类层	指标层
城镇用地驱动力	人口	人口存量	总人口数
			城镇人口数
		人口增量	人口密度
			总人口增长率
			城镇人口增长率
	经济因素	经济规模	城镇化率
			GDP
			工业产值
			固定资产投资
		经济水平	地方一般预算收入
			人均 GDP
			人均固定资产投资额
		经济增长	GDP 增长值
			二、三产业增长率

第一层为目标层：该层对应于城镇用地驱动力的研究目标，即后面三个层级的指标体系都是为了完成对该目标层的分解。

第二层为解释层：该层对应于城镇用地驱动力指标的总体归类，按照城镇用地驱动力分类，并按照可定量分类的指标进行汇总，确定本层城镇用地共 2 个指标：人口因素与经济因素。

第三层为分类层：该层对应于城镇用地驱动力的具体驱动因子划分，是对上一层指标的具体解释，也是对具体因子的逻辑归类。本层共有 5 个指标：人口存量因子、人口增量因子、经济规模因子、经济水平因子和经济增长因子。

第四层为指标层：该层对应于城镇用地驱动力的具体驱动力因子，是分析驱动力因素的自变量，是整个模型定量研究的基础。本层共有 14 个具体指标，其中人口类别 6 个指标，经济类别 8 个指标。

（2）陕西省城镇用地驱动力模型

城镇用地的基本驱动力公式如式（4－3）所示：

$$Y = a_i X_i + b \qquad (4-3)$$

式中，因变量 Y 代表陕西省城镇用地驱动力，自变量 X_i 代表不同的驱动力指标因子，a_i 代表不同自变量的系数，b 代表模型系数。

根据表 5－2 得到的驱动力指标层的 14 个指标设为自变量：总人口数（X_1），城镇人口数（X_2），人口密度（X_3），总人口增长率（X_4），城镇人口增长率（X_5），城镇化率（X_6），GDP（X_7），二、三产业产值（X_8），固定资产投资（X_9），地方一般预算收入（X_{10}），人均 GDP（X_{11}），人均固定资产投资额（X_{12}），GDP 增长值（X_{13}），二、三产业增长率（X_{14}）。

因此，陕西省城镇用地驱动力模型为式（4－4）所示：

$$Y = a_1 X_1 + a_2 X_2 + a_3 X_3 + a_4 X_4 + a_5 X_5 + a_6 X_6 + a_7 X_7 + a_8 X_8 + a_9 X_9 +$$
$$a_{10} X_{10} + a_{11} X_{11} + a_{12} X_{12} + a_{13} X_{13} + a_{14} X_{14} + b \qquad (4-4)$$

（3）陕西省城镇用地驱动力模型分析

公式（4－4）中指标调用 SPSS 中的相关分析指令，相关分析和偏相关分析表明，自变量 Xi（$i = 1$，2，…，14）与因变量 Y 具有显著的相关性，均通过显著性水平 $p = 0.05$ 检验。结合前文定性分析，可认为这些因素可以代表陕西省城镇用地变化的社会经济因素。

对上述指标数据调用因子分析指令，选择：分析 - 数据缩减 - 因子分析，其中提取公因子使用主成分分析法（Principal Components），分析采用研究通用规则，选取特征值大于 1 的成分。因子旋转方法采用 SPSS 默认的正交旋转方差最大法（VARIMAX）。得到相关系数矩阵、碎石图、旋转前的因子负载及公因子方差、VARIMAX 方法旋转后的矩阵。

由表 4 - 9 可见，表中绝大部分相关系数都大于 0.3，因此该数据可以运用因子分析方法。图 4 - 4 的碎石图显示了各成分的特征值，可见在第三成分后该曲线已接近直线，取特征值大于 1 的成分为主成分，可获得 2 个主成分。表 4 - 9 数据可见，提取的 2 个主成分可以较为满意地解释 14 个变量。表 4 - 13 可见，提取的第一个主成分与 X_1，X_3，X_4，X_5，X_6，X_7，X_8，X_9，X_{10}，X_{11}，X_{12}，X_{13}，X_{14} 有较大正相关性，第二主成分与 X2 有较大正相关性。除了城镇人口，其余 13 个变量第一主成分的载荷都比较高，因此可将陕西省城镇用地变化的社会经因素归结为经济的发展和社会进步，表明经济发展和社会进步是驱动陕西省城镇用地变化的主要因素。

表 4 - 9　相关系数矩阵

变量	X_1	X_2	X_3	X_4	X_5	X_6	X_7	X_8	X_9	X_{10}	X_{11}	X_{12}	X_{13}	X_{14}
X_1	1													
X_2	0.09	1												
X_3	0.966	0.154	1											
X_4	0.99	0.175	0.997	1										
X_5	0.993	0.171	0.999	0.998	1									
X_6	0.727	- 0.091	0.723	0.731	0.731	1								
X_7	0.989	0.167	0.996	0.998	0.995	0.714	1							
X_8	0.991	0.148	0.996	0.997	0.994	0.713	1	1						
X_9	0.996	0.154	1	0.997	0.999	0.723	0.996	0.996	1					
X_{10}	0.967	0.121	0.975	0.986	0.978	0.705	0.983	0.982	0.975	1				
X_{11}	0.902	0.135	0.91	0.933	0.916	0.623	0.932	0.931	0.91	0.976	1			
X_{12}	0.998	0.123	0.99	0.992	0.99	0.669	0.991	0.992	0.99	0.99	0.951	1		
X_{13}	0.996	0.064	0.989	0.98	0.986	0.76	0.976	0.979	0.989	0.95	0.873	0.973	1	
X_{14}	0.989	0.152	0.988	0.982	0.988	0.778	0.975	0.975	0.988	0.948	0.874	0.967	0.994	1

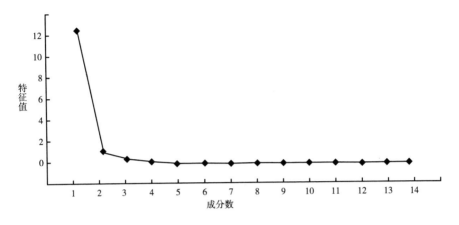

图 4 - 4　各成分特征值碎石图

表 4 - 10　因子负载矩阵

变量	因子负载	
	1	2
X_4	0.999	0.04
X_5	0.998	0.035
X_3	0.997	0.022
X_9	0.997	0.022
X_7	0.996	0.038
X_8	0.996	0.021
X_1	0.993	- 0.041
X_{12}	0.991	0.011
X_{14}	0.987	- 0.001
X_{13}	0.986	- 0.077
X_{10}	0.985	0
X_{11}	0.931	0.037
X_6	0.751	- 0.319
X_2	0.139	0.97

表 4 - 11 共同度

变量	共同度
X_1	0.989
X_2	0.96
X_3	0.994
X_4	0.999
X_5	0.996
X_6	0.666
X_7	0.994
X_8	0.992
X_9	0.994
X_{10}	0.97
X_{11}	0.869
X_{12}	0.983
X_{13}	0.978
X_{14}	0.974

表 4 - 12 VARIMAX 方法旋转后的主成分矩阵

变量	主成分	
	1	2
X_4	.994	.101
X_1	.994	.020
X_3	.994	.083
X_9	.994	.083
X_5	.994	.096
X_8	.993	.082
X_7	.992	.099
X_{13}	.989	- .016
X_{12}	.989	.072
X_{14}	.985	.060
X_{10}	.983	.061
X_{11}	.927	.094
X_6	.769	- .272
X_2	.079	.977

由表 4 - 13 得到主成分系数表，见表 4 - 13 所示。

表 4 - 13　主成分系数表

变量	主成分 1（Y1）	主成分 2（Y2）
X_1	0.523985	0.018265
X_2	0.041645	0.892237
X_3	0.523985	0.075799
X_4	0.523985	0.092237
X_5	0.523985	0.087671
X_6	0.405377	− 0.2484
X_7	0.522931	0.090411
X_8	0.523458	0.074886
X_9	0.523985	0.075799
X_{10}	0.518187	0.055708
X_{11}	0.488666	0.085845
X_{12}	0.521349	0.065753
X_{13}	0.521349	− 0.01461
X_{14}	0.519241	0.054795

由表 4 - 13 得到主成分的线性组合如下：

$$Y_1 = 0.524X1 + 0.042X2 + 0.524X3 + 0.524X4 + 0.524X5 + 0.405X6 + 0.523X7 + 0.523X8 + 0.524X9 + 0.518X10 + 0.489X11 + 0.521X12 + 0.521X13 + 0.519X14 \quad (4-5)$$

$$Y_2 = 0.018X1 + 0.892X2 + 0.075X3 + 0.092X4 + 0.088X5 - 0.248X6 + 0.090X7 + 0.074X8 + 0.075X9 + 0.055X10 + 0.086X11 + 0.066X12 - 0.014X13 + 0.055X14 \quad (4-6)$$

可以看出，综合因子 Y_1 中除了 X_2，其他因子系数都在 0.5 左右，因此 Y_1 主要是除城镇人口数外其他 13 个因子的综合反映，可以认为 Y_1 代表的是社会经济发展与进步对城镇用地面积的综合影响。也可以看到，Y_2 中只有 X_2 城镇人口数系数较大，因此认为 Y_2 只是城镇人口数因子的反映，代表城镇人口增加对城镇用地面积的影响。

通过对两个公因子的得分进行加权求和，以两个主成分所对应的特征值占所提取主成分总的特征值之和的比例作为权重计算主成分综合模型，即用第一主成分 Y_1 中每个指标所对应的系数乘以第一主成分 Y_1 所对应的方差贡献率再除以所提取三个主成分的三个方差贡献率之和，以相同的计算方法计算第二主成分的公因子得分，最后求和即可得到两个主成分分析综合得分模型：

$$Y = 0.847Y_1 + 0.152Y_2 \qquad (4-7)$$

经计算，得到陕西省城镇用地面积综合得分模型为：

$$\begin{aligned}Y = &\ 0.447X_1 + 0.172X_2 + 0.455X3 + 0.458X4 + 0.457X5 + \\ &\ 0.305X6 + 0.457X7 + 0.455X8 + 0.455X9 + 0.448X10 + \\ &\ 0.427X11 + 0.452X12 + 0.439X13 + 0.448X14\end{aligned} \qquad (4-8)$$

对综合得分模型中的各指标权重进行归一化处理，得到影响陕西省城镇用地面积变化的 14 个影响因子的具体权重，结果见表 4-14 所示。

表 4-14　陕西省城镇用地面积影响因子权重

因子	总人口数 (X1)	城镇人口数 (X2)	人口密度 (X3)	总人口增长率 (X4)	城镇人口增长率 (X5)	城镇化率 (X6)	GDP (X7)
权重	0.076	0.029	0.077	0.078	0.078	0.052	0.078
因子	二、三产业产值(X8)	固定资产投资(X9)	地方一般预算收入(10)	人均GDP (X11)	人均固定资产投资额(X12)	GDP增长值 (X13)	二、三产业增长率(X14)
权重	0.077	0.077	0.076	0.073	0.077	0.075	0.076

第三节　陕西省城镇住宅用地增长驱动力分析

一　陕西省城镇住宅用地供给现状

（一）陕西省城镇住宅用地供给现状描述性统计分析

陕西省第二次土地调查数据显示，截至 2010 年末，全省城镇住宅用地面积达到 70186.1 公顷，占全省城镇用地的 38.22%，在各类用地中比重最高。2005~2010 年，陕西省城镇住宅用地增加了 48518.64 公顷，除去 2009

年因第二次土地调查统计口径发生重大改变以至于各类城镇用地面积出现了突兀的增加外，其他各年陕西省城镇住宅用地面积基本上平稳增长，波动不大。

如图 4-5 所示，陕西省 2005~2010 年城镇住宅用地与城镇用地变化趋势基本一致，说明住宅用地的供给增加是城镇用地快速扩张的主要原因之一。回顾近年城镇住宅用地的年增加量，不难发现 2008 年是城镇住宅用地供给增加的一个标志性时点，正是这一年，陕西省城镇住宅用地放量供给，年增量达到了千公顷的水平。自 2008 年以来，城镇住宅用地供给增速明显，年均增幅达 4.6%。城镇住宅用地供给的增加既离不开城镇居民住宅需求的增加，也离不开城镇人口的增长。陕西省 2010 年城镇人口达 1796.05 万人，城镇化率为 45.7%，城镇人均住宅用地为 39.1 平方米。从这个数据看，似乎住宅用地供给充足，但联系陕西省城镇综合容积率仅有 1.71 的实际看，城镇人均住宅用地面积过大实则反映了城镇住宅用地利用率低下的问题。

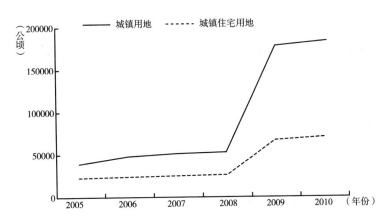

图 4-5 陕西省 2005~2010 年城镇住宅用地与城镇用地与城镇用地面积变化

陕西省各市县间城镇住宅用地规模的发展很不平衡。如表 4-15 所示，陕西省内 94 个市县（含杨凌区）的城镇住宅用地面积最大值为西安市的 19385.92 公顷，最小值为麟游县的 23.17 公顷。全省各市县的城镇住宅用地面积平均值仅有 1135.2200 公顷，不到西安市的 1/10。

数值存在相当大的标准差也正反映了市县间城镇住宅用地规模的巨大差异。

表 4 - 15   描述统计量

项目	N	极小值	极大值	均值	标准差
各市县城镇住宅用地(公顷)	94	23.17	19385.92	1135.2200	2624.43480
各市城镇住宅用地(公顷)	11	421.60	19385.92	6418.8818	5318.88533
各县城镇住宅用地(公顷)	83	23.17	1785.26	434.9757	346.77049
有效的 N(列表状态)	94	—	—	—	—

注：市（区）指十个地级市及杨凌示范区；县指 80 个县及 3 个县级市，不包含市辖区。

考虑到市与县所辖土地面积之间的差异本来就大，因此分别以 11 个市和 83 个县（或县级市）为分析单位对其城镇住宅用地面积做了描述性分析。地级市中城镇住宅用地最小的是杨凌区，为 421.60 公顷。杨凌区是目前国内唯一的国家级农业高新技术产业示范区，其实际规模和县城相当，只是行政区划上与地级市平级。在去除杨凌区后，各市城镇住宅用地面积均值达到 7018.61 公顷。值得注意的是，市级城镇住宅用地规模间的标准差竟比市县混合时大，即使去掉杨凌区后标准差仍有 5318.89 公顷，远远大于市县混合统计的 2624.43 公顷。这说明陕西省城镇住宅用地发展不平衡的现象更多地存在于地级市间。而各县城镇住宅用地的统计表明，陕西省县城的城镇住宅用地面积均值为 434.9757 公顷，仅有市级均值的 6.78%。但各县城镇住宅用地规模标准差比市级小得多，说明陕西省县级行政单位城镇住宅用地规模普遍落后，差异没有地级市明显。

（二）城镇住宅用地供给结构现状

近年来，陕西省城镇住宅用地在不断扩张的同时，其区域供给结构也在不断调整。从图 4 - 6 可以发现，城市住宅用地占城镇住宅用地的总比重在不断增大，与城镇用地的发展趋势大体一致。值得一提的是，2009 年城镇住宅用地占比有一个急跌，这是由于在第二次土地调查中，挖掘出了很多以往未发现的城镇用地面积，其中建制镇用地尤其多，因此城市住宅用地的比重会有所下降。实际上，经过对各年数据的对比不难发现城镇住宅用地一直处于增长状态，不论是城市的还是建制镇的。但是由于城镇化进程的日益推进，城市的规模日渐扩大，城镇住宅用地供应量也日渐增加，城镇住宅用地面积与建制镇住宅用地之间的比值近年来一直在稳定增加，区域供给结构在单向微调。

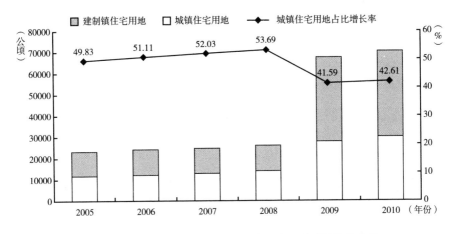

图 4 - 6　陕西省 2005 ~ 2010 年城镇住宅用地城镇结构变化

　　同样的，将地级市与县级行政单位分开统计，从而避免由于市县间所辖面积差异所带来的干扰。如表 4 - 16 所示，陕西省 11 个地级市（区）之间城镇住宅用地面积的差异明显与建制镇差得多，这与地级市的城市功能不无关系。有趣的是，在各市中，城镇住宅用地面积最大值几乎是建制镇住宅用地的两倍，但平均值却比建制镇住宅用地少了近 1/3。这个数据表明各市的建制镇住宅用地规模较为接近，而城镇住宅用地规模则迥异。数据的标准差较大也证明了这一结论。也就是说，地级市之间的城镇住宅用地供给结构差异很大。

表 4 - 16　描述统计量

项目	N	极小值	极大值	均值	标准差
各市（区）城市住宅用地（公顷）	11	303.19	14312.95	2757.2627	3956.31221
各市建制镇住宅用地（公顷）	11	0.00	7491.00	3661.6191	2349.92178
有效的 N（列表状态）	11	—	—	—	—

　　注：市（区）指十个地级市及杨凌示范区。

　　而对于县级行政单位来说，情况和地级市有较大区别。如表 4 - 17 所示，建制镇住宅用地面积均值仍然大于城市住宅用地，最大值也达到了城镇住宅用地的两倍。标准差相对地级市的分析结果而言小了一些，验证了前述的县级行政单位城镇住宅用地发展比地级市更为均衡一些的结论。各县建制镇住宅用地离散度比城镇住宅用地离散度大，说明县域城镇住宅用地供给结构也存在差异较大的情形。

表 4 - 17　描述统计量

项目	N	极小值	极大值	均值	标准差
各县城市住宅用地(公顷)	83	0.00	889.75	21.6739	115.07827
各县建制镇住宅用地(公顷)	83	23.17	1785.26	413.3018	335.52829
有效的 N(列表状态)	83	—	—	—	—

　　注：县指 80 个县及 3 个县级市，不包含市辖区。

　　城镇住宅用地面积与建制镇住宅用地面积之间的比值可以较为直观地反映城镇住宅用地供给的区域结构。如表 4 - 18 所示，各市（区）住宅用地供给的城镇结构的迥异度大大超过了县级行政单位。可以看到，各县住宅用地城镇比的标准差较小，即各县的城镇住宅用地供给结构是较为相近的。相反，各市（区）城镇住宅用地的供给结构则相差较大。然而各县住宅用地城镇比的峰度比各市（区）大得多，说明县级住宅用地供给城镇结构虽然整体相近，但存在个别有较大差异的极端例子。

表 4 - 18　描述统计量

项目	N	极小值	极大值	均值	标准差	偏度	峰度
	统计量	统计量	统计量	统计量	统计量	统计量	统计量
各市（区）住宅用地城镇比(%)	11	0.15	97.54	9.5364	29.19871	3.313	10.981
各县住宅用地城镇比(%)	83	0.00	3.26	0.0928	0.45275	5.531	32.990
各市县住宅用地城镇比(%)	94	0.00	4.00	0.2028	0.66143	4.153	18.164
有效的 N(列表状态)	94	—	—	—	—		

　　注：市（区）指十个地级市及杨凌示范区；县指 80 个县及 3 个县级市，不包含市辖区。

（三）陕西省城镇住宅用地供给区域特征

（1）关中城镇用地特征

以西安为中心的关中地区，不仅有辉煌的古代文明，而且也是现代文明比较发达的地区之一，在全国区域经济格局中具有重要战略意义，被国家确定为全国十六个重点建设地区之一。加快关中经济发展，关系到陕西和全国经济发展。因此，关中地区城镇用地规模的扩张速度是陕西省内最令人瞩目的。与此同时，其城镇住宅用地的供应量也不甘示弱，2005～2010年这五年增长3.23倍。统计数据显示，2010年关中地区城镇住宅用地面积达45764.45公顷，其中城市住宅用地占24288.34公顷，其余21476.11公顷为建制镇住宅用地。

由于关中平原的地理优势，关中地区的地形对城镇用地规模的扩张特别有利。正因如此，关中城镇住宅用地面积占了全省城镇住宅用地面积的65.2%。然而，用地规模并不是越大越好。关中城镇住宅用地占到城镇用地总面积的35.92%，面积偏大，而公共管理服务、道路交通、公园绿地等其他居住配套用地不足，因此人们居住质量并不高。此外，关中地区城镇住宅用地利用率偏低。2010年关中城镇人均住宅用地为38.26平方米，超过了国家居住区规划设计规范中设定的控制指标范围。同时，关中地区拥有较多优质耕地，城镇用地的扩张与耕地保护的矛盾突出。

（2）陕北城镇住宅用地特征

陕北是中国黄土高原的中心部分，是在中生代基岩所构成的古地形基础上，覆盖新生代红土和很厚的黄土层，再经过流水切割和土壤侵蚀而形成的，地势西北高，东南低。陕北地区空间结构主要依托洛河－无定河河谷发展，空间结构的局限性限制了城镇规模的发展。正因如此，陕北城镇规模扩张速度远不及关中，城镇住宅用地的供给量自然一并落后。尽管陕北城镇住宅用地自2005～2010年增长了234.6%，其面积还是不及关中地区的1/3。2010年陕北地区城镇住宅用地面积为15118.80公顷，其中城市住宅用地占3914.26公顷，建制镇住宅用地占11204.54公顷。

在自然空间结构的局限下，陕北地区城镇发展相对滞后，城镇用地结构过于单一，其中住宅用地比例高达44.75%，而相应的公共管理与公共服务用地、交通用地以及商服用地加起来也仅占30%。也就是说，陕北地区城镇住宅用地供给数量充足而质量欠缺。此外，陕北地区城镇用地主要呈点状分布，因此住宅用地的分布也相对散乱无序，不利于集约利用和进行相关配套建设，从而阻碍了城镇住宅用地质量的提高。

（3）陕南城镇住宅用地特征

陕南地区由于地形多为丘陵，在客观条件上限制了城镇规模的发展，因此城镇化进度较为落后。截至2010年底，陕南地区城镇用地仅有22446.82公顷，其中有9724.45公顷为城镇住宅用地。

与陕西省内其他地区类似，陕南城镇住宅用地也存在比重过大的问题。以2010年为例，陕南城镇住宅用地占了城镇用地面积的43.32%，城镇用地的功能单一以及设施落后严重削弱了陕南的城镇吸纳力。另外，陕南地区建制镇住宅用地面积达到7597.16公顷，是城镇住宅用地面积的3.6倍。这说明陕南地区城镇化程度低，住宅用地的区域结构相对失衡。

二　陕西省城镇住宅用地增长驱动力分析

（一）陕西省城镇住宅用地供给影响因素定性分析

（1）自然因素

陕北地区北部为风沙带，南部为丘陵区，畜牧业发达、资源矿产储备丰富，然而气候条件并不宜人。陕北2010年平均气温与降水量都是全省最低，仅有10.2℃和414.9毫米，水资源较为匮乏。由于地形和气候等因素，城镇扩张受到限制，因此陕北的城镇住宅用地供给量也只占到全省的21.54%，与其占全省40%的总面积极不相称，自然条件是其中的关键原因。

关中地区地处平原，交通便捷，物资丰富加之有利政策的推动，目前城镇发展程度较好，2010年城镇住宅用地占到了全省最高比例，高达65.2%。关中地区相比陕南、陕北来说，其总面积较小，而城镇化发展速度如此之快、城镇住宅用地量的供给如此之大，与其优越的自然地理条件是密不可分的。

陕南地区地处丘陵地带，虽然气候适宜、自然资源丰富，但地形的限制使其城镇发展严重滞后，其城镇用地规模和城镇化率远远落后于全省平均水平。就城镇住宅用地供给量而言，在总面积上比关中大50%的陕南地区，其目前城镇住宅用地的供给却仅有关中的 1/5，个中原因复杂多样，但自然因素是主导因素之一。

（2）社会经济因素

①人口因素。

人口因素是人类社会经济因素中最主要的因素，一切社会经济活动源于人，因此，人口因素是最具活力的土地利用影响因素之一。人口的增长，必然导致住房需求增长，从而对住宅用地需求增大。与此同时，陕西省城镇人口老龄化现象逐渐凸显，未来推进城镇化的中坚力量逐渐转为新进城人口，城镇人口的增加成为不可阻挡的潮流。随着城镇人口数量的日益增多，新进城人口的居住需求带来了城镇住宅用地供给量紧张。2010 年全省就有 52 万农村居民进城落户，若按人均居住用地 20 平方米的标准计算，仅解决 2010 年新进城人口的居住问题就需要 1040 公顷住宅面积，还未考虑原有城镇居民数量自然增长的住宅刚性需求。由此可见，新时期农民进城发展的强烈需求构成了城镇用地快速发展的内在动力，城镇人口的急剧增长成为城镇住宅用地供给增加的重要因素。

②经济因素。

经济的快速发展是影响土地利用的最主要的因素之一。经济增长对城镇用地利用的影响主要表现为比较经济利益方面。在市场经济条件下，比较经济利益是导致城镇工业用地和住宅用地面积偏大的最根本原因。近年来我国第二产业发展迅速，工业生产增加值逐年走高，城镇用地资源便流向经济收益高的城镇工业用地，这是显而易见的。那么，城镇住宅用地作为非经济产出用地，为什么会受到经济因素影响呢？这一方面是经济的发展使城镇居民生活水平得到了一定程度的提高，因此他们对居住品质（包括居住面积、住宅区容积率等）有了更高的要求，从而使城镇住宅用地的需求有了新的增长点。另一方面是近年我国房地产业的蓬勃发展为房地产开发商带来了极大利润，房价的快速上涨促使开发商产生了大幅购入住宅建设用地的需求，而在"土地财政"的驱使下地方政府也在不断调高城镇住宅用地的出让比例。大量研究表明，城镇化、经济的高速增长是影响城镇土地利用类型变化的主要因素，经济发展水平高的地区，城镇规模不断扩大，用地量就会增加。城镇住宅用地的扩展速度随着经济的波动而变化，当经济处于高速发展阶段时，居民实际收入水平较高、城市建设投资增加，从而使城镇住宅用地供给量不断增加。

③政策因素。

新一轮西部大开发战略将为西部地区城镇化发展提供更好的政策环境，教育、医疗、社保、扶贫开发等方面的专项资金重点向西部地区倾斜；推行生态补偿政策，有利于加速陕北黄土高原地区和陕南秦巴山区的农村劳动力转移。如《陕甘宁革命老区振兴规划》《关中－天水经济区规划》《陕南搬迁规划》等政策的实施，将全方位地覆盖陕西省，为陕西省城镇发展创造全面有利的政策环境。在多重有利政策的作用下，陕西省城镇发展必将进入一个新的高速增长期，城镇住宅用地供给也必将出现更大缺口。

但是，目前学界对政策因素的理解分歧较大，由于难以定量考察，因而对政策因素的研究也较为模糊和缺失。陕西省城镇住宅用地供给的政策影响具有政策因素的一般特征，从宏观层面上包括国家和地区总体发展规划、其他政策影响，具体的土地利用政策包括土地规划政策、土地整理政策和土地监管政策等。政策影响因素可以通过人口和经济等间接反映，见图4－7所示。

鉴于宏观发展政策及人口经济政策可通过人口和经济指标进行量化，因此本书将不再对政策因子进行定量分析。然而需要指出的是，在研究过程中发现，土地利用政策缺乏较为简单直观的反映指标，但常用耕地面积可以部分反映耕地保护水平。因此，本节将采取常用耕地面积代表耕地保护政策因素进行定量研究。

（二）陕西省城镇住宅用地供给社会经济因素定量分析

（1）城镇住宅用地供给社会经济因素因子分析

住宅用地是人类生存的基本物质基础，城镇住宅用地则是城镇居民安身立命的根基。在城镇化进程高速推进的大环境下，城镇住宅用地的供给量是否充足、发展方向是否正确关系到社会的可持续发展，更在大体上决定了城镇化能否进一步深化。因此，保证城镇住宅用地的合理供给是当今社会谋求

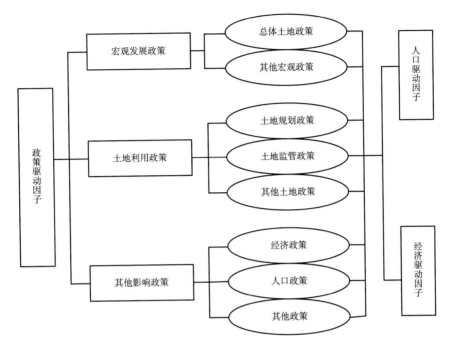

图 4 - 7 政策影响因素量化

发展的基本条件。但由于人口增长、经济发展等原因，城镇住宅用地供给往往不能满足人们的需求。

前文的分析已经表明，城镇住宅用地供给量增长驱动力是一个复杂的系统，包括自然因素和社会经济的多个方面，各驱动力既可以单独发挥作用，又可以交织在一起联合产生作用。本书在数据分析初期曾尝试加入平均海拔、平均气温及降水量等变量以期对自然因素的具体影响进行实证分析，结果由于这几项变量特征值过小而不得不剔除以保证因子分析的精确度。因此可以认为，社会经济因素是城镇住宅用地供给量的主要驱动力，且占有支配地位。但是由于区域发展的差异，具体到陕西省这个特定区域，确定城镇住宅用地供给增长主导驱动力，需要实证支持才可完成。

由于城镇住宅用地增长驱动力不仅与因变量——城镇住宅用地面积之间存在相关关系，而且相互之间具有耦合关联。如果用单纯的相关分析法，则必然存在一定的误差冗余。因此，本节拟运用因子分析的方法来探讨陕西省城镇住宅用地面积与其供给影响因素之间的关系。经过分析思考，结合陕西省实际省情，笔者认为，由于全省正处于城镇化高速发展阶段，各项指标均呈增长趋势，相关分析和因子分析中变量必然存在严重的多重共线性，若研究城镇住宅用地的纵向变化，则必然会影响分析结果。因此，本节分别以陕西省11个市（区）在同一个时间截面的城镇住宅用地供给相关情况为个案，依照现有的资料和经验模型，从影响城镇住宅用地面积的社会经济因素中选取了具有代表性的12个社会发展指标：总人口数、城镇人口数、GDP、第二产业增加值、第三产业增加值、人均GDP、城镇固定资产投资额、城镇居民人均可支配收入、城镇用地面积、常用耕地面积、商品房住宅销售面积、商品房住宅销售额。后经过初步分析剔除了共线性过于严重的两个变量——总人口数和城镇居民人均可支配收入。最后确定的观测变量为：X_1——城镇人口数（万人），X_2——GDP总量（亿元），X_3——第二产业增加值（亿元），X_4——第三产业增加值（亿元），X_5——人均GDP（元），X_6——城镇固定资产投资额（亿元），X_7——商品房住宅销售面积（万平方米），X_8——商品房住宅销售额（万元），X_9——城镇用地面积（公顷），X_{10}——常用耕地面积（千公顷），因变量Y——城镇住宅用地面积。这10个变量分别代表人口变化、经济发展、投入水平、房地产业发展、城镇化和工业化水平等几个社会经济因素。

本数据源于《陕西统计年鉴》及国土厅第二次土地调查数据，研究选取的时间截面为2010年，研究范围为陕西省11个主要城市（区）。注意到各个变量的度量单位并不统一，有万人、亿元和公顷等，所以在分析前对变量进行了标准化处理。

对标准化后的数据调用因子分析指令，其中提取公因子使用主成分分析法，设定抽取3个公因子。因子旋转方法采用SPSS默认的正交旋转方差最大法。得到相关系数矩阵、碎石图、旋转前的因子负载及公因子方差、VARIMAX方法旋转后的矩阵。

输出的初始变量相关性检验见表4-19所示。表中绝大部分相关系数都较大，并且通过显著性水平 $p = 0.05$ 检验，说明这些变量之间存在较为显著的相关性，进而也说明了有进行因子分析的必要。此外，如表4-20所示，

KMO 检验值为 0.703，一般而言，KMO 统计量大于 0.9 时效果最佳，0.7 以上可以接受。本研究中 KMO 取值大于 0.7，表明该数据可以运用因子分析。同时 Bartlett 球形检验统计量的 Sig < 0.01，由此否定相关矩阵为单位阵的零假设，即认为变量之间存在显著的相关性，这与表 4 - 19 中的相关矩阵得出的结论相符。

表 4 - 19　相关矩阵

项目		X_1	X_2	X_3	X_4	X_5	X_6	X_7	X_8	X_9	X_{10}
相关	X_1	1.000	0.907	0.760	0.945	0.287	0.953	0.918	0.901	0.974	0.401
	X_2	0.907	1.000	0.952	0.951	0.645	0.981	0.863	0.864	0.955	0.469
	X_3	0.760	0.952	1.000	0.816	0.813	0.892	0.678	0.684	0.856	0.603
	X_4	0.945	0.951	0.816	1.000	0.452	0.966	0.974	0.974	0.945	0.246
	X_5	0.287	0.645	0.813	0.452	1.000	0.524	0.295	0.324	0.450	0.407
	X_6	0.953	0.981	0.892	0.966	0.524	1.000	0.904	0.901	0.979	0.414
	X_7	0.918	0.863	0.678	0.974	0.295	0.904	1.000	0.998	0.884	0.059
	X_8	0.901	0.864	0.684	0.974	0.324	0.901	0.998	1.000	0.872	0.036
	X_9	0.974	0.955	0.856	0.945	0.450	0.979	0.884	0.872	1.000	0.485
	X_{10}	0.401	0.469	0.603	0.246	0.407	0.414	0.059	0.036	0.485	1.000
Sig.（单侧）	X_1		0.000	0.003	0.000	0.196	0.000	0.000	0.000	0.000	0.111
	X_2	0.000		0.000	0.000	0.016	0.000	0.000	0.000	0.000	0.073
	X_3	0.003	0.000		0.001	0.001	0.000	0.011	0.010	0.000	0.025
	X_4	0.000	0.000	0.001		0.081	0.000	0.000	0.000	0.000	0.233
	X_5	0.196	0.016	0.001	0.081		0.049	0.189	0.166	0.083	0.107
	X_6	0.000	0.000	0.000	0.000	0.049		0.000	0.000	0.000	0.103
	X_7	0.000	0.000	0.011	0.000	0.189	0.000		0.000	0.000	0.431
	X_8	0.000	0.000	0.010	0.000	0.166	0.000	0.000		0.000	0.458
	X_9	0.000	0.000	0.000	0.000	0.083	0.000	0.000	0.000		0.065
	X_{10}	0.111	0.073	0.025	0.233	0.107	0.103	0.431	0.458	0.065	

表 4 - 20　KMO 和 Bartlett 的检验

取样足够度的 Kaiser - Meyer - Olkin 度量		0.703
Bartlett 的球形度检验	近似卡方	243.117
	df	45
	Sig.	0.000

表 4 – 21 所显示的公因子方差实际上给出的就是初始变量的共同度，"提取"这一列表示变量共同度的取值。本次分析中各项变量的共同度基本在0.99 以上，可以理解为抽取的三个公共因子能够解释各项变量的方差的99%以上，说明抽取的公因子解释力较强。而表 4 – 22 中给出了每个公因子所解释的方差及其累计和，可以看到，前三个公因子解释的累计方差达到了99.314%，因此提取前三个公因子就可以非常好地解释原有变量所包含的信息。

表 4 – 21   公因子方差

项目	初始	提取
Zscore:城镇人口数(万人)	1.000	0.994
Zscore:GDP(亿元)	1.000	0.997
Zscore:第二产业增加值(亿元)	1.000	0.993
Zscore:第三产业增加值(亿元)	1.000	0.994
Zscore:人均 GDP(元)	1.000	0.995
Zscore:城镇固定资产投资额(亿元)	1.000	0.986
Zscore:商品房住宅销售面积(平方米)	1.000	0.996
Zscore:商品房住宅销售额(万元)	1.000	0.996
Zscore:城镇用地面积(公顷)	1.000	0.985
Zscore:常用耕地面积(千公顷)	1.000	0.995

表 4 – 22   解释的总方差

单位：%

成分	初始特征值			提取平方和载入			旋转平方和载入		
	合计	方差的	累计	合计	方差的	累计	合计	方差的	累计
1	7.749	77.488	77.488	7.749	77.488	77.488	6.393	63.932	63.932
2	1.480	14.804	92.292	1.480	14.804	92.292	1.982	19.823	83.756
3	0.702	7.023	99.314	0.702	7.023	99.314	1.556	15.559	99.314
4	0.031	0.314	99.628						
5	0.022	0.221	99.849						
6	0.007	0.075	99.924						
7	0.005	0.049	99.972						
8	0.002	0.025	99.997						
9	0.000	0.003	100.000						
10	6.139E−6	6.139E−5	100.000						

图 4 - 8 是关于初始特征值（也就是方差贡献）的碎石图，第三个因子加入后曲线变化趋缓，后面基本近似于一条直线，因此可以抽取三个因子，这与表 4 - 4 中得出的结论是相符的。

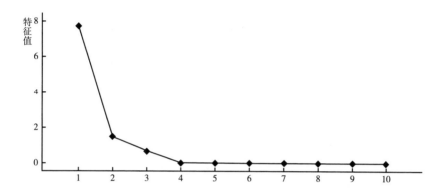

图 4 - 8 是关于初始特征值（也就是方差贡献）的碎石图

表 4 - 23 所示的"成分矩阵"是初始的未经旋转的因子载荷矩阵，表4 - 24 所示的"旋转成分矩阵"是经过旋转后的因子载荷矩阵。通过观测可以发现，旋转后的每个公因子上的载荷分配得更为清晰，因此比未旋转时更容易解释各因子的意义。由表 4 - 24 可见，X_3 与第一、第二主成分均有较大的正相关关系，为简化指标，把这种存在多个因素的指标删除，不予考虑。观察可得，提取出的第一个主成分与 X_1，X_2，X_4，X_6，X_7，X_8，X_9 有较大的正相关关系，第二主成分与 X_5 有较大的正相关关系，第三主成分与 X_{10} 有较大的正相关关系。也就是说，除了第二产业增加值、人均 GDP 和常用耕地面积外，其余 7 个变量在第一主成分的载荷都比较高，因此第一公因子对城镇人口、GDP、第三产业增加值、城镇固定资产投资额、商品房住宅销售面积、商品房住宅销售额和城镇用地面积这几个变量因素有较好的代表性，而第二公因子则更能代表人均 GDP 这个变量因素，第三公因子更适合代表常用耕地面积这一变量。

表 4 – 23   成分矩阵ᵃ

项目	成分		
	1	2	3
Zscore:城镇固定资产投资额(亿元)	0.992	– 0.018	0.034
Zscore:GDP(亿元)	0.991	0.105	– 0.052
Zscore:城镇用地面积(公顷)	0.977	– 0.009	0.173
Zscore:第三产业增加值(亿元)	0.977	– 0.197	– 0.041
Zscore:城镇人口数(万人)	0.948	– 0.167	0.260
Zscore:商品房住宅销售面积(平方米)	0.911	– 0.404	– 0.046
Zscore:商品房住宅销售额(万元)	0.909	– 0.400	– 0.097
Zscore:第二产业增加值(亿元)	0.909	0.386	– 0.135
Zscore:常用耕地面积(千公顷)	0.420	0.753	0.501
Zscore:人均 GDP(元)	0.561	0.602	– 0.564

提取方法：主成分。a. 已提取了 3 个成分。

表 4 – 24   旋转成分矩阵ᵃ

项目	成分		
	1	2	3
Zscore:商品房住宅销售面积(平方米)	0.985	0.146	– 0.064
Zscore:商品房住宅销售额(万元)	0.976	0.184	– 0.097
Zscore:第三产业增加值(亿元)	0.950	0.287	0.098
Zscore:城镇人口数(万人)	0.942	0.076	0.316
Zscore:城镇固定资产投资额(亿元)	0.891	0.342	0.274
Zscore:城镇用地面积(公顷)	0.888	0.242	0.371
Zscore:GDP(亿元)	0.826	0.475	0.299
Zscore:人均 GDP(元)	0.166	0.969	0.171
Zscore:第二产业增加值(亿元)	0.617	0.667	0.410
Zscore:常用耕地面积(千公顷)	0.084	0.234	0.966

提取方法：主成分。旋转法：具有 Kaiser 标准化的正交旋转法。a. 旋转在 5 次迭代后收敛。

进一步分析，根据各个变量的特点，可以把第一个公因子解释为城镇总体发展因素，因为它反映了多个涉及城镇人口增长及城镇经济发展的变量；类似地，可以把第二个公因子解释为城镇居民生活水平因素；

把第三个公因子解释为耕地保护政策因素。这样就可以利用新提取出的三个潜在因素（城镇总体发展因素、城镇居民生活水平因素、耕地保护政策因素）对样本中 11 个市（区）的城镇住宅用地供给量影响因素加以分析了。

通过这三个潜在因素的归类，初步可以将陕西省城镇住宅用地供给量的主要影响因素归结为经济的发展和社会进步，表明生产力的发展和人们生活水平的提高是影响陕西省城镇住宅用地供给量的主导因素。图 4 – 9 是旋转后的因子载荷图，图中所表达的信息与前文对表 4 – 23 所做的分析一致。

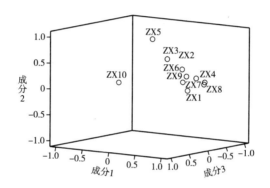

图 4 – 9 旋转后的因子载荷

得出的因子得分系数矩阵见表 4 – 25 所示。由此通过矩阵可得最终的因子的得分公式为：

$F_1 = 0.198 \times$ 城镇人口数 $+ 0.074 \times$ GDP 总量 $- 0.034 \times$ 第二产业增加值 $+ 0.166 \times$ 第三产业增加值 $- 0.204 \times$ 人均 GDP $+ 0.124 \times$ 城镇固定资产投资额 $+ 0.221 \times$ 商品房住宅销售面积 $+ 0.212 \times$ 商品房住宅销售额 $+ 0.14 \times$ 城镇用地面积 $- 0.107 \times$ 常用耕地面积；

$F_2 = - 0.286 \times$ 城镇人口数 $+ 0.143 \times$ GDP $+ 0.335 \times$ 第二产业增加值 $+ 0.013 \times$ 第三产业增加值 $+ 0.842 \times$ 人均 GDP $+ 0.006 \times$ 城镇固定资产投资额 $- 0.066 \times$ 商品房住宅销售面积 $- 0.013 \times$ 商品房住宅销售额 $- 0.133 \times$ 城镇用地面积 $- 0.2 \times$ 常用耕地面积

$F_3 = 0.210 \times$ 城镇人口数 $+ 0.032 \times$ GDP $+ 0.076 \times$ 第二产业增加值

－0.096×第三产业增加值－0.254×人均 GDP＋0.059×城镇固定资产投资额－0.199×商品房住宅销售面积－0.247×商品房住宅销售额＋0.197×城镇用地面积＋0.849×常用耕地面积。

由因子得分保存的变量数据可得，西安市的第一因子得分远远领先于其他城市，咸阳和渭南排在第二、三位，但与西安市距离仍非常明显，这表明西安市在城镇总体发展水平上有绝对的优势；延安市与榆林市的第二因子得分最高，正体现了其城镇居民生活较为富裕；而渭南市、榆林市和咸阳市在第三因子得分中排位前三，说明其在耕地保护政策因素上的表现较为突出。

通过对三个公因子的得分进行加权求和，权数取其方差贡献率，可得各市（区）影响城镇住宅用地供给量的因素综合得分计算公式如下：

$$ZF = 63.932\% * FAC1\_1 + 19.823\% FAC2\_1 + 15.559\% FAC3\_1 \qquad (4-9)$$

表 4-25　成分得分系数矩阵

项目	成分		
	1	2	3
Zscore:城镇人口数(万人)	0.198	－0.286	0.210
Zscore:GDP(亿元)	0.074	0.143	0.032
Zscore:第二产业增加值(亿元)	－0.034	0.335	0.076
Zscore:第三产业增加值(亿元)	0.166	0.013	－0.096
Zscore:人均 GDP(元)	－0.204	0.842	－0.254
Zscore:城镇固定资产投资额(亿元)	0.124	0.006	0.059
Zscore:商品房住宅销售面积(平方米)	0.221	－0.066	－0.199
Zscore:商品房住宅销售额(万元)	0.212	－0.013	－0.247
Zscore:城镇用地面积(公顷)	0.140	－0.133	0.197
Zscore:常用耕地面积(千公顷)	－0.107	－0.200	0.849

由最终得到的综合得分可知，西安市、榆林市、渭南市、咸阳市及宝鸡市的各方面因素较有利于其城镇住宅用地供给量的增长。而事实上，这 5 个城市恰好也是陕西省城镇住宅用地规模最大的。因此分析结果与客观事实基本是相符的。

（2）城镇住宅用地供给社会经济因素回归分析

经过前文因子分析对众多因变量进行降维处理后，提取出来的三个公因子已相互独立，便于进行回归分析。以三个公因子为自变量，以城镇住宅用地面积为因变量进行逐步回归，显著性水平为95%，输出结果见表4－26所示。

表4－26　输入/移去的变量[a]

模型	输入的变量	移去的变量	方法
1	REGR factor score 1 for analysis 1	.	步进（准则：F－to－enter 的概率 < =0.050，F－to－remove 的概率 > =0.100）
2	REGR factor score 3 for analysis 1	.	步进（准则：F－to－enter 的概率 < =0.050，F－to－remove 的概率 > =0.100）
3	REGR factor score 2 for analysis 1	.	步进（准则：F－to－enter 的概率 < =0.050，F－to－remove 的概率 > =0.100）

a. 因变量：城镇住宅用地面积（公顷）。

表4－27　模型汇总

模型	R	R 方	调整 R^2	标准估计的误差
1	0.844a	0.712	0.680	3009.28806
2	0.946b	0.895	0.869	1926.73446
3	0.993c	0.986	0.980	761.53201

a. 预测变量：（常量），REGR factor score 1 for analysis 1。
b. 预测变量：（常量），REGR factor score 1 for analysis 1，REGR factor score 3 for analysis 1。
c. 预测变量：（常量），REGR factor score 1 for analysis 1，REGR factor score 3 for analysis 1，REGR factor score 2 for analysis 1。

　　表4－26、表4－27分别反映了逐步回归过程中变量的引入剔除过程及模型的拟合情况。从表4－26中可以看出，模型3中没有变量剔除，包含三个公因子。同时，表4－27表明从模型1到模型3的调整 R^2 一直增大，说明模型可解释的变异占总变异的比例越来越大，即引入后两个变量是显著的，因此三个公因子都应包含在模型内。

　　表4－28给出了回归过程中每一步的方差分析结果，模型3的回归平方和及残差平方和大小相差较大，拟合效果尚可接受。同时表中显示，显著性概率值远小于0.01，所以可以显著地拒绝总体回归系数为0的原假设，说明城镇住宅用地供给量与三个公因子间存在线性关系，但此时仍未得出线性关系的强弱。

线性关系的强弱可以通过回归方程进行描述，表4－29则给出了所有模型的回归方程系数估计值。根据模型3，可以建立多元线性回归方程：

$$城镇住宅用地面积 = 6418.882 + 4487.795 \times 城镇总体发展因素 +$$
$$2276.047 \times 城镇居民生活水平因素 + 1601.216 \times \qquad(4-9)$$
$$耕地保护政策因素$$

表4－28 Anova[d]

模型		平方和	df	均方	F	Sig.
1	回归	2.014E8	1	2.014E8	22.240	0.001a
	残差	81502331.443	9	9055814.605		
	总计	2.829E8	10			
2	回归	2.532E8	2	1.266E8	34.104	0.000b
	残差	29698445.563	8	3712305.695		
	总计	2.829E8	10			
3	回归	2.788E8	3	92948631.349	160.275	0.000c
	残差	4059517.011	7	579931.002		
	总计	2.829E8	10			

a. 预测变量：（常量），REGR factor score 1 for analysis 1。

b. 预测变量：（常量），REGR factor score 1 for analysis 1，REGR factor score 3 for analysis 1。

c. 预测变量：（常量），REGR factor score 1 for analysis 1，REGR factor score 3 for analysis 1，REGR factor score 2 for analysis 1。

d. 因变量：城镇住宅用地面积（公顷）。

表4－29 城镇住宅用地面积回归方程系数[a]

模型		非标准化系数		标准系数	t	Sig.
		B	标准误差	试用版		
1	（常量）	6418.882	907.334		7.074	0.000
	REGR factor score 1 for analysis 1	4487.795	951.620	0.844	4.716	0.001
2	（常量）	6418.882	580.932		11.049	0.000
	REGR factor score 1 for analysis 1	4487.795	609.287	0.844	7.366	0.000
	REGR factor score 3 for analysis 1	2276.047	609.287	0.428	3.736	0.006
3	（常量）	6418.882	229.611		27.956	0.000
	REGR factor score 1 for analysis 1	4487.795	240.818	0.844	18.636	0.000
	REGR factor score 3 for analysis 1	2276.047	240.818	0.428	9.451	0.000
	REGR factor score 2 for analysis 1	1601.216	240.818	0.301	6.649	0.000

a. 因变量：城镇住宅用地面积（公顷）。

模型 3 所建立的回归方程表明，城镇总体发展水平、城镇居民生活水平以及耕地保护水平都与城镇住宅用地面积存在正相关关系，即这几项水平越高，城镇住宅用地供给量就越充足。城镇总体发展水平包括城镇人口的增长及城镇生产力水平的提高，而在自然条件并不显著的情况下耕地保护水平主要反映的是相关耕地保护政策的效果。至此，本次分析已从人口、经济及政策方面给出了相关数据分析支持，阐明这几个因素是如何影响城镇住宅用地供给量的，基本可以证明前文定性分析中人口因素、经济因素及政策因素对城镇住宅用地供给量起主要作用的推断。

类似地，可以继续采取逐步回归的分析方法，仍然以城镇总体发展水平因素、城镇居民生活水平因素及耕地保护政策因素这三个公因子为自变量，分别以城市住宅用地面积、建制镇住宅用地面积为因变量，从而得到城镇住宅用地的城镇供给结构是如何受社会经济因素影响的回归方程。如表 4-30 所给出的城市住宅用地面积回归方程系数估计值，由于模型 2 中包括常量的各项系数均能通过 T 检验，因此可以根据该模型建立多元回归方程：

$$城市住宅用地面积 = 2757.263 + 3819.844 \times 城镇总体发展水平 + \atop 919.824 \times 城镇居民生活水平因素 \qquad (4-10)$$

表 4-30 城镇住宅用地面积回归方程系数[a]

模型		非标准化系数		标准系数	t	Sig.
		B	标准误差	试用版		
1	（常量）	2757.263	327.402		8.422	0.000
	REGR factor score 1 for analysis 1	3819.844	343.382	0.966	11.124	0.000
2	（常量）	2757.263	156.352		17.635	0.000
	REGR factor score 1 for analysis 1	3819.844	163.983	0.966	23.294	0.000
	REGR factor score 2 for analysis 1	919.824	163.983	0.232	5.609	0.001

a. 因变量：城市住宅用地面积（公顷）。

模型中剔除了耕地保护政策因素，表明城镇住宅用地供给主要与城镇经济发展相关，与耕地保护水平关系不大，这与城镇中耕地面积较小的客观事实也是相符的。显而易见，城镇住宅用地供给水平随城镇经济发展水平提高而提高，因此经济因素是城镇住宅用地供给的绝对主导因素。但是，城镇化需要不断推进，城镇经济需要不断发展，但城镇住宅用地面积不可能无限度地扩张。一方面是由土地资源的稀缺性决定的，另一方面是由城镇的职能属性决定的。土地资源数量的固定性使城镇建设用地不可能不顾人类生存基本资源——耕地面积的保有而无限扩张，城镇的职能多样性则使有限的城镇建设用地不可能无节制地实现住宅用地的供给。因此，随着日后的发展，增加城镇住宅用地的供给数量已不是解决城镇住宅用地的根本办法，唯有提高城镇住宅用地的利用率，提高其供给质量才是长远之计。

而对建制镇住宅用地面积而言，根据表 4 - 31 中给出的回归系数可建立方程为：

$$建制镇住宅用地面积 = 3661.619 + 32075.875 × 耕地保护政策因素 \quad (4 - 11)$$

表 4 - 31　建制镇住宅用地面积回归方程系数[a]

模型		非标准化系数		标准系数	t	Sig.
		B	标准误差	试用版		
1	（常量）	3661.619	350.018		10.461	0.000
	REGR factor score 3 for analysis 1	2075.875	367.102	0.883	5.655	0.000

a. 因变量：建制镇住宅用地面积（公顷）。

非常有意思的是，与城镇住宅用地面积的回归模型恰恰相反，建制镇住宅用地面积的回归模型将城镇总体发展及城镇居民生活水平因素均剔除了，仅保留了耕地保护政策因素。这是一个较为意外的发现。从这个分析结果可以得出的结论是，建制镇住宅用地面积与城镇的发展水平关系不显著。这是由于城镇发展过程中城市扩张势头比建制镇明显，被占耕地更多地流向城市建设用地，因而建制镇用地的增减与耕地的增减是基本一致的。所以建制镇住宅用地面积与耕地保护水平呈正相关关系。这个结果不仅反映了城镇住宅用地中城镇供给结构的不均衡，更反映了城镇发展中城市和建制镇发展水平的不均衡——城镇经济及人民生活水平的提高更多的是城市经济发展的贡献，建制镇的发展实际上并没有跟上整体发展速度。

综合式（4-9）、式（4-10）、式（4-11）来看，城镇住宅用地的城镇供给结构同样受城镇总体发展、城镇居民生活水平及耕地保护水平这三个公因子的影响，值得注意的是，分析结果反映了城市与建制镇发展的不均衡使得城镇住宅用地在这两级行政单位的供给水平大相径庭。此外，结合前文的分析，尽管城市和建制镇住宅用地的供给数量都在增加，但城市的增幅一直大于建制镇，供给结构一直在调整当中，并且越来越向城市倾斜。

第四节　城镇用地增长与耕地保护关系研究

我国正处于城镇化加速发展阶段。自 20 世纪 90 年代中期以来，我国城镇化水平以年均超过 1 个百分点的速度提高，2011 年已达 51.3%。土地是不可替代的基础性、战略性稀缺资源，然而我国的基本国情是人多地少，耕地后备资源不足，人地矛盾尖锐。人口总量的持续增加、城镇化水平的高速增长以及工业化进程的不断加快，必然促使建设用地规模快速扩张，耕地资源被大规模占用。2009 年全国耕地面积持续减少至 18.26 亿亩，人均耕地面积不足世界平均水平的 40%。这对人均耕地占有量本来就很少的我国来说无疑是雪上加霜。未来十年我国也将迎来人口高峰、城市化高峰和工业化高峰。在严格控制耕地资源占用、18 亿亩耕地红线不得突破的政策形势下，以占用耕地为主的城市扩张模式在严格的耕地保护政策下难以为继，亟须寻找新的突破口以满足城镇建设用地的刚性需求（王婷，2012）。

一方面，耕地资源是我国战略安全的重要组成部分，保障耕地的安全就是保障国家的粮食安全，就是保障国家国计民生的安全，进而才能保障城市建设发展的顺利进行。然而，随着近年来我国城乡建设的不断发展，耕地面积不断减少，粮食安全问题越来越为突出。因此，为了保障我国经济社会及城市的可持续与和谐发展，保护耕地资源刻不容缓。

　　另一方面，随着城镇化进程的加快，建设用地需求量也必然增加。随着农村人口转变为城市人口，其村庄建设用地也应该相应地转化为城市建设用地。从我国城乡规划建设用地标准来看，如果按照国家规定的人均村庄建设用地最高限指标 150 平方米、城镇用地标准约为 100 平方米来计算，一个农民进入城市即可以节约 50 平方米建设用地，更何况我国当前城镇与村庄人均建设用地指标远远大于城乡规划建设用地标准。由于我国村庄人均建设用地指标明显高于城市人均建设用地指标，因此随着我国城镇化水平的提高，不仅村庄建设用地总量应该相应下降，而且村庄与城市建设用地的总量也应该呈现下降趋势。合理的城镇化发展是有助于农村建设用地的转化及促进建设用地集约利用的，即城镇化是节约土地的过程（黄明华、陈默、张静雯，2011）。从这个角度说，城镇化的"必然"与耕地保护的"必须"本不该发生矛盾。但是，近年来，随着城镇化的发展，虽然农业人口数量不断减少，但村庄建设用地总量不仅没有同步减少，反而增长明显。原因很明显，我国当前的城镇化发展受传统城乡二元分割、土地制度不完善等限制，不少农村剩余劳动力尽管转入非农产业领域，进城务工居住成为"准市民"，但实质转移者少，"城乡两栖"状态普遍存在，农村建设用地由于人口的流出和产业的衰败而闲置，由此导致城市建设用地在扩张的同时，大量农村建设用地处于闲置、废弃状态而并未减少。同时，农民经济收入增加，加上对宽房大院的传统偏好和攀比心理的推波助澜，另选址新建房屋的情况也不少，"一户多宅""空心村"现象普遍，致使农村居民点面积不减反增、布局散乱。据全国土地变更调查数据统计，1997~2008 年全国农村人口减少了约 13%，而农村居民点用地增长了约 4%。2008 年农村居民点用地规模 2.48 亿亩，是城镇建设用地规模的 4.2 倍，占城乡建设用地规模的 68%，占全部建设用地的 51%，其人均农村居民点面积 272.42 平方米，是城市人均居住用地的 2 倍以上。从布局上看，农村建设用地占总量的 5/6，分散的农村建设用地占地规模大，综合效益低，尽管有其自身使用特征，但也有欠合理之处（王婷，2012）。

　　因此，正确认识城镇用地增长与耕地保护的关系，对于更好地合理利用土地和配置土地资源，建设城镇具有十分重要的意义。

一　改革开放以来国家耕地保护政策演变

耕地保护在中国真正得到关注是在改革开放以后，彼时，耕地保护政策也随着经济社会发展而不断完善。1986 年国家土地管理局的成立结束了多部门分散管理土地的局面、1998 年国土资源部成立强化了土地管理体制基础，而 2004 年国务院《关于深化改革严格土地管理的决定》（以下简称 28 号文）的颁布，为市场经济条件下加强土地管理指明了方向。改革开放以来耕地保护政策演变大概可以划分为四个阶段（刘新卫，赵雀莉，2009）。

（1）耕地保护意识觉醒时期：1978 ~ 1985 年

1978 年《政府工作报告》提出要通过开荒，促使耕地面积逐年增加。1981 年《政府工作报告》认为"十分珍惜每寸土地，合理利用每寸土地"应是我们的国策，并要求基本建设和农村建房不能乱占滥用耕地。1982 年中央 1 号文件将保护耕地视为与控制人口一样重要的国策，并要求严格控制各类建设占地；该年《政府工作报告》还将滥占耕地建房看作当时农村中必须刹住的一股歪风。1983 年中央 1 号文件在将"耕地减少"列为当时农村一大隐患的同时，明确提出要"严格控制占用耕地建房"和"爱惜每一寸耕地"。为落实中央政府的要求，相关部门陆续颁布了一些有助于耕地保护的法规、规章，但数量并不多，如 1982 年颁布的《国家建设征用土地条例》也包括了耕地保护内容。

从城镇化和耕地保护的角度来看，这时期的耕地保护政策从总体上服从于保证建设需要。各项建设用地需求突增，加上粮食生产形势总体上向消除粮食安全压力的方向发展，保证国家建设用地需求常以牺牲耕地为代价。如 1982 年颁布的《国家建设征用土地条例》虽然也提出保护耕地的要求，但该条例原则之一就是要"保证国家建设必需的土地"。

（2）耕地保护政策制定起步期：1986 ~ 1997 年

1986 年中央 1 号文件要求有关部门尽快制定控制非农建设占用耕地的条例，同年"中发 7 号文件"第一次提出"十分珍惜和合理利用每寸土地，切实保护耕地，是我国必须长期坚持的一项基本国策"，该年通过的《土地管理法》则对建设用地审批和毁坏耕地处罚等做了规定。国家土地管理局在 1987～1988 年还参与发布了《关于在农业结构调整中严格控制占用耕地的联合通知》等文件。1990 年的《政府工作报告》在强调严格执行建设用地计划和建设用地审批的同时，提出建设占用耕地要承担开发土地义务。1992～1993 年国务院相继发布了《关于严格制止乱占、滥用耕地的紧急通知》等文件。1994 年国务院发布了《基本农田保护条例》，随后四年的《政府工作报告》都强调要建立健全基本农田保护制度。1996 年 6 月全国土地管理厅局长会议首次提出"实现耕地总量动态平衡"。而为了增强威慑性和提高管理效果，1997 年第一次设立了"破坏耕地罪"、"非法批地罪"和"非法转让土地罪"，同年中共中央、国务院颁布了"中发 11 号文件"，后者还直接使国家土地管理局发布了《冻结非农业建设项目占用耕地规定》。

可以看出，这一时期的耕地保护政策与其他政策存在协调难度。1986 年的《土地管理法》没有从根本上揭示耕地保护与经济社会发展的关系，虽然要求"切实保护耕地"，但同时又强调要"适应社会主义现代化建设需要"。在保障建设方面，政策间的不协调同样非常明显。例如，建设部等部委 1991 年发布的《建设项目选址规划管理办法》就未将保护耕地作为建设项目规划选址的主要依据。

（3）耕地保护政策体系初建期：1998～2003 年

1998 年中央办公厅和国务院办公厅联合发布《关于继续冻结非农业建设项目占用耕地的通知》，新成立的国土资源部也接着发出《关于坚决贯彻执行中央继续冻结非农业建设项目占用耕地决策的通知》。同年新修订的《土地管理法》首次以立法形式确认了"十分珍惜、合理利用土地和切实保护耕地是我国的基本国策"，并以专门章节规定对耕地实行特殊保护。为落实新修订的《土地管理法》，该年国务院修订了《土地管理法实施条例》和《基本农田保护条例》，国土资源部仅在 1999 年就独自或参与发布了多项相关文件，如《关于切实做好耕地占补平衡工作的通知》等。2000～2003 年，国土资源部陆续颁布了许多文件，以进一步落实耕地保护要求，如《关于加大补充耕地工作力度确保实现耕地占补平衡的通知》等。而为了协调耕地保护与其他政策关系，国土资源部先后颁发了《关于搞好农用地管理促进农业生产结构调整工作的通知》等，对于破坏耕地保护行为也颁布了针对性文件，如 2003 年的

《关于严禁非农业建设违法占用基本农田的通知》等。

这一时期，国家重化工业比重不断提高、城镇化快速发展、林业重点工程陆续启动等因素共同推高的用地需求给耕地保护带来了巨大压力，我国又进入一个耕地快速流失期。总体来看，该时期耕地保护政策服从国家重大战略。1998年的《土地管理法》反映了土地资源保护和利用必须与经济社会协调发展，而且必须兼顾眼前利益和长远利益、兼顾局部利益和整体利益，这就要求耕保政策必须服从国家重大战略，事实上也是如此。例如，1998~2003年我国生态退耕导致耕地减少557.56万公顷，占期间耕地减少总量的63.50%。

（4）耕地保护政策体系完善期：2004年至今

2004年中央1号文件明确提出"各级政府要切实落实最严格的耕地保护制度"，同年的《政府工作报告》强调要依法加强耕地管理和加快征地改革，国务院还颁布了28号文，做出了市场经济条件下有益于耕地保护的规定。为落实中央政府的要求，国土资源部发布了《用于农业土地开发的土地出让金收入管理办法》等配套文件。2005年中央1号文件要求"坚决实行最严格的耕地保护制度，切实提高耕地质量"，该年的《政府工作报告》要求"严格保护耕地特别是基本农田"，国务院还颁布了《省级政府耕地保护责任目标考核办法》。国土资源部则先后颁布了《关于规范城镇建设用地增加与农村建设用地减少相挂钩试点工作的意见》等文件。2006年中央1号文件在耕地占用税、土地出让金、新增建设用地有偿使用费征缴和使用方面做出了有利的规定，同年《政府工作报告》仍高调要求"切实保护耕地特别是基本农田"。国土资源部先后发布了《耕地占补平衡考核办法》等。而对当年及之后耕地保护都将产生深远影响的是该年国务院颁发的31号文《关于加强土地调控有关问题的通知》。2007年中央1号文件要求"强化和落实耕地保护责任制"，并继续强调提高耕地质量。同年《政府工作报告》则发出"一定要守住全国耕地不少于18亿亩这条红线"的最强音。2008年中央1号文件和《政府工作报告》同样强调"坚持最严格的耕地保护制度，特别是加强基本农田保护"。而为了缓解耕保压力，国务院颁布了《关于完善退耕还林政策的通知》等，国土资源部也颁布了《实际耕地与新增建设用地面积确定办法》等文件。2012年，十八大报告明确提出了"给农业留下更多良田""严守耕地红线，严格土地用途管制""建立国土空间开发保护制度，完善最严格的耕地保护制度"等具体要求。

可以看出，这一时期，耕地保护政策的科学内涵在不断深化。随着对耕地质量建设认识的提升和提高耕地综合生产能力的需要，这一时期对实施"沃土工程"提出了明确要求；建设占用耕地表土剥离再利用在这一时期真正落实，"移土培肥"在三峡库区得到了实践。加强耕地的生态管护也成为这一时期耕地保护政策的主要内涵之一，不仅要求切实防治耕地污染，还要支持重点生态工程和巩固生态建设成果。同时，耕地保护政策与相关政策也在互动加强。这一时期耕保政策与相关政策互动显著增强。例如，农业结构调整在重新定义后也在向有利于耕地保护的方向发展；有关新增建设用地土地有偿使用费、土地出让金、耕地占用税的征缴标准和使用方向的适时调整，体现了税费政策和耕保政策的联动；环境政策方面，中国政府也及时调整和完善了退耕还林政策。

二　陕西省耕地资源概况

在本书的前面章节，我们介绍了陕西省的城镇建设用地增长的概况，这里我们重点关注陕西省耕地资源概况。据 2010 年统计数据，陕西省土地 2057.95 万公顷，其中耕地 286.10 万公顷，占 13.9%。全省人均耕地面积 0.109 公顷，略高于全国平均水平 0.093 公顷。全省耕地以旱地和坡地为主，其中旱耕地面积占全省耕地总面积的 73.50%，坡度大于 15°的坡耕地占 35% 以上。受地势地貌、气候类型、经济水平等影响，全省土地利用类型复杂多样。从陕西省传统的三大区域板块来看，陕北黄土高原区包括榆林、延安和铜川市宜君县等 26 个县（市、区），总人口 558.44 万人、占全省总人口的 15.08%，土地面积 816.072 万公顷、占全省土地总面积的 39.65%，其中耕地面积约 100 万公顷、占全省的 34.3%；该区域沟壑面积大，水土流失严重，土地生态环境脆弱，耕层瘠薄，农作物复种指数低，土地生产水平较低。关中平原区包括西安、咸阳、渭南、杨凌和宝鸡（不含凤县、太白两县）、铜川市（不含宜君县）共 58 个县（市、区），总人口 2232.85 万人、占全省总人口的 59.85%，土地面积 481.17 万公顷、占

全省土地总面积的 23.38%，其中耕地面积约 120 万公顷、占全省的
42.45%；该区域地势平坦、土壤肥沃、水利条件好，水浇地面积占全省
的 88.59%，是全省重要的粮、棉、油、果生产基地。陕南秦巴山地区包
括汉中、安康和商洛及宝鸡市的凤县、太白两县，共 30 个县（市、区），
总人口 928.71 万人、占全省总人口的 25.07%，土地面积 760.82 万公顷、
占全省土地总面积的 36.97%，其中耕地面积约 66 万 hm^2、占全省的
23.25%；该区域林区面积大、农业生产条件优越，是全省灌溉水田主要
分布区、占全省的 88.61%（陕西省人民政府，2010）。陕西省由北向南的
三大区域表现为：陕北、关中和陕南地域特点差别明显，陕北、陕南虽然
土地面积远大于关中，但其承载的人口数量远小于关中。具体到耕地面积
来看，关中地区的耕地最多，且以灌溉设施良好的水浇地为主；陕南耕地
最少，但以水田为主，表现出明显的地域特点，农业生产的多样化程度高
于其他区域；陕北虽然耕地不少，但是水利设施相对落后，耕作方式粗
放，农业经济较为落后。

三　陕西省城镇化与耕地动态变化分析

根据陕西省土地利用变更详查数据和陕西省国土资源公报（2000~
2010），2000~2010 年，陕西省共新增建设用地 59952.52 公顷，而耕地面
积处于不断减少中，从 2000 年的 4802844.84 公顷减少到了 2010 年的
3991720.42 公顷，10 年共减少了 811124.42 公顷。如图 4 - 10 所示，
2000~2010 年，每一年的耕地面积都是在减少的，而新增建设用地的数量
总体上呈现很明显的波动趋势。大致可以分为两个阶段，第一阶段是2000~
2004 年，这一阶段耕地面积共减少了 668376.57 公顷，建设用地增加的数
量基本上比较平缓，但在 2004 年耕地被占用面积发生了突增。可以认为，
这一阶段的建设用地和耕地面积都处于较为平缓的增减过程中；第二阶段是
2005~2010 年，这一阶段耕地面积仍呈现减少的趋势，共减少 99223.36 公
顷（徐艳，2013），而耕地被占用面积则是一个反复波动增加的过程，但增
加数量较多，特别是到了 2008 年后，每年被占用耕地面积都稳定在 5000 公
顷以上。

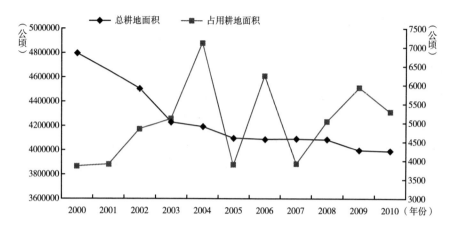

图 4-10　陕西省 2000～2010 年耕地和新增建设用地面积趋势

2000～2010 年，陕西省的被占用耕地面积呈现出明显的波动性，与此同时，城镇化水平在不断地提高（见图 4-10）。

表 4-32　2000～2010 年陕西省占用耕地面积与城镇化发展情况

单位：公顷，%

年份	占用耕地面积	城镇化率
2000	3877.57	32.27
2001	3933.61	33.63
2002	4868.77	34.63
2003	5135.89	35.53
2004	7130.12	36.36
2005	3913.94	37.23
2006	6259.41	39.12
2007	3912.25	40.62
2008	5080.33	42.10
2009	5993.33	43.50
2010	5311.33	45.36

资料来源：陕西省土地利用现状数据集，《陕西省统计年鉴》《陕西省国土资源公报（2000～2010）》。

随着城镇化水平的不断提高，陕西省的耕地面积呈不断减少的趋势是必然的。但城镇化发展与耕地保护之间存在的矛盾是对立统一的。一方面，当

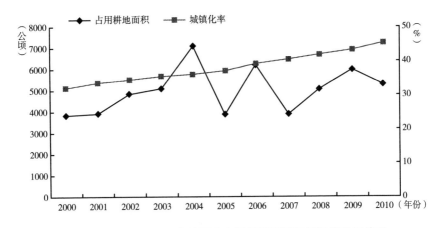

图 4 - 11　2000～2010 年陕西省占用耕地面积与城镇化发展情况

城镇化水平较低时，因城市扩张是以土地面积占用增加的外延式、粗放型发展为主，在城镇化建设过程中城市周边大量的优质耕地以及基本农田被占用，从而导致耕地数量不断减少，耕地质量不断退化，产生了"建设和吃饭"的矛盾（见表 4 - 32）。从图 4 - 11 可以看出，在第一阶段 2000～2004 年，陕西省耕地随城镇化率的提高而减少，减少幅度比第二阶段更明显。虽然随着城镇化水平的提高，耕地面积减少幅度有所下降，但是依然还是很大，《中国发展报告 2010：促进人的发展的中国新型城市化战略》指出，从"十二五"开始，我国将用 20 年的时间解决"半城市化"问题，使城镇化率在 2030 年达到 65%。而 2010 年陕西省的城镇化水平为 46.38%，这也就意味着在未来一段时间陕西省城镇化水平要增加 18.62%（马卫鹏等，2013）。那么，就需要占用大量耕地来推进城镇化的发展，这将会对陕西省的粮食生产以及我国的粮食安全产生巨大影响。一方面城市本身就是集约化的空间组织形式；另一方面，城市容纳人口多，人均用地比农村人均用地少，土地利用集约度高。虽然城镇化过程中城镇人口的增加必然要占用相应的居住用地、交通用地，但在既定的人口总量条件下，乡村人口的人均占地面积大于城镇人口，人口城镇化不仅不会占用更多的土地，还会节约土地。随着城镇化的发展，城市土地利用方式还会由粗放式逐步转变为集约式（宋戈，2004）。从图 4 - 11 中可以看出，在 2000～2010 年，随着城镇化水平的提高，陕西省耕地面积减少的幅度明显下降。这将为耕地资源的保护及粮食安全提供极为有利的条件。随城镇化的快速推进，一些农业劳动力从土地中解放出来，非农化趋势日益明显，因此可以通过实施对原有无人使用的宅基地和非农用地等土地进行整理、复垦以及村庄重新规划等措施，增加耕地面积。同时，农业人口的非农化为农业规模化、机械化提供了极为有利的条件，也在一定程度上提高了农业生产力以及粮食综合生产能力。

四　关于陕西省城镇用地增长和耕地保护之间关系的政策思考

在经济发展过程中，存在人口多、耕地少这个无法回避的难题，这个问题一直以来都是经济发展的约束条件（梁书民，2009）。城镇化发展过程中必然需要占用大量的土地资源，而耕地必须进行保护，不能受到破坏，否则全省人民的吃饭问题无法解决，所以在陕西省城镇化发展中，需要从战略的高度，处理好这两个难题，从而找出一条合适的发展之路。

（1）完善土地制度，加强土地制度管理

这不仅是针对陕西省来说，对全国各个省市来说都一样。在这个方面，需要积极发挥中央政府和地方政府的作用，只有完善土地制度，加强土地制度管理，才能从法律制度上提供保障。特别需要对征地制度进行改革，同时完善征地程序。要想制止目前对耕地的乱占情况，则必须从源头上抓起，改革现有的土地征用制度，从而使土地制度的缺陷得以消除，从根本上刹住乱占耕地之风（赵雀莉，刘新卫，2011）。

（2）强化土地利用计划，控制土地利用方面的问题

陕西省在城镇用地增长以及基本农田保护方面，还存在一定的问题，需要进一步控制。要严格控制农用地转为建设用地的总量和速度，加强建设项目用地的预审管理，凡是不符合土地利用总体规划、没有农用地转用计划指标的建设项目，不得通过预审。同时，需要加强村镇建设用地的管理，鼓励农村建设用地整理，将城镇建设用地的增加和农村建设用地的减少挂钩。采取严格保护基本农田的措施，基本农田是确保国家粮食安全的基础，要把基本农田落实到每一个农户和地块，切实保护耕地，禁止以任何名义占用基本农田从事房地产开发。

（3）借助科学技术提高耕地产出能力

陕西省拥有全国唯一的农业高新技术产业示范区——杨凌示范区。但是，目前陕西省耕地产出率总体上还处于较低水平，陕西省应该紧紧依靠杨凌农业高新技术产业示范区的科学技术，把科技优势迅速转化为产业优势，依靠科技示范和产业化带动，带动全省农业发展，甚至推动我国干旱、半干旱地区农业实现可持续发展，带动这一地区农业产业结构的战略性调整和农民增收，借助科学技术提高耕地产出能力，并最终为我国农业的产业化、现代化做出贡献。

（4）提高现有城市用地的集约利用水平

在全省城镇化发展中，首先，应鼓励二、三产业的集聚发展，充分发挥各级城市的作用。在发展小城镇时，一定要适度集中发展，以此节约耕地。城市发展应以发展生产力、提高效益为中心目的，而不是以城市空间面积的大小作为城市发展的目的。在城镇化发展中，应科学地集约利用土地，找到实现社会、经济、环境三大效益最大化的最佳结合点。其次，尽量盘活存量土地，目前省内城镇内部存量土地挖潜空间还很大，如低效利用的平房区、缺乏资金开发的闲置土地，未利用的存量土地，企事业单位低效利用或利用不合理的原划拨土地等。对上述用地采取置换、搬迁等方式进行盘活，既可满足建设用地的需求，又可达到少占、不占耕地的目的。不仅如此，对新批准的建设项目还要首先利用现有建设用地，严格控制建设占用耕地。通过进一步调整和完善相关税制，加大对建设用地取得的税收调节力度。同时，加大对地上地下空间的利用力度，推进旧城改造，适度提高城市容积率。全省各个城市的地上空间，还有进一步提升利用率的潜力。地下空间利用潜力巨大。开发城市地下空间，不仅可以提高土地利用率，而且具有许多优点：节省土地资源、缓解中心区高密度、人车立体分流、疏导交通、扩充基础设施容量、减少环境污染、保护城市景观、增加城市绿地、改善生态环境等。西安地铁工程建设的优势目前已经初步显露，应在全省各级城市，加大地下空间利用力度，把开发地下空间资源作为城镇规划和建设中的一项重要战略予以高度重视并逐步实施。另外，一些旧城区域急需进行改造，从而有效地提高城市的容积率，提高城市土地集约利用水平。

第五章
城镇用地增长与人口
经济发展的协调状况研究

第一节　人口与用地理论概述

一　国内外关于人地关系理论的研究

1. 国外研究

土地是人类社会赖以生存与发展的重要基础。人地关系理论主要是研究人类活动与地理环境之间的相互关系。对人地关系的研究在古代就已经开始，古希腊和古罗马就人与自然的关系有很多论述，而且不同时期研究的侧重点不同。1650 年，西方人文地理学家沃仑·纽斯在《地理通论》第一次明确使用了人地关系一词。18 世纪中叶，工业革命促进了社会生产力的极大发展，人地关系在哲学等许多领域得到快速发展。"人是目的""人是自然界最高立法者"等观点，将人与自然的关系定位为征服与被征服、统治与被统治的关系，彻底改变了中世纪之前关于自然完全不可控的观点。近代以来，人类对自然和环境资源的过度开发和掠夺性利用，导致生态状况恶化，产生了诸多资源环境问题，如温室效应、酸雨、沙尘暴等。人类开始重新反思人与自然环境的关系，重塑人类与自然环境和谐发展的理念，寻求人地系统全面协调可持续发展（欧阳婷萍，2003）。

19 世纪人文地理学正式创立后，人地关系成为人文地理学研究的核心问题。这一时期，有较大影响的包括以下几种理论：地理环境决定论，强调地理环境对人类活动的限制作用；或然论，体现人类活动能动性和地理环境作用的概率；适应论，强调人地关系中人对环境的认识和适应；文化景观论，即文化创造和文化积累影响地理环境的理论。当前，人类活动与环境协调共生的和谐论占主导地位。20 世纪 60 年代以来，人地关系协调论全面提出。多种研究方法和研究理论被引入地理学中，人地关系研究从定性为主转向定量与定性相结合。人文主义地理学出现后，侧重从人的主观能动性出发探讨地理学中的人地关系，对地理学中的各种现象和问题进行了独到的阐释。20 世纪 70 年代中期到 80 年代末，人文地理的研究范围不断扩大。既有宏观研究也有微观研究，既有分类研究也有综合研究，具有较强的交叉性（胡小武，2011）。

2. 国内研究

中国自古就有以"天命论"为基础的神怪论和不可知论，也有以人定胜天、天定胜人为代表的朴素的人地相关思想。我国古代地理学注重人地统一和互动特征，在《山海经》、《周易》和《齐民要术》等古代地理学专著中，都有大量关于自然、人文和人地关系方面的论述，体现了天时、地利、人和的思想（张飞雁、张锋，2011）。20 世纪初期，在西方人地关系研究和古代地理学的共同影响下，我国人地关系研究开始起步，主要从人文与自然的统一的角度进行人地关系的研究。20 世纪 50 ~ 70 年代，人文地理学被否定、自然研究与人文研究之间的联系被切断，人地关系研究陷入停滞状态。20 世纪 80 年代以来，我国人地关系研究取得了较快发展，在科学理论体系的构建、人地关系地域系统等方面取得丰硕成果。同时，人地关系的研究与空间结构、区域差异的研究开始相互交叉融合，例如，关于人与地之间相互作用的内容、方式，将调控人地关系作为对人地相互作用加以利用的方式。人是人地矛盾中的主要方面这一观点得到绝大多数专家的认同。

随着社会的发展，人们逐渐把人地关系理解为人口资源环境之间的相互制约和依存关系。人地关系论是指对人类与地理环境之间关系的各种观点和看法，如环境决定论、或然论、生态论、协调论、和谐论和现今的可持续发展理论等。主要包含两点：一是人地系统的双向互动性。通过人与自然的交互作用，推进人和地网络关系的形成和发展。人类活动推动土地利用深化，反之土地利用也促进了人类自身的发展。二是人地系统的一体性。从"人的整体系统"、"人地系统"和"自然环境系统"之间存在诸多相互关联的过渡环节和层次，很难确定截然的分界线（陈凤桂等，2010）。

与国外研究相比，国内研究从理论层面缺少与哲学等其他学科的有效衔接，一个重要原因在于地理学理论相对比国外落后。此外，对同一区域内不同时期、不同自然环境、不同行政层级之间人地关系的对比研究较少。此外，在分析人地关系时仅仅涉及生态圈、都市圈等，即便提及人地关系的具体组成要素，也大多从大城市人口圈层分布及从大城市人口、耕地、劳动力、粮食等分布开展论述，缺少指标阐述，对乡镇或居住地的人地关系分布鲜有涉及，对人地关系的驱动力和要素投入缺少分析。

二 相关理论介绍

1. 增长极理论

增长极理论最初由法国经济学家佩鲁（Perroux）提出，随后法国经济学家布代维尔（J. B. Boudeville）、美国经济学家弗里德曼（John. Frishman）、瑞典经济学家缪尔达尔（Gunnar Myrdal）、美国经济学家赫希曼（A. O. Hischman）进一步发展了这一理论。增长极理论认为：一个国家要实现平衡发展，在现实中是不可能的，只是一种理想。经济的发展并不具有均衡性，经济增长具有传导性，通常是从一个或数个"增长中心"逐渐向其他部门或地区传导。因此，应选择特定的地理空间作为增长极，来带动该地区的经济发展。增长极理论对地区经济增长产生的作用集中表现在居住经济、规模经济和外部经济上，对于区域开发和区域规划有着较大的指导价值。然而，增长极理论也存在很多缺点。增长极理论能驱使整个经济发展呈现不平衡状况，地区之间贫富差距拉大，形成比较明显的二元区域经济格局——发达地区越来越发达，落后地区越来越落后。增长极理论也具有一定的优点，发展快的地区带动发展慢的地区，对"以工促农、以城带乡"起到了积极的促进作用，有利于促进城乡经济社会的协调发展（王仲智、王富喜，2005）。

2. 人口迁移理论

中国城乡分割的历史可以追溯到 20 世纪 50 年代。由于城市大规模地开展经济建设，因此对劳动力的需求也大幅度增加，广大农民应享有自由迁入城市的权利，城市人口增长速度高于农村人口增长速度。但是，在 1950～1957 年城市人口增量中，迁移人口增长占 60.8%，大量的农民涌入城市对城市的就业、住房以及农副产品供应等产生很大的影响（周英，2006）。为了控制农村人口流入城市并考虑当时农产品的供给状况，我国政府在 1958 年正式将户籍制度进行分割，即农业户口和非农业户口。而户籍制度的正式实施，便把农村人口和城市人口严格地划分开来。但是，人口从农村流向城市是经济发展的必然趋势，城乡人口的再分配是经济增长的基础。乡村人口转变为城市人口的过程，包括以下四方面的主要内容：第一，人口城镇化过程中，人们居住的地理空间环境从乡村迁移到城市；第二，人们的生产方式由农业生产经营方式转变为非农业生产经营方式，从而农业生产经营活动的布局更加集中；第三，人们的生活方式由适应农业生产经营的生活方式，转变为适应非农业生产经营方式的生活方式；第四，人们的价值观念以及相关的社会制度也发生了相应的变化（卫华，2007）。人口流动的原因在于比较利益的存在，这就促使了社会劳动者从农业部门向工商业部门转移，人口迁移理论的实质就是人口资源的重新配置。美国的地理学家诺瑟姆发现，城市人口的增长呈 S 型曲线运动，在城镇化初期，城市人口增长比较缓慢；随着城镇化进程的进一步加快，城市人口开始迅速增加；大量的农村人口向城市转移，城镇化增长趋势逐渐下降，城市人口增加的趋势也随之缓慢；这时城市发展到了成熟阶段，即城镇化的高级阶段。诺瑟姆总结了这一规律，不仅适用于发达国家，而且在大部分发展中国家也适用。但是由于不同的国家城镇化模式不一样，人口流动的规律也存在差异（马侠，1992）。

发展中国家城镇化和人口流动大致可以总结为以下四种模式：（1）控制型城镇化，政府控制人口由农村向城市流动；（2）NIEs 型城市化（Newly Industrialized Economies），即城市化和工业化的速度都比较快，工业化起步不久农村人口开始向城市转移，造成农村人口的减少；（3）过度城镇化，城镇化超前于工业化；（4）高人口迁移率和低城镇化率并存的城镇化（周英，2006）。影响人口迁移的因素是复杂和多样的，人口迁移理论将其总结为：居住地、迁入地、中间障碍、迁移者个人四个因素。迁移是一个自然选择的过程，同样的环境，为何有些人迁移了，有些人却没有迁移，这与迁移者的生存环境、生活状况、年龄性别、文化教育、婚姻状况、家庭状况、工作变动、就业压力、务工经商等因素有关（胡小武，2011）。

从迁移的去向分析，受自然灾害和战争的影响，有从农村迁往农村的，但大多数是从农村迁往城市的。可以说，没有人口的迁移，就没有中国的城镇化。这种迁移源于城乡之间的差异，与城市的经济发展、生活条件、发展潜力直接相关。迁移选择理论认为，迁移既要付出成本，同时也会给人们带来很大的收益。迁移肯定会遇到许多阻力，比如政府的控制、户籍制度的限制等。迁移会使人们将来的生活更加美好，也就是说迁移的预期收益大于迁移的成本，这也是大量农村人口迁往城市的根本原因。还应指出，迁移效应具有两重性：一方面，虽然迁移者的生产方式、生活方式、居住方式和价值观念发生较大变化，但是农村人口大量迁往城市，也为城市的经济发展创造了一大笔财富；另一方面，城市人口快速增长，给城市土地利用带来巨大的压力，也给城市的住宅、交通、公共设施等带来沉重压力，同时城市人口迅速增加势必产生许多城市垃圾、生活污水，造成城市土地污染，从而使城市土地保护、整治的任务更加繁重。可见，人口迁往城市所带来的土地利用问题急需认真研究。近年来，我国每年有1亿多农民进城务工，受高房价和户籍制度影响，他们只是临时居住、工作在城市，农民工市民化仍是需要解决的难题。

第二节　城镇用地规模增长与人口
增长的协调状况

一　城镇用地与人口增长关系的研究

1. 人口整体增长趋势

近年来，由于人口不断增长，在耕地限制和人口增长的双重推动下农业过剩人口逐渐向城市转移。随着工业的发展、社会分工的细化和人口的进一步增多，商业、服务业的快速发展，也进一步促进人口的迁移和城镇化进程。

2001～2010 年，陕西省城镇人口增长情况、城镇化率见表 5－1 所示。

表 5－1 陕西省十年来人口增长情况

单位：万人，%

年份	总人口	城镇人口	城镇化率
2001	3519	1228	34.9
2002	3572	1268	35.5
2003	3672	1305	35.5
2004	3681	1338	36.3
2005	3704	1337	36.1
2006	3739	1447	38.7
2007	3783	1506	39.8
2008	3814	1565	41
2009	3853	1621	42.1
2010	3930	1796	45.7

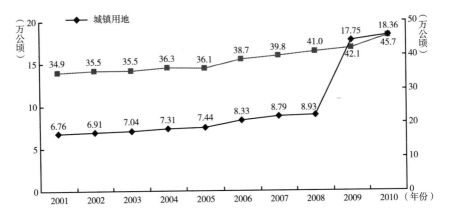

图 5－1 陕西省十年来城镇用地与城镇化率增长趋势

从表 5－1 可以看出，2010 年陕西省城镇人口已达 1796 万人，城镇化率已达 45.7%。预计在"十二五"期间，城镇化将加快发展，城镇化率将达 55%。受农村人口进入城镇以及城镇人口的自然增长因素的驱动，城镇人口将超过 2300 万人。

2. 城镇用地与人口增长特征

表 5-2 陕西省十城市城镇人口与用地增长情况表

市(区)	城镇人口(万人) 用地(公顷)	年份(年)		平均增长率(%)
		2005	2010	
西安市	城镇人口	407.95	522.86	5.09
	城镇用地	25283.89	55530.77	17.04
铜川市	城镇人口	40.51	40.58	0.04
	城镇用地	2006.29	5485.44	22.28
宝鸡市	城镇人口	147.81	171.49	3.02
	城镇用地	5105.38	17976.74	28.63
咸阳市(含杨凌)	城镇人口	188.33	220.5	3.2
	城镇用地	12531.55	24166.39	14.04
渭南市	城镇人口	187.97	240.83	5.08
	城镇用地	8008.6	24231.03	24.79
延安市	城镇人口	73.75	103.6	7.03
	城镇用地	5065.09	11141.35	17.08
汉中市	城镇人口	79.08	154.52	14.34
	城镇用地	5208.13	11782.95	17.74
榆林市	城镇人口	111.67	153.09	6.51
	城镇用地	5326.85	22644.39	33.57
安康市	城镇人口	61.94	100.44	10.15
	城镇用地	3216.05	5384.9	10.86
商洛市	城镇人口	38.72	88.14	17.88
	城镇用地	2484.39	5278.97	16.27
陕西省	城镇人口	1337.72	1796.05	6.07
	城镇用地	74236.22	183622.93	19.86

从表 5-2 可以看出，2005~2010 年，随着城镇人口的增多，陕西省十个地级市的城镇用地也都在增多。陕西省城镇人口总数从 1337.72 万人增加到 1796.05 万人，平均增长速度为 6.07%；城镇用地从 74236.22 公顷增加到 183622.93 公顷，平均增长速度为 19.86%。城镇人口增长速度大于陕西省总人口增长速度的有延安市、汉中市、榆林市、安康市和商洛市。城镇用

地增长速度大于陕西省总城镇用地增长速度的有铜川市、宝鸡市、渭南市和榆林市。

3. 不同等级城市人口与城镇用地增长特征

2005～2010年陕西省大中小城市城镇人口与城镇用地规模发展见表 5-3 所示。可以看出，2005～2010 年大中小城镇人口呈逐年上升趋势，大城市城镇总人口从 2005 年的 407.95 万人增长到 2010 年的 522.86 万人，年均综合增长率为 5.09%。中等城市城镇人口从 336.15 万人增长到 391.99 万人，年均增长率为 3.12%。小城市城镇人口从 593.63 万人增长到 881.19 万人，年均增长率为 8.22%。随着城镇人口的增多，城镇用地规模也呈现大幅度的增加的趋势，其中，大城市用地规模从 2005 年的 25283.89 公顷增加到 2010 年的 55530.77 公顷，年均增长率为 17.04%；中等城市从 17636.93 公顷增加到 42143.13 公顷，年均增长率为 19.03%；小城市则是从 31315.39 公顷增加到 85949.03 公顷，年均增长率为 22.38%。

表 5-3　陕西省不同等级城市城镇人口与城镇用地增长情况

市（区）	城镇人口（万人）用地（公顷）	年份（年）		年均增长率（%）
		2005	2010	
大城市	城镇人口	407.95	522.86	5.09
	城镇用地	25283.89	55530.77	17.04
中等城市	城镇人口	336.15	391.99	3.12
	城镇用地	17636.93	42143.13	19.03
小城市	城镇人口	593.63	881.19	8.22
	城镇用地	31315.39	85949.03	22.38

从表 5-3 可以看出，2005～2010 年小城市城镇总人口增幅较大，高出中等城市 5.1 个百分点，高出大城市 3.13 个百分点。

这主要是由于 2005～2010 年，陕西省大中小城市总人口都有所增长，而流动人口在中等城市和小城市呈现不同变化趋势。大城市和中等城市流动人口较小城市流动人口增幅慢，通过常住人口增加可知，中等城市流动人口向常住人口转化，因此，加大中等城市基础设施建设的力度对于吸引外来人口定居、发展城市经济都起到关键性作用。而小城市更加贴近农村，农村务工人员在农闲季节出来务工较多，导致小城市流动人口增加，同时城镇化的快速发展，使小城市城区常住人口也大幅度增加，这正是加快城镇化进程的结果。

城镇用地亦是如此，增加幅度最大的也是小城市，这与近年来陕西省县域经济的快速发展有着密切的联系。

4. 不同职能城市城镇人口与城镇用地增长特征

表 5 - 4　陕西省不同职能城市城镇人口与城镇用地增长情况表

序号	城市职能	主要城市	城镇人口（万人）用地（公顷）	年份（年）		平均增长率（%）
				2005	2010	
1	综合性	西安	城镇人口	407.95	522.86	5.09
			城镇用地	25283.89	55530.77	17.04
2	高新技术产业	咸阳（含杨凌）宝鸡	城镇人口	336.15	391.99	3.12
			城镇用地	17636.93	42143.13	19.03
3	加工业旅游业	商洛汉中	城镇人口	117.79	242.66	15.55
			城镇用地	7692.52	17061.92	17.27
4	矿产资源开发	安康铜川	城镇人口	102.45	141.02	6.6
			城镇用地	5222.34	10870.34	15.79
5	化工	渭南延安	城镇人口	261.72	344.42	5.65
			城镇用地	13073.69	35372.38	22.03
6	能源	榆林	城镇人口	111.67	153.09	6.51
			城镇用地	5326.85	22644.39	33.57

从表 5 - 4 可以看出，2005~2010 年，不同职能城市的城镇人口数量与城镇用地面积都在增加。其中，按照城镇人口增加速度的快慢，依次是加工旅游业城市，矿产资源开发城市，能源城市，化工城市，综合性城市，最后是高新技术产业城市。而城镇用地增加速度最快的是能源城市，再依次是化工城市，高新技术产业城市，加工旅游业城市，综合性城市，最后是矿产资源开发城市。

5. 不同区域的城市城镇人口与城镇用地增长特征

总体来说，由于陕西省经济发展水平存在显著的地区差异，关中经济发

表 5 - 5　陕西省不同区域城市城镇人口与城镇用地区域增长情况

区域	城镇人口（万人）用地（公顷）	年份		平均增长率（%）
		2005	2010	
陕北	城镇人口	185.41	256.69	6.72
	城镇用地	10391.93	33785.74	26.59
关中	城镇人口	972.58	1196.27	4.23
	城镇用地	52935.72	127390.37	19.2
陕南	城镇人口	179.73	343.09	13.8
	城镇用地	10908.57	22446.82	15.53

展水平较高，陕南与陕北经济发展水平偏低。城镇作为区域社会经济活动的集聚体，相应地存在明显的空间分布差异，其密度呈现由关中向陕南、陕北两侧递减的特征。

由表 5 - 5 可以看出，随着城镇人口的增多，各区域的城镇用地也随之增加。其中，城镇人口平均增长率最高的是陕南，达到 13.8%，然而它的城镇用地增加的幅度却不是最大的，这主要是因为陕南以前经济比较落后，发展空间较大，所以城镇人口增多比较容易体现，而陕南的山势地形却限制了陕南城镇用地的扩大。城镇用地增长幅度最大的是陕北，最近几年，陕北，尤其是榆林，由于能源开采业的发展，经济水平明显提高，人民生活普遍得到改善，城镇用地增多毋庸置疑。

二　城镇用地与城镇化发展关系研究

未来的 10 年是我国和陕西省城镇化快速发展的 10 年。根据国家住房与城乡建设部预测，我国的城镇化率在未来 10 年内将保持年均 0.8% ~1% 的速率增长；而根据陕西省"十二五"规划等要求，未来 5 年陕西省将有 600 万农民进城。大批人口涌入城市，带来城市规模扩张、城镇用地紧张等问题。

由图 5 - 2 可以直观看出，城镇用地面积变化相对城镇化率比例较大，富有弹性。研究过往规律和研究领域情况，城镇化率每提高 1%，城镇用地面积就提高 3% 左右。

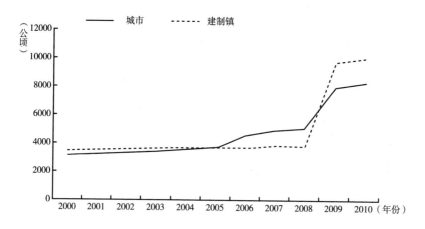

图 5 - 2　陕西省城镇用地面积变化

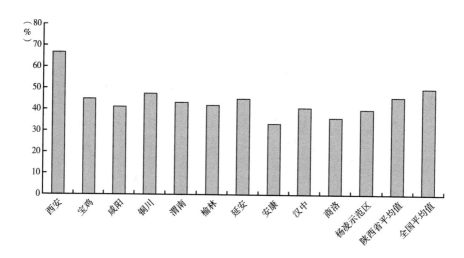

图 5 - 3　2010 年陕西省各市城镇化率比较

　　分析陕西省各地市城镇化率，仅有西安地区高于全国平均水平；而且也只有西安、铜川、延安、宝鸡、渭南等城市超过或者达到全省平均水平。西安中心城市城镇人口比例大，推高了全省城镇化率。这与城镇用地比例中的类型是一致的（见图 5 - 3）。

　　按区域划分，陕南地区城镇化率水平明显较低，需要进一步发展。

　　全面提升陕西省城镇化率，达到 60% 的中期目标要求，要根据各个城市实际和结合目前发展机遇，全面提升城镇化率水平，以西安为核心，以关中地区为中心，促进城镇化率的增长与城镇用地的有序扩张和提高。

三　城镇用地与经济发展关系研究

陕西省的经济发展与城镇用地变化是分阶段的，每个阶段又具有各自特征。从整体来看，经济发展与用地关系呈现由外延式逐步向集约式转变的规律。陕西省城镇用地的变化，提升了陕西省土地利用的功能，一定程度上促进了陕西省经济的稳步增长。同时，陕西省经济发展带来的产业结构的变迁与升级，也促进了土地资源的优化配置。

1. 城镇用地结构与经济发展关系研究

城镇用地结构变化与区域经济发展密切相关。区域经济的发展使城镇用地的需求急剧增加，而城镇用地规模的扩张又进一步地推动了区域经济发展。国民生产总值作为区域经济发展的重要指标，与城镇用地面积变化间是相辅相成、密不可分的关系。对近年国民生产总值及城镇用地面积变化的分析，有助于更精确地研究城镇用地面积应如何适应经济发展而变化。

2000～2010 年，陕西省城镇用地面积与国民生产总值变化情况见图 5 - 4 所示。

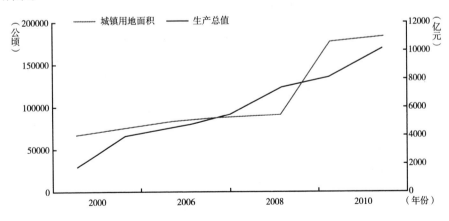

图 5 - 4　陕西省国民生产总值与城镇用地面积变化

由图 5 - 4 可知, 陕西省城镇用地面积与国民生产总值近 5 年来一直呈现较凌厉的涨势, 但两者的增长速度并不完全同步。国民生产总值自 2005 年以来一直以超过 20% 的速度增长, 是全国增长速度的 2 ~ 3 倍。而陕西省城镇用地面积的变化则没有那么一致的规律。由于 2009 年二调数据统计口径的重大调整, 2008 年与 2009 年城镇用地规模呈现非常大的变化。除去此段变化, 其他时期内陕西省城镇用地面积基本处于稳定增长的状态, 增幅一般在 1% ~ 2%, 但也有例外的时候。2005 ~ 2006 年, 陕西省城镇用地面积增长了 11.93%, 而 2009 ~ 2010 年增长了 3.44%。

产业结构调整是区域经济发展的主题, 区域经济发展也就是在不断的产业结构调整过程中实现的。在陕西省经济发展进程中, 由于产业结构的调整, 工业占用了更多的土地资源。区域经济系统产业结构的演变引起土地资源在不同产业部门间的重新分配, 从而导致区域土地利用结构的变化。由于各产业部门的土地生产率、利用率不同, 而且不同产业发展占用土地的比例不一样, 从而使产业发展与该产业的土地占用并不呈现同比例变化, 但是在不同的时期有着不同的产业发展特征, 从而形成了一定产业结构下相应的土地利用结构。2000 ~ 2010 年, 陕西省第一、二、三产业在国民生产总值中占比见表 5 - 6 所示。

表 5 - 6 陕西省 2000 ~ 2010 国民生产总值构成

单位: 亿元, %

年份	2000	2005	2006	2007	2008	2009	2010
生产总值	1804	3933.72	4743.61	5757.29	7314.58	8169.8	10123.48
第一产业	258.22	435.77	484.81	592.63	753.72	789.64	988.45
占 比	14.31	11.08	10.22	10.29	10.30	9.67	9.76
第二产业	782.58	1951.36	2452.44	2986.46	3861.12	4236.42	5446.1
占 比	43.38	49.61	51.70	51.87	52.79	51.85	53.80
第三产业	763.2	1546.59	1806.36	2178.2	2699.74	3143.74	3688.93
占 比	42.31	39.32	38.08	37.83	36.91	38.48	36.44

在经济高速增长的背景下, 陕西省的第一产业在国民生产总值中的比重呈下降趋势, 而第二产业增幅比较稳定, 与此同时, 工业用地面积也呈现相

应的增长。

陕西省 2008～2010 年第二产业产值与工业用地面积变化见图 5-5 所示。

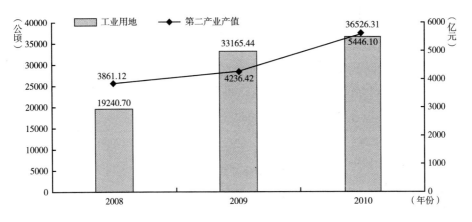

图 5-5　陕西省工业用地与第二产业产值变化

2008～2010 年，陕西省第二产业增长了 41.05%，第二产业在陕西省生产总值中占比增长了 1.01%，而工业用地在 2008～2010 年就增长了 17285.61 公顷，增幅达 89.84%，尽管工业用地在城镇用地总面积中占比下降了 1.66%，但数量的增加实在惊人。由此可见，工业用地规模的增长与第二产业的增长速度并不相符，工业用地的增速远远超过了城镇用地整体的增长，从而可知，工业用地的产出效率比较低下，工业用地存在盲目扩张的现象。长此以往，不仅会误导产业结构的调整，同时也不利于第二产业向低耗能、高产出方向发展。

由表 5-6 可知，陕西省第三产业产值持续增长，然而其在国民生产总值中的比重却有减无增，商服用地面积虽也有增加，但始终赶不上城镇用地整体扩张的速度。

陕西省 2008～2010 年第三产业产值与商服用地面积变化见图 5-6 所示。

由数据可知，相对于工业用地而言，商服用地规模的增长速度略逊一筹。2008～2010 年，陕西省第三产业增长了 36.64%，但第三产业在陕西省生产总值中所占比例下降了 0.47%。商服用地增长了 6336.81 公顷，增幅达 79.79%，同时商服用地在城镇用地总规模中的占比下降了 1.12%。这就

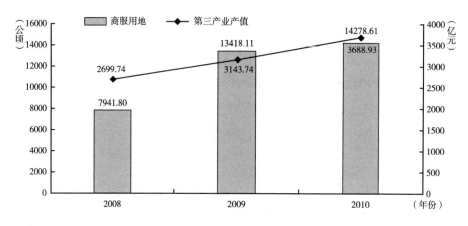

图 5-6　商服用地与第三产业产值变化

说明陕西省在城镇用地的扩张中，并没有以经济发展和产业结构的调整为导向，因此导致的结果是城镇用地规模的盲目增长、城镇用地结构的失调，反过来进一步影响了产业结构转型的进度，也影响了经济的发展与城市内涵的升级。

2. 城镇用地面积与经济发展关系研究

（1）城镇用地面积与固定资产投资关系研究

陕西省城镇化的进程以及城镇用地面积的扩张离不开经济的投入，而城镇固定资产投资则在很大程度上反映了社会投资力度。通过对固定资产投资额和城镇用地面积变化的比较分析，可研究得出两者间的内在关系。陕西省近三年固定资产投资额与城镇用地面积变化情况见图 5-7 所示。

2008 年陕西省城镇固定资产投资额为 4851.41 亿元，到 2010 年增加到 8561.24 亿元，投资额度增加了 76.47%。房地产开发投资额度的提高也非常明显，从 2008 年的 53.16 亿元，一跃提升到 2010 年的 122.70 亿元，增幅达 130.81%，助推了城镇用地规模扩张的步伐。在此期间，城镇用地规模正处于快速增长阶段，可以看到固定资产投资与城镇用地规模基本上呈正相关关系。但统计口径的调整导致数据变化较为突然，难以做出精确的相关数量分析。

下面将探讨各类城镇用地与固定资产投资额的关系。陕西省近三年商服用地规模与固定资产投资额关系见图 5-8 所示。

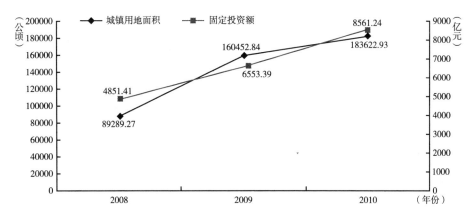

图 5 - 7　城镇用地面积与固定资产投资额关系

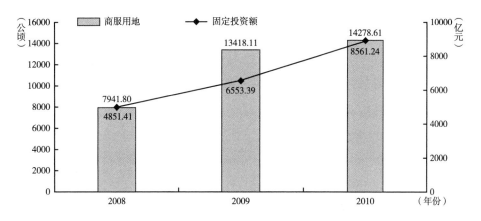

图 5 - 8　商服用地与固定资产投资额关系

2008 年陕西省商服用地面积为 7941.80 公顷，到 2010 年增加至 14278.61 公顷，增幅为 79.79%，略逊于固定资产投资额的增长速度。2010 年固定资产投资第三产业新获投资占比达到 61.10%，因此在如此大力度的投资条件下，商服用地规模的增幅远远不及预期，落后于城镇用地面积的整体提升。

陕西省近三年工业用地面积与固定资产投资额关系见图 5 - 9 所示。

2008 年陕西省工业用地面积为 19240.70 公顷，到 2010 年增加至 36526.31 公顷，增幅达 89.84%，与固定资产投资额的增长基本相对应。

— 225 —

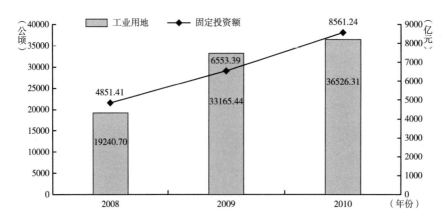

图 5 - 9　工业用地与固定资产投资额关系

2010 年固定资产投资中，第二产业所获投资占比为 35.75%，相对而言，工业用地规模的增长速度可以跟上固定资产投资，同时也紧跟城镇用地面积增长的步伐。

陕西省近三年住宅用地面积与固定资产投资额关系见图 5 - 10 所示。

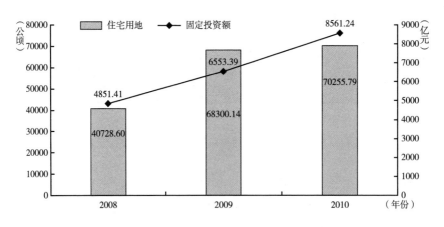

图 5 - 10　住宅用地与固定资产投资额关系

2008 年陕西省住宅用地规模为 40728.60 公顷，到 2010 年增加至 70255.79 公顷，增幅达 72.50%，与新增固定资产投资速度基本持平，这是在房地产行业近年繁荣兴旺的环境下形成的结果，当然也是政府出台保障居民住房的相关政策所取得的效果。住宅用地面积的增长有助于满足人民住房的刚性需求，缓解社会矛盾，促进社会和谐。

陕西省近三年公共设施用地面积与固定资产投资额关系见图 5 - 11 所示。

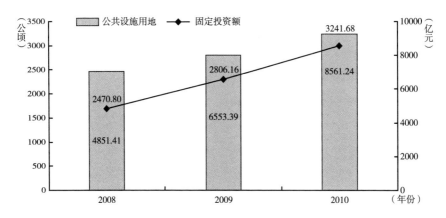

图 5 - 11 公共设施用地与固定资产投资额关系

2008 年陕西省公共设施用地规模为 2470.80 公顷，到 2010 年增加至 3241.68 公顷，增幅为 31.20%。陕西省在城镇化进程中公共设施用地规模一直处于较低水平，增长速度也较为缓慢，固定资产投资对相关项目的投资也不尽如人意。通过前面的分析可知，在 2010 年的固定资产投资下，各类用地中增幅最小的是公共设施用地。因此，陕西省在今后的城镇化过程中，必须注意不可忽视公共设施的建设，要增加相应投资投入，提升陕西省城市形象及人民生活便利程度。

（2）城镇用地面积与 GDP 关系研究

2000~2010 年，陕西省 GDP 及人均 GDP 变化见表 5 - 7 所示。

表 5 - 7 陕西省 2000~2010 年 GDP 及人均 GDP 变化

年份	2000	2005	2006	2007	2008	2009	2010
生产总值（亿元）	1804	3934	4524	5466	7315	8170	10123
比上年增长（%）	—	14	15	21	34	12	24
人均生产总值（元）	4968	10594	12138	14607	19480	21688	27104
比上年增长（%）	—	14	15	20	33	11	25

陕西省 GDP 在 10 年间增长了 461.17%，2008 年增长尤其迅猛。而人均 GDP 的增幅也是与生产总值增长相对应的，从 2000 年的 4968 元到 2010 年的 27104 元，增幅达到 445.58%。与此同时，城镇用地面积的变化也是非常令人瞩目的。

陕西省城镇用地面积 2000~2010 年的变化见图 5-12 所示。

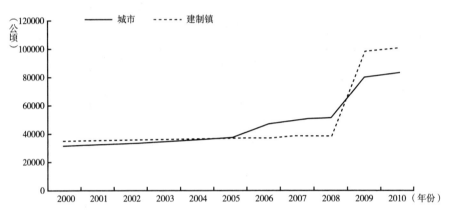

图 5-12　陕西省城镇用地面积变化

陕西省自 2000 年来城镇用地面积一直处于上升期，然而城市和建制镇规模的扩张步调却并不完全一致。在 2005 年前，城市与建制镇规模的增长速率较为一致，在 2005~2009 年，城市扩张的速度超过了建制镇，此时期内建制镇规模几乎停滞不前，发展极为缓慢。而从 2008 年起，由于陕西省多地实行撤乡并镇等政策，建制镇规模开始急速增加，并在一年之内突增至超过城市规模。总体而言，陕西省近十年内城镇用地面积的增长成果是非常令人瞩目的，在一定程度上缓解了城镇用地供需矛盾，加速了陕西省城镇化进程。

（3）城镇用地面积与产业结构关系研究

从总体上看，陕西省用地结构的转换，提升了陕西省土地利用的功能，一定程度上促进了陕西省产业结构的变迁。同时，产业结构的变迁与升级还给城镇用地面积的变化带来了不可忽视的影响。陕西省近五年第一、二、三产业比重及城镇用地面积变化关系见图 5-13 所示。

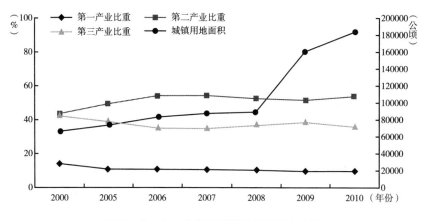

图 5 - 13　各产业比重及城镇用地面积变化

如图 5 - 13 所示，随着经济的发展及经济结构的调整，陕西省第一产业比重持续下降，但下降速度比较平缓；第二产业占生产总值比重稳中有升，同时第三产业比重稍有回落。其间，城镇用地面积持续扩大，增幅愈来愈大。由此可以看出，陕西省城镇用地面积的增长并不随着第一、二、三产业的比重变化而改变，陕西城镇用地发展现时还处于盲目扩张的阶段，并不能很好地适应并引导产业结构的转型和调整。

第三节　城镇用地利用效益分析

一　经济效益

经济效益是指经济上的投入与产出之比，通常用劳动者在单位时间内创造的使用价值的数量或完成的工作量表示，或用劳动者创造一定的使用价值或完成一定的工作量所消耗的劳动时间表示。追求经济效益的行为就是用最少的成本获取最大利润的行为，即少投入、多产出。我们将从土地投入程度，土地利用强度，城镇土地投入产出比，城镇土地可持续利用这四个方面来分析陕西省城镇用地利用效益中的经济效益。

1. 从城镇土地投入程度分析

土地投入强度反映了人们开发利用城市土地的深度和广度。一般来说，土地投入强度的提高会促进城市土地利用经济效益的提高。

（1）单位面积全社会固定资产投资

单位面积全社会固定资产投资是反映城市土地利用中资金投入强度的重要指标，反映城镇用地集约利用的程度，该类指标越大，城镇用地经济效益越高。

单位面积全社会固定资产投资 = 全社会固定资产投资／城镇用地面积

表 5 － 8　陕西省 2010 年全社会固定资产投资

地区	全社会固定资产投资（亿元）	城镇用地（单位:公顷）	单位面积全社会固定资产投资（单位:万元/公顷）
西安市	3250.56	55530.77	585.36
铜川市	117.23	5485.44	213.71
宝鸡市	835.22	17976.74	464.61
咸阳市	1050.54	21585.56	486.69
渭南市	742.25	24231.03	306.32
延安市	724.53	11141.35	650.31
汉中市	312.8	11782.95	265.47
榆林市	1105.46	22644.39	488.18
安康市	360.05	5384.9	668.63
商洛市	290.07	5278.97	549.48
杨凌示范区	36.33	2580.83	140.77

从表 5 － 8 可以看出，在 2010 年陕西省十个地级市和一个示范区中，单位面积全社会固定资产投资额最高的是安康市，依次是延安市、西安市、商洛市、宝鸡市、榆林市、咸阳市、渭南市、汉中市、铜川市，最后是杨凌示范区。也就是说，依照这个次序，在单位面积全社会固定资产投资所能反映的土地投入程度这个指标上，这些城市的值依次减少。

（2）单位面积专业技术人员

单位面积专业技术人员是专业技术人员和已利用土地面积的比值，是反映土地利用中专业技术人员投入强度的重要指标，该指标越大，土地利用中技术含量越高，效益越高。

$$单位面积专业技术人员 = 专业技术人员 / 已利用土地面积$$

表 5 - 9 陕西省 2010 年各地市专业技术人员情况

地区	专业技术人员	已利用土地面积 （单位：公顷）	单位面积专业技术人员 （单位：人/公顷）
西安市	1306962	54824.38	23.85
铜川市	94310	5422.14	17.4
宝鸡市	288301	17705.56	16.35
咸阳市	363019	23964.49	15.15
渭南市	354687	23845.24	14.85
延安市	214846	11053.9	19.5
汉中市	221482	11620.41	19.05
榆林市	242496	22261.8	10.95
安康市	119467	5297.24	22.5
商洛市	119621	5158.46	23.25
杨凌示范区	31942	2580.83	12.45

从表 5 - 9 可以看出，在 2010 年陕西省十个地级市和一个示范区中，单位面积专业技术人员投入指标较高的有西安市，安康市和商洛市，分别为 23.85 人/公顷，22.5 人/公顷和 23.25 人/公顷。最低的是榆林市，只有 10.95 人/公顷。对于专业技术投入指标过低的城市，在今后的发展中，必须结合当地实际情况，适当地加大技术投入程度，以产生更多的经济效益。

（3）从城镇土地利用强度分析

土地利用强度，是指土地资源利用的效率。城市土地的利用强度通常用城市土地的平均建筑密度和平均建筑容积率来表示。这样，土地利用现状强度的研究可转化为建筑密度和容积率的研究。

建筑密度，又称建筑系数，是指建筑占地面积与宗地面积之比，用百分比来表示。

容积率，是指建筑面积与宗地面积之比。平均容积率的分析方法与建筑密度分析方法相同，由每块宗地的建筑面积和宗地面积求出每块宗地的容积率。

表 5 – 10　陕西省 2010 年土地利用强度

地区	汇总工作范围总面积(公顷)	建筑总面积(公顷)	建筑占地总面积(公顷)	城镇综合容积率	城镇建筑密度
杨凌区	2107.16	1008.59	390.93	0.47	0.18
咸阳市	14188.42	20958.29	6553.6	1.47	0.46
商洛市	3049.06	5593.99	1615.87	1.83	0.52
西安市	40143.3	71679.57	21681.87	1.78	0.54
陕西省	57380.78	98231.85	29851.34	1.71	0.52

从表 5 – 10 中可以看出，陕西省西安市和商洛市城镇综合容积率较高，在 1.75～2.0 之间，所选的四个样本中杨凌区城镇综合容积率较低，在 0.5 以下。

今后陕西省地级城市可以以西安市为参照标准，县级市以地级市为参照标准，在扩大建设用地的同时提高住宅用地容积率，从而提高人均住宅面积，降低建筑密度，提高绿化率，改善人居环境。

（4）从城镇土地投入产出比分析

①单位面积国内生产总值。

单位面积国内生产总值 = 国内生产总值／城镇土地总面积

表 5 – 11　陕西省 2010 年各市（区）土地投入产出情况

地区	城镇国内生产总值(单位:亿元)	城镇土地面积(单位:公顷)	单位面积国内生产总值(单位:万元/公顷)
西安市	3101.63	55530.77	558.54
铜川市	173.55	5485.44	316.38
宝鸡市	871.89	17976.74	485.01
咸阳市	895.39	21585.56	414.81
渭南市	672.48	24231.03	277.53
延安市	814.23	11141.35	730.82
汉中市	399.31	11782.95	338.89
榆林市	1664.51	22644.39	735.07
安康市	259.99	5384.9	482.81
商洛市	227.85	5278.97	431.62
杨凌示范区	43.54	2580.83	168.71

单位面积国内生产总值是反映土地投入产出比的一个很重要的指标，该指标值越高，证明土地利用程度越高，该指标值越低，则说明土地利用程度越低。由表可以看出，城镇土地单位面积国内生产总值明显较高的是延安市、榆林市和西安市，分别达到 730.82 万元/公顷、735.07 万元/公顷和 558.54 万元/公顷。该指标值较低的城市，如铜川市、渭南市和杨凌示范区，在今后的发展中，应加大土地投入程度，提高土地的节约利用效率。

②单位面积工业增加值。

单位面积工业增加值主要用于衡量第二产业中各项土地利用经济效益的大小，该类指标越大，表明土地产出越高。

单位面积工业增加值 = 工业增加值／工业用地

表 5-12　陕西省 2010 年各市（区）工业增加值情况

地区	工业增加值 （单位：亿元）	工业用地 （单位：公顷）	单位面积工业增加值 （单位：万元/公顷）
渭南市	339.71	5740.52	591.78
榆林市	1178.34	5105.98	2307.76
汉中市	146.32	1809.37	808.68
咸阳市	480.7	4800.94	1001.26
安康市	86.15	575.64	1496.6
商洛市	64.49	644.12	1001.21
宝鸡市	497.4	4366.61	1139.1
铜川市	103.99	1273.6	816.5
西安市	1003.57	10275.33	976.68
延安市	614.45	977.44	6286.32
杨凌示范区	16.24	956.76	169.74

单位面积工业增加值主要用于衡量第二产业中各项土地利用经济效益的大小，该类指标越大，表明土地产出越高。由表可以看出，2010 年时，陕西省市区单位面积工业增加值明显高于其他城市的是延安市，达到 6286.32 万元/公顷，即利用效率最高。其他城市应以延安市为例，提高自身工业用地节约集约的能力。

二 社会效益

土地利用的社会效益是指土地利用对社会需求的满足程度及产生的政治和社会影响，城市用地的社会效益牵扯到人口、文化教育、信息、社会福利水平等方面。

1. 人口

人口密度 = 市辖区非农业人口/城市建成区面积，单位：人/公顷。城市是人口的载体，城市人口密度显示的就是单位面积城市用地对人口的承载能力。

表 5 - 13　陕西省各市区人口密度

单位：人/平方公里，%

地区	2005 年	2006 年	2007 年	2008 年	2009 年	平均增长速度
渭南市	753.73	763.06	773.05	762.66	792.79	1.27
榆林市	65.31	67.02	68.85	70.65	72.21	2.54
汉中市	954.5	962.59	979.14	978.6	993.88	1.02
咸阳市	1633.56	1658.63	1669.26	1689.94	1702.09	1.03
安康市	260.63	264.08	268.72	271.35	274.12	1.27
商洛市	206.92	206.47	206.06	204.34	205.43	- 0.18
宝鸡市	213.01	216.51	243.17	389.34	395.55	16.73
铜川市	311.85	312.55	313.34	316.13	314.71	0.23
西安市	1488.58	1510.25	1533.19	1548.66	1567.78	1.3
延安市	113.53	118.56	121.51	124.3	126.18	2.68

由表 5 - 13 可以看出，陕西省各地的人口密度较大的有西安市、渭南市、咸阳市、汉中市。这几个城市经济发展水平在陕西省较高；人口密度较小的是榆林市和延安市，2009 年分别为 72.21 人/平方公里和 126.18 人/平方公里。从人口密度的角度看，这两个地区的利用强度并不大，在今后的发展中将有较大潜力可以挖掘。还有一个明显的特点就是宝鸡市人口密度的增长速度明显高于其他各地区，这就从一定程度上说明，随着城镇化速度的加快，宝鸡市市区用地利用强度提高速度远远高于其他市区，发展较快。

人口密度对土地的集约利用程度有很大的影响，一般人口密度越大，土地的集约利用度越高，反之，则越低。在城市，居住用地一般占整个建设用地的 20% ~ 30%，在人口高密度地区，土地资源紧缺，地价较高，则可以通过增加建筑物层数、降低建筑密度的形式提高土地的利用效率。先进建筑技术的出现，以及领先的城市管理理念，使这种集约利用土地的形式成为可能。高密度的优点在于充分利用土地资源，使居住、工作、购物、娱乐场所相距很近，生活和工作方便，可以省时间、节汽油，提高办事效率。但是这种发展模式需要较高的投资强度支撑，部分经济发展状况较好的城市适用，可以节约大量的城市建设用地，但对于一般县市，由于地价较低，以及当地居民的购买力有限等因素，住宅平均容积率不到 1，土地集约利用潜力很大。在这种情况下，政府部门可以通过合理规划，适当提高新建住宅的容积率的方法，达到节约和集约利用土地的目的。

2. 文化教育

人均娱乐文化教育支出是反映人们日常娱乐、子女教育与自我教育等的平均支出，反映人们更高层次的追求的支出。中小学学生教师比 = 中小学学生数量/中小学教师数量。中小学学生教师比是反映中小学教育质量的相对指标。数值越大，说明一个教师需要培养的学生越多，相对花费在每个学生身上的时间就越短。因此，该指标越小，反映文化教育条件越高。

表 5 - 14　陕西省各市（区）中小学学生教师比情况

单位：%

地区	2005 年	2006 年	2007 年	2008 年	2009 年	指标平均提高速度
渭南市	19.94	19.37	18.24	17.35	16.85	4.12
榆林市	21.45	23.13	22.03	29.68	14.9	8.71
汉中市	16.36	15.84	15.28	14.97	14.86	2.38
咸阳市	19.65	18.82	18.21	17.68	17.23	3.23
安康市	19.77	19.31	18.08	17.23	16.73	4.09
商洛市	18.52	18.21	17.65	16.67	16.43	2.95
宝鸡市	18.59	17.92	15.36	15.93	15.82	3.95
铜川市	16.45	12.72	13.16	10.36	11.45	8.66
西安市	18.84	18.71	18.12	17.88	17.19	2.27
延安市	18.83	17.63	17.21	87.11	16.15	3.77

由表 5 - 14 可以看出，2009 年，各市的中小学学生教师比都有所下降，这就表明，陕西省总体教育水平有所提高。其中，该指标质量最高的城市是铜川市，主要原因是铜川人口较少，又距西安较近，比较容易吸纳人才。相对而言，西安市、宝鸡市、渭南市、咸阳市该指标值较高，主要原因是这些城市人口较多。

由表 5 - 14 可以看出，该指标值的提升速度明显高于其他城市的是榆林市和铜川市，主要在于近几年这两个城市经济发展速度加快，城市环境改善，人民生活水平提高。

3. 信息

信息高速传递是现代社会的一个特征。电信业务总量在信息传递中起着重要的作用。人均电信业务值 = 城市电信业务总值/城镇人口。单位：元/人。人均电信业务值可以反映人均传递的信息量，进而反映科技发展水平。

表 5 - 15　陕西省 2010 年各市（区）电信业务值情况

地区	城市电信业务总量（万元）	城镇人口（万人）	人均电信业务值（元/人）
西安市	1038865	522. 86	1986. 89
铜川市	11123	40. 58	274. 1
宝鸡市	156900	171. 49	914. 92
咸阳市	208289	220. 5	944. 62
渭南市	209700	240. 83	870. 74
延安市	31502	103. 6	304. 07
汉中市	128900	154. 52	834. 2
榆林市	262881	153. 09	1717. 17
安康市	95159	100. 44	947. 42
商洛市	56800	88. 14	644. 43

由表 5 - 15 可以看出，2010 年，陕西省各市区人均电信业务值最高的是西安市，达 1986. 89 元/人。这个最大值与西安发达的经济是分不开的，由于西安市是陕西省省会，是陕西省最大的城市，其各个方面发展相对协

调，城镇化发展比较健康，所以西安市在很多方面都会明显优越于其他城市。

4. 社会福利

表 5 - 16　陕西省 2010 年各市（区）万人拥有医生数量情况

地区	城市医生数(人)	城镇人口(万人)	万人拥有医生数量(人/万人)
西安市	15047	522.86	28.78
铜川市	1186	40.58	29.23
宝鸡市	5800	171.49	33.82
咸阳市	5972	220.5	27.08
渭南市	7312	240.83	30.36
延安市	3223	103.6	31.11
汉中市	5231	154.52	33.85
榆林市	4853	153.09	31.7
安康市	3605	100.44	35.89
商洛市	2909	88.14	33.00

注：医生数包含执业医师和执业助理医师。

万人拥有医生数量 = 城区医生人数/市辖区非农人口（万人），单位：人/万人。医生数量对城市的医疗服务水平影响较大，万人拥有医生数量越多，说明医疗水平越高，城市发展的社会效益也越高。由表 5 - 16 可以明显看出，2010 年，陕西省各市区万人拥有医生数量值较大的是安康市和汉中市，分别为 35.89 人/万人和 33.85 人/万人。但是总体上说，陕西省各城市万人拥有医生数量值整体偏低，需要进一步提高。

三　环境效益

1. 生态效益

本书选取城市人均公园绿地面积和城市绿化覆盖率两个指标构建陕西省各城市生态效益评价指标。

人均公园绿地面积 = 公园绿地面积／城镇人口

表 5 – 17　陕西省各市区人均公园绿地面积情况

单位：平方米/人，%

地区	2006	2007	2008	2009	2010	平均增长速度
渭南市	3.93	7.57	7.61	9.83	11.88	31.86
榆林市	3	4.75	5.44	7.53	7.11	24.08
汉中市	6.28	6.45	14.29	14.1	14.09	22.39
咸阳市	7.33	9.6	9.49	9.8	13.43	16.34
安康市	9.44	12.48	11.2	10.06	10.04	1.55
商洛市	7.83	8.51	8.93	10.21	11.36	9.75
宝鸡市	9.46	10.53	12.45	14.22	14.23	10.75
铜川市	7.34	7.6	7.61	9.49	9.74	7.33
西安市	7.59	7.61	7.8	7.9	9.5	5.77
延安市	4.67	7.96	8.53	9.55	9.58	19.68

　　人均公园绿地面积是反映城市范围内人口和绿地关系强度的相对指标，人均绿地面积越大，说明生态要素越好。从表 5 – 17 可以看出，2010 年，人均公园绿地面积相对较高的是咸阳市、汉中市和宝鸡市、分别为 13.43 平方米/人、14.09 平方米/人和 14.23 平方米/人。2006 ~ 2010 年，人均公园绿地面积平均增长速度较快的为渭南市、榆林市和汉中市。对于那些人均公园绿地面积较低，增长速度又慢的城市，如安康市、铜川市、西安市，应该注重提高人均公园绿地面积，提高城镇居民的生活环境和生活质量，而不是单一地追求经济的增长。

城市绿化覆盖率 = 建成区城市园林绿地面积/建成区面积

表 5 – 18　陕西省各市（区）城市绿化覆盖率情况

单位：%

地区	2006	2007	2008	2009	2010	平均增长速度
渭南市	25.1	31.2	31.1	34.8	33.7	7.64
榆林市	20.1	51.8	24.4	23.2	20.2	0.12
汉中市	11.1	14.1	36.7	33.7	31.9	30.2
咸阳市	36.6	36.5	28.4	24.2	29.3	− 5.41
安康市	31.7	32.4	30.2	30.2	28.5	− 2.63
商洛市	16	18.7	18.9	19.1	19.8	5.47

续表

地区	2006	2007	2008	2009	2010	平均增长速度
宝鸡市	34.1	37.3	26.2	27.3	28.1	-4.72
铜川市	27.7	38.1	40.4	39.3	42.2	11.1
西安市	31.1	32.4	33.7	33.8	37.4	4.72
延安市	17.8	30.6	35.5	34.5	41.6	23.64

　　城市绿化覆盖率反映的是城市范围内绿地面积占城市用地面积的比例，不考虑人口的影响。由表5-18可以看出，2010年，陕西省各市区城市绿化覆盖率较高的城市有铜川市、延安市和西安市，分别为42.2%、41.6%和37.4%。城市绿化覆盖率平均增长速度较快的是汉中市和延安市，咸阳市、安康市和宝鸡市呈现出了负增长，而发生负增长的主要原因是随着城镇化的加快，城镇用地面积不断扩大，然而绿化的速度却未跟上城市用地扩张的速度。

　　2. 环境效益

　　选取亿元工业产值SO_2排放量来构建陕西省各城市环境效益评价指标。亿元工业产值SO_2排放量越大，反映其对城市环境的危害越大，环境质量越差。

亿元工业产值SO_2排放量 = 工业SO_2排放量／城市工业产值

表5-19　陕西省各市（区）亿元工业值SO_2排放量情况表

单位：吨/亿元，%

地区	2006年	2007年	2008年	2009年	2010年	年平均降低率
渭南市	2240.14	1830.14	1443.36	1355.27	847.23	21.58
榆林市	282.14	224.79	139.95	130.69	93.78	24.07
汉中市	666.08	736.53	469.11	413.34	259.64	20.98
咸阳市	724.38	555.14	372.22	269.83	179.54	29.44
安康市	166.27	150.06	116.69	97.26	69.45	19.61
商洛市	571.54	433.5	307.56	288.6	174.2	25.7
宝鸡市	364.25	294.5	196.25	159.63	116.31	24.83
铜川市	304.55	314.98	236.54	177.83	157.16	15.24
西安市	196.75	164.98	133.89	101.43	81.21	19.85
延安市	33.27	27.55	21.78	24.39	18.22	13.98

  SO_2 排放是社会经济发展过程中不可避免的现象。SO_2 排放量一旦达到形成酸雨的条件,对生态环境的破坏无法估量,相对于经济发展,SO_2 的排放量越小,对环境的损伤越小。由表 5 – 19 可以看出,2010 年,亿元工业值 SO_2 排放量较小的城市是延安市、安康市和西安市,分别为 18.22 吨/亿元、69.45 吨/亿元和 81.21 吨/亿元。陕西省各市区亿元工业值 SO_2 排放量降低速度较快的城市有咸阳市、商洛市、宝鸡市和榆林市,对于那些指标值较高又不注意降低的城市,在以后发展中应注意降低该指标值,保护城市环境,尤其如汉中市、渭南市。

第六章
国内外城镇化发展的经验启示

第一节　国内代表城市城镇用地变化分析

一　东部代表城市城镇用地变化分析——以上海市为例

1. 上海市概况

上海地处长江入海口，东向东海，隔海与日本九州岛相望，南濒杭州湾，西与江苏、浙江两省相接，共同构成以上海为龙头的中国最大经济区"长三角经济圈"，是中国的经济、交通、科技、工业、金融、贸易、会展和航运中心，拥有中国大陆首个自贸区"中国（上海）自由贸易试验区"。同时，上海还拥有深厚的近代城市文化底蕴和众多的历史古迹，江南的吴越传统文化与各地移民带入的多样文化相融合，形成了特有的海派文化，而且还在 2010 年成功举办了 2010 年世界博览会。①。

2. 城市建成区扩展的基本特征

统计各时期建成区内居住、工业用地的扩展面积、扩展速率及它们在城

---

① 本部分内容参考了百度百科：http：//baike. baidu. com/view/1735. htm？fr＝aladdin，最后访问时间：2014 年 9 月 20 日。

市建成区扩展中的比例（贡献率），分析居住和工业用地空间扩展与城市建成区空间扩展之间的定量关系，可以发现，50多年来，建成区空间扩展并不总是单调增加的，年平均扩展面积表现为先升、后降、再升的发展变化，1988年以后两个时期的建成区扩展速率远高于1947～1988年40多年的平均水平，1964～1979年的15年里，城市建成区面积仅增加了19.5平方公里，为新中国成立以来城市扩展最慢的阶段。从空间分布看，各时期建成区扩展大致围绕着1947年建成区的外围呈触角状分布，不同时期的扩展圈层向不同方向呈放射状突出，较早形成的扩展圈分布较为集中，而较晚形成的扩展圈分布十分广泛，特别是1988年以来形成的城市扩展圈更是广布于研究区全境。

从居住和工业这两种主要城市用地类型来看，居住用地与工业用地的扩展规模和速度及对城市建成区扩展的贡献率等数量特征在不同时期存在极为显著的差异。1979年以前居住用地扩展速度呈迅速衰减趋势，1964～1979年达到扩展速率最低值。1979年以后扩展速率开始大幅度提升，1996～2002年的速率为1964～1979年的100倍多。居住用地扩展对城市建成区扩展的贡献率也呈现同样的变化趋势，这种阶段性的发展变化反映了宏观政策和经济发展对城市扩展的巨大影响，新中国成立后至改革开放前的30多年中，国家宏观政策和历史事件的影响使建成区内居住用地的扩展速率迅速降低，城市的居住功能被大大削弱，改革开放以来房地产业的发展和旧城改造工程的实施，提高了城市的人口集聚功能，使居住用地在建成区扩展中的比例越来越高。

工业用地扩展速率的变化与居住用地不同，1947～1958年的新中国成立初期经济恢复阶段，工业用地扩展速率很低，年平均扩展面积为历年来最低，1958～1964年，在国家大力发展工业的号召下，工业用地扩展速率迅速提升，同期的居住用地扩展大大减慢，1964～1979年工业扩展幅度快速减少，1979年以后尤其是1988年以后，伴随着浦东工业开发区的大规模建设，工业用地扩展速率再次大幅度提高，尤其是20世纪90年代中期以来的工业扩展规模和速度都达到了历年最高值。工业扩展对城市建成区扩展贡献率的发展趋势与扩展速率的趋势相似，只是最大贡献率出现在1958～1964年，1996～2002年次之，1947～1958年贡献率最低。

表6-1 不同时期建成区及居住、工业用地的扩展面积与速度

项目	1947~1958	1958~1964	1964~1979	1979~1988	1988~1996	1996~2002
居住用地扩展面积/km²	15.71	3.14	1.90	9.94	36.27	101.20
年均扩展速率(km²/年)	1.43	0.52	0.13	1.10	4.53	16.87
扩展贡献率(%)	43.88	13.83	9.74	21.56	24.36	40.79
工业用地扩展面积/km²	3.26	11.03	7.02	5.09	36.97	102.60
年均扩展速度(km²/年)	0.30	1.84	0.47	0.57	4.62	17.10
扩展贡献率(%)	9.11	48.59	36.00	11.04	24.83	41.35
建成区总体扩展/km²	35.80	22.70	19.50	46.10	148.90	248.11
年均扩展速度(km²/年)	3.25	3.78	1.30	5.12	18.61	41.35
扩展贡献率(%)	100	100	100	100	100	100

比较各时期居住与工业的扩展贡献率可以发现，除了1979~1988年外，其余各时期居住用地与工业用地的扩展贡献率之和均占建成区扩展总量的45%以上，1996~2002年甚至超过80%，表明居住与工业的扩展在城市空间扩展中占有重要地位。1979年以前，居住与工业的贡献率基本呈现两极分布，即居住扩展比例较高的时期，工业扩展比例相对较低，反之亦然。例如，1947~1958年居住用地扩展比例较高，同期工业扩展比例较低，而1958~1964年工业扩展对建成区贡献率较高时，居住贡献率则较低。1979年以后，二者分布基本接近，说明近年来以工业用地形式为主的新开发区建设对城市空间扩展起了重要的推动作用。另外，居住用地和工业用地在不同时期扩展贡献率的差异也表明，二者在城市空间扩张过程中表现出来的空间行为特征并不相同，下面就这个问题进行深入探讨。

3. 不同时期居住与工业用地空间扩展特征

(1) 1947~1958年空间扩展特征

从表6-1给出的相关数量特征和具体区域中可以看出，1947~1958年，居住用地扩展占明显优势，它对建成区总体扩展的贡献率为43.88%，是工业用地的4倍多（见表6-2），表明这一时期城市居住用地的扩展是整个城市建成区用地扩展的主体。居住用地的扩展广布于整个城市建成区，扩展规模分布比较连续，扩展比较活跃的地方主要有北部的虹口和杨浦交界

处、南部的卢湾和黄浦区的沿江地区及建成区西面苏州河两岸地区，这些区域是高速或快速扩展的主要区域。缓慢扩展的区域分布较分散，没有出现聚集。逆向扩展和无扩展区域主要集中在静安区的大部分地区和徐汇区的北面、原黄浦区的中心地区及闸北南部小块区域，这里是 1947 年建成区的中心地区。居住用地的扩展变化占据了整个建成区内的大部分区域，其扩展强度的空间分布与建成区形态的空间变化特征十分接近。工业用地扩展面积则比居住用地小得多，且多分布在建成区南北的黄浦江沿岸和长宁、徐汇区的交界处，扩展规模以低速扩展为主，高速和快速扩展比例极低。工业用地逆向扩展和没有发生变化的区域面积较大，集中在城市核心区和虹口、闸北区的南部，分布较为连续。可以说，1947 ~ 1958 年，居住用地的大规模建设是城市建成区空间扩展的主要动力，城市的居住功能在此期间得到了显著的增强。

表 6-2　1947 ~ 1958 年建成区内居住用地和工业用地扩展的空间分异特征

单位：%

扩展类型	居住用地		工业用地	
	比例	主要分布区域	比例	主要分布区域
高速扩展	3.87	杨浦区的控江路、徐汇区的斜土路一带	0.55	东北黄浦江沿岸
快速扩展	12.15	杨浦与虹口的交界处，卢湾、徐汇交界处的黄浦江沿岸	2.76	普陀、闸北与静安交界处
中速扩展	19.34	广布于建成区内	9.94	杨浦区南部黄浦江沿岸，黄埔、卢湾南部黄浦江沿岸，新华路、江苏路、徐家汇
低速扩展	22.65	散落分布于建成区内	23.76	同中速扩展
无扩展	27.62	宝山路、金陵东路一带和东北部黄浦江沿岸	36.46	原黄浦区大部分、静安区东南、浦东陆家嘴附近、北部五角场附近
逆扩展	14.36	静安区大部分、徐汇区北部小块地区、普陀区的苏州河南岸和杨浦五角场附近	26.52	虹口区中南部，黄埔、卢湾中部和徐汇区北部
总计	100		100	

（2）1958～1964 年空间扩展特征

与1947～1958 年相比，1958～1964 年居住用地扩展面积迅速减少，工业用地的扩展面积则呈现快速增加的态势。从居住和工业用地不同扩展速度的数量特征和具体区域可以看出，该阶段居住用地和工业用地扩展速度的数量特征与1947～1958 年完全不同。虽然居住用地高速扩展面积的比例略有提高，但总面积是降低的，逆向扩展的面积比例大幅度提高，其他速度的扩展面积比例均急剧下降，建成区内居住用地的变化以居住用地向其他用地类型转化为主。工业用地的高速、快速、中速和低速扩展面积比例与前一时期相比有了大幅度的提高，占扩展总面积的60%以上，中速以上扩展强度面积比例占了其中的一半，逆向扩展和没有发生扩展区域面积比例比前一阶段减少，显示出了该阶段工业用地扩展的规模和强度迅速增强的趋势，工业用地的扩展已成为此时城市建成区土地扩展的决定性因素。

表 6 – 3　1958～1964 年建成区内居住用地和工业用地扩展的空间分异特征

单位：%

扩展类型	居住用地		工业用地	
	比例	主要分布区域	比例	主要分布区域
高速扩展	5.56	建成区南面普陀和长宁交界处，徐汇区枫林路和杨浦区廷吉新村一带	8.59	北面五角场、彭浦地区，西面苏州河两岸和南面周家渡、龙华镇地区
快速扩展	7.58	遍布于64年建成区边缘	9.09	与高速扩展区域相似
中速扩展	5.56	建城区边缘地带	16.67	高速扩展区域内源散落布局
低速扩展	12.63	普陀的真如地区、杨浦的控江路地区和浦东沪东新村	33.33	除黄埔、静安东部和卢湾北部的大部分区域
无扩展	25.25	原黄浦的中心地区和苏州河北面闸北、虹口交界处附近，杨浦区南面沿江地区	18.69	原黄浦、静安东部和卢湾北部区域，虹口南面沿江地区
逆扩展	43.43	广布于建成区中心地带	13.64	零星分布于建成区内
总计	100		100	

（3）1988～1996 年空间扩展特征

表 6-4 是 1988～1996 年居住用地和工业用地空间扩展的数量特征和具体区域，从中可以直观地看出，此时它们的空间扩展数量特征具有一定的相似性。土地利用变化均以空间扩展为主，各种扩展速度类型的面积均占总面积的 60% 以上，其中高速和快速扩展类型均占扩展的 25%，显示出这一时期居住和工业扩展范围大、强度高的特点。与 1979～1988 年相比，该阶段居住用地和工业用地空间扩展面积都迅速提高，而且二者扩展总面积相对差异很小，对建成区扩展的贡献率之和接近 50%，各种类型扩展面积和面积比例均大大增加，逆向扩展和无扩展类型所占比例虽然减少，但面积却在增大，这种变化表明，1988～1996 年居住和工业用地的共同扩展对城市建成区扩展起到重要的推动作用。

表 6-4　1988～1996 年建成区内居住用地和工业用地扩展的空间分异特征

单位：%

扩展类型	居住用地		工业用地	
	比例	主要分布区域	比例	主要分布区域
高速扩展	5.83	北部宝山区的淞南、高境、通河地区，西部真光、真新地区，西南部漕河泾、梅陇地区和浦东的外高桥、金桥一带	6.20	北部的淞南、吴淞地区，东北部的外高桥地区、西部的桃浦地区，西南部的长桥、莘庄地区
快速扩展	9.96	除了与高速扩展相同的区域外，还有西部的程家桥地区、浦东的唐桥、北蔡地区	7.71	与高速扩展区域相似
中速扩展	16.92	建成区高速和快速扩展类型的内侧，分布较零落	16.17	宝山的淞南镇，闸北的大宁路一带，闵行区的虹桥镇
低速扩展	29.70	除东北部外，建成区边缘以内的大部分区域	38.16	遍布于建成区大部分区域
无扩展	23.31	北部宝山的淞南镇和杨浦的江湾镇少量地块	12.78	北面的江湾新城和西面的虹桥机场附近
逆扩展	14.29	中心核心区及周边大块区域	18.98	杨浦区的大部分地区，虹口区的北部，普陀和静安的交界处和浦东的陆家嘴附近
总计	100		100	

从空间分布上看，随着建成区形态向各个方向的大范围扩展，居住用地空间扩展遍布于除城市核心区以外的每一处，扩展强度均很高，高速扩展类型多在建成区边缘呈团块状分布，典型地区有北部蕴草滨、沪太路、大场一带，西部交通路、真南路、江桥一线，西南部的吴中路、沪闵路、莘庄地区和浦东的外高桥、金桥、洋径一带。沿高速扩展地带向内，是大范围连续分布的中、低速扩展地区，逆向扩展区在其中散落分布。这时期居住用地的南北、东西向扩展轴更为强大，扩展轴方向上和其两侧扩展强度和范围均比前一阶段显著提高，居住用地大范围、高强度的空间扩展特征十分明显。工业用地的扩展面积继续大幅度增加，其南北方向上的扩展明显加速，尤其是北面吴淞地区的工业扩展强度高、范围大，西北方向上交通路、曹安路一线、南面莘庄工业区和浦东外高桥地区的工业扩展强度也较高，但扩展范围要比吴淞地区小。总的来说，南北和东西扩展轴方向和扩展轴两侧的工业扩展强度和范围均比 1979～1988 年有大幅度提高。建成区内部工业逆向扩展区域面积与前一时期相比也大大增加，其空间分布更连续，表明中心城区旧城改造工程已初具效果。此阶段建成区在各个方向上沿交通干线的辐射状扩展形态十分明显，而且突出的"触角"部分也大多为高强度工业扩展所占据，与居住用地相比，工业扩展对城市空间形态的形成具有更加重要的影响。

（4）1996～2002 年空间扩展特征

1996～2002 年城市建成区大面积扩张，建成区内居住和工业用地扩展总量是 1988～1996 年的近 3 倍，是新中国成立以来空间扩展最强劲的时期。从表 6-4 中可以看出，居住用地和工业用地的高速、快速扩展类型面积和面积比例均比 1988～1996 年有大幅度增加，中速和低速扩展比例虽有所减小，但扩展面积仍比前一阶段高出许多，逆向扩展和没有发生扩展的区域面积显著增加。这一时期，居住和工业用地的变化均以各种类型的扩展方式为主，占到空间变化总量的 60% 以上，在各种类型空间扩展中，高速和快速扩展类型的比重均很高，但逆向扩展和无扩展类型的面积比例二者相差很大，居住用地没有发生扩展的区域面积高于逆向扩展面积，工业用地则相反，没有发生扩展的区域面积远低于逆向扩展区域面积。

表 6 – 5 1996～2002 年建成区内居住用地和工业用地扩展的空间分异特征

单位：%

扩展类型	居住用地		工业用地	
	比例	主要分布区域	比例	主要分布区域
高速扩展	19.91	除北部宝钢地区以外的建成区大部分区域	23.71	环绕 2002 年建成区周缘和黄浦江沿岸地区
快速扩展	18.18	同高速扩展	12.77	同高速扩展
中速扩展	12.43	散落于建成区内	10.70	高速扩展圈内侧散落分布
低速扩展	14.96	建成区全境	15.30	高速、快速扩展圈内侧
无扩展	25.55	北部的宝山月浦地区和东北部的外高桥、金桥地区	6.21	黄埔区中部小块地区
逆扩展	8.98	陆家嘴和南京西路一带	31.30	中心 9 区的大部分区域和浦东的世纪大桥沿线
总计	100		100	

　　同时期居住用地与工业用地扩展强度的空间分异特征明显，随着建成区空间扩展幅度的增大，以前形成的居住扩展轴在此时已不甚明显，居住用地在建成区各个方向上都有大规模的扩展，扩展范围已经覆盖了整个建成区，只在建成区边缘有少量没有发生居住扩展的区域，城市核心区（CBD）也有一些逆向扩展区域。居住用地空间扩展表现出大面积、高强度的空间特征，尤其是高速扩展类型的空间分布比以往任何一个时期都连贯，它不再只集中于建成区边缘地带，而是大量分布在城市各中心行政区内都，显示出此阶段中心区旧城改造效果显著及居住区大规模建设的特点。

　　而工业用地的空间扩展则与居住用地完全不同，高强度的工业扩展主要集中在建成区的边缘地带和建成区的黄浦江两岸，南北和东西扩展轴方向的扩展强度和范围都大大增强，比较典型的区域有北部的宝钢、吴淞地区，西面的桃浦、南翔，西南面的吴中路、莘庄，南面的闵行、吴径工业区，东南面的花木、六里地区和东北部的外高桥、金桥工业区，工业扩展圈呈环形包围着建成区。扩展圈内部是大范围的逆向工业扩展区域，逆向扩展范围之大，空间分布之连贯，是新中国成立以来最显著的。这种空间扩展特征表明，中心城区工业在迅速消失的同时，其圈层式向外扩展正逐渐蚕食城市边缘的非建设性用地，且这种以大规模工业开发区建设为主要形式的蚕食势头正逐渐增强，使城市建成区边缘几乎与郊县城区相连。从工业扩展强度的空间形态来看，此阶段建成区空间形态特征的形成更应该归结于工业用地的空间扩展（赵晶，2004）。

（4）城市建成区扩展过程与模式

从不同时期居住用地和工业用地扩展特征与过程分析中可知，上海城市建成区的空间扩展模式并不是由内向外均匀的"摊大饼"式发展，而是沿一些对外交通干线呈轴向延伸，扩展总体上表现为辐射填充模式，且各时期扩展轴性质以及扩展规模也存在较明显的差异。

从扩展轴性质看，北、西北和西南方向的扩展为工业用地与居住用地的扩展（混合型），浦东方向则主要为工业开发区的扩展（工业用地扩展型）。同时，各时期居住用地与工业用地的扩展对城市建成区扩展的贡献率也存在明显差异，不同时期的趋势体现为：以居住用地扩展为主（1947～1958年）、以工业用地扩展为主（1958～1964年和1964～1979年）、居住用地和工业用地扩展并存（1979～1988年、1988～1996年和1996～2002年）。

1947～1958年，浦西部分城市建成区在1947年空间范围的基础上向各个方向均匀扩展，扩展圈层十分完整，由于北部五角场地区和南部龙华机场方向原来就有的城镇化区域与建成区相连，显得这两个方向扩展较快。1958～1964年，建成区主要在北面的杨浦区和沿苏州河向西方向上扩展，且北面建成区边界推进快于西面和南面，此阶段城市扩展圈厚度分布十分不均，一些方向上发生扩展圈间断的现象，空间扩展的方向差异十分显著，建成区北面初步形成扩展轴。1964～1979年，建成区空间扩展仍集中在浦西地区，此时的扩展主要位于几条重要的陆上交通干线方向，如南面的龙吴路、潜宝路、西面的交通路、沪嘉公路和北面的共和新路、沪太路都是建成区主要扩展轴，其中南面和西北方向的扩展轴比较明显，北面扩展轴强度有所减弱。1979～1988年，建成区扩展圈层明显增大，且空间分布也更加连续，继续在扩展轴方向上保持强劲扩展势头，尤其是北面扩展轴强度大大增强，同时各扩展轴之间的空地也被建成区覆盖，表现出"辐射"和"填充"相结合的扩展模式。1988～1996年，伴随着浦东大规模开发建设，建成区浦东部分的空间扩展趋势明显增强，在外高桥、金桥－洋径和花木－北蔡地区形成大规模的空间扩展，浦东扩展轴初步形成，浦西部分建成区向北面和西北面的推进速度明显快于南面和西南面，建成区边界已达宝山的吴淞地区和嘉定的南翔地区。另外，虹桥机场和漕宝路方向上空间扩展规模也较大，总体上构成了建成区大范围均匀扩展的空间特征。1996～2002 年的建成区扩展圈厚度和扩展规模均高于以往任何时期，浦东地区继续呈现大范围扩展趋势，浦西建成区西南面的扩展强度和范围也高于以前各时期，南面沿龙吴路和黄浦江扩展迅速，同时建成区北面已与宝钢地区相连。可以说，1996～2002 年是上海城市建成区空间扩展规模最大、强度最高、范围最广的时期，城市建成区边缘已快与郊区中心城镇相接，积极采取措施遏制这种大范围高速扩展趋势，是稳定中心城区发展所面临的关键问题。

二 中部代表城市城镇用地变化分析——以郑州市为例

1. 郑州市概况

郑州是河南省省会，地处中华腹地。全市总面积 7446.2 平方公里，其中市区面积 1013.3 平方公里，建成区面积 262.4 平方公里。现辖 6 区 5 市 1 县，分别是金水区、二七区、中原区、管城区、邙山区、上街区，巩义市、登封市、荥阳市、新密市、新郑市，中牟县。2005 年全市总人口 700 万人，中心城区 322 万人，全市从业人员总数 388.9 万人。

悠久的历史、优越的区位和丰富的资源，使郑州成为中国重要的交通枢纽、著名商埠、中国历史文化名城、优秀旅游城市和陇海兰新经济带的重要中心城市，在全国经济发展格局中具有承东启西，贯通南北的重要作用。郑州工业基础雄厚，是中国重要的有色冶金工业基地、食品工业基地、大客车生产基地、煤炭工业基地、建筑和耐火材料基地以及纺织工业基地。不仅如此，郑州的商贸也极为发达，是全国重要的商品集散地，被誉为中国第一市场，是国务院确定的国家商贸中心试点城市之一。

郑州市建成区，目前拥有居住用地 48.16 平方公里，公共设施用地 28.09 平方公里，工业用地 33.31 平方公里，仓储用地 10.65 平方公里，对外交通用地 16.1 平方公里，道路广场用地 22.99 平方公里，市政公用设施用地 6.38 平方公里，绿地 8.2 平方公里，特殊用地 0.7 平方公里，所占郑州市建成区建设用地面积的比例分别为 27.59%、16.09%、19.08%、6.10%、9.22%、13.17%、3.65%、4.70%、0.40%。固定资产投资总额 189.79 亿元，国内生产总值 706.05 亿元，其中第一产业生产总值 6.74 亿元，第二产业生产总值 310.69 亿元，第三产业生产总值 387.19 亿元[51]。

2. 城市土地利用结构演变

郑州作为国务院批准的内陆开放城市，在体制改革方面取得了较快的进展，尤其是进入 20 世纪 90 年代，各项改革政策逐步落实并得以强化。首先，土地有偿使用制度的建立打破了单位、个人无期限无偿占有土地的格局，使城市土地成为与资金、技术等同样重要的生产要素，进而推动城市用地结构不断向高效率、合理化方向进行调整；其次，城市住房制度的深化改革，也对郑州市区的空间结构优化起到了直接的促进作用；最后，政府对经济的直接控制以及通过税收、财务等政策对城市经济进行引导，也将影响城市内部社会分工，进而改变城市土地结构的演变。通过查阅 1991～2005 年历年的《中国城市建设统计年报》，对郑州市各类用地相关数据整理分析以后，得出郑州市城市土地利用结构演变图（见图 6－1）。

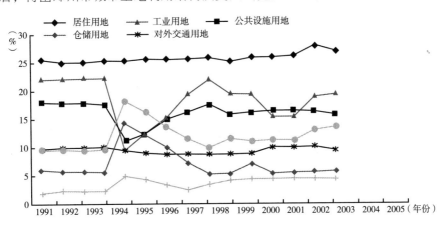

图 6－1　郑州市城市土地利用结构演变图

资料来源：据建设部综合财务司《中国城市建设统计年报》（1991～2005）有关数据整理分析而得。

由图 6-1 可以得出，郑州市的城市土地利用结构中居住用地基本一直处于平稳发展态势，比例稳定在 20%～25%；公共设施用地在 1991～1994年处于基本平稳发展、总体略有下降的态势，1995 年降至 10%，1996～1999 年又开始逐年回升，升至 1999 年的 18%，1999 年至今又处于一个基本平稳发展阶段；工业用地，其基本走势与公共设施用地相仿又略有不同，1991～1994 年一直稳居 20%～25%，1995 年降至 9%，之后到 1999 年又逐年回升至 22%，1999～2003 年又处于一个缓慢下降的阶段，降至 2003 年的16% 之后，又缓慢回升；仓储用地，也以 1994 年为界，之前平稳处于 6%的整体水平，1995 年急剧增至 14%，之后又逐年下降至 1999 年的 5%，2000 年至今又处于一个基本平稳发展的态势；对外交通用地相对于其他用地，一直处于 10% 的平均水平，波动不大；道路广场用地 1991～1994 年一直处于 9% 的平稳水平，1995 年急剧增至 18%，之后至 1999 年又逐年下降至 10%，1999 年之后又处于基本平稳发展、总体略有上升的趋势；市政公用设施用地，1994 年之前一直平稳处于 2% 的平均水平，1995 年上升至5%，之后逐年下降至 1999 年的 2%，2000 年至今处于一个缓慢回升阶段；绿地 1991～2003 年一直平稳处于 8% 的平均水平，2004 年降至 1%，2005年回升至 5%；特殊用地，1999 年至今一直处于 1% 的平均水平，变化不大。

郑州从新中国成立初期的工业城市与交通枢纽城市，到 20 世纪七八十年代的集政治、经济、文化中心及工业、交通等职能为一体的综合性城市，再到今天以商贸城市职能为主、其他综合职能为辅的特大城市，其土地结构的变化没能及时跟上城市职能的转变。郑州市 1995 年制订的城市总体规划中，把郑州城市性质定为全国的交通、通信枢纽和具有国际功能的现代化商贸城市，但从郑州市建成区用地现状总体构成来看，对外交通用地面积仅占城市用地总面积的 9.22%，人均道路面积为 5.85 平方米，商业、金融用地面积占总面积的 9.82%，而工业、仓储用地占城区总面积的 18%，这与交通枢纽城市和商贸城的城市功能定位极不适应。

3. 郑州市城市土地利用结构现状分析

郑州市作为中部城市的代表，本书选取东部地区的上海、西部地区的成都，北京和全国，以及国外一些工业发达国家作为对比的样本，分析郑州市城市土地利用结构现状。通过查阅 2005 年《中国城市建设统计年报》，对所有相关数据整理分析以后得出表 6-6。由表 6-6 可以看出，郑州市与我国其他一些城市相比，居住用地、绿地及特殊用地比例偏低，仓储用地比例偏高。

表6-6　我国城市土地利用结构对比

单位：%

城市	居住用地	公共设施用地	工业用地	仓储用地	对外交通用地	道路广场用地	市政公用设施用地	绿地	特殊用地
全国	31.61	12.25	21.79	3.87	5.58	9.71	3.42	9.28	2.49
北京	29.19	14.72	15.69	2.28	4.40	13.58	2.52	13.24	4.37
上海	40.65	6.46	25.78	3.18	15.13	3.98	1.27	2.14	1.43
郑州	28.69	17.56	18.74	6.22	10.20	13.10	3.94	1.10	0.46
成都	30.17	16.22	25.14	2.34	2.39	12.27	3.33	4.55	3.59

资料来源：据建设部综合财务司《中国城市建设统计年报》（2005）有关数据计算而得。

而与国外一些城市相比（见表6-7），郑州市工业用地比重偏大，比国外工业发达国家的比例大得多（见表6-8）；公共绿地偏低，虽达到了国家标准要求的 7~11 平方米/人，但与一般发达国家城市公共绿地水平的 12~20 平方米/人还有一定的距离；城市道路广场用地比例也比较低。

表6-7　国外代表性城市用地结构

单位：%

城市	居住用地	工业用地	仓储用地	道路广场用地	绿地	其他
纽约	28.1	7.5	5.4	23.4	15.3	25.7
伦敦	36.9	2.4	3.8	16.9	30.9	12.9

表6-8　国外城市工业用地比例

单位：%

城市	美国大中城市	纽约	芝加哥	东京	新加坡	伦敦	英国工业城市	波兰
工业用地比例	8.8	7.48	6.9	2.64	2.4	2.7	10.7	17.2

历史上郑州市区的规模扩展，一直是无序蔓延的模式，工业、居住、商业等各项用地，由市中心向外围随机交错分布，造成城市功能用地布局混乱。这种矛盾在旧城区表现得最为明显，城市生产活动给周围居民的生活带来了一定的负面影响。尽管在土地使用制度改革政策的驱使下，部分工业已迁出市中心区，但在旧城内部，工业、仓储等生产用地比例仍然很高，使商业、金融业、信息服务业等第三产业用地紧张，大规模的生产用地与第三产业发展的矛盾突出，降低了城市土地配置效率和经济效益。此外，虽然郑州已基本建立相对完善的市场经济体制，但政府在配置社会资源中仍占据举足轻重的位置，尤其是行政划拨的土地资源配置方式，极大地限制了企业、居民等土地利用主体的决策权利。不完全竞争的土地市场，使城市土地不能发挥其最佳效用，这种双轨制的发展方式不利于城市社会资源的合理配置，将进一步影响城市土地结构向合理化方向发展（徐士珺，2007）。

4. 郑州市土地利用现状

根据郑州市国土管理部门在 2008 年《土地利用情况分析报告》中所得到的数据，郑州市的总面积为 753256.26 公顷。郑州市的土地利用主要包括三大类，农用地、建设用地和未利用地。郑州市 2008 年农用地总面积为 458346.88 公顷，包括耕地 328529.23 公顷，园地 16402.64 公顷，林地 61921.04 公顷，其他农用地 51493.97 公顷等。郑州市 2008 年建设用地面积为 170740.46 公顷，包括居民点及工矿用地 153157.60 公顷，交通用地为 12170.93 公顷，水利设施用地为 5411.93 公顷等。郑州市 2008 年未利用地总面积为 87078.42 公顷，主要包括荒草地、盐碱地、沼泽地、沙地等其他未利用地。另外郑州市还有一些河流、湖泊水面、苇地和滩涂等总面积为 37090.5 公顷。

（1）郑州市土地利用结构

郑州市建设用地主要有九大类，居住用地、工业用地、仓储用地、公共设施用地、市政公用设施用地、对外交通用地、道路广场用地和绿地以及特殊用地。相较于国内一些大城市来说，郑州的绿地、居住用地以及特殊用地比例偏低而仓储用地比例偏高；相较于国外的一些大城市来说，郑州土地利用结构的最大特点是工业用地比重偏大；公共绿地比例虽然达到了国家标

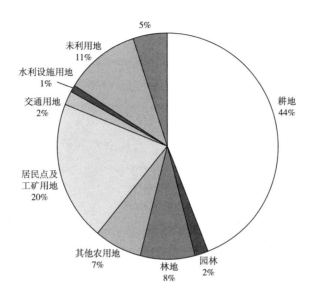

图 6－2　郑州市土地利用二级地类组成比例

准，但与发达国家城市的绿地水平相比较还有很大差距；同样，道路广场用地比例也较低。由于郑州市的城市规模不断增大，工业、居住和商服用地向外围无序蔓延，布局不合理导致功能用地布局混乱。城市中心交通拥挤给居民出行带来麻烦，城市的生产活动也给周围的居民带来了一定的负面影响。虽然经过土地使用制度政策的改革有一部分工业已经搬离市中心，但旧城区内的工业和仓储等生产用地的占比依然很高，导致商服、金融业等第三产业用地紧张，第三产业发展与居住、工业矛盾突出，从而导致土地利用绩效低下，城市土地配置效率和经济效益低下。

（2）郑州市土地利用特点

①土地利用类型多样性，耕地空间分布不均衡。郑州市地理位置独特，土地类型多样，山地、丘陵和平原依次分布，农作物种类也较多样，谷类、豆类和经济作物以及果蔬类均有种植。郑州市土地利用类型多样，涉及一个二级地类（见图 6－2）和二十九个三级地类。

②土地开发利用程度大，耕地后备资源不足。城市用地是否合理是由城市人口的增长速度与城市用地增长速度的比例所决定的。目前郑州市的人均用地面积远高于中部其他省会城市，城市用地增长的速度与人口增长的速度

不协调，人均占地面积增加过快，但是土地利用效率不高，建成区面积增长与人口不协调。建设面积的增长必然伴随着大量农用地被侵占，造成耕地资源的流失。郑州市 2002~2008 年农地面积减少了 12969.15 公顷，耕地面积减少了 5133.07 公顷；占郑州市土地总面积 16.95% 的未利用土地面积有 124168.92 公顷，其中可开发利用的耕地仅占 6.67%。

③建设用地面积增长快，耕地保护与经济发展矛盾突出。1997~2005 年郑州市的经济社会快速发展，建设用地面积也随之快速增长。郑州市的城镇化水平平均提高 1.9%，随之增长的建设用地面积为 2.5%，2002~2008 年郑州市的建设用地面积增加了 27728.12 公顷。随着经济的发展和城镇化进程的加快，保护耕地和保障经济发展的矛盾不容小觑。而郑州市的新增建设用地的空间有限，所以建设用地的供给也将变得困难，同样带来的问题是耕地保护这一任务的加重。

（3）土地利用中存在的问题

①土地利用集约程度不高

郑州市城市建设目前还是趋于外延发展，地均生产值低于全国平均城市建设用地产值，地均工业产值也不高，说明土地利用集约度不够，单位工业的用地集约度也偏低。土地的产出增长率相较于土地的投入增长率较低，且郑州市城市土地的集聚效益发挥作用不大，要深挖城市内部土地的潜力，提高土地利用集约度。

②土地利用结构不合理

郑州市市区工业、仓储等的生产用地比例偏高，导致商服等第三产业用地紧张；工业、居住和商服用地随机分布，城市布局混乱。20 世纪 90 年代以来，郑州市逐步对产业结构进行调整，重视商贸的发展，下调工业用地比重，但是工业仍然占据较大的土地和空间，用地比重仍然较高。道路广场、绿地面积低于国际标准；医疗卫生和文化娱乐等公共设施用地不仅发展滞后且分布不均，降低了人们的生活品质。

③土地利用效益不高

与国内外大城市相比，郑州市的土地利用投资、产出效益强度远远不够。郑州市 2006 年地均 GDP 为 35.27 美元/公顷，而我国发达城市上海地均 GDP 为 89.27 美元/公顷，相比较东京地均 GDP 985.24 美元/公顷，郑州市的地均产出率则更低。

城市的土地利用效益不只是经济效益，还包括社会和生态环境效益。郑州市的生态效益相较于经济效益更低，在大力发展经济的同时没有重视生态环境的保护。环境污染严重，在生产建设中需要提高低耗、环保等的科学技术含量，高度重视城市的生态建设，提高郑州市的生态环境水平。

三 西部代表城市城镇用地变化分析——以重庆市为例

1. 重庆市概况

重庆，别称巴渝、山城、渝都、桥都、江城，中国国家中心城市，国家历史文化名城，世界温泉之都；国务院定位的四大国际大都市，长江上游地区经济中心、金融中心和创新中心，及政治、航运、文化、科技、教育、通信等中心，西部地区最大的水、陆、空综合交通枢纽。重庆位于中国西南部，东邻湖北、湖南，南靠贵州，西接四川，北连陕西。地处长江上游地区，是长江经济带三大中心城市之一，长江、嘉陵江两江环抱，域内各式桥梁层出不穷，素有"桥都"美誉，又因地处丘陵地区，坡地较多，有"山城"之称。重庆是内陆出口商品加工基地和扩大对外开放先行区，国家重要的现代制造业基地和高新技术产业基地，长江上游科研成果产业化基地和生态文明示范区，中国中西部地区发展循环经济示范区，国家实行西部大开发的涉及地区和国家统筹城乡综合配套改革试验区。重庆拥有全国第三个国家级新区——两江新区及寸滩-两路保税港区、西永综合保税区、渝新欧国际铁路。2013 年 11 月起重庆江北国际机场口岸拥有对 45 个国家实行 72 小时过境免签的政策。

2. 重庆市城市土地利用变化特征分析

本书采用的土地数据主要来源于《中国城市建设统计年报》，社会经济数据来自《重庆统计年鉴》和《中国城市统计年鉴》。分析城市土地利用变化就必须对土地利用类型进行划分，本书以城市土地使用功能为依据，将重庆市城市用地分为居住用地、公共设施用地、工业用地、仓储用地、对外交通用地、道路广场用地、市政公用设施用地、绿地和特殊用地

9 大类。土地利用变化反映在土地利用类型面积的数量变化和结构变化，通过对重庆市城市土地利用变化分析，可以了解其各功能性用地数量和结构的变化态势。

（1）城市土地利用数量变化分析。

由表 6 - 9 可知，1997 ~ 2007 年，重庆市城市建设用地由 278.82 平方公里增加到 655.78 平方公里，增加了 376.76 平方公里。其中 1998 ~ 2000 年城市建设用地面积年增长率呈现下降趋势，由于受直辖政策的滞后性和产业结构调整影响，居住用地、工业用地、道路广场用地年变化率不断下降；2000 年以后随着西部大开发战略的实施和重庆直辖的双重效应，重庆迎来了大发展的机遇，城市建设用地面积增长率一直呈持续增长态势。

表 6 - 9　重庆市城市各功能性用地数量变化

单位：平方公里

土地利用类型	合计	居住用地	公共设施用地	工业用地	仓储用地	对外交通用地	道路广场用地	市政公用设施	绿地	特殊用地
1997	278.82	96.92	34.47	70.35	10.55	10.49	25.87	6.79	11.03	12.35
1998	295.15	105.76	35.42	71.02	10.74	13.09	26.83	6.91	12.89	12.49
1999	299.97	108.14	36.05	71.33	10.76	13.76	27.26	7.11	13.06	12.5
2000	289.4	85.2	57.28	56.91	14.5	21.86	19.55	7.15	14.27	12.68
2001	319.72	111.57	53.42	60.61	18.9	21.32	19.56	8.25	16.93	9.16
2002	385.94	134.02	61.76	73.9	18.18	22.58	25.25	9.84	26.57	13.84
2003	433.63	149.87	62.26	93.09	18.43	26.02	28.94	10.22	29.26	15.54
2004	437.45	139.14	60.63	91.65	19.26	26.63	29.52	11.98	41.89	16.75
2005	574.05	211.41	59.9	123.09	18.09	43.7	42.65	16.14	45.79	13.28
2006	620.44	233.29	65.62	123.35	15.53	20.77	85.39	16.43	46.92	13.15
2007	655.78	241.49	69	134.58	15.63	21.01	96.53	16.85	47.16	13.53
增量	376.96	144.57	34.53	64.23	5.08	10.52	70.66	10.06	36.13	1.18
比例%	12.29	13.56	9.11	8.3	4.38	9.12	24.83	13.47	29.78	0.87

整体上，城市各功能性用地都呈增加的态势，但增量差异较大。其中居住用地增量最大，达 144.57 平方公里，对城市建设用地增量的贡献率为 38.35%，这主要是随着城市人口增加和城市居民生活水平提高，对居住用地的需求量和需求水平提升，使居住用地面积大量增加；其次是道路广场用

地，增加了 70.66 平方公里，占城市建设用地增量的 18.74%，由于重庆市是典型的重工业城市，受长期的"重生产、轻生活"政策的影响，基础设施薄弱，直辖后重庆市加大道路广场建设力度，其用地面积大幅增加；工业用地增加 64.23 平方公里，占城市建设用地增量的 17104%，尽管重庆市实施"退二进三"产业结构调整策略，工业用地面积仍有所增加，但增幅不大；绿地增加 36.13 平方公里，占城市建设用地增量的 9.58%；公共设施用地增加 34.53 平方公里，占城市建设用地增量的 9.16%；仓储用地、对外交通用地、市政公用设施用地和特殊用地共增加 26.84 平方公里，对城市建设用地增量的贡献仅为 7.12%。

从各功能性用地动态变化度来看，增幅最大的用地类型主要是绿地和道路广场用地，分别为 29.78% 和 24.83%，均远高于城市建设用地年变化率 12.29%，主要是由于历史欠账太多，重庆市加大基础设施建设力度，城市的发展越来越注重城市功能的完善，使这些用地类型增加幅度较大；其次是居住用地和市政公用设施用地，增幅为 13.56% 和 13.47%；公共设施用地和道路广场用地的增幅相近，分别为 9.11% 和 9.12%；工业用地增幅为 8.30%；仓储用地增幅为 4.38%；特殊用地变化不大，动态变化度仅为 0.87%。

（2）城市土地利用结构变化分析。

城市土地利用结构是指城市内部各种功能的用地比例和空间结构及相互影响、作用的关系，城市土地利用结构合理与否，直接关系到城市整体功能发挥的好坏，关系到城市用地的综合效益提高快慢。直辖以来，重庆城市土地利用结构的复杂度在波动中呈下降趋势，土地利用结构的优势度和均衡度变化不大。城市土地利用的复杂度呈现上升－下降－上升－下降的"M"型波动变化，说明城市用地结构处在"调整－平稳－调整"动态变化过程中。城市土地利用结构的变化可分为 4 个阶段。

①1997～1999 年，土地利用结构复杂度缓慢上升。这主要由于 1997 年重庆直辖行政区域调整，城市建设用地面积比 1996 年增加 94.81 平方公里，城市空间发生了较大变化，规模拓展明显，城市外延扩张、市镇体系演变，城市外部用地结构变化。

②1999～2000 年，信息熵呈急剧上升态势。随着重庆直辖后一批重大项目的建设和 2000 年西部大开发战略的实施，重庆作为西部重要增长极，继续加快基础设施工程建设，积极推进重点地带开发，加快区域经济的发展，城市土地利用内部重组和外延扩张同时进行。

③2000～2004 年，城市用地结构呈 "W" 形波动变化特征。在西部大开发和重庆直辖双重效应作用下，城市用地规模不断扩大。城市理性增长与可持续发展，需要不断调整城市用地结构。同时城市功能的提升也需要对原有不合理的土地利用结构进行调整，这期间，重庆市政府通过实施 "退二进三" "土地置换" "腾笼换鸟" 等产业调整政策，表现在土地上，就是城市土地利用结构的 "调整－变动－再调整－平稳" 的动态过程。

④2004 年以来，城市土地利用结构复杂度呈快速下降趋势。居住用地、工业用地、道路广场用地、绿地是城市建设用地变化的主体，占变化量的83.36%，尤其是绿地和道路广场用地大幅度提升，说明城市各功能性用地的比例日趋合理，城市用地结构有序度逐渐增强（文枫，2010）。

第二节　国外代表城市城镇化经验介绍

一　伦敦城市圈发展经验

（一）伦敦城市圈的形成及特点

20 世纪以后，伦敦在都市化过程中，其城市规划与建设经历了不同的发展阶段，大致可分为二次大战前的卫星城发展、二次大战后至 20 世纪 40 年代后期的同心圆封闭式发展以及 50 年代以后的新城建设等不同阶段。整个大伦敦地区的城市结构形成由里到外的 "中心－边缘" 模式，由中央商务区（简称 CBD）、内城区、外城区、郊区和大都市圈内圈五个圈层构成。目前形成的以伦敦为核心的都市圈，以伦敦－利物浦为轴线，包括大伦敦地区、伯明翰、谢菲尔德、利物浦、曼彻斯特等大城市，以及众多小城镇。该城市带面积 4.5 万平方公里，人口约 3650 万人。通过快速的城镇化，伦敦市的城市规模和容量发展较快，但是伦敦在快速城镇化过程中也出现了一系列问题，城市贫穷和贫民窟的问题，城市建设中缺乏系统的规划问题，城市规模的控制问题，城市各区域发展的不平衡问题。在解决这些问题时，整个伦敦都市圈具有鲜明的特点。

1. 重视城市的环境建设

（1）环境治理成效显著。伦敦市在20世纪都市圈的形成过程中，有一个重要特点是进行绿色环境城市建设。20世纪50年代，伦敦曾被一场黑沉沉的烟雾笼罩，烟雾在数天内不散，有4000多市民被夺走生命。为了净化空气，英国在50年代后期出台了《洁净空气法》，70年代英国政府又推出了《工作场所健康和安全法》。另外一个行之有效的环境治理方法是科学管理，除了通过严格的治污染法案，宣布对违规排放污水的工厂等部门实施法律制裁之外，有关当局还制定了严格的水质标准，同时每隔5年对河流水质的达标情况进行彻底检测。除此之外，伦敦市政当局还大力发展城市绿化，有意识地加强都市公园建设，在城市宝贵的土地上留出空间，营造"绿洲"，以充分发挥绿色植被在城市生态系统中类似"肺部"的调节功能。

（2）通过城市建设标准的制定和实施，保持良好的市容环境。伦敦市一直重视城市的市容环境建设。在城市规划建设中，通过对绿地覆盖率、人均公园绿地面积（或每公顷绿地游人容量）和绿地空间的布局状态、功能状态对人的满意程度等标准的制定和实施，体现出对城市居民全面关怀的规划思想。通过对城市建设标准的强制实施和长期持续的城市建设投入，伦敦的市容环境状况达到了较高的水平。伦敦现有公园200多个，绿地500多处。伦敦的环城绿化带宽度达8～30千米。伦敦城市公共绿地面积约为1.8万公顷，人均绿化面积超过25平方米，绿地覆盖率超过10%。

2. 强调城市基础设施建设

（1）伦敦市的城市基础设施水平较高。2003年伦敦市的城市道路总长度为14681公里，其中主干路1780公里，次级路12901公里。道路面积占总用地面积的比例为23%，人均道路面积28平方米。伦敦不仅航空运输业十分发达，拥有欧洲客运量最大的机场——希思罗机场，还有很多著名的港口。伦敦港是英国最大的港口，也是世界著名的港口之一，全港包括皇家港码头、印度和米尔沃尔码头区、蒂尔伯里码头区共 3 个商用码头。这 3 个码头占地面积共 1020 平方公里（包括 208 公顷水域），码头长 33 公里。伦敦港与世界上 70 多个国家的港口建立了联系，年吞吐量 4500 多万吨，仅次于鹿特丹、纽约、横滨和新加坡等港口。

（2）通过实施公交优先战略，保证公共交通在城市交通中的主导作用。伦敦地铁十分发达，地铁是市内主要交通工具，市内交通的 70% 都依靠地铁。地铁不仅与轻轨线相通，而且与 42 个火车站和长途汽车站连接，众多的站内指示牌和标识大大方便乘客。目前，伦敦市的地铁网总长度为 420 公里，其中 160 公里在地下，共有 13 条路线、274 个运作中的车站。伦敦的轻轨长度为 28 公里，公交线路长达 3730 公里，约有公交车 8500 辆，运营线路 700 条，不少线路实行 24 小时全天运营。

（3）社区便民生活设施较为发达。20 世纪 40 年代中期，英国兴起了"新城运动"，伦敦 100 人以上的工厂约有 70% 迁移到了卫星城。到 70 年代中期，英国已经先后建立了 33 个新城，其中 11 个分散在伦敦外围 129 公里周长范围内。新城内的社区由邻里或村等不同形式的居住单元构成，相关服务设施完善。

3. 在城市建设中，进行旧城改造，强调综合开发

随着伦敦城市人口的快速增加，为了能容纳更多的人口居住，伦敦市加快了城市建设的步伐，但不是单纯地向外围拓展，而是在城市中心区加大密度建设。伦敦的城市规划，在保持伦敦原有城市建筑风貌的同时，对建筑物高度的限制逐渐放松。近年来，伦敦市中心区出现了较多的高层建筑。强调不同阶层居民的混合居住，反对建高级社区和避免形成事实上的贫民窟。新建住房中，各类住房合理搭配。而且强制要求新建项目中必须有一定比例的中低价位住房。在城市综合建设中，开发商必须承担建设一定量的公共设施的义务。公共设施建设的方案和规模是开发商取得项目的重要筹码。

4. 伦敦在城市规划建设中呈现出的一些新特点

（1）在城市规划建设中，强调合理利用土地，注重可持续发展。通过用城市规划的前瞻性和持续的社区文化来恢复城市的可居住性，把人们吸引回城，使城市不仅是人们工作、拼搏、赚钱的场所，也是适合居住和休闲的家园。在城市规划中，充分利用好现有的土地，既为新增人口提供住所，又不侵占城区的开阔绿地，通过对贫困区域的改造、旧建筑价值的重视等，不断满足人们的多种生活需求，提高生活质量，建造宜居城市。

（2）重视城市旧建筑的价值，塑造城市的文化品牌。伦敦是一座有2000年历史的古都，拥有丰厚的历史遗产。在城市规划建设中，通过对城市旧建筑价值的重视、保护和文化氛围的营造来塑造伦敦的文化品牌。

（3）在城市规划建设中，逐渐重视对高层建筑的建设。过去大伦敦政府通过《伦敦实现通廊指引》对高层建筑进行控制。该指引的主要目的是保护到达圣保罗大教堂和国会大厦的视线通廊，并严格划定了高层的禁建区。近年来，伦敦市在城市规划建设中，逐渐重视对高层建筑的建设，逐步考虑在伦敦传统的空间结构、较小的街坊面积、众多的历史街区、错综复杂的土地权属和较小的地块面积等特殊条件限制下，合理地引入高层建筑来维持自身的经济发展的可行性。

5. 伦敦在城镇化发展中问题的经验

回顾伦敦城镇化发展过程中出现的问题及其解决办法，有一些经验和教训值得我们借鉴：

（1）在城镇化快速发展的进程中，应注意城市建设和城市产业的合理布局，以避免城市中贫民窟问题的出现；

（2）在城市发展中，应充分重视规划的作用和地位，通过规划保证居民良好的居住环境和便捷的交通出行；

（3）在城市规模不断扩大过程中，应通过合理的产业分散、调整和完善的基础设施配套，有效缓解城市中心的压力；

（4）在城市发展中，应通过对相关区域的合理引导、加大投资、完善配套等相关措施，来避免城市发展的不平衡。

二　纽约大都市区发展经验

1. 纽约大都市区的形成

（1）纽约的大都市区包括两个基本的组成部分，即中心城市和郊区。中心城市和郊区的发展都是大都市区形成的基本前提。18世纪末19世纪初，美国的工业革命启动，工业化和城镇化拉开了序幕。一些起步较早的大城市优先发展，逐步形成中心城市，成为大都市区形成的第一个基本条件，在市中心逐步形成了以商业性、服务性和管理型为主的中心商业区。中心商业区以强大的辐射力和吸引力将中心城市与周围郊区紧密地联系为一个整体，现代意义上的大都市区形成了。

（2）大都市郊区化是城市化的一种模式。进入 20 世纪以后，大都市郊区化成为"美国城市发展的主导趋势"。城镇化和郊区化是大都市区形成和发展的基础，而大都市郊区化也是城镇化的一种模式。三州交汇的大纽约都市区以纽约市为中心，覆盖了周围一小时车程的地区。这在任何一个州的任何都市区都是普遍的情况。但纽约市独特的地理位置和巨大的规模使新泽西州和康涅狄格州也成为围绕纽约市的大都市区域。

（3）纽约城郊化战略的三个阶段。纽约市实施城郊化战略，实际上就是城镇化向广阔的郊区城镇扩散发展。

第一阶段是城市居住功能郊区化。在 1940 年前，人们工作生活主要集中在纽约市中心。随着纽约城市规模的急剧膨胀，居住环境严重恶化，原住在纽约市内的中产阶级越来越愿意在纽约郊区购房或建房，公路的发展使公共汽车和小汽车成为人们出行的便利工具，从而使他们有条件能够住到郊外。20 世纪 50～60 年代，大量居民由市中心移往郊区。

第二阶段是城市商业功能和产业功能郊区。20 世纪 70 年代开始，纽约郊区城镇与市中心之间存在的土地差价使许多企业纷纷向郊区迁移，给纽约郊区创造了大量就业机会，原来往返于市区与郊区的工作生活方式大为改变。1980 年，纽约市人口由 1970 年的 789 万人降至 707 万人。20 世纪 80 年代以后，产业功能郊区化使纽约的城市中心功能发生了引人注目的变化。

第三阶段是建立边缘城镇。如今，纽约周边有很多边缘城镇，其中包括被视为纽约卧室的长岛以及新泽西州的一些城镇。总体来看这些边缘城镇都具有以下特点：一是大都有高速公路相通，距纽约只有一个小时左右车程。二是基础设施齐全完善，除拥有足够的停车设施及大型商场外，还有影院、饭店、俱乐部等娱乐设施。三是自然绿化程度很高，大多数居民居住在由绿色草坪环绕的别墅型住宅中。

2. 纽约市的土地利用

从土地的用途看，大致分为住宅用地、商业用地、工业与基础设施用地、公共开阔空间和公共机构用地几类。纽约市总面积为831.6平方公里，其中水体面积约为30平方公里。除去街道面积，可利用的建设用地面积为622.2平方公里，占纽约市总面积的74.9%，人均建设用地面积76.9平方米。住宅用地占建设用地的1/3，开阔空间面积占土地利用的1/4。总体上来看，纽约市当前可用的建设用地已经很少，接近饱和。住宅用地占建设用地的比重大于1/3，其中1~2户住宅的住宅用地面积大于多户住宅，但这是明显带有区域性的。在曼哈顿，1~2户住宅仅占该区地块总面积的1.1%，而多户和商住混合住宅的比例明显偏高，且纽约市的此类住宅大部分集中于曼哈顿，这表明了经济形态对建筑类型的自然选择。而且，由于纽约市产业结构的变化，商业和金融业的高速发展和工业的相对萎缩，也在土地利用上得到了体现。另外，虽然纽约市仍然保留着157.1平方公里的开阔空间面积，其中包括著名的中央公园等一系列自然环境良好的休闲场所，合计占整个土地利用的1/4，但由于人口的高度集中，其人均开阔地面积也只能达到19.4平方米。不过，对于纽约来说，这已经是一个非常好的成绩（见表6-10）。

表6-10 2002年纽约市土地利用

单位：平方公里

用途	纽约市	布朗克林	布鲁克林	曼哈顿	昆士	斯坦腾岛
1~2户住宅	169.1	15.1	35.1	0.5	77.3	41.1
多户住宅	72.4	12.4	24.0	9.8	22.3	3.9
商住混合	16.4	2.2	5.2	5.1	3.2	0.7
商业/办公	22.6	3.5	4.2	4.2	6.6	4.0
停车	8.0	3.3	8.1	1.3	7.9	4.0
工业	24.7	2.3	7.1	2.9	25.3	9.3
公共事业	47.0	8.1	9.0	5.0	11.3	12.6
公共开阔空间	157.1	25.9	53.1	11.1	41.6	25.4
公共机构	46.0	1.7	2.2	0.8	2.6	0.7
空地	46.7	4.3	6.3	1.5	13.0	21.6
其他	12.2	3.6	1.3	0.9	5.3	1.1
合计	622.2	82.4	155.6	43.1	216.4	124.4

3. 纽约城市化发展的特点

纽约各区合并建立世界级大都市可以说是美国城镇化进程中的一个里程碑。美国在 19 世纪末完成工业革命。到 1920 年，美国城市人口达到全国总人口的 51.2%，标志着美国成为一个城镇化国家。在这一全国性浪潮的席卷下，纽约的城镇化不可避免地带有一定的普遍性。美国城镇化的进程基本上伴随着美国历史的发展和现代化历程。

（1）农业技术革命推动农村劳动力向城市转移。19 世纪末，纽约周边农村地区农业人口以前所未有的速度向纽约转移，从而有力地推动了纽约城镇化的进程。

（2）工业革命的深入与城市发展相得益彰。工业化时期，电力、炼钢等新技术的运用有力地促进了工业生产的发展，为大规模的城镇化奠定了雄厚的物质基础。

另外，纽约城镇化的迅速发展有其独特的原因和条件。

（3）地理位置优越。纽约是海港城市，纽约的繁荣首先是以贸易为基础的。纽约的商业功能得到巩固后便控制两条贸易线，即北大西洋到欧洲的海运和美国内陆腹地的陆运。在全美国对外贸易中，纽约处于无可争议的领先地位。

（4）工业发展居于领先地位。纽约在工业化时期是全美最大的工业基地。工厂企业云集于此，加快了纽约城镇化进程。

（5）掌握金融命脉。纽约华尔街作为美国及世界金融中心更是闻名遐迩，它向国内外提供金融服务，其资金在全美和全世界都具有支配作用。

纽约城镇化进程表明，纽约的城市功能同美国的产业政策关系密切。工业革命以后，美国的经济结构分化为多层次的经济。首先，制造业崛起，并且超过了农业。其次，第三产业产值较工业化前有所增加，表现为政府部门扩大，学校科研机构增加，服务业不断发展以适应产业结构变化的需要。正是在这种大背景下，纽约市抓住了机遇，不断调整和适应新形势，跟上产业结构调整的步伐，最终发展成为多种产业相互促进、相互补充的综合性城市，成为美国经济金融的中心。

4. 纽约快速城镇化出现的问题

随着纽约城镇化进程的加快，社会变迁过速，导致社会经济失控，城市问题层出不穷，主要体现在以下几个方面。

（1）城市人口急剧增加且过于集中。纽约城镇化进程过快带来的问题首先是工厂居民集中于市中心，使纽约拥挤不堪。1921年，纽约人口超过600万人，而纽约的房屋却无法满足要求，致使住宅十分拥挤。当时纽约一家住宅机构对曼哈顿东区的居住状况进行调查发现，纽约1/3的房间里住着两个人，其余2/3的房间则住着3个人或更多。

（2）工业污染严重，影响生活质量。大量工厂聚集市区引起严重的工业污染，空气污染滋生了肺气肿、肺癌等多种疾病，严重威胁到居民的身体健康。统计资料显示，1910年，纽约市仅有5%的人活到60岁，20%的幼儿活不到5岁。

（3）交通拥堵问题一度较为严重。城镇化进程过快导致交通堵塞。20世纪20年代，汽车开始涌向纽约街道，纽约市的交通变得拥挤不堪。汽车数量的增加进一步使交通状况恶化。交通拥挤使居民和企业都蒙受巨大损失。据保守估计，自20世纪初以来，纽约每年因交通堵塞而至少损失1.5亿美元。不过，目前经过政策的调整，已经有了较大改善。

（4）社会问题突出。第二次世界大战以后，纽约市开始面临大多数美国大城市的困境，包括犯罪率上升，种族骚动不断，无家可归者增加，以及由于居民和企业外迁，税基减少导致城市基础设施状况堪忧和服务水平下降等。这些社会问题如此突出，以至于整个城市于1975年几乎濒临破产的边缘。

三 巴塞罗那城市改造经验

在最近的几十年间，巴塞罗那经历了显著的城市发展，不仅影响到了城市空间的重构、主要基础设施的调整，也改变了原有的以工业为依托的经济体系。巴塞罗那最初建于地中海沿岸山海之间，处于两条河流之间，这部分自然地域所构成的城市中心容纳了160万人口，整个城市区域面积约为1000平方千米，人口450万人。

1. 巴塞罗那的城市规划策略

许多城市在建设中对量的方面过于重视，这种现代规划模式使城市陷入困境，从这一点上看，有必要通过系统的措施来对此加以改进，要认识到城市现象和城市运作的高度复杂性，在城市建设项目中要确保在改造城市的同时复兴城市，要以空间质量为准绳来实施城市改造。欧洲的城市经验表明，相对于按现有规划文件或分期执行的总体规划来组织城市规划的运作，形成一个良好的中期体系或构想对于城市改造更有效。

在 20 世纪 80 年代早期，巴塞罗那采取了在城市建造广场和花园的策略来恢复城市空间的品质和改善原有社区的居住环境。虽然初期的策略实施起来是分散和不成系统的，但在郊区的小范围成功还是证明了这一策略的普遍适用性。初期改造的完成发挥了这样的作用：给人们城市可以改善的印象，使人们有信心去改善道路和公共交通体系，从而使废弃区域和零碎空间的空地得到利用。建设"城中新城"的计划以及公私合作的支持使这些改造措施的实施成为可能。作为该项策略的组成部分，1992 年的奥运会强化了对蒙特惠克山、戴格诺尔、赫伯谷、奥运村四个区域的改造。不同规模的改造措施的成功巩固了这一进程并推动其朝着更高目标迈进。

2. 欧洲文脉下的城市改造

城市设计需要对原有城市进行具体深刻的研究，需要了解城市的现状以及影响和推动城市变化的各个方面。要分析城市现状，就要了解城市形态、社会状况，这些因素构成了中期项目和决策的基础，只有在透彻理解现状的基础上，才能形成立足现在、面向未来的系统化措施。

巴塞罗那过去已经形成了一种引人注目的生活方式和民族经济的基础，虽然随着工业体系的发展，巴塞罗那的人口和面积大幅增长，但是其在工业化后的发展还是会不自觉地遵循着原有体系的模式和标准。虽然以传统模式为特征的城市正在经历一些复杂的变化，但其"昨日之城"依然对新城市框架的形成产生了重大的影响。

3. 两个重要区域的改造

（1）滨水区

和历史上许多省会级城市一样，巴塞罗那一直都在向内陆发展，而没有利用其滨水优势。19世纪，港口开始向西扩展，并沿海岸建造了铁路，工业发展迅速，切断了市区与水域之间的联系。之后多项策略的实施使该区域发生了明显的空间和职能转变。但是20世纪70年代之后，许多相互关联的措施共同构成了总体上宏伟的构想：要重新建立城市与海洋的联系。正是通过一系列不同内容、不同规模的项目和措施，这一构想才得以实现。1983年，第一个对港口区进行复兴的项目木材码头拉开了序幕。这个实验性的项目关注的是老城复兴的一个关键问题：交通控制和公共空间改善的结合。

道路的通畅和项目的成功为巴塞罗那引入了一种新的长途交通模式：隆达环线结构，环线范围覆盖了巴塞罗那郊区，使港口的大规模改造得以进行。该项目引入的相关措施集中在从巴塞罗那尼塔到巴索斯河一带滨水区的改造上，改造基础是以下四项系统的基础设施建设：

①通过建造隧道来改变自海岸到内陆区域的铁路布局。

②对污水排入地中海的城市的排水系统进行改造，采取污水截流措施，并建立污水处理厂。

③沿海岸建立5公里的城市沙滩带，以垂直的防波堤维护，防波堤采用塞尔达方格网的模数系统。

④建立新的私人和公共交通路线，私家车的路线采用了木材码头项目中所用的车道、步道结合模式。

从这些项目来看，与单个工程项目建设相比，大规模的基础设施建设计划会产生更为协调的效果。在扩建的差儿斯一号大街两侧开发的奥运村是这项新建设中的重点工程，占地20公顷，包括1200处住所及配套服务设施，是滨水区开发的先行项目，项目还包括一个滨海广场和两座标志性建筑物。从城市层面上看，该设计与总体的城市形态相配合，引入了一种"大街区"体系，将不同规模的建筑结合在一起。奥运村的项目在奥运会开幕之前，住宅已经开始上市出售了，虽然奥运会结束后才有人入住。这些住宅大小一致，主要买主是中产阶级和一些专职买卖房屋的人，因为这些公寓是为奥运所建，买房者可以从中获得税项利益。另外所建的两个较小的奥运村，由私人根据政府相关的策略进行开发，新开项目中包括了1/3的经济住宅。奥运村的完成创造了高品质的城市空间，其海滨沙滩也成为城市的一个休闲胜地。

第二个城市开发项目是对滨水区的五个街区进行建设。这主要是想往内陆区域发展，用新开发的街区取代废弃的厂房，在街区建造了新住宅，其中也包括 1/3 的经济住房。该项目没有破坏最初的城市形态，不同的是又引入了各种类型的开敞街区，在街区内建有公共的景观空间。最为重要的城市空间是滨水区和内陆区的图拉特轴线，它们成为原有城市与新建街区之间的过渡。

第三个项目是"戴格诺尔大道"，它是城中向海滨延伸最宽的大街。以开发城区的模式来组织城市形态，住宅区围绕着一个大公园。这里原本是 30 公顷的工业区，这部分改造完全没有参照城市原来的形态，住宅是依照市场需求来建设的。建筑群包括一个大型的购物中心，外观较为封闭，不同于传统地中海气候下典型的开发城市商业空间。与改造同时进行的是还有一项名为"2004 文化论坛"的重大公共活动，在滨水区完成了一系列以会场及休闲娱乐为主题的大型建筑。

城市沿海面貌的形成和新功能的引入带来了一系列城市形态改观，这些措施和各基础设施项目的完成使城市的滨水区建筑群作为单个项目或是一个整体来考虑，以改善长达 20 年的建设所造成的局部不协调问题。同时，港口也经历了前所未有的改造，范围向西延伸，功能也更趋合理。局部的改造有条不紊，同时，新的活动相互融合成为整体。城中的老巷口也开始承担起新的城市职能。

（2）老城区改造

另一个引人关注的项目是对老城区的彻底改造。老城区是 19 世纪时巴塞罗那城墙围护的城市中心，到 19 世纪下半叶城墙被拆除，城市开始向内陆方向扩展。和许多其他欧洲国家的城市一样，巴塞罗那的成功扩展使老城区逐渐走向衰败，因为只有负担不起在别处生活的人才会留在老城区。的确，这里有独特的城市肌理和宏伟的纪念建筑，但建筑拥挤，街道狭窄。老城区内缺乏水平扩展的余地，因此 20 世纪许多建筑开始朝竖向发展，出现了不少非法建造的投机住宅。20 世纪 80 年代，巴塞罗那老城区问题重重，大部分区域基本处于衰败状态，有些实际上成为贫民窟。

这类问题不是通过某一个城市开发项目能够解决的，而是要采取一系列有力措施形成相对统一的城市发展策略。要实施全面复兴的系统措施，就必须对改造的价值和所面临的困难有一个准确全面的评价。这里涉及一个有关历史性城市的力量问题：历史城区究竟应该保留，还是应该让位于当代的城市建设？新的总是比旧的好吗？事实上，与巴黎等其他欧洲国家城市一样，巴塞罗那在过去 150 年也经历了重大的改造。其间拆毁了大量的建筑，原因之一就是为了改善卫生状况和与新兴城区的发展相衔接，因为当时相信建造宽阔的新街是保证城市更新的基础。近几十年来巴塞罗那盛行的是一种被称为"Sventramento"的观念，也就是开放街道系统的观念。这使我们意识到还可以用其他方式来改造和改善历史性城市，使之更好地与城市的历史保护相协调。巴塞罗那实施的老城区改造措施主要有以下几方面。

首先，重新制定了改造策略，这考虑了在城市历史进程中所形成的要素，以及仍然在老城区中合理存在的各种活动。区别看待那些对中心区造成拥挤和损害的活动。在城市中心引入了一些新的活动内容，一些与建筑环境相适应的活动得到了进一步的发展。

其次，重新考虑原有建筑的再利用问题，认识到多数原有建筑可以和今天的居住功能相结合。在一些探索性实验的基础上，这次的住宅改造计划既有关键部位的政府控制，又有非集中性的私人运作，都响应了政府支持的代理机构运作模式。同时新建了 2000 套住宅，取代了那些无法翻新的住宅。在一些关键性的位置结合其他公共空间的建设项目新建一些小型建筑或住宅区，致力于解决将当代的设计手法运用于历史中心区建筑这个难题。然后就要考虑建筑开口大小、材质处理等问题，这比追求某种风格更加重要。

最后，公共空间的建设对复兴老城区起着至关重要的作用——无论是改造已有的空间，还是创建新的公共空间以缓解过度建设所造成的密集状况。第一批公共空间建设项目包括分散在历史中心区的一些小空间，第二批则涉及一些小型街区的拆除。伴随着一些政策和措施的实施，老城区引入了新的功能，其区域地位得到了整体的提高。这些也算是中期规划所产生的积极效果之一。在历史性城区寻求功能重置是一种很自然的想法，如通过建设博物馆和旅游景点来防止区域功能的单一化。博览和旅游功能是该区中期规划中最为重要的部分。这样一来，居住、零售、手工艺及休闲文化空间就有可能各得其所，并随着时间的推移而不断完善。

4. 关于巴塞罗那新城市规划项目的理论借鉴

近年来，全面进行开发的城市都同时开展了不同规模和内容的项目，包括开展城市项目、制定总体策略、创造开发空间、规划传统中心、建设交通枢纽等。中期阶段大量建设交通设施要与原有建筑的独立开发相互结合，处理衰败的城市空间要考虑其中包含的巨大潜力，这表明城市开发计划中有很多限制因素需要考虑。从巴塞罗那的改造可以看看这些策略和项目：

（1）改造项目规模各异，强调了改造方式应以改造区域和城市片区的范围，或以城市开发的具体领域为出发点，如绿色空间、滨水空间等。

（2）扩宽规划领域、引入新的专业学科会对城市更新产生更为积极的影响。但也许更为可取的是发展一种更为深入全面的学科领域，从而产生不同形式的专业实践。这一学科应该是综合性的，而不是排他性的，因而能够克服旧有的专业化模式所产生的缺陷。

（3）借助新的工作方法，不同于从前在城市规划建设和项目中使用的二维平面的研究方法。借助于成品模型来演示最终结果，预览项目的各个部分的效果。

（4）城市开发项目在空间上是不断变化和扩展的，因此，通过综合比较不同时期的城市状况，更能接受今天城市各部分各自为政的现状。

（5）城市规划项目中的创新主题应该将人们的注意力引向有利于形成新观念的研究领域，这些观念有助于我们理解城市中出现的新现象并进行积极应对。今天的城市都涉及现实存在和探索创新两方面的因素，因此首先要对现代完成的城市探索进行批判。城市设计应具有前瞻性，应努力整合城市中的动态变化，并找出城市形态和城市构成对这些变化做出灵敏反应的特定条件。在这种情况下，应该将实际操作与创新模式和创新理论结合起来考虑，这才是从实质上完善城市功能和布局的途径（埃斯特·查尔斯沃思，2008）。

第三节 国内外代表城市城镇化发展趋势及经验借鉴

一 国外代表城市城镇化发展趋势及经验借鉴

（一）国外城市城镇化发展趋势

1. 城市体系的多极化

随着世界贸易的增长和新的国际劳动地域分工的逐渐形成，以及跨国公司对各国经济的不断渗透，经济全球化的进程正在加快，从而使若干全球信息节点城市发展为世界性城市或国际性城市，越来越控制和主宰着全球经济的命脉。世界城市的形成和发展使全球城市体系出现了新的等级体系结构，即世界级城市、跨国级城市、国家级城市、区域级城市和地方级城市。全球城市体系将出现多极化倾向。

2. 城市主导地位进一步强化

城市在全球经济活动中所扮演的角色因相互间联系的广泛性而日益重要。目前发展中国家正处于城镇化加速发展期，适应发达国家大规模经济结构调整所带来的新一轮劳动地域分工调整，发展中国家特别是亚洲和南美国家加快了工业化进程，这将为城镇化提供强大的动力。在发展中国家城镇化的推动下，全球城镇化将进入新的阶段，预计2025年左右，绝大多数发展中国家将完成城镇化进程，世界将进入城镇经济主宰的时代。根据联合国有关机构的分析，世界城镇化水平在未来20年将经历持续的高速增长期，从而使世界城市经济的比重迅速提高，城市的控制力进一步增强。

3. 组团式城市发展活力增强

"摊大饼"式的城市发展模式已受到城市规划者的摒弃。"田园城市"、生态城市及郊区城镇化等新型城市发展理念的兴起使多中心、组团式的城市发展备受关注。组团式城市相比棋盘式城市有诸多优点。

（1）避免城市交通过度拥挤。组团式城市有多个中心，可减少人流过度密集造成的交通堵塞；组团间可用快速交通网络连接。

（2）可合理划分城市功能区，使工作、休闲、商贸区域布局更趋合理。

（3）可解决城市生态环境恶化问题。组团式城市各组团之间完全可用绿化区相隔，使城市在功能上是一个整体，在形态上又是一个个独立的个体，环境质量较高。

（4）组团城市为发展中国家提供了快速城镇化的模式。发展中国家在城镇规模扩张的进程中，通过建设高速公路、高速铁路将相邻的城镇连接起来，可在较短的时间内建设一批新型的组团式城市。

4. 世界城镇网的形成

在工业社会中，城市的增长潜力基本取决于城市规模，而城市规模也决定了该城市在等级结构中的层次。在信息社会，城市的发展潜力却取决于该城市与全球其他城市的相互作用强度和协同作用程度，并不完全取决于其规模大小。因此，未来较小的城市也可利用信息网络，通过相互作用和相互协同，在特定的更新方式中靠专业化优势来获得较大的发展活力。这种通过网络分享知识和技术的过程将最终导致多极、多层次世界城市网络体系的形成。未来世界城市的发展潜力将取决于能否把所有有形的实体网络（基础设施）的节点、密度和效率连接到世界各地；是能否在世界无形的网络体系中发挥人口、知识、资金、货物和服务的全球化交换作用；是否有创新性和适应力去不断开发网络中所固有的潜在协同功能，并起到超前示范导向作用。

5. 生态型城市的兴起

20 世纪 70 年代以来，普通民众的环境意识大大增强，开始自觉杜绝资源利用上的浪费；自觉维护现有的基础设施，自觉利用未充分开发的各种资源，使许多老城市日益朝清洁型、生态型和适宜居住型方向转化。同时，人们更加注重信息社会对生态环境带来的影响，通过建立生态区并进行自然和人工资源普查、确定生态区保护范围、建立野生动物自然保护区，保护和恢复生态循环过程。在生态经济和可持续发展的原则下，人们将资源利用对环境和社会问题的长期影响视为经济分析的一个组成部分，如建立先进的城市清洁、安静交通系统和先进的通信系统，设计簇状多用途步行或公共交通生态城市社区，使家庭与全球信息网直接连通，避免工业化带给人类社会和城市诸多环境和生态问题。

（二）国外城镇化发展趋势对陕西省的借鉴意义

针对陕西省的状况，结合国外城镇化发展特点，陕西省在城镇化建设中可借鉴以下经验。

（1）陕西省城镇化建设也应按照多极化的布局，以西咸新区建设为核心，以"关中－天水经济区"城镇建设为重点，并结合陕北高原、陕南山地的特点，全面、有特点地推进城镇化发展和合理控制城镇用地的规划。

（2）充分发挥西咸新区建设的核心作用，以第五个国家级副省级新区西咸新区中的沣渭新区等工业园区建设为带动，集约利用土地，利用工业化带动城镇化建设发展；各地市也应该充分集约利用土地，利用城市主导地位，推动城镇化进程加速和城镇用地的合理布局。

（3）"西咸一体化"实际上已经在践行组团发展的思路，例如，沣渭新区的建设，浐灞区、国港区、经开区等新区建设，并且每个区域都有自己中心的发展方式，为城镇化更好的开展和城镇用地更合理的利用提供了借鉴。

（4）城镇网思想的借鉴意义在于合理划分城市职能，做好空间布局和发挥各自特点。根据陕北高原、关中平原、陕南山地的地理特点，再根据陕北的能源优势、关中的核心地位和工业农业优势和陕南的生态资源优势等，发挥不同城市特点，合理布局整体框架和调整城市内部结构，更有效地整合城镇用地，推动城镇化进程。

（5）城镇化建设中需要重视可持续发展战略，陕西省是资源大省，要重视土地、矿产资源开发与城镇协调发展、水资源开发（黄河、渭河等）与城镇协调发展，更要重视生态环境整治，建设生态型城市和建制镇，严格保护生态区域、历史名城等重要遗产。

二 国内代表城市城镇化发展趋势及经验借鉴

（一）国内代表城市城镇化发展趋势

改革开放以来，我国城镇化持续快速发展，城市已经成为国民经济社会发展的核心载体。特别是党的十六大以来，按照统筹城乡、布局合理、节约土地、功能完善的原则，坚持走中国特色的城镇化发展道路，促进大中小城市和小城镇协调发展，我国城镇化发展取得了巨大成就。目前国内城镇化发展趋势主要有以下几点。

1. 城镇化水平持续快速提高

2008 年底，我国城镇人口 6.07 亿人，城镇化水平 45.68%，比新中国成立初期的 10.64% 提高了 35 个百分点；比 1982 年的 21.1% 提高 24.6 个百分点，年均增长 0.95 个百分点，城镇化水平持续快速提高。如今，北京、上海、广州等国家中心城市跨国公司总部集聚，国际影响力逐步提高，成为奥运会、世博会、亚运会的承办城市，是展示新中国 60 余年建设成就的重要窗口。小城镇在吸纳广大农村富余劳动力就近就地转移和统筹城乡发展方面功能独特，在走中国特色城镇化道路中发挥了重要作用。

2. 城镇化与工业化发展齐头并举

城镇化是工业化发展到一定阶段的必然结果，工业化通过拉动就业、增加收入、改变土地形态等方式影响城镇化，两者具有极强的关联性。很长一段时间，中国的城镇化远远滞后于工业化。近年来，各大中城市加大工业园区建设，注重产业发展，工业化率与城镇化率差距在逐渐缩小，最新数据显示，2011 年全国城镇化率为 51.27%，工业化率为 46.8%，二者之差在 5 个百分点以内，小于 1990 年 10.3 个百分点的差距。

3. 城镇体系不断完善，布局日趋合理

改革开放以来，各省市城镇体系不断完善，初步形成了"655 + 20000"（城市和建制镇）的框架体系及辽中、京津冀北、长三角、珠三角四个成熟的城镇群的格局。从宏观空间看，我国城镇空间合理布局的"大分散、小集中"格局正在形成，表现为与我国地理环境资源基本相协调的东密、中散、西稀的总体态势。从微观看，在城市内部，中心城区、近郊区以及远郊

县的城镇空间结构层次日益显现。近年来，各个省市在推进城镇化中开始注重统筹兼顾和城乡协调发展，着重避免城镇化发展中的不良倾向，将城镇化的核心定位于城镇现代化，将城镇化过程简单地压缩为城镇建设过程。避免对城镇改造提速、加快规模扩张，使城镇建设超越发展阶段和现有经济的支撑能力。

4. 城镇间联系更加紧密，密集区逐步形成

随着社会主义市场经济的建立和完善，城镇之间的联系更加密切，以一个或多个核心城市为中心，多个城镇共同组成的城镇群迅速成长，成为我国对外参与经济全球化和国际竞争，对内引领区域发展的战略要地。长三角、京津冀、珠三角三大城镇密集地区，以不足 3% 的国土面积，聚集了全国 14% 的人口，创造了 42% 的国内生产总值，吸引了 79% 的外来投资，在辐射带动城乡和区域发展中发挥了重要作用。随着国家西部大开发和中部崛起战略的实施，在内地人口密集的成渝地区、关中地区、中原地区、长株潭、北部湾等地，城镇群也在发育和壮大。

5. 市政设施建设力度增强，投资规模逐步扩大

随着改革开放 30 余年的城镇化发展，国内城镇功能日趋完善，承载能力逐步提高。国内各个城市市政公用设施投资不断增长，"十五"期间，市政公用设施投资总额 20300 亿元，是"九五"时期的 2.85 倍；投资总额占 GDP 的 2.9%，比"九五"时期的 1.7% 高 1.2 个百分点。到 2008 年底，全国公路总里程已达 373 万公里，是新中国成立初期的 46 倍，全国 97.8% 的行政村通公路。全国城市人均生活用水量从 38 升提高到 178 升，用水普及率从 42% 上升到 95%，64.7% 的农村通了自来水，城市燃气普及率 89.55%，污水处理率 70.16%，生活垃圾无害化处理率 66.76%，城市建成区绿化覆盖率 37.37%，人均公园绿地面积 9.71 平方米，每万人拥有公共交通车辆 11.13 标台，人均道路面积 12.21 平方米。全国共 230 多个城市设置了公交优先车道或专用车道，搭公交、坐地铁，逐渐成为大多数城市居民出行的优先选择。

6. 区域协调发展，城镇密集区实力增强

国家中部崛起和西部大开发战略的实施，增强了中西部地区城镇化发展动力。"十一五"前三年，中部地区和西部地区的城镇化率年均分别提高1.46 个和1.25 个百分点，高于东部地区年均增长 1.01 个百分点的速度。中部城市市政公用设施投资年均增长 20.6%，已成为增速最快的地区。"十一五"期间，国家制定了一系列区域政策，加强对重点地区的规划引导，增强了城镇密集地区的发展动力。长江三角洲、珠江三角洲和京津冀等城镇密集地区，成为带动国家发展、参与国际竞争的重点区域。中西部以省会城市为核心的城镇密集地区发展速度加快，武汉城市圈、中原城市群、长株潭城市群、成渝城市群、关中城市群等已成为带动中西部地区发展的重要增长极。各级政府加强城际沟通与协作，采取多种形式切实推进区域协调发展。京津冀签订了《两市一省城乡规划合作框架协议》，互相开放建筑市场；成渝建立了高层领导定期会晤机制；珠三角、闽东南分别建立了城市规划局长联席会议制度和城市联盟，促进了交通基础设施对接和资源环境共同保护利用。

（二）国内代表城市城镇化发展趋势对陕西省的借鉴意义

针对陕西省的状况，结合国内城镇化发展特点，陕西省在城镇化建设中可借鉴采取以下几方面经验。

（1）陕西省区域差异大，关中、陕北、陕南不同地区城镇化条件、发展水平和发展阶段不同。因此应坚持因地制宜，走多样化的城镇化道路，根据各地经济社会发展水平、区位特点、资源禀赋和环境基础，合理确定各地城镇化发展的目标，因地制宜地制定城镇化战略及相关政策措施，促进城镇化与区域的经济发展水平相适应，与区域的人口资源环境条件相协调，使陕西省城镇化水平保持合理的增速。

（2）作为西部地区的重要商业、农业省份，陕西省工业与全国多数省份相比，工业化发展规模较小，速度较慢。鉴于此，陕西省可围绕大中城市实施据点开发，利用其人口聚集、劳动力资源丰富的特点，依托引进先进技术提高工业产出附加值发展工业。在小城镇扶持旅游、内陆边贸服务，实现大城市带动小城镇，小城镇促进大城市的循环机制。同时依托经济发达地区对边远山区、革命老区和生态环境脆弱地区城镇发展进行扶持。

（3）城镇体系的完善与城镇化发展速度密不可分。陕西省可借鉴其他省市城镇化体系的发展形成以大城市西安－咸阳为中心，中小城市宝鸡、渭南、铜川、汉中、安康、商洛、榆林、延安为骨干，小城镇为基础的多层次的大中小城市和小城镇协调发展的城镇体系。

（4）陕西省长期以来形成的城乡二元管理的体制已不能适应城镇化快速发展的要求。因此必须统筹城镇化和新农村建设，坚持城乡统筹，引导城镇化健康发展：

①应进一步完善全省各城镇功能，提高城镇综合承载能力。

②优化乡村居民点布局。积极引导关中、陕北、陕南的农民向中心村集中，加强对闲置的乡村建设用地的整理，促进城乡建设用地总体集约节约。

③结合"村村通"工程的实施，加强对乡村公路、通信等基础设施和文化设施建设的力度，推进基础设施和公共服务向农村地区延伸。

④进一步加强对乡村地区的环境综合整治和基础设施建设，加强对农民建房的指导，加强农民最急需、最基本的道路、给排水、环卫、通信、电力等设施基础和医疗卫生、教育文化等基本公共服务设施建设，改善农村居住和生活条件。

⑤东部地区城镇化发展比陕西省要早，速度要快，同时暴露出的问题也更多，其中的核心问题之一就是可持续发展问题。陕西省应借鉴经验教训，加强各级政府对城乡空间的规划管理，把资源节约和环境保护放在城镇化发展的重要战略地位，突出节地、节能、节水、节材，促进城镇的可持续发展。在区域层面划定禁止建设区、限制建设区、适宜建设区，将基本农田、重要自然人文资源和生态保护区、环境脆弱区作为禁止和限制开发的地区，严格控制这些地区的建设活动，切实加强对重要水源涵养地、自然生态资源保护区、历史文化保护区、基本农田的保护；要划定城镇增长边界，提高城镇建设用地使用效率，促进城镇紧凑布局，集约发展；在城市层面应划定蓝线（水系控制线）、绿线（绿地控制线）、紫线（历史文化保护控制线）、黄线（基础设施建设控制线）和红线（道路控制线），作为规划的强制性内容。

第七章
城镇用地集约利用典型案例分析

第一节　研究区土地利用现状

一　X 集团非主业工业用地现状

本书的研究对象为 X 集团非主业用地中的工业用地，工业用地单元主要有集团下 14 家工业企业，涉及家具制造业、印刷业、纺织服装鞋帽制造业、交通运输制造业、金属制品业等工业二级分类。14 个用地单元的区划布局及周边用地情况如下。

1. 一区土地利用情况

该区包括 A1 区和 A2 区两个小区，周边环境以住宅和学校为主，有少量商铺环绕。总面积 117026.67 平方米。A2 区面积 67233.33 平方米，南部多为问题单位，包括游泳池、3 所培训中心等，是一个集住宅、文教、商业于一体的混合区。区内有住宅楼 9 栋，总户数 286 户，其中买房户数 277 户，总体利用率较高。但经济容积率只有 0.5，低于 0.8 的国家最低标准。同处该区的 H 公司东、西院，建筑密度分别为 44.6% 和 44.7%，经济容积率分别为 0.89 和 0.68。A2 区面积 49793.33 平方米，以工业用地为主，经济容积率仅为 0.31，存在土地低度利用、浪费问题，建议根据企业效益进行整合重组。

2. 二区土地利用情况

该区面积 15293.33 平方米，属工业、住宅混合型区域。该区工业用地主要是 L 公司，周边有大量小商铺。厂房老旧，多为平房，生产效益尚可，自给自足。该区有住宅楼共 9 栋，总户数 396 户，实际买房户数 396 户，经济容积率为 1.8，在合理区间。

3. 三区土地利用情况

该区域聚集了铝业型材库、自来水公司、X 集团 3 个分公司、集团公司公安处和消防科，周边环境较差，西面虽有一铁路专线尚在使用，但公路状况较差，周边商铺凌乱。占地面积较大，建筑密度和经济容积率过低，均低于国家标准，属于低度利用土地区。总面积 31533.33 平方米，其中住宅用地 3393.33 平方米。

4. 四区土地利用情况

该区域包括由 X 集团控股的 7 个分公司，总面积达 281960 平方米。

已逐渐形成产业集群化发展态势，厂区毗邻人民路主街，基础设施完备，厂房较新，绿化良好，交通便利。财务报表显示，部分公司于 2006、2007、2008 年度均有亏损，但发展潜力巨大。其余公司经营状况良好，保持盈利态势。总体看，经济开发区经济容积率较低，土地使用不尽合理。

5. N 公司土地利用情况

工业用地。该区位于凤凰北路西侧，约 10.39 亩，建筑密度为 95.3，严重偏高；经济容积率为 0.65，低于国家标准。

二　研究区土地利用分析

1. 用地面积分析

研究区工业用地总面积为 418447.8 平方米，其中 A 公司用地面积最大，为 154415.01 平方米，占全部工业企业用地的 36%，其原因是 A 公司作为 X 集团重要的非主业产业子公司，其经营规模大，资金充足，人员科技力量雄厚；其次为 H 公司和 M 公司，分别为 46394.27 平方米和 46141.6 平方米，均约占总面积的 11%，H 公司也是 X 集团重要的非主业产业，其以生产铝制品为主，需要占用大量的土地，能耗较高，经营规模较大；用地面积最少的企业是 K 公司和 L 公司，面积分别为 3894.3 平方米和 3819.6 平方米，只占总面积的 1% 左右，企业经营规模的大小和效益的好坏决定了用地面积的大小，14 家工业企业的用地面积详情见图 7-1 所示。

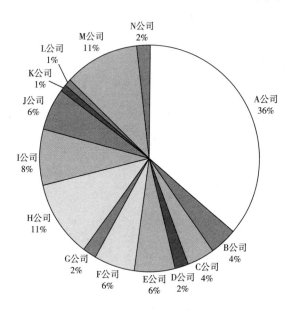

图 7-1 工业企业用地面积现状

注：图中及书中所使用公司名称均为代号，下同。

2. 土地利用程度分析

研究区内 14 家工业用地单位的土地利用程度见图 7-2 所示。《陕西省建设用地指标（2007 年版）》中对工业用地按行业分类容积率和建筑密度的最低控制标准均有明确规定，家具制造业和印刷业的容积率应不低于 0.8，建筑密度不低于 50%，纺织服装、鞋、帽制造业的容积率应不低于 1.0，建筑密度不低于 45%，交通运输制造业和金属制品业的容积率应不低于 0.7，建筑密度不低于 40%。K 公司的容积率和建筑密度最高，分别为 1.67 和 82%，均超过了陕西省规定的最低标准，土地利用程度较高，而其他单位均存在不同程度的低度利用问题。从容积率看，除 K 公司外，H 公司、N 公司和 G 公司的容积率分别为 0.78、0.65 和 0.63，H 公司超过了规定的最低标准，而后两者则接近规定的最低标准，其他 10 家企业的容积率均远低于最低标准，最低的为 L 公司，仅为 0.11。从建筑密度看，除 K 公司最高且达标外，N 公司、G 龙公司和 E 公司分别为 45%、44% 和 41%，均不足规定的最低标准，其他 10 家企业的建筑密度远低于最低标准，最小的为 I 公司、C 公司和 D 公司，为 6%、8% 和 9%。容积率与建筑密度存在较强的正相关关系，这一点在图 7-3 中体现得较为明显。

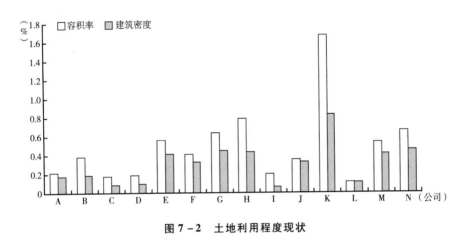

图 7-2　土地利用程度现状

总体而言，研究区的工业企业土地利用程度较低，除个别单位用地程度较高，其他大部分企业存在不同程度的土地粗放利用现象。这也表明研究区工业用地的集约利用存在较大的挖潜空间，有待进一步完善利用。

3. 总投资强度分析

如图 7-3 所示，在研究区的总投资强度中，H 公司最高，为 3881.30 万元/公顷，位居第二的是 N 公司，为 3677.46 万元/万平方米，第三位是 E 公司，为 3191.42 万元/万平方米，另有 K 公司、J 公司和 L 公司依次排列其后，其他六家企业的总投资强度均低于 1500 万元/万平方米，最低的为 M 公司，仅为 72.39 万元/万平方米，其次为 I 公司 162.39 万元/万平方米。H 公司固定资产投资强度最高的原因是，它作为铝制品制造加工单位，从行业性质角度看，不仅是资金和资源密集型产业，而且是对 X 集团主营业务的辅助支撑，与主营业务在同一产业链上且关系较为密切，所以集团对 H 公司的投入较大。

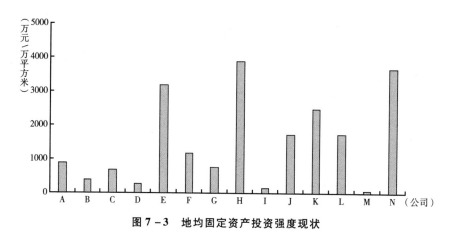

图7-3　地均固定资产投资强度现状

4. 地均工业产值分析

地均工业产值是工业用地产出效率的最直观体现。研究区各用地单元的产出效率见图7-4 所示，K 公司的地均产值最高，为 11213.83 万元/万平方米，其次为 E 公司 8761.53 万元/万平方米，紧随其后的为 N 公司 8749.55 万元/万平方米和 H 公司 5786.19 万元/万平方米。其他 8 家企业的地均工业产值均低于 6000 万元/万平方米，最低的为 M 公司 43.50 万元/万平方米、I 公司 112.56 万元/万平方米和 B 公司 440.88 万元/万平方米。与图7-3 对比观察，可以发现地均产值的高低与总投资强度的正相关关系较高，H 公司、N 公司、E 公司和 K 公司的投入强度较大，其产出效率也较高。

5. 地均从业人数分析

地均从业人数反映的是工业用地人力投入情况和解决劳动就业的能力，属于社会效益范畴，该指标不仅受土地集约利用程度影响，而且与产业性质具有紧密联系。如图7-5 所示，L 公司作为劳动力密集型产业，它的地均从业人数最多，为 824 人/万平方米，远高于其他企业；排名第二的是 C 公司 225 人/万平方米，C 公司的主营业务是座椅，同样属于劳动力密集型产业；与 C 公司接近的企业有 I 公司、H 公司、E 公司和 M 公司；地均从业人数最少的是 A 公司，仅为 22 人/万平方米。

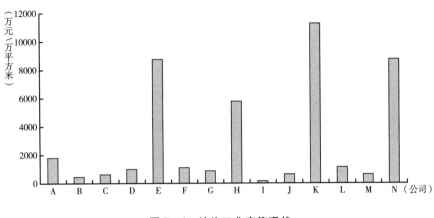

图 7 - 4　地均工业产值现状

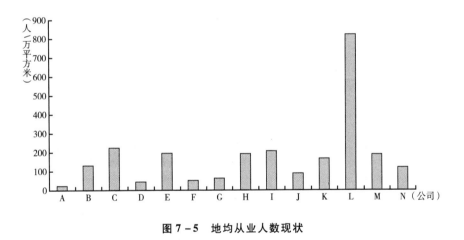

图 7 - 5　地均从业人数现状

第二节　基于 DEA 方法的评价及分析

数据包络分析（Data Envelopment Analysis，简称 DEA）是数学、运筹学、数理经济学和管理科学的一个新的交叉领域。DEA 是以相对效率概念为基础，以数学规划为主要工具，以优化为主要方法，根据多指标投入和多指标产出数据对相同类型的单位（部门或企业）进行相对有效性或效益评价的多指标综合评价方法，是一种全新的系统评价方法。

DEA 方法的作用原理是，把单输入、单输出的工程效率概念加以扩张，推广运用到多输入，特别是多输出的同类型决策单元（Decision – Making Units，简称 DMU）的有效性评价中。它利用有效样本数据，运用数学规划方法，对具有多输入和多输出的"部门"或"单位"进行有效性评价。根据各 DMU 的观测数据判断其是否有效，其本质是判断 DMU 是否位于生产可能集的"前沿面"上。应用 DEA 方法和模型可以确定生产前沿面的结构，DEA 模型是一种非参数的统计估计方法，由于不需要预先估计参数，因而在避免主观因素和简化计算、减少误差等方面有着极大的优越性。

本案例利用 DEA 中的 BC^2 模型对研究区 14 个工业企业样本进行了纯技术效率和规模效率分析。

14 个工业企业用地集约利用各种效率值见表 7 – 1 所示。

表 7 – 1　工业企业用地 BC^2 模型分析结果

DMU	总体有效值	总体有效性	纯技术效率值	技术有效性	规模效率值	规模收益
A 公司	0.638	无效	0.646	无效	0.989	递减
B 公司	0.573	无效	0.606	无效	0.945	递增
C 公司	1.000	有效	1.000	有效	1.000	不变
D 公司	1.000	有效	1.000	有效	1.000	不变
E 公司	1.000	有效	1.000	有效	1.000	不变
F 公司	0.563	无效	0.641	无效	0.878	递增
G 公司	0.687	无效	0.841	无效	0.817	递减
H 公司	0.745	无效	0.762	无效	0.978	递减
I 公司	1.000	有效	1.000	有效	1.000	不变
J 公司	0.647	无效	0.858	无效	0.754	递减
K 公司	1.000	有效	1.000	有效	1.000	不变
L 公司	0.733	无效	1.000	有效	0.733	递减
M 公司	1.000	有效	1.000	有效	1.000	不变
N 公司	1.000	有效	1.000	有效	1.000	不变
均值	0.828		0.822		0.935	

表 7 – 1 反映出来的便是工业企业用地效率评价结果，其中总体有效值 = 纯技术效率×规模效率。从决策单元平均效率看，14 个工业企业用地平均总体有效值为 0.828，平均纯技术效率为 0.882，平均规模效率为

0.935，总体有效值＝纯技术效率×规模效率。平均纯技术无效率和平均规模无效率同为工业企业用地总体无效率的原因，但其中规模无效率对整体无效率的影响更大。从单个决策单元的评价结果看，有 7 个工业企业总体有效，8 个工业企业纯技术效率有效，7 个工业企业规模有效。

在规模收益分析中，有 7 个工业企业总体有效且规模收益不变，说明它们集约利用土地的输入及输出比例恰当，已经达到最佳规模点；有 2 个工业企业规模效益为递增，说明这些工业企业在规模收益递增的阶段，应加大投入获得更高的产出增长；5 个工业企业规模效益为递减，说明这些工业企业在规模收益递减的阶段，应该控制资源输入，或者减少资源输入，避免资源的低效使用，从管理、技术等方面寻找企业效益递减的原因。

1. 总体有效性分析

X 集团各工业企业用地集约程度的 DEA 评价效率值见图 7 - 6 所示，14 个工业企业用地单元的总体有效性均值为 0.828，处于非有效状态。其中总体有效性为有效的有 C 公司、D 公司、E 公司、I 公司、K 公司、M 公司和 N 公司，占总数的一半，剩下 7 家公司为总体非有效，且与有效值 1 都有相当差距，其中 F 公司的总体有效性最差，为 0.563。说明总体有效的企业纯技术效率有效和规模有效，即在生产经营过程中，能够转变粗放型增长方式，优化各项生产要素投入，合理搭配比例，并在生产规模以及土地利用集约程度上处于合理范围内。

2. 纯技术效率分析

纯技术效率是衡量现有资源有效利用能力的一个指标，图 7 - 7 显示，纯技术效率均值为 0.882，除 A 公司、B 公司、F 公司、G 公司、H 公司和 J 公司为纯技术效率非有效，其他 8 家公司均为纯技术效率有效，说明这些公司输入的资源使用效率达到最佳状态，即以最小的资源投入获得最大的产出效益。这些工业企业的生产技术手段、经营管理能力等都达到了较高水平，并且以整个 X 集团为依托，在资金和管理上能够提供一定程度的支持，有的产业与 X 集团主营业务形成上下游产业关系，并且以整个阎良区为本地市场，以西安市为中心向外辐射，能够充分发挥市场机制优化资源配置的作用，提高了利用各项投入资源的能力，从而达到纯技术效率有效。

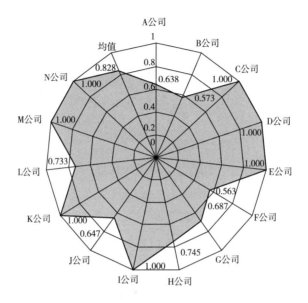

图 7 - 6　14 家工业企业土地集约利用总体有效性比较

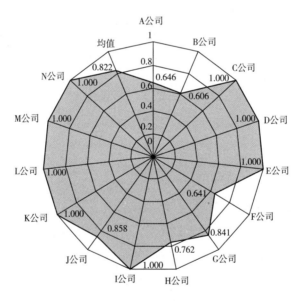

图 7 - 7　14 家工业企业土地集约利用纯技术效率比较

3. 规模效率分析

如图 7 - 8 所示，研究区的 14 家工业企业中，有一半企业为规模有效率，它们是 C 公司、D 公司、E 公司、I 公司、K 公司和 N 公司。规模效率最低的是 L 公司，其值为 0.733，其余的工业企业规模效率值接近 1，说明这些企业输出与输入的比例没有处于最佳状态，即对土地的利用没有达到最大集约程度，在扩大生产提高投入强度和产出效率、实现规模效率最大化方面存在不足。联系前文关于容积率与建筑密度的分析，研究区的工业企业大多存在土地粗放利用现象，容积率与建筑密度均存在不同程度的偏低现象。这也是企业规模效率较低的原因，自身的生产经营规模相对于所占用的土地资源规模较小，没有完全发挥土地资源的生产功效，土地资源的利用效率较低。

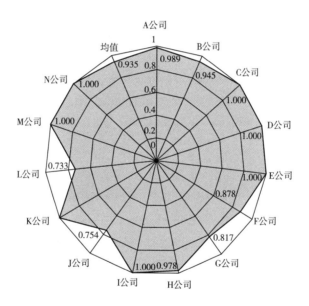

图 7 – 8　14 家工业企业土地集约利用规模效率比较

从另一个角度来说，规模效率较低的企业提高规模效率的空间较大，所占用的土地资源十分充足，适当合理地提高建筑密度及容积率，调整生产结构及布局，在合理增长的前提下扩大生产规模，可以有效提高企业的规模效率，提高产出总量，同时提高土地集约利用程度。

综合上述对总体有效性、纯技术效率和规模效率的分析，可以得出总体非有效的工业企业基本是由规模非有效引起的，即对土地的利用没有达到最大集约程度，土地利用效率低下是当前研究区的一个主要问题。

4. 输入冗余率和输出不足率分析

BC2 模型中，松弛变量 S－、S＋的经济含义可以认为是决策单元的无效输入量与输入不足量，故称之为输入冗余和输出不足。各 DMU 通过减少 S－输入和增加 S＋输出，可以提高 DMU 的输入输出效率，使之成为有效 DMU。输入冗余率与输出不足率为用地单元提高用地效益提供了改进方向和幅度，具有积极的参考意义。

提出输入冗余率和输出不足率这两个概念是有其实际应用的背景的。随着我国经济发展的加速，总体来说宏观经济建设的输入输出迅速增加，但各地区输入输出规模、水平又不尽相同，通过对输入冗余、输出不足绝对值的分析，还不能对研究区资源利用效率做出合理评价。利用输入冗余率和输出不足率进行分析更能反映研究区工业用地集约利用效率的变化。

通过分析同一时期内相似经济系统的输入冗余率、输出不足率，可以进行系统横向比较和评价。另外，比较一个经济系统或同一个决策单元中不同时段的输入冗余率或输出不足率可动态地反映该地区经济系统或决策单元可以在哪些方面进行改善和加强管理。投入冗余率与产出不足率的计算方法如式（7-1）、（7-2）所示：

$$投入冗余率 = \frac{实际投入 - 目标投入}{实际投入} \times 100\% \qquad (7-1)$$

$$产出不足率 = \frac{目标产出 - 实际产出}{实际产出} \times 100\% \qquad (7-2)$$

研究区的输入冗余率见表 7-2 所示，输出不足率见表 7-3 所示。

表 7-2　工业企业用地集约程度输入冗余率

单位：%

DMU	X_1	X_2	X_3
A 公司	35.393	35.440	35.441
B 公司	39.432	39.385	92.923
C 公司	0.000	0.000	0.000
D 公司	0.000	0.000	0.000
E 公司	0.000	0.000	0.000

续表

DMU	X$_1$	X$_2$	X$_3$
F 公司	35.870	43.721	35.751
G 公司	15.890	15.863	15.864
H 公司	23.827	51.024	79.683
I 公司	0.000	0.000	0.000
J 公司	14.167	81.675	14.211
K 公司	0.000	0.000	0.000
L 公司	0.000	0.000	0.000
M 公司	0.000	0.000	0.000
N 公司	0.000	0.000	0.000
均值	11.756	19.079	19.562

如表 7 - 2 所示，在指标输入方面，有 6 家企业均有不同程度的冗余率，且 X$_1$（工业项目用地率）、X$_2$（地均总投资）和 X$_3$（地均工业企业能源消耗量）三个指标均存在输入冗余率。其中 A 公司 X$_1$ 的冗余率为 35.393%，X$_2$ 的冗余率为 35.44%，X$_3$ 的冗余率为 35.441%，表示相对于同样的产出，A 公司工业项目用地比例偏高，总投资强度过大，且地均能源消耗量明显过高，也意味着在当前既定的投入情况下，本应有更大的产出。说明产出效益还有很大的上升空间，当前的土地利用效率没有达到最优，土地集约利用程度偏低。同理，F 公司、G 公司、H 公司和 J 公司都存在相似的问题。投入冗余率表示的是获得既定的产出，实际投入的资源超过了目标投入，即存在浪费现象，如不追求产出的增加，在保持现有产出水平的情况下，应采取措施降低投入量，实现集约节约发展。

表 7 - 3 工业企业用地集约程度输出不足率

单位：%

DMU	Y$_1$	Y$_2$	DMU	Y$_1$	Y$_2$
A 公司	0.000	0.000	I 公司	0.000	0.000
B 公司	0.000	6.222	J 公司	0.000	0.000
C 公司	0.000	0.000	K 公司	0.000	0.000
D 公司	0.000	0.000	L 公司	0.000	0.000

DMU	Y_1	Y_2	DMU	Y_1	Y_2
E 公司	0.000	0.000	M 公司	0.000	0.000
F 公司	0.000	15.294	N 公司	0.000	0.000
G 公司	0.000	0.000	Average	0.000	1.537
H 公司	0.000	0.000			

输出不足率表示的是使用同样的资源投入，实际获得的产出低于目标产出，说明资源利用效率并没有最大化，产出有待提高。如表7－3所示，在工业用地输出方面，有2家企业存在不同程度的输入不足率。仅表现在指标 Y_2（"工业三废"处理达标率）上，这2家企业是 B 公司和 F 公司，分别为 6.222% 和 15.294%。说明其"工业三废"处理达标率过低，在既定资源输入的情况下本应产出更大的输出，而实际却与标定输出差距甚远。说明这2家公司土地利用过程中生态环保措施有待提高。

输入冗余率与输出不足率直观地展现了企业在每一个投入产出指标上存在的问题，指明了规模非有效指标的改进方向和幅度，为提高企业用地效率与集约水平提供了明确的途径。

第三节　研究区土地集约利用潜力测算

针对目前 X 集团非主业工业用地现状及信息可获得程度，本书对研究区工业企业进行理论潜力分析，依据郑新奇（2004）所提出的土地潜力测算模型进行研究区的土地利用挖潜，具体测算方法采用土地集约利用评价模型中的"用地面积潜力测算模型－密度/容积率模型"及"用地效益潜力测算模型"来衡量。在此基础上，结合前文分析的工业用地集约利用的影响因素和效率测评结果提出相应的政策建议。

1. 面积潜力

在不考虑其他技术手段的前提下，提高建设用地建筑密度和容积率，是提高土地集约利用水平的一个最直接的有效途径。本书采用密度/容积率模型计算研究区用地面积潜力，模型如下：

$$S = S_1 \times \frac{P_2 - P_1}{P_2} \times 100\% \qquad\qquad (7-3)$$

式中：

S——用地面积潜力；

S_1——现状土地面积；

P_2——期望容积率；

P_1——现状容积率。

模型中的期望容积率和期望建筑密度，根据《陕西省建设用地指标（2007年版）》中对工业用地按行业分类的建设用地指标中对容积率和建筑密度的相关规定，以容积率和建筑密度的最低控制标准为依据进行计算，X集团非主业工业用地利用程度现状见表7-4所示，根据模型计算得出保守性的用地面积潜力，具体的计算结果见表7-5所示。

表7-4　X集团非主业工业用地工业用地使用状况

单位：平方米，%

公司名称	总占地面积	总建筑面积	容积率	建筑密度
A 公司	154415.01	33404.22	0.22	0.16
B 公司	15918.10	5622.81	0.35	0.17
C 公司	14901.32	2140.24	0.14	0.08
D 公司	6880.00	1080.58	0.16	0.09
E 公司	25223.90	13541.94	0.54	0.41
F 公司	26235.10	10113.47	0.39	0.27
G 公司	9299.20	5861.17	0.63	0.44
H 公司	46394.27	36402.32	0.78	0.46
I 公司	31530.00	5882.78	0.19	0.06
J 公司	26866.70	9813.80	0.37	0.23
K 公司	3894.30	6500.23	1.67	0.82
L 公司	3819.60	420.84	0.11	0.10
M 公司	46141.60	24575.51	0.53	0.37
N 公司	6928.70	4506.46	0.65	0.45

资料来源：实地调研整理。

表 7 – 5 X 集团非主业工业用地工业用地潜力挖掘面积

单位：平方米，%

公司名称	现状容积率	期望容积率	现状建筑密度(%)	期望建筑密度(%)	潜力挖掘面积（平方米）
A 公司	0.22	0.70	16	40	105884.5
B 公司	0.35	0.70	17	40	7959.05
C 公司	0.14	0.80	8	50	12293.59
D 公司	0.16	1.00	9	45	5779.20
E 公司	0.54	0.70	41	40	5765.46
F 公司	0.39	0.70	27	40	11618.40
G 公司	0.63	0.80	44	50	1976.08
H 公司	0.78	0.70	46	40	0.00
I 公司	0.19	0.70	6	40	22971.86
J 公司	0.37	0.80	23	40	14440.85
K 公司	1.67	0.80	82	50	0.00
L 公司	0.11	1.00	10	45	3399.44
M 公司	0.53	1.00	37	45	21686.55
N 公司	0.65	0.80	45	50	1299.13

资料来源：实地调研整理及《陕西省建设用地指标（2007 年版)》。

由表 7 – 4 可以得出 X 集团非主业工业用地中的 14 个工业企业用地挖潜面积。其中除 H 公司和 K 公司容积率与建筑密度达到甚至超过国家最低标准外，其他 12 家企业都存在容积率、建筑密度偏低的问题，即土地利用集约水平较低，存在很大的挖潜空间。

A 公司的面积挖潜值最大，为 105884.58 平方米，即通过建筑改造、合理布局，提高容积率和建筑密度等，可以为公司挖掘出 105884.58 平方米的工业用地，表明虽然公司目前的集约用地水平较低，但存在很大的发展潜力。同样，I 公司、M 公司紧随其后，其面积挖潜值分别为 22971.86 平方米和 21686.55 平方米。除用地已饱和的 H 公司和 K 公司外，面积挖潜能力最小的是 N 公司，其挖潜值为 1299.13 平方米。面积潜力挖掘情况见图 7 – 9 所示。

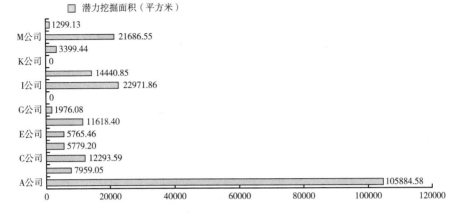

图 7 - 9　工业企业用地集约利用评价值比较

2. 经济潜力

对于经济潜力本书以地均产值为计算对象，借助面积潜力进行计算，其计算模型如下：

$$p = \bar{p} \times \Delta s \tag{7 - 4}$$

式中：

p——经济产出潜力

$\bar{p}$ ——单位面积平均产值

Δs ——用地面积潜力

根据已测算的 X 集团非主业工业用地各工业企业用地面积潜力和调查数据，计算可得经济效益潜力，见表 7 - 6 所示。

表 7 - 6　X 集团非主业工业用地工业用地经济潜力

公司名称	地均产值（万元/万平方米）	潜力挖掘面积（平方米）	经济产出潜力（万元）
A 公司	1466.65	105884.58	15529.58
B 公司	440.88	7959.05	350.90
C 公司	546.13	12293.59	671.39
D 公司	980.52	5779.20	566.66
E 公司	8761.53	5765.46	5051.43
F 公司	1224.77	11618.40	1422.99

续表

公司名称	地均产值(万元/万平方米)	潜力挖掘面积(平方米)	经济产出潜力(万元)
G 公司	864.38	1976.08	170.81
H 公司	5786.19	0.00	0.00
I 公司	112.56	22971.86	258.57
J 公司	541.93	14440.85	782.60
K 公司	11213.83	0.00	0.00
L 公司	1183.63	3399.44	402.37
M 公司	43.50	21686.55	94.33
N 公司	8749.55	1299.13	1136.68

资料来源：实地调研整理。

由表 7 – 6 可以看出，X 集团非主业工业用地中，A 公司经济产出潜力最大，为 15529.58 万元，远远高于其他公司，表示当公司的经营布局和建筑容积率等指标得到改善后，在面积挖潜的基础上，按当前土地产出强度计算，会增加经济产出总量，即经济效益潜力。其次为 E 公司，其经济产出潜力为 5051.43 万元，其他企业的经济产出潜力处于 0～1136.68 万元。考虑到计算所选取的期望值均为国家规定的最低值，因此以上计算所得的经济产出潜力，从理论上讲仍有提高的空间。其他企业的具体值见图 7 – 10 所示。

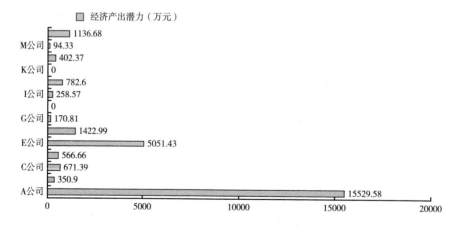

图 7 – 10　工业企业用地集约利用评价值比较

第四节　研究区集约用地对策

1. 制订完善的集团层面的用地详细规划

科学合理的规划是土地节约集约利用的首要因素，是保证土地合理利用和各项生产经营活动协调进行的前提和基础。对于 X 集团非主业工业用地需要特别制订相应的用地规划，规划应结合阎良区功能定位及发展规划和集团内部关于非主业用地的战略定位，按照因地制宜、用地集约和产业集聚的原则，结合集团非主业工业用地布局现状及对布局不合理企业整改搬迁的可行性等。只有制订了行之有效的总体规划，才能在集团层面把握非主业工业用地的发展方向，提高非主业工业用地集约水平和利用效益。

首先，要强化研究区规划的管理工作，通过对研究区的地位、功能和作用的分析研究，科学、合理地制订集团土地利用规划，充分发挥规划的作用。根据当地的实际情况，经过合理的论证，在充分考虑当地的产业结构、区位特点、环境保护要求的基础上，合理确定研究区的性质和规模。完善研究区的规划思路，不再把城市设计的模式用在研究区上，而是将研究区作为一个工业区来对待设计，不再走"小而全"或"大而全"的规划建设道路，合理确定研究区用地结构。其次，研究区要遵循近期规划与远期规划相结合的原则。研究区规划既要立足现有的发展水平、功能定位和自身特色，又要具有足够的超前性。提前通过合理的布局与规划，提高研究区内土地的承载能力。最后，研究区土地开发要严格按照规划进行，在存量土地未充分利用之前，不新征占用土地，在已开发土地仍有较大挖掘潜力的情况下，不盲目扩大用地面积。

2. 加大技术投入，完善企业生产要素配置

加大技术投入，即建立完善的技术支持体系。集团公司应鼓励各所属企业与科研机构、高等院校等建立良好的合作关系，向科研机构、高等院校寻求最新的技术支持，并在此基础上建立企业的研发中心以及技术创新中心。通过技术创新等手段改变增长方式，完善各项生产要素投入的配比，形成健

康快速发展的良性集约型工业运行模式。这样不仅为企业的发展提供了最新最好的技术支持，而且也为科研机构提供了理论技术向实际应用转变的契机。

集团土地利用管理，应树立科学发展观，正确处理节约用地与发展的关系，坚持走资源节约型道路，严格控制增量，积极盘活存量用地。建设项目设计、施工和建设用地审批，必须严格执行有关用地控制指标。调整厂区绿化率规定；推广多层标准厂房和厂房租赁；提倡部分项目向空中发展，向地下深入，拓展挖掘土地集约利用空间。

3. 强化集团土地集约利用情况的监督检查

除进一步强化土地管理执法监察，加大对违法用地、违章建设的处罚力度外，还应在土地利用过程中加强对各类用地变化情况的掌控，运用 GIS 等遥感技术实时监测土地的利用变化情况。在划批土地使用后，要对土地开发利用情况进行定期评估，检查其是否按既定用途使用，是否存在粗放利用和浪费等问题，形成土地集约利用预警机制，为制定完善土地集约利用政策、加强土地利用调控提供早期参考信息。

4. 设立专门管理机构统筹非主业业用地工作

集团公司应成立专门的"非主业工业用地规划、管理与运营部门"，与军品的研发、生产并列，成为集团公司的又一个战略事业部。由该事业部统领各非主业工业用地方向及规划经营，充分利用集团公司"非主业工业用地"这一巨大资源，使其产生客观的经济社会效益，为公司主业经营提供有力的保障和支持。对非主业工业用地中的工业用地，要严格按照现代企业制度进行管理。集团公司与各工业土地用户之间的责、权、利要明确。集团公司要行使出资人（投入土地）的职权，对那些经济效益低下且没有前途的工业用地要尽早回收，以避免公司资产遭受更大损失或浪费。

5. 加大闲置土地处置清理力度

在当前人地矛盾较为突出的背景下，土地闲置是对土地资源的不合理利用和极大的浪费，阻碍了社会经济的发展。集团管理层应对研究区内部土地利用状况有总体的了解，查清具体建设项目的土地使用情况，掌握项目中闲置土地的面积与区位，针对不同的土地闲置情形，采取相应的处置方式，最大限度地降低闲置土地规模，提高土地利用效率。对于现存的闲置土地，没有批准使用的，应优先安排符合本地区发展战略的特色产业；已批准使用但在规定期限内未能实施开发行为的，应责令用地单位限期开发使用，视情节轻重处以收缴土地闲置费和收回土地使用权的处罚。对因规划不合理造成的闲置土地，应及时采取纠正措施，即按合同剩余使用年限计算土地价款，返还给原土地使用者，收回闲置土地，重新规划定位，安排给急需建设的项目。

6. 加强生态保护，推进节能减排工作

要本着可持续发展的思想，不断提高对土地集约利用重要性的认识，从保护生态环境做起，提高 X 集团工业项目用地的可持续性。改善集团的生态环境需要从两方面来做。

（1）从源头控污，加大治理污染的力度。增加基础设施中关于防污治污的投入，严格监督污染企业的生态指标输出及输出效率。对于 X 集团这样特殊的工业企业集聚区域，可以集中处理污染，减少污染处理成本，并提高污染处理率，以切实保护环境。

（2）不断增加环境净化体系的面积，在集团内加强对水环境的保护。集团的非主业工业企业中，汽车制造业、金属制品业的工业废水排放量大，必须清醒地认识到工业废水的排放对水体的污染。监督排污企业是否能对工业污染物进行有效处理净化。

第八章
陕西省城镇化进程制度
保障与战略发展的思考

第一节　关于陕西省城镇化进程的制度保障的思考

目前，全国有数以亿计的农民（陕西有近 500 万人）虽然居住在城镇，但并不能同等享受城市的各类公共服务，在劳动就业、子女教育、社会保障、住房等许多方面不能与城市居民享有同等待遇，不能真正融入城市社会。究其基本原因，新中国成立以来长期形成的户籍、土地、社会保障等体制机制障碍是制约城镇化深入推进，特别是推进深度的、完全城镇化的重要因素。虽然改革开放以后，我国推行了许多改革和创新，调整了一系列的制度规定，但要想实现"以人为本"的城镇化，在城镇化浪潮中真正确保每个公民都享有公平的权利和义务，受到公正的对待，就必须加快体制改革步伐，加大创新力度，破除阻碍城镇化的制度障碍。

一　户籍制度保障

1958 年，国家颁布的《中华人民共和国户口登记条例》及配套制度，为限制农村人口流入城市提供了详细的制度安排。这个条例以法律形式严格限制农民进入城市，限制城市间人口流动，在城市与农村之间构筑了一道高墙，城乡分离的"二元经济模式"从此在中国形成。1963 年公安部在人口统计中把是否有国家计划供应的商品粮作为划分户口性质的标准。1975 年《宪法》修正时删除了关于"中华人民共和国居民有居住和迁徙的自由"的条文。1978 年《宪法》修正案没有恢复公民自由居住和迁徙的权利。在长达 50 年的时间里，户籍政策构筑了"农业户口"与"城市户口"在实际利益上的不平等。两种户口成为差别化分配各种利益的最直接标签。

1. 户籍制度改革历程

改革开放后，私营企业、乡镇企业的大量涌现及地区经济发展的差异需要劳动力的流动，政府才开始放松对人口迁移的控制。1984 年，户籍坚冰出现首道裂缝，国务院批转公安部《关于农民进入城镇落户问题的通知》，规定有经营能力、有固定住所或在乡镇企业单位长期务工的，公安机关应准予落常住户口。这无疑是一个里程碑，历史性地突破了封闭的城乡户籍二元管理制度，给了部分人以"迁徙自由"，农民由此获得了在城市合法生存的权利。随后，商品粮分配制度实现改革，农民进入城市少了"自带口粮"障碍，事实上形成了大量农民工涌向城市的打工热潮。这一人口迁移的趋势有着客观现实的推动：长期以来农村人多地少和农业收益低的状况使农村中的剩余劳动力达到 2/3 左右，这些剩余劳动力必然要向非农产业转移，而且大部分人向大、中城市转移。农民流动的事实，一度推动了 1993 年开始的户口制度思想的重大改变，提出了包括"取消农业、非农业二元户口性质，统一城乡户口登记制度；实行居住地登记户口原则，以具有合法固定住所、稳定职业或生活来源等主要生活基础为基本落户条件，调整户口迁移政策"的改革目标。1994 年公安部的户籍制度改革文件开始按照职业和居住地来建立户籍管理制度。新一轮户改从 2002 年开始，一些省市就有了实质性举动，而广义上的"大户籍制度"改革，即户口登记改革与教育、医疗等"附加功能"的改革应当同时并进，进行平等权利的制度变革，从"十七大"以来已然成为政府最重要也最艰巨的命题之一。党的十八届三中全会做出了关于"加快户籍制度改革"的部署：全面放开建制镇和小城市落户限制，有序开放中等城市落户限制，合理确定大城市落户条件，严格控制特大城市人口规模。在 2013 年 12 月 15 日召开的全国发展和改革工作会议上，徐绍史进一步指出，在城镇化发展过程中，要有序推进农业转移人口市民化。按照因地制宜、分步推进，存量优先、带动增量的原则，统筹推进户籍制度改革和基本公共服务均等化。改革开放以来，社会主义市场经济体制在我国的逐步建立对传统户籍制度产生了强烈的冲击，传统户籍制度的不合理和种种弊端越发显现，已成为制约我国城镇化进程的制度障碍并成为我国城镇化滞后于工业化的重要原因。加快进行户籍制度改革已成全社会的共识。借助新型城镇化改革的制度契机，户籍制度改革新的契机也已经到来。

在我国许多地方展开的新一轮户籍改革，以"城乡一体化"为目标，通过全面推进改革，打破原有的城乡二元社会结构，建立城乡统一的户籍登记管理制度。这里主要介绍一下国内其他省市的成功经验。

（1）上海市

改革开放后，上海市在户口迁移政策方面做出了积极的调整。2009年，上海颁布了《持有〈上海市居住证〉人员申办本市常住户口试行办法》（以下简称《试行办法》），上海市这一政策的出台也被称为户籍新政。《试行办法》指出，要获得上海市常住户口，必须具备5个以下不同条件：必须持有7年以上的暂住证；必须参加7年以上的上海市城镇社会保险；在上海市依法纳税；在上海市被聘任为中级以上专业技术资格，且所具备的专业技术资格与其所从事的工作相匹配；没有违反上海市的计划生育政策，没有违反社会治安管理条例，无犯罪记录和不良行为。

申办条件：要求外来人口的居住证的持有时间总共应当达到7年左右。针对《试行办法》中关于户籍的申办条件的规定，细则做出了更加明确的要求。比如前者指出《上海市居住证》的持有期限应达到7年左右，后者持有时间总共应达到7年左右；又如前者指出持有居住证的人们应当在规定期限内参与社会保险，并且参与期限应达到7年左右，后者则更为明确地提出应具有正常的缴费情况，总共达到7年左右。除此之外，围绕如何规定中级及以上的技术职务、如何明确拥有技师以上资格的相关要求，细则也在《试行办法》的基础上进一步完善相关的规定。

激励条件：以连续3年为限，外来人口的纳税数额可以达到百万元以上。关于这一方面，细则同样做出更加明确的规定。比如，关于如何引导人才向一些远郊城市地区、向一些经济发展较为落后的重点环节流动，细则指出如果能够在当地从事 5 年左右的教育、卫生等方面的管理事业，可以相应地缩短 5 年左右的居住证持有期限和参与社会保险的期限。细则还进一步规定了外来人才的纳税金额等标准，指出如果在上海市创业，能够在 3 年左右缴纳达到百万元以上的税款，或者在连续 3 年左右解决当地百人以上的人口的就业问题，那么相应地就可以免受相关技术职务及资格条件等方面的约束。此外，针对外企、私企中所存在的"无职称"的状况，上海市人力资源和社会保障局还明确提出可以参考薪资报酬以及缴税情况，同样以连续 3 年为期限，如果能够达到上一年度上海平均工资水平的 2 倍以上，或者超过在同一行业领域内部中级技术人员的平均工资水平，那么就可以免受相关技术职务及资格条件等的约束。至于务工农民的户籍管理问题，它还指出如果能够满足上述条件，务工农民也可以提出相应的落户要求，比如在上海市从事制造业以及其他相关人力资源紧张行业的工人，也有不少是务工农民。阳光操作：经过相关的审核工作，外来人口满足一定的条件可以通过网络公布的名单查到自己的名字。一些居住证持有者大多有所质疑，认为在由居住证向户籍进行转换的过程中，可能会出现个别不按照规定办事的现象，甚至有不少人主张户籍管理部门要积极实行阳光操作，实现公平管理，避免暗箱操作等不良状况。细则一经出台，就及时提出相关的规定，要求有关部门在经过一系列取核工作之后，将可以通过的人员名单等具体信息通过网络予以公示，并且公示时限达到 15 天左右，实现全部环节的公正性，防止不平等、不公开、不透明的操作出现，自觉地保障全社会公民的监督权利。并且，在公示通过之后，还会办理相关的证书和证明，完善申办手续及流程。

适用人群：转户籍的申办人口可以达到 3000 人左右。不少居住证持有者还普遍担心在转办户籍的过程中是否会受数量的限制。关于这一问题，上海市出台相关的细则规范，并且明确表示上海市从 2002 年开始，已经为大约 27 万人口提供居住证，而其中又有 3000 人左右的居住证持有者累计达到 7 年左右的居住期限，并且始终保持一定的有效力。同时，这种户籍试行管理方案的期限有 3 年左右，也就是说直到 2004 年，如果人们申请获得居住证，并且能够满足转户籍手续的各种要求，那么在试行期间可以免受转办人数的约束。随着外来人口规模的增长，尽管这一说法可能会发生一些变化，也许在今后的试行中会受到某些限制，但是目前在网上公开的一项调查中显示，依然有不少在沪工作的外来居住者表示上海市在转办户籍方面所出台的要求太多，难以实现。

（2）深圳市

深圳市的户籍制度改革措施主要依据的是广东省的相关户籍制度改革要求。深圳市规定，来深务工的人员需要满足基本要求积分、个人素质积分、居住情况积分等六个方面的积分要求。2010 年，深圳市入户积分的满分是 100 分，共有 3227 名外来务工人员满足这一分值要求，但是，即便是分值满足要求，也不意味着就能获得深圳市的常住户口。相关机构要对这些人员进行进一步审查，检查是否存在虚报情况，然后根据审查情况确定入户资格。2012 年，深圳市进一步完善了户籍制度政策，取消了入户时间的限制条件，实现全年的滚动式办理，外来务工人员只要具备 100 分就能够获得入户的资格。深圳等多个城市已推行居住证制度，暂住证谢幕，此举被看作破除城乡二元化的重要内容。正是由于城乡之间依然存在诸多不合理的社会问题，所以改革势在必行。而对于深圳而言，建立相对完善的户籍管理制度，不仅影响到该地区的社会安定与公平，而且间接地对维系中国整体的社会发展格局起着更为重要的作用。自 8 月 1 日起，深圳市正式颁布实行居住证管理体制，明确要求深圳市居住证持有者的子女可以享受同等条件的教育水平；如果居住证持有期限长达 10 年左右，那么持有者可以参与当地的社保制度。至此，深圳逐渐建立起相对完善的户籍管理制度，促进人口在区域之间的自由流动，对实现社会稳定产生了深刻的影响。当前，深圳市已经拥有 1400 多万人口，其中外来人口占有较大的比重，因此改革户籍制度、保障社会公平，势在必行。从深层次来看，在深圳市改革户籍管理制度、建立相对完善的户籍管理体系，意义重大。第一，这种新型的户籍制度能够维护外来务工人员的实际权益，实现社会公平。不少务工农民从事较为繁重的社会劳动，为城市的经济建设提供了充足的劳动力资源，而薪资报酬却远远低于城市工人的平均工资水平，社会地位较低。我国《宪法》第 33 条明确强调社会发展要时刻以公平、平等为基础，要给予公民平等无差别的权利，尤其是要消除户籍制度所产生的不平等的福利待遇。随着经济水平的提高，已经有不少城市地区开始改革当地的户籍管理制度，有力地保障务工农民的经济权益和社会权益。第二，这种新型的户籍管理制度可以维护我国公民的基本权益，实现人的自由发展。过去人们在管理过程中只是以城市居民的权利为前提，往往忽视了对农民权利的关注。因此，不少农民子弟被排除在教育体制之外，无法享受同等条件的教育条件，并且农民工的工资待遇普遍偏低，难以支撑正常的生活消费，而且一旦出现重大疾病，大多无法享受社会其他福利保障。同时，传统的户籍体系还会使单一的农村家庭产生结构上的变化，产生诸多不稳定的因素。总之，改革传统的户籍管理制度可以充分保障农民工群体的权益，平衡社会各方面的利益关系。在改革的过程中，应当实行宽松的户籍政策，消除对外地人口在社会领域中的各种限制，使他们能够充分享受到经济发展带来的红利。只有这样，才能使他们的生活真正地实现人性化，稳定社会的整体秩序，建立一个更加和谐、安宁的社会环境。

（3）成都市

2010 年，成都市针对户籍管理方面的具体情况，出台了《关于全域成都城乡统一户籍实现居民自由迁徙的意见》，其中明确指出：为了改变成都市城乡二元结构，逐步消除户籍制度背后存在的城乡居民身份差异和公民权利的不平等问题，进而使城乡居民获得充足的公共服务和社会福利，实现各项公共资源更加公平的交流与分配，保证民众在迁徙过程中能够自由地实现自身的发展目标。为此，成都市加快信息化管理模式，根据公民的信息情况，完善相关的管理体系，尤其是借助公民的身份证号码，实现社会各个领域之间的公平化。此外，意见还明确指出了总共 12 条的发展措施，要求在就业、社保以及教育等领域缩小差距，消除不平等因素。成都市围绕改革户籍管理制度，提出要实现城乡之间人口的自由流动，这一举措引起了全社会的高度关注，被誉为我国至今改革程度最为突出的发展规划。除此之外，成都进一步地在各个等级的城市之间、在城镇之间实行更为宽松的户籍管理政策，尤其是针对那些已经拥有较为稳定的工作及住所的居住证持有者，保障他们及其家属的落户要求，充分实现社会公平。启动建设省级流动人口综合信息平台，逐步整合公安、人口计生、民政等部门的信息资源，并且渐进地解决务工农民的居住问题，建立更加完善的社会保障制度，建立和完善社会公共服务体系，保障这些流动人口的利益。目前正在研究整合城乡居民医疗保险制度，探索在全省开展医疗保险的异地就医结算，及城乡居民大病保险试点，计划在省内建立疾病应急救助制度。细化市域人口分类管理户籍政策，牵头制定《全域成都城乡居民自由迁徙服务管理办法》。严控中心城区、天府新区人口规模，全面放开其他区（市）县落户限制，有序引导市域农业转移人口向卫星城、县城、重点镇、一般乡镇梯度转移，大力推进农业转移人口市民化。强化实有人口服务管理，健全包容性城市政策体系，稳步推进城镇基本公共服务常住人口全覆盖（张婷，2014）。

（4）重庆市

2010 年 8 月，重庆市以解决农民工城镇户口为突破口，全面启动户籍制度改革，目标是在 10 年内让 1000 万农民转户进城，到 2020 年让全市户籍人口城镇化率达到 60% 以上。重庆的户籍改革，尝试通过建立转户居民宅基地、承包地和林地的弹性退出机制，以合理的过渡期保障农民合法权益。同时，农民转户后将就业、社保、住房、教育、医疗纳入城镇保障体系，实现转户进城后一步到位。据统计，重庆现有 700 多万农民工，400 多万在沿海打工，300 多万在重庆市。其构成是：在重庆工作 10 年以上的有 120 万，加上其老人小孩，计 180 万；重庆农转非的大约 40 万；还有 70 万中专生。重庆直辖初期，户籍城市化率是 25%，常住人口城市化率是 28%，二者差 3 个百分点。2010 年，重庆常住人口的城市化率从 28% 上升到 50%，但是户籍人口的城市化率只有 27%。所以，重庆这个大规模的户籍改革其实是还历史旧账，即把具备条件、已经在城市工作生活多年的民工和学生转过来。重庆的户籍制度改革主要有以下几个值得借鉴的地方。

① "过渡期"后农村土地的再分配

众所周知，在我国现行的土地制度下，土地和住房二者是农民生存的重要生活保障，农村居民拥有农村承包地、宅基地也是与城镇居民最本质的区别。我国现行的农村土地分配制度是按户分配。随着大批农村人口转移，不论是三年过渡期满后还是直接退出土地，最终势必导致退出土地的再分配问题。事实上，户籍改革必然会引发土地所有制的改革，也从根本上决定着城镇化进程的整体效果。因农村土地再分配引发的冲突不断，在全国各地都不同程度地存在这一问题，而且已经危害到社会经济的稳定发展。如何修正因人口变化而带来的土地再分配制度和处理好土地矛盾纠纷，最终实现土地的有序转让和再分配，也是亟须解决的问题。可以看出，重庆的户籍改革在这一方面已经有所尝试。

②社会保障的全面落实

现行户籍制度背后承载的劳动就业制度、医疗保健制度，以及在接受教育、转业安置、子女落户等方面所衍生出的许多具体规定，整体形成了包含社会生活多个领域的"附加值"。使农村转户居民真正享受与城镇居民同样的社会福利政策，无疑对我国本来就不健全的社会保障体系提出了更高的要求。只有扩大社会保障的覆盖面，户籍制度改革才具有实际意义。

重庆市是全国统筹城乡综合配套改革试验区，统筹城乡户籍制度改革，创新进城农民社会保障制度设计理念，为我国户籍制度改革提供了借鉴和示范作用，并给人们带来诸多启示和思考（吴克泽，2010）。

2. 陕西省城镇化进程的户籍制度保障建议

1998年3月，陕西省人民政府转发了公安厅关于《小城镇户籍管理制度改革试点实施方案》和《关于完善农村户籍管理制度的实施方案》的通知，对小城镇户籍管理制度改革进行了初步探索，对于引导允许农民进入小城镇务工经商，加快农村第三产业和城镇个体、私营等非公有制经济的发展步伐，促进农村剩余劳动力就近、有序地向小城镇转移，在继续严格控制大中城市人口的机械增长的同时，促进小城镇和农村的全面发展，维护社会稳定，具有非常重要的意义（邹一南，2014）。

2005年6月，陕西省人民政府办公厅转发省公安厅关于《进一步深化户籍管理制度改革意见的通知》，为进一步加快陕西县域经济发展，促进农村劳动力转移和人口合理有序流动，推进城镇化进程，在进一步深化户籍管理制度改革、放宽户口迁移政策方面迈出了坚定的一步。

对于十八大后出现户籍制度改革的新契机，陕西省应把握时机，抓住时机，做好城镇化进程的户籍制度保障，有力促进陕西省的城镇化发展。本书给出以下几点建议。

第一，调整完善户口迁移政策，促进有能力在城市稳定就业和生活的常住人口有序实现市民化。首先是尊重自愿原则，农业转移人口进不进城，什么时候进城，进哪一个城市，都要由他们自己来选择，政府不要把他们赶进城，或挡在城门外；其次是分类指导原则，即各地根据自己的实际，因时、因地地制定城市的落户标准，并向全社会公布，让农业转移人口和其他常住人口都能了解每个城市的具体入户条件，合理安排自己的市民化路径，给自己一个固定的预期和希望；最后是有序推进原则，户籍改革涉及千家万户，一定要积极、稳妥、扎实、有序地推进，促进人口自由流动、完善公共服务。

第二，在进行剥离户籍福利含义的改革之前，应首先致力于缩小不同规模城市经济社会发展水平的差距，改变资源向行政级别较高的大城市过度配置的模式，加快中小城市的发展，引导人口多元化流向，走一条城镇化的均衡发展道路。发达国家的经验表明，避免人口向大城市过度集中，关键是大力发展中小城市，提升中小城市居民的福利水平。而只有化解了人口向大城市过度集中的趋势，才能有效推行剥离户籍福利含义的改革措施。为此，政府应建立人才、资源、重点项目分散化的激励机制，使中小城市获得发展的机会；通过国家层面的发展规划和财政支持，快速提高中小城市的基础设施水平，使其有能力承接大城市的产业转移；通过建立高速便捷的区域交通网络，构建中小城市和大城市的产品要素双向流动机制，形成都市经济圈，利用大城市的辐射作用有效带动中小城市发展，引导人口合理流动，形成科学的城市体系。构建均衡的城镇化模式，还有赖于对基于城市行政级别的集权化的城市管理体制的改革，通过一定的制度设计，避免行政级别高的大城市过度占有各类优质社会资源，挤占中小城市的发展空间（李奋生，2014）。

第三，逐步剥离附加在户籍制度上的各种利益。"如果你拥有户口本也就相当于你拥有本地一切计划经济遗存的好处，但如果没有户口本也就没有在本地正常生产生活的一切条件"，这种把生产生活相关的福利与户籍挂钩的现状，损害了部分公民的利益，要解决这一问题最根本的就是逐步剥离附加在户籍制度上的各种福利。在户籍改革的过程中，要全盘统筹住房、教育、医疗、养老和低保等方面的改革。户籍制度改革的核心是将依附在户口上的各种社会福利进行分解，以教育、就业为领头，稳步与户口"脱钩"，促进基本公共服务均等化，形成城乡一体的公共服务体系，彻底消除户口等级，推进我国户籍制度改革从"形式"向"内容"深入，推进我国城镇化发展从"数量"向"质量"的方向转型。

第四，稳步促进城镇化，实现公共服务全覆盖。随着经济发展，城市中的流动人口增长速度很快，我国正从传统的农业大国逐步转型为工业化国家。根据国家统计数据，我国目前的城镇化率已经超过了50%，但城镇化的质量并不高，甚至可以说是一种伪城镇化。之所以会造成这种情况，主要就是人口城镇化以后，相关的公共服务和社会福利保障没有跟上，流动人口难以在城镇落户，无法获得和城市居民一样的权益，特别是在就业、教育、医疗和住房等方面差异较大。陕西省应按照党的十八大报告中对加快户籍制度的相关改革做出的要求，逐渐实现农村城镇化，实现社会公共服务的全面覆盖。但是改革难度比较大，因为这是对传统户籍制度的深层改革，而不仅仅是实现数量的突破。因此，在推进流动人口市民化的过程中，要做到合理推进，有序进行，在打破城乡二元结构的同时，提高城市的承载力，加大城市公共服务的供给量，完善城乡公共服务体系，实现城乡公共服务的合理化配置，提升农村地区的公共服务整体水平，进一步缩小城乡之间公共服务的差距，增加城市的公共服务供给，使城市具有足够的公共服务，并且不断完善公共服务体系（胡雪，2014）（邹一南，2014）。

二　土地利用制度保障

从土地利用和城镇化的发展过程来看，我国的城镇化与世界各国城市发展的规律是相符的，但与国外不同的是我国的城镇化进程是以"土地的城镇化"为基础，受到特殊的土地国情和土地制度的影响，我国城镇化在土地利用方面表现出十分鲜明的特征。

1. 我国城镇化进程中的土地利用特征

（1）城镇化是集体土地不断被"征收"为国有土地的过程

中国土地实行国家所有和农民集体所有。在现行土地基本制度中，城镇化发展过程是城镇建设用地的扩展过程，在土地可能性关系上表现为农民集体所有的土地被征收为国有土地的过程。改革开放后，我国城镇化进程不断加快，与城镇化加快发展相对应，城镇建设用地在扩展过程中，越来越多的农民集体所有土地被收为国有，据测算，城镇新增用地 80% 以上来自征收农民集体所有的土地。

（2）城镇化是城镇不断占用农用地特别是耕地的过程

一般城镇扩展首先占用的是城镇周边的优质耕地，优质的耕地由于具有用地条件好、开发成本低、易征收的特点，是城镇建设用地的首选。因此，占用农用地搞开发建设是城镇新增建设用地的主要途径。据测算，近 10 年来，全国城镇年均新增建设用地中 60% 是耕地。即使在国家不断出台保护耕地的严厉政策措施后，各地仍然采取"以租代征"等变通方式占用大量农用地。

（3）城镇化是土地收益不断为城镇提供建设资金的过程

土地收益分配以地方政府为主，且地方政府对土地收益的使用有较大的自主权。政府的土地收益主要有两个途径：一是土地或房地产转移环节的一次性收益；二是土地或房地产持有环节的收益。我国城市土地收益已经成为地方政府财政收入的重要来源。据统计，地方财政收入中土地收益和与城镇国有土地相差的税费收入呈逐年上升态势。一些城市土地出让收入已相当于财政收入的 25%～50%，少数城市甚至高达 80%。在土地市场活跃的沿海城市，土地收益成为城镇建设的重要资金来源。

2. 土地利用的相关政策法令

（1）耕地占补平衡考核办法

2006 年 6 月，中华人民共和国国土资源部为加强耕地保护，规范耕地占补平衡考核工作，督促非农业建设占用耕地的单位履行补充耕地的法定义务，根据《中华人民共和国土地管理法》和《国务院关于深化改革严格土地管理的决定》，制定了《耕地占补平衡考核办法》（以下简称《考核办法》）。《考核办法》进一步明确了补充耕地的责任单位，确定了按建设用地项目考核占补平衡的基本原则，并实行占用耕地的建设用地项目与补充耕地的土地开发整理项目挂钩制度等。这些严格考核的新办法，将使耕地占补平衡考核工作走上规范化、制度化轨道。为严格执行法律规定，确保建设用地单位履行补充耕地的法定义务，《考核办法》对建设用地项目补充耕地"不合格"的行为，规定了严格的法律责任，加大了对未按规定履行法定义务的单位和个人的责任追究和处罚力度。

（2）招标拍卖挂牌出让国有建设用地使用权规定

2002 年 5 月 9 日，国土资源部发布了《招标拍卖挂牌出让国有土地使用权规定》（11 号令），自 2002 年 7 月 1 日起施行。11 号令全面确立了经营性土地使用权招标拍卖挂牌出让制度，明确规定：商业、旅游、娱乐和商品住宅等各类经营性用地，必须以招标、拍卖或者挂牌方式出让，前述规定以外用途的土地的供地计划公布后，同一宗地有两个以上意向用地者的，也应当采用招标、拍卖或者挂牌方式出让。11 号令第一次明确了经营性用地必须实行招拍挂出让，第一次对招拍挂出让的原则、范围、程序、法律责任进行了系统规定。11 号令确立了市场配置土地资源的制度，其核心是通过"公开、公平、公正"的市场方式确定土地使用权人，这一既具有实体性内容又有程序性规定的部门规章一经面世，即在社会上产生了强大的反响，被业界称为"第二次土地革命"。

2006 年，《国务院关于加强土地调控有关问题的通知》（国发〔2006〕31 号）明确要求："工业用地必须采用招标拍卖挂牌方式出让。"2007 年国土资源部土地利用司、法规司对国土资源部 11 号令实施以来经营性土地招标、拍卖、挂牌出让的工作实践进行了认真调研和总结，对 11 号令中与《物权法》规定不一致的内容进行了修订。于 2007 年 9 月发布《招标拍卖挂牌出让国有建设用地使用权规定》（39 号令）。主要包括招标、拍卖、挂牌出让的法律依据，招标、拍卖、挂牌出让的范围和原则，出让计划、出让方案的编制和公开发布，招标、拍卖、挂牌文件的编制和公开，招投标程序、拍卖程序、挂牌程序，出让结果公布，出让金缴纳和发放土地使用证，以及法律责任等内容。与 11 号令相比，39 号令主要有以下特点：39 号令进一步完善和发展了 11 号令规定的各项制度；扩大了建设用地使用权的设立范围、概念、名称和空间范围；明确了应当招标、拍卖、挂牌出让的范围：六类情形和一个认定机制；确定不得人为限制申请人资格和条件；公开、公平、公正原则中公开是第一位的；工业用地出让方案和出让文件编制应当突出工业用地特点；确定了招标出让的两种情形：价高者得和综合评价最优者得；终止拍卖的情形：强调充分公开而非人数；重新解释了挂牌申请时间、公告时间和挂牌时间；确定挂牌出让期限截止日期：挂牌主持人主持确定；投标、竞买保证金：阶段不同，性质不同；缴纳出让金和发放建设用地使用权证书：按宗地出让、按宗地签订出让合同、按宗地缴清出让价款、按宗地发放建设用地使用权证。

（3）闲置土地处置办法

1999 年 4 月，为依法处理和充分利用闲置土地，切实保护耕地，国土资源部第 6 次部长办公会议通过发布了《国土资源部闲置土地处置办法》（5 号令），对土地使用者依法取得土地使用权后，未经原批准用地的人民政府同意，超过规定的期限未动工开发建设的建设用地进行规范化管理。2012 年，发布了《闲置土地处置办法》（国土资源部第 53 号令）对原有法令进行了新修订。与原来的 5 号令相比，在闲置土地的界定、闲置土地的处置程序、闲置土地的预防和监管等方面都做出了许多新规定。《闲置土地处置办法》（53 号令）对闲置土地的界定与原来的 5 号令有明显区别；对因政府及政府有关部门的原因导致土地闲置的情形进行了界定；规定闲置费按土地总价款的 20% 征收；因闲置而被收回时不退回土地取得成本；对违反合同约定未动工的将同时收取违约金和闲置费。

（4）《建设项目用地预审管理办法》

《建设项目用地预审管理办法》由 2001 年 6 月 28 日国土资源部第 5 次部务会议通过，2004 年 10 月 29 日国土资源部第 9 次部务会议修订，2008 年 11 月 12 日国土资源部第 13 次部务会议修正新的管理办法。旨在保证土地利用总体规划的实施，充分发挥土地供应的宏观调控作用，控制建设用地总量。新出台的办法的核心内容体现在几个方面：首先是明确任何建设项目批准、核准必须经过预审，明确预审时的必备环节；其次是实行分级预审制度；最后是强调预审前置关口的重要地位，规定未经预审或者预审未通过的，不得批准农用地转用、土地征收，不得办理供地手续。

（5）《协议出让国有土地使用权规定》

为加强国有土地资产管理，优化土地资源配置，规范协议出让国有土地使用权行为，自2003年8月，国土资源部发布了《协议出让国有土地使用权规定》。2006年5月又对其进行了修订。主要完善了以下几个方面：协议出让国有土地使用权的概念和适用范围；协议出让国有土地使用权的条件；协议出让国有土地使用权的程序。

为规范协议出让国有土地使用权行为，陕西省人民政府办公厅转发省国土资源厅关于《规范国有土地使用权协议出让管理意见的通知》，对陕西省国有土地使用权协议出让管理工作提出如下意见：一是严格控制协议出让土地使用权，大力推行国有土地使用权招标、拍卖；二是坚持依法行政，建立和完善协议出让土地使用权各项制度；三是加强监督检查，严肃查处协议出让土地使用权中的违法行为。

3. 陕西省土地利用制度保障建议

笔者认为，在当前和今后一个时期内，土地利用制度改革的核心问题是保障农民对土地享有更加充分的权利。尽管现有法律法规和文件政策对保障农民土地承包经营权有了许多改进，但在土地征占用、土地流转、宅基地及其房产等方面还留下需要改革探索的空间。今后在现有土地承包关系保持稳定并长久不变的基础上，土地利用制度改革应重点围绕以下几方面展开。

一是改革土地征占用办法。严格界定、区分公益性和非公益性用地界限，一方面要不断缩小公益性征地范围，将那些本该是非公益性并具有明显营利性质的土地坚决剔除公益性范围；另一方面公益性征地也要尊重农民意愿，按市场价格补偿农民。不能打着公益性用地的旗号，人为压低土地补偿价格，以牺牲弱势群体的利益搞建设。为了保障农民的土地权益，应初步放开土地交易市场，培育多元化的市场主体，要将农民逐渐培育为土地市场交易的重要主体之一。积极探讨农村集体建设用地，直接参与土地市场交易的办法，农村土地转为建设用地并不必须都要变更为国有土地，经批准农业用地也可转为集体建设用地，直接进入城镇土地交易市场。无论是公益性还是非公益性土地交易产生的收益应按市场原则进行分配。要充分尊重农民对土地的收益权，不管是农村集体土地转为国有建设用地，还是农村集体建设用地进入城镇土地市场参与交易，必须引入第三方评估机制。

二是进一步完善土地流转政策。随着农村劳动力和人口大量流向城镇，按照依法自愿有偿原则，既要允许也应鼓励农民以转包、出租、互换、转让、股份合作等形式流转土地承包经营权。同时，在完善荒地、林地使用权抵押制度的基础上，还要探索耕地、草地承包经营权的抵押办法，允许承包经营权进行抵押，这将极大地提高农村土地的价值，农民以土地承包经营权抵押获得银行贷款，能增加对土地的长期投资，提高土地产出率和劳动生产率。要严禁一些地区利用各种形式强迫农民流转土地，并侵蚀土地流转收益。即使是已经进城落户的农民工，也不能强制收回他们的承包土地，一定要按市场办法在自愿原则下鼓励他们转让承包土地。

三是改革农村宅基地制度。在工业化和城镇化过程中，随着农村人口的减少和社会保障制度的建立和完善，在对农民实行"一户一宅"政策的基础上，可考虑从法律上实行农村宅基地私有化，并允许农村宅基地及其建筑物依法自愿有偿转让、出租、互换、继承、抵押等，使农村宅基地及其建筑物真正市场化。实现农村宅基地及其建筑物的市场化，如果农民进城就业，就可以依法将自己的房产及其宅基地卖掉，获得一笔资金，将其作为进城的资本，在城市购买房产，拉动城市经济发展。当前各地正在进行的土地"增减挂钩"和"并村上楼"，实质上是地方政府借用公共权力对农村集体所有权和农民财产权的一种变相侵蚀，其目的就是牺牲农村集体利益和农民利益，以保证地方政府在"增减挂钩"中利益最大化。

四是建立健全土地市场体系。市场是配置资源最有效的一种机制。促进土地承包经营权流转，完善建设用地交易等，最有效的办法就是培育土地市场。今后土地市场发育不能把农民排斥在外，农村集体土地说到底是农民的，而不是地方政府的。政府不应替代农民更不应替代市场包办一切，这不是中国改革开放的初衷。政府对土地市场的干预要有边界，其作用是弥补土地市场失灵的部分，而不是代替市场与农民争利。今后，政府在土地市场上主要是健全土地法规，支持培育中介服务组织，加强监督和监管，维护土地市场的公正和公平性，坚决制止各级地方政府在土地市场上既当裁判员又当运动员，以损害农民利益为本级政府谋利（马晓河、胡拥军，2010）。

三　基本公共服务供给保障

1. 基本公共服务供给机制改革现状

近年来，随着进城农民工数量的不断增加，流入地政府纷纷探索针对农民工的基本公共服务供给机制。

（1）各地建立了以城市低保制度为核心的城市社会救助体系，并不断扩大低保对象范围，探索将农民工纳入城镇救助体系。

（2）开放公办学校，支持民办学校。各地政府逐步开始要求本地公办中小学接收进城务工就业农民子女就学。目前全国72%的农民工子女在流入地公办学校就读。同时，北京、上海、苏州、杭州等城市规范社会团体和个人兴办的民工子弟学校，保证农民工子女都有学可上。

（3）农民工就业服务不断加强。中央政府各部门实施了"阳光工程"等多种农村转移劳动力培训工程，使更多的农民得到继续教育机会和就业能力培训。北京、上海、西安等城市的一些中等职业教育资源已经向农民工子女开放。目前，中等职业学校在校生中70%来自农村家庭。

（4）公共卫生服务范围有所扩大。目前，国家基本卫生服务经费已经按照城市常住人口进行经费拨付，将农民工纳入城市公共卫生服务范围；重大传染病防控、计划免疫也将农民工纳入其中。重庆已开始通过发放卫生券等方式为农民工提供综合的公共卫生服务。

（5）不断探索农民工社会保险供给机制。城镇工伤、医疗、养老和失业保险政策已经开始逐步惠及农民工。2010年，全国参加工伤、医疗、养老和失业保险的农民工人数分别达到6329万人、4583万人、3284万人和1990万人。

2. 陕西省基本公共服务供给机制改革路径的思考

（1）改革供给体制，推动基本公共服务供给的制度创新

一是深化行政体制改革，建立基本公共服务供给的行政管理体制。基本

公共服务均等供给的内在本质和关键之处是行政管理体制改革。没有一套科学、合理和规范的行政管理体制，建立健全基本公共服务体系就不可能实现。

二是统筹城乡公共服务政策，建立基本公共服务供给的城乡统一体制。"公共服务绩效很大程度上取决于提供服务的设施、资源在空间上的公平分配。"破除城乡二元结构体制，对于实现基本公共服务均等供给具有重大意义。必须把农村公共服务纳入公共财政的支出范围，在公共财政资源配置上，统筹考虑城乡发展，加大对农业、农民、农村发展的支持力度；必须取消对农民带有歧视性的体制障碍、制度障碍和政策限制，深化户籍制度改革，给农民以公平的国民待遇，建立城乡统一的劳动就业制度，打破束缚劳动力合理流动的各种身份等级限制，促进劳动力跨地区、跨行业、跨所有制的充分流动；必须建立城乡统一的社会保障体系，增加对弱势群体的政策性关注，加大对贫困地区的生活保障与养老保险的转移支付力度。

三是提升基层政府公共服务能力，建立基本公共服务供给的财政体制。基本公共服务均等化是公共财政公共性的重要体现，必须按照"健全中央和地方财力与事权相匹配的体制，加快形成统一规范透明的财政转移支付制度，提高一般性转移支付规模和比例，加大公共服务领域投入"的要求，围绕推进基本公共服务均等化，完善省以下财政体制，在总结"省管县"和"乡财县管"等改革经验的基础上，规范和完善以基本公共服务均等化为导向的省级以下财政转移支付制度。

（2）健全供给机制，实现基本公共服务供给的机制创新。

一是形成公共服务多元供给机制，提高基本公共服务供给效率。建立统筹城乡社会发展的基本公共服务供给体系，仅仅依靠财政力量难以保证基本公共服务的有效提供。政府作为公共服务供给的主体，并不排斥公共服务提供主体与方式的多元化。

二是建构公共服务合作供给机制，提升基本公共服务供给能力。公共服务的多元供给机制是对公共服务供给中政府失灵的反思与弥补。但是公共服务供给机制改革不仅要提倡公共服务多元化供给，还要重视和强调政府、企业、非营利组织以及社会公众共同合作所产生的相乘效果。

三是探索公共服务网络化供给机制，提升基本公共服务供给质量。无论是以政府为核心的一主多元公共服务供给机制，还是各个供给主体优势互补、经验共享、责任共担的合作供给机制，都很难实现公共服务全面有效的供给。为了避免公共服务供给的碎片化、政府组织功能的碎裂化，可以进一步探索公共服务"网络化"供给机制，创造新的主体关系与资源整合方式来提升公共服务的效度与满意度。

（3）再造供给流程，形成基本公共服务供给的流程创新

一是塑造"精细化－无缝隙"管理流程，实现基本公共服务优质高效供给。政府流程再造是指在引入企业业务流程再造理念和方法的基础上，整合政府机构中的部门、资源和人力，打破政府按职能设置部门的管理方式，以最终目标为导向，消除层级和部门间的壁垒，形成以单一界面接触公众并提供高效的公共产品与服务的新型政府组织形式。

二是尊重公民需求表达权，建立需求导向的基本公共服务供给决策体系。长期以来，我国基本公共服务供给是自上而下的决策程序，即由上级政府和机构根据自身的偏好来决定公共服务供给总量、供给结构和供给方式，导致部分基本公共服务供给与公民需求之间产生较大的差异。陕西省应根据公共服务的稀缺度、公民对公共服务的需求度和满意度排序，优化公共财政资金对不同公共服务领域与项目的分配结构，重点增加社会性公共服务投入，降低公共服务供给的边际成本。

三是构建农村社区化公共服务模式，科学配置基本公共服务供给资源。当前，我国主要是以乡镇为主配置农村基本公共服务，一方面，部分乡镇是经济不发达地区，作为最基层一级财政，乡镇只能依赖上级转移支付，维持办公开支和供养财政人口，连乡镇街道治理尚力所不及，更难以涉及农村公共服务投入。另一方面，有限的公共服务资源大多集中在城镇，偏远村庄的农村居民对公共服务的需求和期待日益迫切，却难以得到满足。这种现象对于陕西省来说更为突出，因此，创新基本公共服务供给必须探索建立以农村社区为中心的公共服务供给载体，针对原来行政村规模小、数量多、分布散以及公共服务难以全面覆盖的实际，实行合村并点建设农村社区，把农村全部纳入社区管理，促使城市公共服务向农村延伸，在实现对现有公共服务资

源的优化配置、确保公共服务资源利用效益最大化的同时，把医疗卫生、社区警务、文化体育、社会保障等基本公共服务职能整合到社区服务中心，在公共服务供给方面打破城乡分割，让城乡居民共享基本公共服务均等化的成果。

四是加快政务信息化进程，构建基本公共服务供给的信息平台。"公共服务就是对公共目标的管理，而公共目标是由公民通过政治过程表达出来的意愿决定的"。作为连接公共服务提供者和受众的交流沟通平台，公共服务供给的信息平台是政府管理创新和技术创新结合的产物，在政府把握公共服务受众的利益诉求和提供优质、高效的公共服务过程中发挥着重要的作用（黄新华，2013）。

四　住房供给体系保障

自 20 世纪 90 年代中期，我国建立了包括三方面内容的住房保障体系：一是面对最低收入家庭、救济性的廉租住房；二是为中低收入家庭提供的援助性的经济适用房；三是完全市场化、面向中高收入阶层的商品房。由于在城镇化转移中的新增人口大多刚从农村步入城市，收入水平有限，多为农民工阶层，因此，能否提供以廉租房和公租房为主的保障性住房是这部分人群能否长久留在城市的重要因素。

1. 保障性住房供给体系进展

（1）保障性住房覆盖面不断扩展

2007 年，国务院明确提出全面推进廉租住房发展的若干意见。后来随着房价上涨，政府又推出主要面向城市中等收入家庭的"两限房"政策。此外，针对老工业基地振兴问题，政府推出棚户区安置房项目。2010 年中央 1 号文件提出，多渠道多形式改善农民工居住条件，鼓励有条件的城市将有稳定职业并在城市居住一定年限的农民工逐步纳入城镇住房保障体系；在国家"十二五"规划中提出要"强化各级政府职责"，加大保障性安居工程建设力度，加快棚户区改造，发展公共租赁住房，增加中低收入居民住房供给；2010 年 6 月，国家住房和城乡建设部等 7 部门联合制定的《关于加快发展公共租赁住房的指导意见》，把外来务工人员（含农民工）纳入城市公共租赁住房保障对象。

（2）保障性住房建设投入力度大

2008 年以来，各地方政府加快住房保障建设力度和步伐，2008 年全国保障性住房建设规模 100 多万套，2009 年达 330 万套，而 2010 年保障房开工建设规模达到 590 万套，基本建成 370 万套，分别相当于同期商品住房开工套数和竣工套数的 82%、67%。在 2010 年"史上最大规模"保障性住房建设的基础上，2011 年全国计划建设保障性住房 1000 万套。

（3）保障性住房建设的资金需求大、融资渠道广

根据住房与建设部估算，2011 年 1000 万套保障性住房需要建设资金 1.3 万亿～1.4 万亿元。"十二五"期间保障性住房的总投资接近 5 万亿元。而 2011 年中央财政中保障性住房的补助资金为 1030 亿元，剩余 1.2 万亿元则需要地方财政、银行信贷、开发商等民间资金参与，再加上各种公用设施配套，未来每年资金量可能需要 3 万亿元。由于资金需求量大，各地政府都在运用财政、金融、土地、税收政策鼓励，动员银行资金、地方投融资公司、社保基金等多种更多的社会资金进入，以满足保障房建设巨大的资金需求。

2. 陕西省住房保障体系建设建议

2013 年，陕西省全力推进保障性安居工程建设，全省建成各类保障性安居工程 32.4 万套，位居全国第二。住房保障工作进展出色，但整个省域的住房保障体系却还不够完善。对于完善陕西省住房保障体系，本书给出以下建议。

（1）应科学衡量保障性住房相关指标。

应科学统计省内各区域内人口、居住状况等数据，结合住房需求空间与居民家庭收入水平，合理确定需要保障家庭的范围，并以此确定不同类型保障性住房的供给规模。

（2）扩大保障性住房供给渠道，严格管理土地出让收益。

从目前北京市保障性住房现状来看，单纯依靠政府供应保障性住房并不能解决问题。因此，应积极拓宽保障性住房供给渠道，多途径引入社会资金，并引导企业和民间团体参与保障性住房建设。针对土地出让收益对房地产市场的重要影响，应提高土地出让收益中保障性住房建设使用的比重，并

以土地出让收入为主，成立专门运营保障性住房建设资金的独立机构，促进保障性住房建设资金使用情况的透明化及可追溯。

（3）促进和规范县域市场的发展，盘活存量房，以此缓解居民的居住需求。

应大力指导市、县着力搞活县域房地产市场，抢抓当前推进城镇化建设的历史机遇，进一步提高城镇规划的科学性、指导性、前瞻性。优化投资环境，吸引信誉好、实力强的投资商到县城或重点镇投资房地产开发项目或旧城改造，提高县域房地产市场规模和档次，不断促进全省房地产市场均衡发展。

（4）实施只租不售的保障性住房政策，建立和完善动态的保障性住房供应机制。因为居民收入水平是动态变化的，而保障性住房的作用主要是满足某一时段特定人群的住房需求。因此，建议加大廉租房、公租房建设，实施只租不售的保障性住房政策，同时建立科学的进入、退出机制，定期观测居民收入水平变化情况，并以此为基础建立动态的保障性住房供给机制。

第二节　陕西省城镇化进程战略发展的思考

一　陕西省城镇化与城镇用地发展趋势

1. 陕西省城镇化与城镇用地发展规模

（1）核心城市发展规模

西（安）咸（阳）一体化建设，着力打造西安国际化大都市。2020年，都市区人口发展到 1000 万人以上，主城区面积控制在 800 平方公里以内。把西安市建设成国家重要的科技研发中心、区域性商贸物流会展中心、区域性金融中心、国际一流旅游目的地以及全国重要的高新技术产业和先进制造业基地。

（2）次核心城市发展规模

宝鸡、铜川、渭南、商洛、杨凌的中心城区。以这些次核心城市为节点，加快人口聚集、产业聚集，构筑较大规模的城市群。支持宝鸡等条件较好的城市率先发展，将宝鸡建成百万人口以上的特大城市、经济区副中心城市。

其中：宝鸡市主要发展机床制造业、重型汽车制造业、有色金属加工制造业、商贸旅游业。2020 年，城市建成区人口达到 120 万人，面积控制在 130 平方公里，建成区域重要的交通枢纽，国家新材料研发和生产基地，生态园林城市。

铜川市主要发展能源、建材、农副产品加工业。2020 年，城市建成区人口达到 55 万人，面积控制在 60 平方公里。

渭南市主要发展机械电子、生物医药、农副产品加工业，适度发展煤化工产业。2020 年，城市建成区人口达到 75 万人，面积控制在 80 平方公里。

商洛市主要发展现代材料、现代中药、绿色食品加工以及生态旅游等产业。2020 年，基本实现商（州）丹（凤）一体化，城市建成区人口达到 50 万人，面积控制在 68 平方公里。

杨凌区主要发展现代农业示范、现代农业科教和装备制造、生物医药、食品加工与农资等产业。2020 年，城市建成区人口达到 30 万人，面积控制在 35 平方公里，建成国家农业高新技术产业示范区。

（3）潜力城镇发展规模

按照陕西省规划，关中城镇群重点建设马召、关山、龙门、董家河、玉泉等 62 个潜力城镇；陕北城镇点状发展区重点建设北部长城沿线的镇川、南部黄土高原地区的永坪等 20 个潜力城镇；陕南城镇点状发展区重点建设汉江沿线的河东店、其他地区的广货街等 18 个潜力城镇。

加强城市基础设施建设，改善产业发展基础和条件，促进企业集中布局和配套生产，提高经济发展的集约化水平，大量吸纳周边农村富余人口，打造一批特色鲜明、功能完善、产业配套的中小城市。

（4）重点建制镇发展规模

靠近中心城市和交通枢纽等基础较好的中心镇，重点发展农副产品加工业、采矿业和旅游业，实施"关中百镇"建设工程和经济综合开发示范镇建设工程，合理安排重点镇建设、农田保护、产业集聚、村庄分布、生态环境等空间布局。

（5）一般镇发展规模

其他城镇主要依托各自优势，大力发展特色经济，增强城市综合实力。小城镇建设以县城为重点，以县域经济发展为基础，以能源、交通、通信等基础设施为支撑，实现城镇经济与文化、教育、体育、卫生等公共服务事业的协调发展。

二　陕西省城镇化与城镇用地发展途径

根据陕西省城镇体系规划相关内容，结合目前陕西省城镇用地实际，总结陕西省城镇化与城镇用地发展途径主要有以下几点。

1. 项目带动方式

以关中－天水经济区项目、西咸一体化项目等项目为核心开展一系列项目，集中力量积极推动重点区域和重点领域的发展，加快重大基础设施项目和优势产业项目的建设，大力改善投资环境，积极吸引外部资金、技术和人才参与陕西发展，促进陕西省城镇用地结构升级。

2. 工业强省和城镇化战略

依托高新科技，发展壮大新兴产业，改造传统工业，加速科技产业化，推动产业和技术升级；建立具有发展前景的特色经济和优势产业，培育和形成新的经济增长点，促进劳动就业市场的发展。以高新技术产业为先导，加快工业化进程，调整和优化产业结构，促进城市发展和产业集聚，增强中心城市的辐射功能，为城镇化的发展提供动力，有力地推进城镇化进程。

3. 可持续发展思想

加大生态环境治理力度，认真解决区域和城市发展中的资源与环境问题；合理利用和保护资源，重点搞好水资源保护与利用；以非农化和城镇化减轻生态环境压力，推动区域生态环境治理，促进区域可持续发展。

三　陕西省用地协调发展方向

1. 促进关中、陕北、陕南用地协调发展

坚持因地制宜、分类指导，互动协调、能快则快、竞相发展。关中要充

分发挥科技和制造业优势，以建设国家重要的先进制造业基地为重点，率先发展。陕北要充分发挥资源优势，以建设国家重要的能源化工基地为重点，跨越发展。陕南要充分发挥自然环境优美、生物资源和水资源丰富的优势，以建设绿色产业基地为重点，突破发展。进一步厘清陕南的发展思路，制订陕南开发规划，大力发展现代中药、生态旅游、绿色食品产业，积极开发水电资源，打响"陕南绿色品牌"，合理有序开发利用矿产资源，依托现有基础，加快工业发展。要紧紧抓住高等级公路和铁路复线等基础设施建设这一突破口，使陕南成为全省新的经济增长热点地区。健全市场机制，打破行政区划的局限，促进生产要素在区域间自由流动，引导产业转移、实现错位发展，加强经济、技术和人才合作，形成关中、陕北、陕南相互促进、共同发展的格局。

2. 加快建设四大基地

关中先进制造业基地。依托"一线两带"，以国家级和省级开发区为重点，进一步搞好园区基础设施和外围配套工程建设，强化服务功能，优化投资环境。围绕重点领域和优势产业，积极引导企业向园区集聚，通过实施名牌战略带动关联产业链接，培育发展专业分工明确、协作配套紧密、规模效应显著的产业集群。加大招商引资力度，吸引国际大企业、大集团投资重大装备制造和高技术产业项目，促进基地快速发展。

陕北能源化工基地。按照大型化、国际化和可持续发展的要求，以重大项目为支撑，大力推进煤向电力转化、煤电向载能工业转化、煤油气盐向化工转化，使陕北能源化工基地成为全省最具活力的经济增长极。加强陕北地下水资源勘查和环境综合评价，根据水资源总量、能源资源质量和生态环境容量，搞好规划布局，加强基础设施综合配套，协调资源开发与环境保护，统筹工业发展与城镇建设，建立资源开发、产业发展、环境保护良性互动的新机制，确保基地可持续发展。

陕南绿色产业基地。积极开发绿色资源，壮大绿色产业，走经济进步、生态良好、群众致富的和谐发展之路。继续发展现代中药产业，抓好中药材种植 GAP 认证，加强规范化、规模化中药材种植基地建设；支持制药企业改造改组、扩能达产，引进一批大型中药龙头企业，依托名牌产品，加快发展中药加工生产。以山水绿色生态为特色，充分挖掘汉水文化内涵，开发建设具有国内外知名品牌的旅游景点，做大做强旅游产业。发挥生物多样性的特点，以茶、桑、林特、烟叶等农副产品为重点，因地制宜发展绿色、功能食品，力争做精做专。加快汉江水力资源梯级开发，把陕南建成西北地区重要的水电基地。陕南矿产资源开发要以保护生态为前提，按照高水平、集约化、无污染的要求，有重点地发展优势矿业，延长产业链。

渭北果业基地。充分发挥渭北苹果优生区的独特优势，稳步扩大面积，提高果品质量，提高果品加工能力，建设全国第一、世界著名的优质果业基地。"十一五"期间，要进一步扩大渭北优生区水果面积，积极发展专用加工苹果，普及和提高生产关键技术，推行标准化管理，建设出口示范基地，提升果品品质和生产水平，加快推行地理标志产品保护制度，提高国内市场占有率，积极扩大出口，打造世界知名果品品牌。做大做强果品加工龙头企业，进一步提高果品加工能力和水平，尽快形成有竞争力的产业规模，实现果业大省向果业强省的转变。

四　优化城镇用地空间布局

（一）影响城镇用地空间布局的因素

陕西省城镇用地空间布局因素与其他地区相同，均涉及自然和社会经济的各个方面。导致城镇用地利用变化的各种动因，其范围涉及自然和社会经济的各个方面。从一个区域来看，自然环境条件主要包括气候、土壤、水文、地质等，是城镇用地空间扩展的基础，可能直接影响城镇用地空间扩展的潜力、方向、速度、模式以及空间结构；自然地理环境具有相对稳定性，发挥着累积性效应。相比之下，在较短的时间尺度内，经济发展、影响更加突出。随着经济的进一步发展、人口增长及政策等社会经济因素对城镇用地利用产生的影响更为突出。城镇化水平的不断提高以及人口规模的不断扩大，人类对土地产生的各种影响日益增加。社会经济因素对城镇用地利用变化特别是城镇用地的影响往往居于主导地位。因此，城镇用地利用变化的根本驱动力是社会经济因子，从大的方面可分为两类，一是影响需求的因素，包括经济发展因素、人口因素等。经济增长是影响城镇用地扩张的重要因素，城镇用地的规模与扩展速度随着经济发展的波动而变化，当经济处于快速发展阶段时，带来实际收入水平和建设投资的增加，从而加速城镇用地的扩张。其中产业结构的合理与否是经济能否较快速发展的关键，只有在产业结构优化基础上的经济增长，才能真正促进经济的长期发展和总量的进一步增长。二、三产业占 GDP 比重的不断提高会伴随着二、三产业固定资产投资规模的扩大，不论是外延式扩张还是内涵式增长，都会增加对城镇用地的需求。而人口作为一个独特的因素，对城镇用地利用变化的影响，是人类社会经济因素中的主要因素，也是最具有活力的土地利用变化驱动力之一。人们通过改变土地利用的类型与结构，增强对土地这个自然综合体的干预程度，来满足人们对生存环境的需要。人口因素对城镇用地变化的影响主要是人口数量。通过对 1999 年、2006 年陕西省总人口、城镇化水平与城镇用地总面积进行相关性分析发现总人口与城镇用地之间呈高度线性相关。以上分析可以总结为影响城镇用地需求的因素。二是影响供给的因子，主要是影响城镇用地可供给量的因子，主要考虑土地方面的因素。总之由于影响城镇用地利用变化的社会经济因素错综复杂，数量众多，各变量彼此间还可能存在相互依存的关系，而获取全部变量的难度较大，在获取变量时还存在变量重复选择的问题，因此进行城镇用地利用变化的影响因子分析上根据陕西省的实际情况，结合资料收集程度，在分析影响陕西省城镇用地变化因素方面，以城镇用地总量作为因变量，选择 GDP，二、三产业产值以及人口的数量作为城镇建设用地变化的直接影响因子，选择消费、投资以及财政收入作为拉动经济发展的因素，并将之作为外生变量，选择耕地面积作为限制因素来进行城镇用地预测，首先计算城镇用地与这些因素之间的相关系数，初步筛选相关性强的因子。

从对陕西省城镇用地影响因子的理论分析以及简单相关分析结果表明：二、三产业产值与人口增长始终是影响陕西省城镇用地的重要因素，在拉动经济发展的三大要素中，消费与投资始终是影响陕西省城镇用地扩张的重要因子，尤其是投资对陕西省三大区域城镇用地规模扩展的影响度均大于消费对城镇用地规模扩展的影响度；而限制性因素即耕地面积对城镇用地影响的程度陕北和陕南地区大于关中。

利用主成分因素分析法，通过指标筛选出地形、资源和经济三个代表性因素划分陕西各个区域的空间布局因素。

表 8 - 1   陕西省城镇用地空间布局影响因素

主成分类别/区域	陕北	关中	陕南
第一主成分因素	地形	经济	地形
第二主成分因素	资源	地形	经济
第三主成分因素	经济	资源	资源

（二）优化城镇用地空间布局思路

1. 全省空间布局思路

陕西省城镇用地空间分布总体形成以西安为核心，以关中为重点，全省多样化发展的空间结构。空间布局呈现主从核心型——边缘多样化的布局特点。

全省城镇体系的目前总体空间框架是："'一线两带'，一核多中心，带动南北两翼城镇发展"。

"一线"是指关中地区的陇海铁路陕西段及 GZ45 号公路宝潼段，此线贯穿关中平原，从东往西依次带动渭南、西安、咸阳、铜川、杨凌、宝鸡五市一区，这一线是城镇用地的数量、质量和总量的核心区域，占到了城镇用地面积约 70%；"两带"是指关中高新技术产业带和关中星火产业带。"一核"是指西安都市圈，多中心是指省域内西安都市圈以外的区域中心城市（大中型）。

关中地区在"一线两带"和"一核"的作用下形成城镇群。以关中城镇群及其产业的快速发展并向周边的辐射和扩散，带动陕南、陕北两翼地区产业与城镇发展。全省城镇规模体系基本呈序列 - 规模分布，形成特大城市、大城市、中等城市、小城市、小城镇等级规模有序结构。关中城镇群、陕北长城沿线、陕南汉江沿线构成工业和第三产业发展迅速的区域中心城市。

未来 5 年，陕西省以西安国际化大都市建设为核心，以宝鸡、渭南、榆林、汉中次核心城市为四极，重点发展陇海铁路和连霍高速公路沿线，西包－西康铁路和包茂高速公路沿线两条城镇发展轴，以及陕北长城沿线和陕南十天高速及阳安铁路沿线两条城镇带，构建"一核四极，两轴两带"的城镇发展空间结构。预测到 2015 年，全省城镇人口将达到 2216 万人，城镇建设用地达到 2326.8 平方公里，城镇化水平达到 55.18%；到 2020 年，全省城镇人口将达到 2478 万人，城镇建设用地达到 2563.2 平方公里，城镇化水平达到 60.44%。

总体城镇空间格局——构建"一核四极，两轴两带"的城镇空间架构。"一核"即以西安国际化大都市为核心；"四极"即以宝鸡、渭南、榆林、汉中为省域次核心城市；"两轴"即陇海铁路和连霍高速公路沿线东西向城镇发展主轴，西包—西康铁路和包茂高速公路沿线南北向城镇发展主轴；"两带"即陕北长城沿线城镇发展带和陕南十天高速及阳安铁路沿线城镇发展带。

2. 区域空间布局思路

关中地区——围绕《关中－天水经济区发展规划》，构筑"一核两副、一轴三走廊"的城镇空间格局。"一核"即西安国际化大都市；"两副"即宝鸡、渭南两个大城市；"一轴"即陇海铁路和连霍高速沿线城镇发展轴；"三走廊"即沿福银高速和西安至银川铁路为轴线的城镇发展带、包茂高速沿线的城镇发展带、西禹高速沿线城镇发展带。关中平原地区交通便利，公路、铁路、高铁等基础设施建设完善，关中五市的城镇化发展可以利用组团发展的思想，加快推动共同发展与合理的空间布局。

陕北地区——以建设世界一流能源化工基地为目标，构建"一轴一带、两心六区"的城镇空间格局。"一轴"即西包铁路沿线城镇发展轴；"一带"即长城沿线城镇发展带；"两心"即榆林、延安两个中心城市；"六区"即府谷火电工业区、榆神煤电化工业区、榆横煤化载能工业区、榆米绥盐化工业区、定靖吴志石化工业区、延安石化工业区。

陕南地区——依托汉中、安康、商洛三大循环经济产业核心集聚区，构建"一带、两轴、三心"的城镇空间格局。"一带"即陕南十天高速及阳安铁路沿线城镇发展带；"两轴"即西康铁路和包茂高速公路沿线城镇发展轴和沪陕高速公路与丹江沿线城镇发展轴；"三心"即汉中、安康、商洛三个区域性中心城市。

3. 优化城镇用地空间布局的方法

为了实现目标，陕西省将按照"做美城市、做强县城、做大集镇、做好社区"的城镇化发展总体思路，重点做好5个方面的工作。

一是按照"组团布局发展、快捷交通连接、优美小镇点缀、现代农业衬托"的规划建设理念，将西咸新区建设成为西安国际化大都市的主体功能新区和现代田园城市。

二是将宝鸡、渭南、榆林、汉中建成百万人口大城市和省际毗邻区域中心城市，同时大力增强铜川、延安、安康、商洛、杨凌等城市的承载能力和辐射功能，发挥大中城市在区域经济发展和城镇化进程中的增长极作用。

三是以县城建设为支撑点，进一步加强县城市政设施和公共服务设施建设，创造宜居乐业的优美环境，促进人流、物流、资金流向县城集聚，带动县域经济社会发展，逐步发展一批县城建设成为功能健全的中小城市。

四是以30个重点示范镇标准化建设为抓手，打造布局合理、规模适度、功能健全、环境整洁的全省小城镇示范样板，引导全省小城镇建设。

五是加强农村社区化建设，完善公共服务功能，提高综合管理能力，建立社区民主管理方式和管理机制，打造农民幸福家园。

4. 优化城镇用地空间布局的措施

（1）构筑国际化大都市的城市骨架

优化提升西安、咸阳主城区，加快建设洪庆、常宁、草堂、渭北工业区组团，发展壮大泾阳、三原、高陵、阎良、临潼、蓝田、户县卫星城，形成"一核、四组团、七卫星城"城镇体系结构；着力打造贯穿南北、具有国际影响力的"大都市南北主轴带"；塑造渭河百里生态景观长廊，建设秦岭北麓山水风光带，建设渭北帝陵生态景观带，构筑"一轴、一河、两带、七片区"的大都市骨架。

（2）加快推进西咸新区建设

抓好城镇综合改造与城乡统筹发展、基础设施建设、公共服务设施配套、科技资源统筹与新兴产业培育、遗址保护及其文化旅游开发建设等五大工程；推进五陵塬区和河流（渭河、泾河、沣河）生态景观带建设，构建"两带、三廊、多绿楔"的生态绿化体系；加快新区主干路网建设，构建新区骨架；启动空港新城、泾河新城、秦汉新城、沣东新城和沣西新城五大组团建设，构建"一河三带五组团"的空间结构。

（3）加强和完善综合交通体系

构建都市区对外2小时辐射圈、内部1小时通勤圈、主城区半小时通达圈的一体化综合交通网络体系；完成西安—宝鸡、西安—成都、西安—太原客运专线和西安—银川快速铁路、西安北客站与新筑港务区建设、西安站改扩建工程；推进西安—重庆、西安—武汉、西安—包头客运专线实施；启动建设泾渭铁路物流专用线、关中城际轨道交通、西咸高速大环线；加快西安咸阳国际机场扩建工程，并积极拓展西安直达东南亚、大洋洲及欧洲等国际航线，提高西安国际化水平。

（4）强化历史文化遗存保护利用

以最具影响力的周秦汉唐历史遗存为依托，梳理城市历史文化脉络，建设文化产业聚集区，彰显华夏文明和城市特色；在完善秦始皇陵国家遗址公园、大明宫国家遗址公园建设和周边地区改造工程的基础上，重点实施五陵塬帝陵文化景观带、汉长安城遗址公园、秦咸阳宫遗址公园、周丰镐遗址公园、阿房宫考古遗址公园、杜陵遗址公园、昆明池遗址公园建设和遗址保护工作；依托资源发展文化产业，推进文化旅游发展。

五 调整用地对策

1. 科学规划，坚持用途管制

科学地制订土地利用总体规划、城市建设规划、基本农田保护规划、土地整理规划等一系列规划，对城市和农村的用地做出详细而完整的规划和计划，是解决土地利用问题的基础，所有的土地开发和整理工作必须依据上述几项规划而进行。

上一轮土地利用总体规划在土地利用和管理中发挥了很大的作用，但在实施中也遇到了许多新情况和新问题。第一，城镇用地指标管理上不完善。上一轮总体规划确定的城镇用地指标，在使用及管理中存在不足。1997～2003 年，西安市新增城镇用地 17 多万亩，而按照陕西省政府的规划，西安市 1997～2010 年的城镇用地为 13.5 万亩，西安的城镇用地至少提前 7 年"超支" 3.5 万亩。同时由于指标的粗放式管理，造成了城镇用地的粗放式利用，新增的城镇用地利用率并不高。第二，不注重耕地质量上的平衡。当前的土地利用总体规划在耕地数量上都能体现动态平衡，占补有余，但各地土地利用总体规划未对耕地总体质量平衡提出办法和措施，造成耕地质量实际上的下降。因为被占地都是基本建设较好、区位条件较优的肥沃耕地；而补充的耕地或是荒地、盐碱地、滩涂开发而成，或是废沟塘、居民点、交通用地和水利设施等废弃地复垦而成，土质很差。这种只求耕地数量的平衡而不求质的平衡是当前土地利用总体规划中存在的最大问题。第三，各级规划在用地上的衔接力度不够。各级土地利用规划应该吸收其他部门规划的内容，把与土地利用变化有关内容反映到土地利用规划方案中。而实际工作当中，各地普遍在土地利用总体规划修编前就已完成了城镇规划，而城镇规划因没有考虑到土地利用总体规划的用地指标，尤其是占用耕地指标的限制，在用地规模上普遍偏大，占用耕地数量过多，布局散乱，呈外延粗放、随意扩张的用地趋势。第四，土地利用分区不尽合理，用途控制难于实现。由于新《土地管理法》对征用农用地有严格的审批规定，许多地方在进行土地利用总体规划分区时，将城镇规划控制区划得很大，完全不顾实际发展的需要，而是遵循建设预留地"越大越好"的原则，以免土地规划束缚城镇的扩展。大部分县级土地利用总体规划的土地利用分区仅是现状八大类用地划分的翻版，并未按照因地制宜的原则调整各类用地的规模、布局和结构，没有发挥土地利用总体规划对土地资源优化重组的作用。

2. 挖掘潜力，严格控制土地供应量

（1）盘活城市土地存量，提高土地空间利用程度。

改革开放以来，我国耕地面积锐减，同城市粗放型外延发展有直接关系。有些城市土地利用率低，效益也差，尤其是中小城市，据估算，城镇土地至少有 40% 的潜力可挖。所以盘活城市土地存量,提高土地利用程度就显得尤为重要。可以采取的措施有:对城镇用地中的闲置土地进行彻底的摸查并登记造册,对于已出让但无资金开发的土地收取闲置税（费）或收回土地使用权;对于因企业经营不善、企业改制、企业搬迁等因素形成闲置的城镇用地按照有关政策依法进行土地收购储备,或者通过招商引资进行二次开发;对于空置商品房应通过市场调研,找出空白点,结合周边环境,确定最佳用途,从而降低商品房空置率。在清理闲置土地盘活绝对存量的同时,要注意以旧城区和城中村改造为重点,提高土地的空间利用程度,盘活相对存量.要加快对那些建筑质量差,环境质量差,基础设施配套差的区域的改造,在保证合理的采光度、视觉效果、活动空间和城市景观的基础上,增大建筑容积率和建筑密度。就陕西省而言,目前全省城市城镇用地平均容积率为 0.2~0.3,建筑密度约为 10%。而全国城市城镇用地平均容积率为 0.45 左右,若将现有容积率提高到全国平均水平,则可挖掘城市城镇用地潜力 5400~9000 公顷。若同时考虑将建筑密度提高到 25% 左右,则共可挖掘内涵潜力 1.2 万~1.8 万平方米。同时,要大力探索城镇土地多维空间的开发利用,形成地下、地表、地上的立体化利用模式。同时,通过对城镇用地进行整理将城镇建成区和城镇边缘地区的闲散地和畸零破碎、杂乱不规则及使用不经济的土地,进行道路、绿化、公园、水域等整体改善,以提高城市土地利用率,优化城市景观布局,改善城市生态环境和生产居住条件牌。

要完善城镇基础设施功能。近年来,汽车行业,交通运输业的快速发展对于公路交通用地提出了新的要求。为了满足交通运输业发展的需求,缓解交通压力,市政道路建设方面必须要围绕拉大城市骨架,扩展城市空间,以城市快速道、主干道、城区路网加密、消除路网“瓶颈”为重点,全面加快城市道路建设。“十一五”期间,西安市完成“六纵、七横、三环”的城区道路骨架网,加快建设西安快速轨道工程,建成快速、高效、安全、环保的城市公共交通系统。加快建设西安浐灞新区、宝鸡东区、咸阳南区、渭南西区、铜川新区、榆林经济开发区、延安东区、安康江北、汉中沿江区、商洛医药园、杨凌渭河南岸等一批城市拓展工程,扩大城市规模,增强城市功能。加大投资力度,加强县城和重点镇的道路建设。重视城市少数民族聚居区旧城改造和街区建设。

供热、供气、供排水等市政网络系统建设。优化城市能源结构，因地制宜建设供热工程，加快建设西安南区和北区、宝鸡、咸阳、渭南等城市热电联产项目，全省中心城市全面实现集中供热，有条件的县城和重点镇逐步实现集中供热。加快陕南中心城市气化工程建设。进一步完善城镇供排水管网，扩大管网覆盖面，提高入户率和供水保证率，实现新建城区雨污分流。

（2）加强对农村居民点的整理，提高集约化程度。

随着我国城市化进程的加快，人地矛盾日益加剧，尤其是对城市城镇用地的需求不断增加，而在城镇建设用地增加的同时，农村建设用地并未减少。以陕西省为例，目前农村居民点用地面积为 524454.6 万平方米，占全省城乡城镇用地面积的 75.5% 以上，人均用地面积 190.46 平方米。若按照国家建设部规定的北方地区村镇人口人均综合占地不超过 130 平方米的规定，则全省村镇居民点建设共多占、滥用土地约 166452.7 万平方米。

根据陕西省的实际情况，确定农村居民点的整理工作应以关中平原和陕南盆地为主。不同地区应根据当地经济发展水平，人口密度、风俗习惯等具体情况，一方面进行村镇规划，实行撤并自然村，建设中心村，优化布局；另一方面清理闲置土地，满足一部分新增城镇用地需求，达到不占或少占耕地。对于自然经济条件较好，农民观念较为开放的地区，率先推行社会主义新农村建设，统一规划，统一供地，统一修建适合农民生产生活习惯的高层农民公寓，提供相应的配套措施，既节约用地又可提高农民生活质量。

（3）积极推进城市用地置换，优化城镇用地结构和布局。

无论是古典区位论还是现代空间结构理论都证明，城市土地按照级差地租的原则进行合理配置的必然性。在市场经济条件下，土地级差地租收益规律总是力图把经济效益最好、能提供最高地租的活动（如高档商业、金融活动等）吸引到城市中心地段。这些不同的用地类型，同各自能取得的经济效益、能偿付的地租是相应的。如果违背这一用地分配方式，将因地租高昂无法支付而被迫迁移或改变用途。城市土地置换是城市存量土地的优化转换。城市用地的固定性和稀缺性要求人们必须从珍惜土地的角度来选择配置方式，合理、有效地利用城市的每一寸土地，提高城市土地利用率。城市用地总是在竞争中不断向配置更高的使用功能转换，从而使城市用地在动态的配置、转换、再配置（"置换"）过程中产生更大的使用效率。土地置换就是通过土地用途的更新、土地结构的转换、土地布局的调整、土地产权的重组等措施，实现土地现有功能和潜在功能的再开发、土地资产的增值和土地的可持续利用，不断优化土地资源配置。在一些城市，旧城区由于在旧体制下造成城市用地结构不合理，一些工厂企业、行政单位占据其中，而商业发展用地不足，公共绿地和交通用地比例较低，严重影响城市中心区功能的发挥。因此可以将这些企业搬迁到城市外围工业区中，将原址让位于金融、商贸、高新技术产业、服务业等具有高集聚度、高投入、高产出等特点的第三产业或交通、绿化用地。既可以满足城市商业的发展，提高土地利用效益，又能改善城市生态环境，改变城市中心区交通拥挤的状况，提升城市的功能。搬迁企业通过土地地租的差价可以获得较大的资金，可以进行改扩建，为企业的发展拓展空间。

（4）挖潜改造，适当开垦荒地增加耕地面积。

城市发展要土地资源，经济社会的发展靠土地资源，粮食生产更是离不开土地资源。要保障粮食生产，就必须保证足够的耕地数量。我国耕地后备资源不是十分充足，但通过改造边角废地，加强盐碱地和滩涂的改造，并推行城乡一体化的"三位一体"改造发展模式，完全有可能在今后15年内实现国家提出的增加3亿亩耕地面积的目标。陕西省还有荒地可以开垦为耕地，只要能够运用新的科学技术手段，并进行一定的投资，不仅能够保证城镇用地需要，也能增加耕地面积。

六　提高用地效率与效益

1. 提高用地效益的方针措施

（1）提高经济效益，打好发展基础。

首先，西安市在城镇化发展中应采取差异化战略，即通过向顾客提供与众不同的产品或服务，获得城市的发展。西安的差异化战略应包括以高新技术产业开发区为龙头的高新技术产业的开发，以西部地区科教中心、金融中心、国际旅游城市等高级功能的开发，以及全省行政管理功能的开发，区别于省内其他城市，构建西部特色鲜明的现代化大都市。

其次，宝鸡市、咸阳市、渭南市城镇化综合发展水平低于西安，在发展中，建议这3个城市采取总成本领先的战略。鉴于西安市无法降低的成本，3个城市应控制各自的地价和人力资本工资水平过快增长，并注意降低制度成本，从而在西安市以外形成既有一定的经济实力，又兼开发建设成本低之利，从而获得比较优势。同样的，和城镇化综合发展水平更弱的6个城市相比，宝鸡和咸阳既有较高的发展水平，又有合理的建设成本，因而也能吸引更多的城镇化建设的投资。

宝鸡市兼有经济、交通、旅游等方面的基础优势，具有成为地方综合城市的发展潜质，应力争在中长期发展成为地方综合型城市。

咸阳市具有适宜度、初始动力方面的优势，一旦咸阳市与西安市、宝鸡市、渭南市、杨凌农业开发区形成关中地区城市集群，咸阳市极易发展成为陕西省的又一个综合性城市。

渭南市距西安很近，可选择的战略是充当西安市工业扩散的承接地，将重点集中在工业园区的建设上，形成关中地区东部的工业基地，从而带动城市经济的全面发展。

最后，铜川市、延安市、汉中市、榆林市、安康市、商洛市六个城市综合发展水平低于陕西省10个城市的平均水平。对于这些城市，如采用总成本领先战略，会以发展水平低、制度成本高而无法获得竞争优势；如果采用差异化战略，也会由于其服务功能的不完备和承担比总成本领先战略高得多的成本负担而流于失败，因此，落后的6个城市可选择重点战略，即选择一个或一组细分市场，采取特定目标市场上的总成本领先战略和特定目标市场上的差异化战略。

铜川市是一个以煤炭和石灰石矿产开发、建材加工为特征的矿业城市，近年来由于矿产资源濒临枯竭，经济活力下降，失业人口增多。为再造城市发展优势，铜川市应积极进行产业调整，坚决放弃成本高、在市场上没有竞争力的产业和产品，压缩煤炭生产规模，而将产业发展的重点转移到加工业基地的建设。

延安市应采取集中于石油开采和加工工业的重点战略，延安石油资源较为丰富，近年来石油开采业的发展，使延安的经济实力大幅度提高，独特的石油资源禀赋使延安获得了其他城市无法模仿的竞争力。因此延安应加强石油开采业的竞争实力，扩充以石油开采为基础的产业链，形成石油开采—冶炼—石化等产业群，进一步增强该市经济实力。

榆林市应定位于以煤炭资源和天然气资源为特色的产业群的开发，形成陕北能源重化工基地，以煤炭开采、加工、转化、煤发电、煤化工等煤炭产业链，以天然气开采、天然气化工为主的产业链，奠定榆林市 21 世纪城镇发展的基础。

汉中市和安康市同处陕西汉江流域，具有较相似的发展环境，自然禀赋条件也相差不多，两市在发展中应采取特定目标市场上的差异化战略，即两市均将发展目标集中在生物资源开发、绿色食品、医药方面。但汉中工业基础好，加工能力强，因此可以以较好的技术开发条件服务投资商；而安康则可在特定目标上以低成本战略吸引投资。

商洛市工业基础薄弱，自然资源不丰富，经济发展缺乏动力。但商洛市山清水秀，邻近西安市，文化资源丰富，为获得发展应将目标定位在"西安之后花园"这一形象上，建设西安市的旅游度假胜地，大力发展旅游产业。

杨凌区城市建设基础薄弱，人口偏少，今后应注重发展农业高新技术产业，聚集人口，提高城市的综合服务能力，争取到 2020 年，发展成为人口 30 万人，建成区 35 平方公里的中等城市。

（2）加快城镇建设，推进城镇用地整理。

土地整理是土地管理的重要内容，也是实施土地利用规划的重要手段。按照中央文件的规定，土地整理是指按照土地利用的总体规划的要求，通过对田、水、路、林、村进行综合整治，搞好土地建设、提高耕地质量，增加有效耕地面积，改善生态环境和条件。土地整理有利于增加耕地面积，提高耕地质量，实现耕地总量平衡；有利于土地利用规划，全面加强土地管理；有利于农业增产增收。土地整理是土地资源持续利用的前提条件，土地整理使土地资源持续利用成为可能。因此，为了实现耕地总量动态平衡，有必要进行土地整理。土地整理是一个综合型工作，我们应该从几方面入手，做好土地整理工作。第一，加大闲散地、废弃地的整理力度。大力改造工商业发达地区和工商业欠发达的农业区空心村，将村中闲置的旧住宅区、闲散地改造为合适的土地，使得土地成片；整理旧的村庄用地，挖掘其应用潜力；土地整理要按照因地制宜的原则进行整理；土地整理要以主要的资金、主要的技术保障重点整理项目。第二，土地整理要有整体观念、全局观念和系统观念，兼顾景观生态协调。土地整理要考虑到土地生态系统内外部的各种相互关系，考虑到土地生态经济系统内其他因素的改变对周围的生态景观的不利影响，不能只考虑局部地区的土地资源的充分利用，而忽视整个地区和范围的土地资源的利用。第三，运用招标的办法，吸引社会多方组织和团体筹集专门资金用于土地整理工作。土地整理是一项投入大、见效慢的长期性工作，单靠政府的投入，难以解决资金问题。如果引入市场机制，使土地整理工作社会化、产业化，则土地整理就能得以长期发展。加强城镇规划的管理和实施，维护规划的权威性、严肃性，确保城镇科学发展。严格城镇管理制度，加强城镇综合执法，积极推进城市综合管理信息化。深入开展卫生城市、园林城市、环保城市等活动，创建文明城市。加强城市社区建设，加大社区设施建设投入，完善社区功能，拓展社区服务，繁荣社区文化，美化社区环境。全面取消城乡分割的户籍管理制度，形成农村人口自愿、平稳、有序进入城市的有效机制。

创新城市建设投资机制，发挥政府组织、引导作用，运用市场机制，聚集各方力量建设、经营、管理城市。打破部门和行业垄断，积极推行经营性基础设施项目的市场化运作，鼓励非政府投资参与建设。进一步理顺基础设施产品和公共服务的价格，完善经营性基础设施项目投资补偿机制。

3. 优化用地结构，促进城镇可持续发展

（1）优化城镇用地结构。

城镇建设要严格执行城市用地标准和村镇城镇用地标准，推行城镇用地准入制度，正确处理旧城镇改造与新区发展的关系，城镇建设用地扩展与基本农田保护的关系，引导工业企业向城镇集聚，建设集中的工业小区。逐步调整城镇内部用地结构，减少工业用地比重，增加居住用地和绿地比重，提高基础设施水平，建造适宜的人居环境。充分利用各区及各城镇的优势条件，扬长补短，在各城镇发展区之间、城镇之间开展广泛的分工协作，协调好城镇布局、资源开发和基础设施建设。各城镇用地形态及扩展方向、区域社会服务设施建设等方面要加强协调，避免重复建设。未来一段时期内，首先要针对这部分土地制定合理的利用计划，进行盘活，提高城镇建设用地集约利用水平。

要构建合理的城镇体系。加快西咸经济一体化进程，把西安都市圈建成西部现代服务中心、金融中心、文化中心和先进制造业基地。加强区域中心城市建设，增强集聚和辐射带动能力。宝鸡、咸阳要进一步提高要素集聚水平和发展质量，建成在西部地区有影响的大城市。汉中、铜川、榆林、延安、渭南、安康、商洛和杨凌要加快产业集聚，完善功能，发展成为区域中心城市。结合建设经济强县，发展一批小城镇。加强以县城为主的重点镇建设，在交通干线沿线、资源富集区和农产品生产与集散地培育发展一批新兴城镇。加快构建功能定位明确、层次结构合理、大中小有机协调的城镇体系。

加快以关中为重点的城镇群建设。坚持把发展城镇群作为推进城镇化的主体形态，促进产业聚集和人口聚集。加快发展以西安为核心、以陇海铁路为轴线的关中城市群，建设高效便捷的现代交通、信息网络，构建以高技术和先进制造业为主导的现代综合产业体系。充分发挥西安都市圈的辐射带动作用，加强城市间分工合作，促进产业优化布局，实现城市群优势互补和共同发展。结合陕北能源化工基地建设，以榆林和延安为中心、以包西铁路为轴线，发展陕北城镇群。结合陕南绿色产业基地建设，加快汉江沿岸城镇群建设。加强商洛与西安的有机融合，促进西合、西康铁路沿线小城镇发展。

（2）大力开展闲置用地的清理。

各地要因地制宜地开展"空心村"和闲置宅基地、空置住宅和"一户多宅"的调查清理工作。制定有效利用土地的规划、计划和政策措施，加大盘活存量城镇用地的力度。农村村民新建、改建、扩建住宅，要充分利用村内空闲地、老宅基地以及荒坡地、废弃地。凡村内有空闲地、未利用的老宅地，不准批准占用耕地。利用村内空闲地、老宅基地建住宅的，也必须符合规划。对"一户多宅"和空置住宅，各地要制定激励措施，鼓励农民腾退多余宅基地。凡新建住宅应退还旧宅基地的，要采取签订合同等措施，确保按期拆除旧房，交还旧宅基地。

（3）促使工矿用地向园区集中。

目前，国土资源部下发了《工业项目城镇用地控制指标（试行）》，作为今后工矿城镇用地的准入依据，不同的地区要严格执行相应的控制指标，建立严格的用地准入制度。目前干部政绩考核主要参照 GDP 的增长情况，而且随着农业税的取消，基层政府部门为了能够正常运转，不得不将工作重点放在拉项目、建工厂方面，存在低水平建设或是重复建设，土地利用结构不合理，土地资源浪费。因此，应建陕南城镇建设用地优化研究工业项目向工业园区集中的供地机制，对各类工业用地进行整合，砍掉没有竞争力、集约水平低、污染严重的乡镇工业小区，引导新的投资开发项目集中进入重点园区。另外，科学地制订土地利用总体规划、城市建设规划、基本农田保护规划、土地整理规划等一系列规划，对城市和农村的用地做出详细而完整的规划和计划，是解决土地利用问题的基础，所有的土地开发和整理工作必须依据上述几项规划而进行。

在协调好财政、税收的基础上，打破行政区域的分割进行工业集中。行政区域的分割是工业区用地浪费和产业布局不合理的另一个重要原因，每个乡镇都仅从局部利益出发，而自身又缺乏经济实力，则必然导致低水平重复建设。因此在规划中，应分别站到全市的高度，从整合土地资源入手，打破建制镇行政区域范围，合理配置产业布局，实施园区整合，实现产业集聚，使集聚效应达到最优，使土地粗放型开发逐步转向集约型利用，形成"数镇一区""数镇一带"的发展新格局，从根本上改变城镇发展的模式，实现中心城区的发展从单向扩张转向城镇之间的双向对接，减少基础配套设施城镇用地。

（4）促进建制镇发展。

建制镇规划建设要适应农村经济和社会发展的需要，为促进乡镇企业适当集中建设、农村富余劳动力向非农产业转移，加快农村城市化进程服务。建制镇建设应当坚持合理布局、节约用地的原则，全面规划、正确引导、依靠群众、自力更生、因地制宜、逐步建设，实现经济效益、社会效益和环境效益的统一。

有诸多原因造成建制镇土地利用集约程度的低下，其中城镇规划是造成建制镇土地利用效率低下的主要原因。城镇规划在城镇建设中的龙头作用和地位日益显著，规划的科学和合理是城镇建设科学合理的必要前提。城镇规划是城镇建设的依据，不合理、不科学的城镇规划一旦被审批通过，城镇建设就难以科学合理，造成规划和建设的制度内问题。城镇规划的不科学和不合理主要表现在如下几个方面。一是因缺乏区域综合规划和相应专业规划的基础性必要支持，小城市和建制镇规划具有盲目性。建制镇的规划，应以区域综合性规划，相关区域专项规划（主要为城镇体系规划、土地利用总体规划）为基础，指导和约束；从区域社会，经济整体发展的高度来把握和确定建制镇的数量，空间布局及其建设和发展。二是建制镇规模小，国有土地比例不高，导致土地规划和利用的难度增加。三是建制镇公共服务用地比例较低，政府对基础设施建设的财政支持不够，基础设施不够完善，制约了建制镇的发展。

因此，适度发展建制镇的规模，做好建制镇的城镇规划，提升公共服务用地的比重，加大对公共基础设施财政支持，对于促进建制镇的发展和城镇用地有效利用具有巨大的推动作用。

4. 规模化集约化利用，提高利用效率

（1）制定城镇建设用地节约与集约利用评价及控制标准。

建立符合实际的土地节约、集约利用评价及控制标准，是进一步提高土地节约、集约利用水平的重要途径。应根据陕西省的自然条件、环境容量、经济发展水平及土地利用现状特征，从土地投入、土地产出、土地利用强度、土地利用结构以及土地生态等多个方面选取指标，参照《城市用地分类与规划城镇用地标准》、行业用地标准等相关标准，研究制定符合陕西实际情况的节约与集约用地评价指标体系及考核标准。在确定评价及控制标准的基础上，建立和完善节约与集约用地评价机制，对城镇建设用地实施严格的动态监管。

（2）重视城镇建设用地内涵挖潜。

重视城镇建设用地内涵挖潜，一要盘活存量城镇用地，二要重视土地立体利用，三要整理改造低效用地。盘活存量城镇用地主要针对闲置地、空闲地、批而未供地，在具体实施过程中，应该在存量用地调查的基础上，分析存量用地数量、空间分布特征及形成原因，综合考虑资金投入、发展需要以及环境保护等多方面的因素，有针对性地探讨盘活存量土地的途径和方式。土地立体利用是提高土地利用率和使用强度的有效途径，地下空间的开发建设是提高城市空间容量和空间利用效率的有效途径，应借鉴其他城市开发地下空间资源的经验，加大对地下空间资源的投资力度，将地上和地下的空间资源的开发利用结合起来，达到既美化环境又提高土地使用效率的目的。低效用地的整理改造，要求在建立低效用地识别标准的基础上，分析整理改造的可能性及潜力，然后有步骤、有计划、有针对性地进行。

5. 优化城乡城镇用地土地增减挂钩制度

推动"城乡挂钩政策"，缓解城镇用地供需矛盾，"城乡挂钩政策"即指依据土地利用总体规划，将若干拟复垦为耕地的农村建设用地地块（即拆旧地块）和拟用于城镇建设的地块（建新地块）共同组成建新拆旧项目区，通过建新拆旧和土地复垦，最终实现项目区内城镇用地总量不增加，耕地面积不减少、质量不降低，用地布局更合理的土地整理工作。挂钩政策对于当前城镇用地管理的意义是重大的，它不仅有利于优化用地结构，提高土地集约化程度，还有利于加速农村城镇化、现代化的进程以及有助于实现耕地总量动态平衡等。实现挂钩政策的关键在于农村建设用地的整理，当前陕西省农村居民点整理潜力巨大，为挂钩政策的实施提供了可能。要推动挂钩政策的顺利实施，在农村居民点整理中需注意以下几点：①农村居民点整理要充分尊重土地所有者的权益，不得侵犯农民的产权，通过宣传使广大农民认识到居民点整理的重要意义；②在整理过程中，要给予农民实惠，并保证农民生活质量不降低；③应建立农村居民点整理资金保障机制，以政府投入为主，同时拓宽筹措资金的其他渠道，加大对农村土地整理的金融支持力度。

6. 控制用地规模，调整供地节奏

（1）立足内涵挖潜，坚持土地集约与节约利用要贯彻挖潜为主、扩展为辅的方针，严格控制城镇用地增量。新增城镇用地应首先利用存量土地，尽量避免占用耕地，鼓励存量城镇用地挖潜；严禁闲置土地，依据《土地管理法》、《闲置土地处置办法》和《城市房地产管理法》等法律法规，采取收取一定的土地闲置费甚至无偿收回土地的使用权这些处罚措施来加大闲置土地处置力度。推进土地利用方式的根本转变，提高土地容积率，以单位土地面积上的投资标准加强城镇用地准入制度建设，凡不符合集约用地控制指标的一律不予供地。严格执行《城市城镇用地分类与规划城镇用地标准》（GBJ137－90）和《村镇规划标准》（GB50188－93）中关于城乡建设人均用地的标准，促进土地集约高效利用，在具体实施时，可根据陕西省各区域的实际情况，各城镇甚至乡村人均用地指标可有所差别，不必全省一样。

（2）提高城镇用地利用效率保障措施。提高城镇用地的利用效率的保障措施涉及各个方面，可按行政措施、经济措施、法律措施等方面分类，并筛选关键性指标，提出核心对策建议，提升土地利用效率。

一是利用各类行政手段提高用地利用效率。可以采取多种行政手段，考核各地城镇用地利用效率。如对表现好的地区给予表彰，对表现差地区进行问责，设立优秀标杆等，刺激城镇用地利用效率提高。

二是提高经济水平，保障用地内涵。经济的发展是提高土地利用效率的最根本因素。保障城镇用地的利用效率，一定要重视经济的保障因素。一方面通过科学方法，测算经济指标与用地关系，进而确立合理用地指标，提高土地利用效率；另一方面通过经济发展刺激引导，促进工业园区、开发区等集约利用土地的方式，提高城镇用地的利用效率。

（3）以法律为后盾，做好规划实施与保障工作。贯彻实施《关中－天水经济区发展规划》，编制《西安国际化大都市总体规划》、重点地区城镇联动发展规划、城乡统筹重点示范区规划，提高城镇控制性详细规划的覆盖率；"十二五"期间修编《陕西省城镇体系规划》，编制《西咸新区总体规划》《延安城乡统筹示范区发展规划》；推动实现城市控制性详细规划全部覆盖，县城控制性详细规划覆盖率达到80%，村镇规划全部覆盖，完成县城以上城镇历史文化名城（街区）保护规划、基础设施建设规划、重要地段城市设计、主要街道街景治理规划、公共服务设施建设布局规划、防灾减灾规划等专项规划。

　　创新城镇管理体制和规划机制，提高政府驾驭城镇化发展的能力。充分发挥城镇规划对城镇化的调控和引导作用，维护城镇规划权威。建立和完善各级规划委员会，实现民主决策和科学决策，提高规划水平；强化规划刚性原则，规范规划调整程序，严格实施城市规划，减少无序建设；健全公众参与和监督机制，保障城镇健康发展。

参考文献

[1] 〔澳〕埃斯特·查尔斯沃思：《城市边缘》，夏海山、刘茜译，机械工业出版社，2008。

[2] 安祥生：《城镇建设用地增长及其预测——以山西省为例》，《北京大学学报》（哲学社会科学版）2006年第1期。

[3] 蔡小波：《"精明增长"及其对我国城市规划管理的启示》，《热带地理》2010年第1期。

[4] 曹广忠、邬晓雯、刘涛：《都市区与非都市区的城镇用地增长特征：以长三角地区为例》，《人文地理》2011年第5期。

[5] 曹蕾：《城镇土地集约利用研究——以重庆市渝北区为例》，硕士学位论文，西南大学人文地理系，2005。

[6] 曹蕾、邱道持、刘力、粟辉：《城镇化水平综合测评与城镇用地分析》，《西南师范大学学报》（自然科学版）2005年第4期。

[7] 陈凤桂、张虹鸥、吴旗韬、陈伟莲：《我国人口城镇化与土地城镇化协调发展研究》，《人文地理》2010年第5期。

[8] 陈国建、刁承泰：《重庆市区城市建设用地预测研究》，《长江流域资源与环境》2002年第5期。

[9] 陈淮：《国际大都市建设与住房管理》，中国发展出版，2007。

［10］陈军：《北京市保障性住房供给政策研究》，《经济纵横》2014 年第 1
期。

［11］陈文玲：《未来十年中国经济发展趋势研判》，《南京社会科学》2014
年第 1 期。

［12］陈永芝：《陕南城镇化跨越式发展的制约与出路》，《现代企业》2012
年第 1 期。

［13］陈志：《武汉市土地利用结构信息熵演变及动力分析》，《湖北大学学
报》（自然科学版）2006 年第 3 期。

［14］程茂吉：《基于精明增长视角的南京城市增长评价及优化研究》，博士
学位论文，南京师范大学，2012。

［15］戴艳华：《关于陕西省城镇化发展若干问题的思考》，《陕西青年干部
学院学报》2002 年第 1 期。

［16］丁忠义、郝晋珉、李涛、侯湖平、张富刚、白玮：《区域土地利用强
度内涵及其应用——以河北省曲周县为例》，《中国土地科学》2005
年第 5 期。

［17］范进、赵定涛：《土地城镇化与人口城镇化协调性测定及其影响因
素》，《经济学家》2012 年第 5 期。

［18］高敏芳：《城乡统筹发展与实现全面小康——渭南城镇化道路模式选
择》，《安徽农业科学》2009 年第 12 期。

［19］葛春叶：《重庆市城镇建设用地时空演变格局及其驱动力研究》，硕士
学位论文，西南大学，2009。

［20］郭美婷：《陕北地区小城镇土地集约利用模式研究》，硕士学位论文，
延安大学，2013。

［21］韩冰：《建设土地资源集约利用型工业园区的路径探析》，《资源与人
居环境》2012 年第 3 期。

［22］郝华勇：《城镇化质量的差异评价与提升对策——以东部 10 省市为
例》，《唯实》2012 年第 6 期。

［23］胡峰：《新兴古典城市化理论评介》，《兰州商学院学报》2001 年第 4
期。

［24］ 胡际权：《中国新型城镇化发展研究》，博士学位论文，西南大学，2005。

［25］ 胡俊生：《陕北地区城市化问题再议》，《延安大学学报》（社会科学版）2002年第2期，第83~86页。

［26］ 胡卫华：《加快陕南小城镇建设思考》，《经济研究导刊》2013年第19期。

［27］ 胡小武：《人口"就近城镇化"：人口迁移新方向》，《西北人口》2011年第32期。

［28］ 胡雪：《户籍制度改革与农业转移人口市民化路径》，《长沙理工大学学报》2014年第2期。

［29］ 胡映：《DSR框架下的黄山市城乡建设用地时空演变格局研究》，硕士学位论文，安徽师范大学，2012。

［30］ 黄季焜、朱莉芬、邓祥征：《中国建设用地扩张的区域差异及其影响因素》，《中国科学》2007年第9期。

［31］ 黄明华、陈默、张静雯：《城乡建设用地联动规划——城镇化与耕地保护的必然与必须》，《现代城市研究》2011年第1期。

［32］ 黄卫平：《世界经济格局的变化与中国经济发展》，《理论视野》2011年第1期。

［33］ 黄新华：《建立健全基本公共服务体系的路径选择》，《学习论坛》2013年第10期。

［34］ 黄雪花：《湖北省城市土地利用效益时空差异研究》，硕士学位论文，四川农业大学，2013。

［35］ 惠晓峰、高布权：《陕北城镇化面临的问题及其对策》，《特区经济》2007年第2期。

［36］ 简新华、何志扬、黄锟：《中国城镇化与特色城镇化道路》，山东人民出版社，2010。

［37］ 蒋伟、孙电：《市场化运作下的土地科学与集约利用——对无锡新加坡工业园集约用地的思考》，江苏省土地学会土地学术年会论文集，2006。

[38] 孔凡文、许世卫：《中国城镇化发展速度与质量研究》，东北大学出版社，2006。

[39] 赖作莲、王征兵：《陕西城镇化发展对劳动力转移的效应分析》，《商业研究》2008 年第 6 期。

[40] 雷清：《旅游业与城镇化建设互动发展研究——以陕南为例》，《价值工程》2008 年第 7 期。

[41] 李昶：《我国特大城市建设用地变化特征及其影响因素研究》，硕士学位论文，重庆大学，2013。

[42] 李冬冬、陈龙乾等：《精明增长理论对我国土地集约利用的启示》，《山西建筑》2008 年第 8 期。

[43] 李奋生、李云慧：《大城市户籍制度改革的制约因素及对策研究》，《农业经济》2014 年第 3 期。

[44] 李蕾、邱杨：《精明增长对我国城市空间扩展的启示》，《四川建筑》2011 年第 4 期。

[45] 李强、陈宇琳、刘精明：《中国城镇化"推进模式"研究》，《中国社会科学》2012 年第 7 期。

[46] 李荣威：《我国居民收入水平与城市建设用地增长关系研究》，《特权经济》2013 年第 6 期。

[47] 李双双：《湖南省望城县工业园区土地集约利用研究》，《经济研究》2011 年第 3 期。

[48] 李铁、乔润令：《城镇化进程中的城乡关系》，中国发展出版社，2013。

[49] 梁书民：《基于耕地保护的中国城镇化发展战略研究》，《中国土地科学》2009 年第 5 期。

[50] 林坚：《2000 年以来人口城镇化水平变动省际差异分析》，《城市规划》2010 年第 34 期。

[51] 凌莉：《郑州市城市土地利用绩效评价与对策研究》，硕士学位论文，河南大学，2013。

[52] 刘海霞：《西部城镇化建设的困境与出路》，《西部大开发》2010 年第

10 期。

[53] 刘红萍:《城市用地扩张规律与控制绩效研究》,博士学位论文,华中农业大学,2006。

[54] 刘嘉汉:《统筹城乡背景下的新型城市化发展研究》,博士学位论文,西南财经大学,2011。

[55] 刘金国:《中国城市建设用地需求量预测研究综述》,《国土与自然资源研究》2011 年第 2 期。

[56] 刘科伟、刘玉亭:《陕西省人口城镇化的发展与预测》,《西北大学学报》(自然科学版) 2000 年第 5 期。

[57] 刘蓉:《陕北文化的分期及其基本特质》,《延安大学学报》(社会科学版) 2008 年第 4 期。

[58] 刘世锦、余斌、陈昌盛:《金融危机后世界经济格局调整与变化趋势》,《中国经济观察》2014 年第 1 期。

[59] 刘新卫、张定祥:《快速城镇化过程中的中国城镇土地利用特征》,《地理学报》2008 年第 3 期。

[60] 刘新卫、赵崔莉:《改革开放以来中国耕地保护政策演变》,《中国国土资源经济》2009 年第 3 期。

[61] 刘志玲、李江风、龚健:《城市空间扩展与"精明增长"中国化》,《城市问题》2006 年第 5 期。

[62] 刘智勇:《城市群理论研究综述》,《湖南商学院学报》2008 年第 4 期。

[63] 罗晶:《关中城市群城镇体系时空演变及结构优化研究》,硕士学位论文,陕西师范大学,2012。

[64] 罗送宝、李玲玲、师谦友:《陕北城镇现状与发展趋势研究》,《衡阳师范学院学报》2005 年第 6 期。

[65] 锥占福:《基于精明增长的城市空间扩展研究——以兰州市为例》,博士学位论文,西北师范大学,2009。

[66] 马凯:《转变城镇化发展方式、提高城镇化发展质量——走出一条中国特色城镇化道路》,《国家行政学院学报》2012 年第 5 期。

[67] 马卫鹏、洪增、郭巍:《陕西省城市化水平与耕地资源相关性及协同性分析》,《广东农业科学》2013 年第 1 期。

[68] 马侠:《人口迁移的理论与模式》,《人口与经济》1992 年第 3 期。

[69] 马晓河、胡拥军:《中国城镇化进程、面临问题及其总体布局》,《改革》2010 年第 10 期。

[70] 马晓河:《土地利用制度改革与农民权益保障》,《人民论坛》2011 年第 4 期。

[71] 欧阳婷萍:《城市化——解决人地矛盾的重要途径》,《城市问题》2003 年第 5 期。

[72] 潘锡辉:《土地资源集约利用的成功经验——无锡新加坡工业园个案探讨》,《资源产业》2004 年第 5 期。

[73] 秦佳、李建民:《中国人口城镇化的空间差异与影响因素》,《人口研究》2013 年第 37 期。

[74] 邱道持:《城镇建设用地控制模型研究——以重庆市为例》,《西南师范大学学报》(自然科学版)2005 年第 5 期。

[75] 任璐、刘智才:《浅析精明增长理论在我国的应用》,《山西建筑》2007 年第 8 期。

[76] 陕西省人民政府:《陕西省土地利用总体规划(2006~2020 年)》,2010。

[77] 陕西省政府:《西咸新区总体规划(2010~2020 年)》2011 年第 6 期。

[78] 邵峰:《浙江省城乡一体化研究》,博士学位论文,浙江大学,2013。

[79] 沈茂英:《少数民族地区人口城镇化问题研究》,《西藏研究》2010 年第 5 期。

[80] 师谦友、王溪桥、常俊杰:《基于产业视角的榆林市城镇化协调发展研究》,《资源开发与市场》2010 年第 12 期。

[81] 史仙妮、马勇:《陕北农村城镇化问题研究》,《区域经济》2011 年第 2 期。

[82] 史仙妮:《陕北农村城镇化发展战略研究》,硕士学位论文,延安大学,2011。

[83] 宋戈：《中国城镇化过程中土地利用问题研究》，博士学位论文，东北农业大学，2004。

[84] 宋戈、吴次芳、王杨：《城镇化发展与耕地保护关系研究》，《农业经济问题》2006年第1期。

[85] 孙雁、刘志强、王秋兵、刘洪彬：《1910～2010年沈阳城市土地利用空间结构演变特征》，《地理科学进展》2012年第9期。

[86] 孙雁：《百年沈阳城市土地利用空间扩展及其驱动力分析》，《资源科学》2011年第11期。

[87] 汤卫东：《西部地区城乡一体化路径、模式及对策研究》，博士学位论文，西南大学，2011。

[88] 唐浩、曾福生：《农村土地股份合作制研究述评》，《江西农业大学学报（社会科学版）》2009，第1期。

[89] 唐磊、鲁哲：《海外学者视野中的中国城市化问题》，中国社会科学出版社，2013。

[90] 唐相龙：《"精明增长"研究综述》，《城市问题》2009年第8期。

[91] 田光进：《基于遥感与GIS的90年代中国城乡居民点用地时空特征研究》，博士学位论文，中国科学院，2002。

[92] 田光进、庄大方：《基于遥感与GIS的中国城镇用地扩展特征》，《地球科学进展》2003年第1期。

[93] 王朝晖：《"精明累进"的概念及其讨论》，《国外城市规划》2000年第3期。

[94] 王国爱、李同升：《"新城市主义"与"精明增长"理论进展与评述》，《规划广角》2009年第4期。

[95] 王国恩、黄小芬：《城镇土地利用集约度综合评价方法》，《华中科技大学学报》（城市科学版）2006年第3期。

[96] 王婧、方创琳：《城市建设用地增长研究进展与展望》，《地理科学进展》2011年第11期。

[97] 王宁：《陕西省城镇化水平分析及其前景预测》，硕士学位论文，西北农林科技大学，2012。

［98］ 王婷：《城乡建设用地增减挂钩制度创新研究》，博士学位论文，南京农业大学，2012。

［99］ 王伟：《济南市城区土地利用空间格局演化与优化研究》，硕士学位论文，山东师范大学，2004。

［100］ 王伟星：《城市建设用地预测研究——以兰州市为例》，《技术研发》2012 年第 3 期。

［101］ 王文博、茹志强、薛国平：《陕西省城镇化健康发展研究及政策建议》，《统计与信息论坛》2008 年第 2 期。

［102］ 王文礼：《论返乡创业农民工在城镇化进程中的积极作用——基于对陕西省的实证分析》，《经济研究导刊》2011 年第 25 期。

［103］ 王修达、王鹏翔：《国内外关于城镇化水平的衡量标准》，《北京农业职业学院学报》2012 年第 1 期。

［104］ 王英华：《我国城镇化发展速度与质量对房地产业发展影响研究》，硕士学位论文，沈阳建筑大学，2011。

［105］ 王镇中：《关中城镇群空间布局研究》，《内蒙古师范大学学报》（自然科学汉文版）2008 年第 5 期。

［106］ 王仲智、王富喜：《增长极理论的困境与产业集群战略的重新审视》，《人文地理》2005 年第 6 期。

［107］ 王宗鱼：《试析加快陕西省城镇化建设进程的思考》，《中国西部科技》2009 年第 8 期。

［108］ 文枫：《重庆城市土地利用变化及用地效益分析》，《西南师范大学学报（自然科学版）》2010 年第 2 期。

［109］ 吴宏军：《精明增长理论及其对我国城市发展的启示》，《中共郑州市委党校学报》2010 年第 6 期。

［110］ 吴克泽：《户籍制度改革的探索》，《宁夏社会科学》2010 年第 6 期。

［111］ 吴涛：《陕西省县域城乡一体化空间分异及其影响因素研究》，硕士学位论文，西北大学，2012。

［112］ 武联、孟海宁：《西部开发与榆林市域城镇体系发展对策》，《西北建筑工程学院学报》（自然科学版）2001 年第 4 期。

[113] 肖万春：《中国农村城镇化问题研究》博士学位论文，中央党校，2005。

[114] 徐建春、李长斌：《精明增长理论对中国新型城镇化发展的启示》，《中国名城·城镇化研究》2013 年第 7 期。

[115] 徐士珺：《郑州市城市土地利用结构优化研究》，硕士学位论文，四川农业大学，2007。

[116] 徐维样：《产业集群与城镇化互动发展机制及运作模式研究》，博士学位论文，浙江大学，2005。

[117] 徐晓雨：《城市建设用地规模增长的驱动力分析——以武汉市为例》，硕士学位论文，华中农业大学，2012。

[118] 徐艳：《陕西省耕地非农化与经济增长互动关系研究》，硕士学位论文，西北农林科技大学，2013。

[119] 许杨、许岳峻：《陕西省城镇化质量研究及规划探讨》，《大众商务》2009 年第 5 期。

[120] 闫兵：《我国高密度人居环境下紧凑城市建设模式及规划应对》，硕士学位论文，重庆大学，2012。

[121] 杨桂山：《三角洲近 50 年耕地数量变化的过程与驱动机制研究》，《然资源学报》2001 年第 2 期。

[122] 杨静：《保定市土地利用效益评价研究》，硕士学位论文，河北农业大学，2006。

[123] 杨翼：《中国统筹城乡发展的理论与实践研究》，博士学位论文，西南财经大学，2013。

[124] 姚冬琴：《中国经济十年记》，《中国经济周刊》2014 年第 1 期。

[125] 姚宽一、杨战社：《抓住西部大开发机遇加快陕西城镇化进程》，《长安大学学报》（社会科学版）2002 年第 2 期。

[126] 叶长卫、李雪松：《浅谈杜能农业区位论对我国农业发展的作用与启示》，《华中农业大学学报》（社会科学版）2004 年第 4 期。

[127] 叶耀先：《中国城镇化态势分析和可持续城镇化政策建议》，《中国人口·资源与环境》2006 年第 3 期。

[128] 余小玲：《基于 DEA 的重庆市城镇土地利用效率评价研究》，硕士学位论文，西南大学，2012。

[129] 喻瑶、游达明：《城镇土地利用经济系统效益研究》，《商业研究》2006 年第 21 期。

[130] 袁健：《建设用地需求预测与供地政策研究——以四川省宜宾市中心城区为例调》，《调查研究》2004 年第 2 期。

[131] 袁维、张安明、王丽果：《我国土地利用效益评价研究》，《安徽农学通报》2012 年第 1 期。

[132] 张迪、郭文华：《城镇化对土地利用的影响浅析》，《国土资源情报》2010 年第 5 期。

[133] 张飞雁、张锋：《我国人口城镇化与生活城镇化：相关性分析》，《宏观热点》2011 年第 9 期。

[134] 张沛、侯远志：《中国城镇化理论与实践——西部地区发展研究与探索》，东南大学出版社，2009。

[135] 张萍：《农村城镇化进程与农村剩余劳动力转移》，《经济论坛》2009 年第 5 期。

[136] 张奇、胡石元：《基于元胞自动机和 GIS 的城市建设用地扩展模拟预测研究》，《国土资源科技管理》2008 年第 3 期。

[137] 张庭伟：《控制城市用地蔓延：一个全球的问题》，《城市规划》1999 年第 8 期。

[138] 张婷：《近年来我国户籍制度改革研究》，硕士学位论文，华中师范大学，2014。

[139] 张新焕：《乌鲁木齐近 50 年城市用地动态扩展及其机制分析》，《干旱区地理》2005 年第 2 期。

[140] 张占斌、黄锟：《叠加期城镇化速度与质量协调发展研究》，《理论研究》2013 年第 5 期。

[141] 张志斌：《西北内陆城镇密集区发展演化与空间整合》，科学出版社，2010。

[142] 赵常兴：《西部地区城镇化研究》，博士学位论文，西北农林科技大

学，2007。

[143] 赵崔莉、刘新卫：《基于城镇化视角的中国农村土地制度改革》，《中国人口·资源与环境》2011年第1期。

[144] 赵宏海：《安徽省城镇化与农业现代化协调发展研究》，博士学位论文，安徽大学，2013。

[145] 赵晶：《上海城市土地利用与景观格局的空间演变研究》，博士学位论文，华东师范大学，2004。

[146] 郑伟元：《中国城镇化过程中的土地利用问题及政策走向》，《城市发展研究》2009年第3期。

[147] 郑新奇：《城市土地优化配置与集约利用评价：理论、方法、技术、实证》，北京，科学出版社，2004。

[148] 中国人口与发展研究中心课题组：《中国人口城镇化战略研究》，《人口研究》2012年第3期。

[149] 周国华：《长沙城市土地扩张特征及影响因素》，《地理学报》2006年第11期。

[150] 周忠学、张芳、刘佳：《陕北黄土高原城镇化与生态环境空间协调程度研究》，《地域研究与开发》2010年第4期。

[151] 诸大建、刘冬华：《管理城市成长：精明增长理论及对中国的启示》，《同济大学学报》（社会科学版）2006年第4期。

[152] 庄栋：《基于城乡统筹的陕西省新型城镇化模式研究》，硕士学位论文，西安外国语大学，2012。

[153] 邹德慈：《中国城镇化发展要求与挑战》，《城市规划学报》2010年第4期。

[154] 邹彦岐、乔丽：《国内外土地利用研究综述》，《甘肃农业》2008年第7期。

[155] 邹一南：《城镇化的双重失衡与户籍制度改革》，《经济理论与经济管理》2014第1期。

[156] 姚士谋、朱英明、陈振光：《中国城市群》合肥：中国科学技术出版社，2001。

［157］ 周一星:《基于等级钟理论的中国城市规模等级体系演化特征》,《地理学报》2008 年第 12 期。

［158］ 周一星、于艇:《对我国城市发展方针的讨论》,《城市规划》1988 年第 3 期。

［159］ Chhabra, R. "India: Environmental Degradation, Urbanslums, Political Tension." *Draper Fund Report*, 1998, 14.

［160］ Fazal, S., "Urban Expansion and Loss of Agricultural Land: A GIS Based Study of Saharanpur City, India." *Environmentand Urbanization*, 2000, 2.

［161］ Li, J., Zhao, H. M., "Detecting Urban Landuse and Landcover Changes in Mississauga Using Landsat TM Images." *Journal of Environmental Informatics*, 2003, 2.

［162］ Tan, M. H., Li, X. B., Lu, C. H., Urban Land Expansion and Arable Land Loss of the Major Cities in China in the 1990s. Science in China: Series, D., 2005, 48.

［163］ Jean Gottman. "Megalopolis: The Urbanization of the Northeastern Esaboard". *Economic Geography*, 1957, 33: 189 - 220.

后　记

美国经济学家、诺贝尔经济学奖获得者斯蒂格利茨断言 21 世纪对世界影响最大的有两件事：一是美国高科技产业的发展；二是中国的城镇化。党的十八大报告也提出："坚持走中国特色新型工业化、信息化、城镇化、农业现代化道路，推动信息化和工业化深度融合、工业化和城镇化良性互动、城镇化和农业现代化相互协调，促进工业化、信息化、城镇化、农业现代化同步发展"，"必须以改善需求结构、优化产业结构、促进区域协调发展、推进城镇化为重点，着力解决制约经济持续健康发展的重大结构性问题。"

中国城镇化率由 1978 年的 17.92% 增长到 2015 年的 56.10%。但是，中国的城镇化进程也存在一些突出问题：一是人口城镇化明显滞后——城镇用地扩张速度明显领先于人口的城镇化速度；二是城镇化发展不均衡，东部、中部地区发展较快，西部地区发展缓慢，呈东高西低的发展态势。同时，城镇空间布局和规模结构不合理，城市和城市之间、城市和城镇之间的体系和功能不够明确；三是城镇化发展的产业支撑不强，工业化、城镇化与服务业的发展没有形成良性循环，产业集聚带动社会分工深化细化不够，对农村人口的吸纳能力不强；四是城镇化发展方式粗放，资源能源损耗过于严重，导致耕地占用过多、水资源短缺、环境污染等问题。因此，探求和完善城镇化发展道路，寻求最合理的土地资源配置是目前亟待解决的任务。

　　城镇化作为当代经济发展的核心增长极，尤其是作为促进欠发达地区经济发展的主要手段，已经得到世界各国的普遍认可。因此，以陕西省城镇化与城镇用地发展为研究对象，对于揭示城镇化与与城镇用地关系，促进区域经济学、土地资源管理等学科的建设有着重要的理论意义。

　　我和我的研究团队关注城镇土地利用与城镇化研究已有 30 余年。本书是对我多年从事的城镇土地利用与城镇化问题理论与实践相结合研究成果的全面和系统呈现。

　　本书的研究内容主要由三部分组成。一是城镇化与城镇用地相关研究进展。包括：国内外对城镇化理论的研究进展，主要介绍了城镇区位理论、产业结构理论、空间结构理论、城镇体系理论、城乡一体化理论、城市规划理论、城市群理论、创新理论、社会保障理论；国内外对城镇用地增长的研究，主要介绍城市建设用地增长时空过程与特征、城市建设用地增长影响因素与动力机制、城市建设用地增长预测、城市建设用地增长对耕地占用、城市建设用地增长控制、城市建设用地增长保障等方面的研究；国内外对中国城镇化和城镇用地的其他相关研究，主要介绍国外学者对于中国城镇化发展策略和路径选择、城市社会、城市治理、城市发展等方面的研究，介绍国内学者对于中国城镇化发展道路及发展速度质量、城镇土地利用及土地利用效益评价、人口城镇化及城乡关系等方面的研究。二是陕西省城镇化和城镇用地分析。包括：陕西省城镇化及城镇用地分布格局与增长态势的研究，介绍陕西省以及关中地区、陕北地区、陕南地区分区域城镇化及城镇用地的整体态势，以及存在的问题、面临的挑战；陕西省城镇用地规模增长驱动力研究，分别对陕西省城镇用地增长和城镇住宅用地增长驱动力进行了分析，探讨了城镇用地增长与耕地保护之间的关系；城镇用地增长与人口经济发展的协调状况研究，介绍了人口与用地理论，对城镇用地增长与人口经济发展的协调状况和城镇用地利用效益进了分析。三是国内外城镇化发展经验启示和城镇用地集约利用典型案例。国内外城镇发展经验介绍，主要介绍了国内中东西部部分典型城市和国外部分典型城市的发展经验，并总结了国内外代表城市城镇化发展趋势对陕西省的借鉴意义；介绍国内典型城镇用地集约利用案例，分别选择土地集约利用分析、土地集约利用评价和土地集约利用典型案例进行了分析。为陕西省城镇用地集约利用提供参考，对陕西省优化城镇用地布局、制定城镇化发展战略提出了政策建议。

2009 年，我们承担了"陕西省城镇化与城镇用地分析专题研究"课题，借助于项目支持，我们对城镇化与城镇的认识与研究更进了一步。本书就是在该项目基础上结合长期研究的成果形成的。本书归纳、整理、分析和鉴别了大量与目标研究问题相关的文献，为研究课题提供了有力支持与论证。同时，基于宏观经济数据与土地调研数据，进行了系统整理与数据特征分析，并在此基础上进行了实证分析。通过理论联系实际，研究结果对于陕西省极具现实意义，对于其他研究区域也具有一定借鉴意义。

在研究成果即将付梓之际，我要感谢我的研究团队。感谢张阳、行祎、付巧维、黄宝华、刘元甲、侯智勇、李天哲、李怡琪、崔仲飞、赵璐瑶等，他们积极参与课题研讨与实地调研，他们的巨大付出是课题顺利进行、本书顺利出版重要基础；感谢陕西省国土资源规划与评审中心等单位的支持和帮助；感谢王文、席孟刚、周峰、赵映秋、法向东、叶树华、陈兴海、鲁凡、陈向阳、冯建伟、马融等在本书成稿过程中给予的无私帮助和宝贵建议；感谢西安交通大学公共政策与管理学院对本书出版的大力支持。感谢社会科学文献出版社高雁编辑的辛勤工作，使本书能够按时、保质完成。

虽然在成稿前期，我们做了大量案头工作和实践调研，但由于本人能力有限，同时城镇化与城镇用地问题涵盖的研究领域太宽、涉及的实践层面太广，书中难免有错漏之处，敬请广大读者批评指正。同时，对于由于本人疏漏而未收纳在参考文献中的研究成果，本人对作者表示同样的感谢。

2016 年 4 月于西安交通大学公共政策与管理学院